Hinweise zur Bearbeitung der Aufgaben

Anforderungsbereich III (Reflexion und Problemlösung)
Er umfasst den selbstständigen und kritischen Umgang mit neuen und umfassenden Sachverhalten – Ziele sind eigenständige Wertungen, Deutungen und Begründungen.

beurteilen urteilen	Hypothesen oder Behauptungen im Zusammenhang → *prüfen* und eine Aussage über deren Richtigkeit, Angemessenheit usw. machen, wobei die Kriterien selber gefunden werden müssen
bewerten Stellung nehmen	wie → *beurteilen*, aber zusätzlich mit Offenlegen und → *Begründen* eigener Wertmaßstäbe, die Pluralität einschließen und zu einem Werturteil führen, das auf den Wertvorstellungen unserer freiheitlich-demokratischen Grundordnung basiert
entwickeln	Analyseergebnisse und eigenes Fachwissen heranziehen, um zu einer eigenen Deutung zu gelangen
sich auseinandersetzen diskutieren	zu einer historischen Problemstellung oder These eine Argumentation → *entwickeln*, die zu einer → *begründeten* Bewertung (→ *bewerten*) führt
prüfen überprüfen	Aussagen (Hypothesen, Behauptungen, Urteile) auf ihre Angemessenheit hin → *untersuchen*
vergleichen	auf der Grundlage von Kriterien historische Sachverhalte problembezogen → *gegenüberstellen*, um Gemeinsamkeiten, Unterschiede, Ähnlichkeiten, Abweichungen oder Gegensätze zu → *beurteilen*

Übergeordnete „Operatoren", die Leistungen in allen drei Anforderungsbereichen verlangen

interpretieren	Sinnzusammenhänge aus Materialien erschließen und eine → *begründete* Stellungnahme abgeben, die auf einer Analyse (→ *analysieren*), Erläuterung (→ *erläutern*) und Bewertung (→ *bewerten*) beruht
erörtern	eine These oder Problemstellung durch eine Kette von Für-und-Wider- bzw. Sowohl-als-auch-Argumenten auf ihren Wert und ihre Stichhaltigkeit hin abwägend → *prüfen* und auf dieser Grundlage eine eigene Stellungnahme dazu → *entwickeln*; die Erörterung einer historischen Darstellung setzt deren Analyse (→ *analysieren*) voraus
darstellen	historische Entwicklungszusammenhänge und Zustände mithilfe von Quellenkenntnissen und Deutungen → *beschreiben*, → *erklären* und *beurteilen*

Zusammengestellt nach www.kmk.org/doc/beschl/196-13_EPA-Geschichte-Endversion-formatiert.pdf und Renate El Darwich/Hans-Jürgen Pandel, Wer, was, wo, warum? Oder nenne, beschreibe, zähle, begründe. Arbeitsfragen für die Quellenerschließung, in: Geschichte lernen H. 46 (1995), S. 33-37

BUCHNERS KOLLEG 1 GESCHICHTE

Ausgabe Berlin

Herausgegeben von
Maximilian Lanzinner

C.C. Buchner

Buchners Kolleg Geschichte
Ausgabe Berlin, Band 1: Von der Antike bis zur Revolution von 1848/49

Unterrichtswerk für die gymnasiale Oberstufe

Herausgegeben von
Maximilian Lanzinner

Bearbeitet von
Thomas Martin Buck, Christoph Hamann, Klaus Dieter Hein-Mooren, Heinrich Hirschfelder, Ingo Kitzel, Stephan Kohser, Gerlind Kramer, Maximilian Lanzinner, Ulrich Nonn, Rolf Schulte, Helmut Willert und Hartmann Wunderer
unter Mitarbeit der Verlagsredaktion

1. Auflage, 2. Druck 2015
Alle Drucke dieser Auflage sind, weil untereinander unverändert, nebeneinander benutzbar.

Dieses Werk folgt der reformierten Rechtschreibung und Zeichensetzung. Ausnahmen bilden Texte, bei denen künstlerische, philologische oder lizenzrechtliche Gründe einer Änderung entgegenstehen.

© 2013 C.C.Buchner Verlag, Bamberg
Das Werk und seine Teile sind urheberrechtlich geschützt. Jede Nutzung in anderen als den gesetzlich zugelassenen Fällen bedarf der vorherigen schriftlichen Einwilligung des Verlages. Dies gilt insbesondere für Vervielfältigungen, Übersetzungen und Mikroverfilmungen. Hinweis zu § 52 a UrhG: Weder das Werk noch seine Teile dürfen ohne eine solche Einwilligung eingescannt und in ein Netzwerk eingestellt werden. Dies gilt auch für Intranets von Schulen und sonstigen Bildungseinrichtungen.

Lektorat: Doreen Eschinger
Assistenz: Kerstin Schulbert
Umschlag: ARTBOX Grafik und Satz GmbH, Bremen
(unter Verwendung folgender Abbildungen: „Kampf zwischen Bürger u. Soldaten in [...] Berlin, am 18. und 19. März 1848", Lithografie von 1848 aus der von Gustav Kühn in Neuruppin verlegten Bilderzeitung zum Thema „Das merkwürdige Jahr 1848";
„Europa auf dem Stier", Schale aus Unteritalien, um 340 v. Chr.)
Layout und Satz: ARTBOX Grafik und Satz GmbH, Bremen
Druck und Bindung: creo Druck & Medienservice GmbH, Bamberg

www.ccbuchner.de

ISBN 978-3-661-**32001**-4

Mit Buchners Kolleg Geschichte lernen und arbeiten

Das vorliegende Werk ist **Lern- und Arbeitsbuch** zugleich. Es enthält einerseits Material für den Unterricht und ist andererseits für die selbstständige Wiederholung des Unterrichtsstoffes und für eine systematische Vorbereitung auf das Abitur geeignet.

Die **Einführungsseiten** leiten in Text und Bild in die zwei Großkapitel ein.

Orientierungsseiten stehen am Beginn der vier Themenkapitel. Die Chronologie stellt zentrale Daten mit prägnanten Erläuterungen zusammen. Der problemorientierte Überblickstext skizziert die Stoffauswahl und vermittelt die Relevanz des Themas. Durch übergreifende Arbeitsaufträge werden Anregungen für die Wiederholung und Vertiefung des Stoffes gegeben.

Jedes Kapitel ist geteilt in einen **Darstellungs- und Materialienteil**.
Die Darstellung ist in überschaubare Einheiten gegliedert und vermittelt ein Verständnis für die historischen Zusammenhänge und Strukturen. Wichtige Begriffe und Personen werden bei der Erstnennung kursiv hervorgehoben oder farbig gekennzeichnet, wenn sie in der Randspalte erläutert werden.
Die Materialien decken alle wichtigen Quellengattungen ab. Sie veranschaulichen und vertiefen einzelne Aspekte, stellen kontroverse Sichtweisen dar und thematisieren weiterführende Fragen. Unterschiedliche Aufgabenarten und -formen helfen bei der Erschließung der Texte, Statistiken, Diagramme, Karten, Grafiken und Bilder. Darstellungen und Materialien sind durch Verweise miteinander vernetzt.

Die **Methodenkompetenz** wird auf zwei Ebenen gefördert:
- Arbeitsaufträge zu den Materialien trainieren den sicheren Umgang mit Methoden.
- Thematisch integrierte Methoden-Bausteine führen auf optisch hervorgehobenen Sonderseiten zentrale historische Arbeitstechniken für die eigenständige Erarbeitung und Wiederholung an einem konkreten Beispiel vor.

Ergänzt wird dies durch eine Übersicht der zentralen fachspezifischen **Methoden wissenschaftlichen Arbeitens**.

Auf den Doppelseiten **„Geschichte kontrovers"** werden Standpunkte von Wissenschaftlern präsentiert, die zur Diskussion anregen und der eigenen Urteilsfindung dienen sollen.

„Erinnern" zeigt anhand typischer Beispiele, wie sich der Umgang mit historischen Ereignissen im Laufe der Geschichte verändert. Es wird deutlich, dass Individuen und Staaten in ihrer Gedenkkultur einem zeitgemäßen Selbstverständnis Ausdruck verleihen.

Mithilfe der Doppelseiten **„Geschichte vor Ort"** kann der Besuch außerschulischer Lernorte vor- und nachbereitet werden.

Auf den **Zusammenfassungs- und Vertiefungsseiten** der Rubrik **Perspektive Abitur** befinden sich zum Abschluss jedes Großkapitels themen- und fächerübergreifende Arbeitsaufträge, mit denen sich die erworbenen Kompetenzen überprüfen lassen. Literatur- und Internettipps regen zu Recherchen an und unterstützen bei der Prüfungsvorbereitung.

Inhalt

Die Grundlegung der modernen Welt in Antike und Mittelalter

■ Die Grundlegung der modernen Welt in der Antike

Einführung 8
Ein neues Denken entsteht 10
Die Polis der Athener 15
Geschichte kontrovers: Die athenische „demokratía" – Muster unserer heutigen Demokratie? 26
Geschichte vor Ort: Das Pergamonmuseum als außerschulischer Lernort 28
Die Römische Republik 30
Methoden-Baustein: Verfassungsschemata analysieren 41

■ Die Grundlegung der modernen Welt im Mittelalter

Einführung 44
Die Stadt im Mittelalter 46
Historische Fallanalyse: Das Ringen um die städtische Freiheit in Köln 55
Geschichte kontrovers: Freiheit in den Städten – auch für Frauen? 64
Erinnern: Das Mittelalter in der Geschichts- und Erinnerungskultur der Gegenwart .. 66
Methoden-Baustein: Mittelalterliche Literatur analysieren und interpretieren ... 77
Perspektive Abitur: Zusammenfassen und vertiefen 80
Perspektive Abitur: Weiterlesen und recherchieren 81

Die Herausbildung moderner Strukturen in Gesellschaft und Staat von der Frühen Neuzeit bis ins 19. Jahrhundert

■ Gesellschaft und Staat im Zeitalter der Aufklärung

Einführung 84
Die absolute Monarchie am Beispiel Ludwigs XIV. 86
Das politische Denken der Aufklärung: Gewaltenteilung und Menschenrechte 96
Der aufgeklärte Absolutismus 107
Methoden-Baustein: Umgang mit gegenständlichen Quellen und Sachquellen 113
Geschichte kontrovers: Friedrich II. (der Große) – ein historisches Vorbild? 116

■ Auf dem Weg zur modernen Demokratie: die Revolutionen des 17., 18. und 19. Jahrhunderts

Einführung 118
Der Sieg des ständischen Parlamentarismus in England 120
„American Revolution" – ein moderner Staat entsteht 124
Die Französische Revolution 134
Deutschland im Schatten Napoleons 144
Der restaurative Staat und seine Gegenkräfte 151
Die Revolution von 1848/49 158
Methoden-Baustein: Historiengemälde analysieren und interpretieren 167
Geschichte kontrovers: 1848/49 – ein Scheitern der Revolution? 170
Erinnern: Die Revolution von 1848/49 im Spiegel der Geschichtskultur 172
Geschichte vor Ort: Am Grundstein der Demokratie: der Friedhof der Märzgefallenen in Berlin als außerschulischer Lernort 180
Perspektive Abitur: Zusammenfassen und vertiefen 182
Perspektive Abitur: Weiterlesen und recherchieren 183

■ Anhang

Personenregister
Sachregister
Bildnachweis

Methoden wissenschaftlichen Arbeitens

Anfang des 21. Jahrhunderts leben wir zwar in der „Europäischen Union", doch nach wie vor sehen wir uns vorrangig als Deutsche, vielleicht noch als Einwohner eines Bundeslandes, einer Region oder einer Stadt. Außerhalb unseres Kontinents gelten wir jedoch in erster Linie als „Europäer". Gerade weil immer mehr Staaten der „Europäischen Union" beitreten, wird zunehmend diskutiert, was uns als Europäer eigentlich prägt und was die unterschiedlichen Nationen verbindet. Hinter diesen Fragen steht die Debatte um die Möglichkeit einer europäischen Integration und die Suche nach einer gemeinsamen europäischen Geschichte und Identität.
Antworten bietet der Blick in die Vergangenheit unseres Kontinents. Er zeigt, dass unsere Lebenswelt nicht  nur durch die jüngere Geschichte, sondern wesentlich auch von den Entwicklungen der Antike und des Mittelalters geprägt ist. Obwohl Europa nie eine Einheit bildete, seine Grenzen fließend waren und im Laufe der Geschichte stets neu bestimmt wurden, gibt es doch kulturelle Gemeinsamkeiten, die über alle nationalen Unterschiede und historischen Brüche hinweg eine europäische Identität ausmachen.

Die Wurzeln der europäischen Kultur liegen in Antike und Mittelalter. In der Kultur der griechischen Antike wird der Ursprung des europäischen Denkens gesehen. Der römischen Antike verdankt Europa seine Rechts- und Staatsvorstellung, der Spätantike das christliche Welt- und Menschenbild sowie die Weitergabe des antiken Wissens, dem Mittelalter die Grundlegung der europäischen Staatenwelt und seiner Bildungstraditionen.

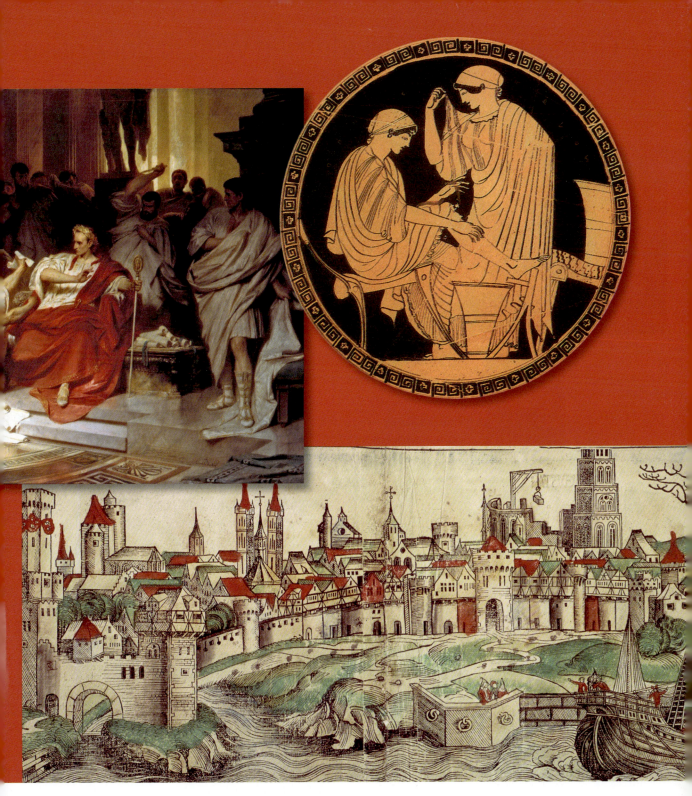

Die Grundlegung der modernen Welt in Antike und Mittelalter

Die Grundlegung der modernen Welt in der Antike

◄ „Blick in Griechenlands Blüte."
Ausschnitt aus einem Gemälde von Karl Friedrich Schinkel, 1825 (Kopie von Wilhelm Ahlborn, 1836). Dargestellt wird der Bau eines Tempels für die Göttin Arete (Tugend). In einem Text zu dem Gemälde erinnert Schinkel an den „Sinn des griechischen Volkes, überall Andenken seines Daseins und Wirkens für die Nachwelt zurückzulassen".

Attische Polis/ Entstehung der Römischen Republik	um 800 v. Chr.	In Griechenland entstehen Stadtstaaten; Athen und Sparta werden die größten und wichtigsten Poleis.
	753 v. Chr.	Rom wird der Sage nach gegründet.
	um 600 v. Chr.	Rom entwickelt sich zur monarchisch verfassten Stadt.
	594 v. Chr.	Der Reformer Solon beendet die Aristokratie in Athen und setzt politische, soziale und rechtliche Reformen durch.
	508/07 v. Chr.	Kleisthenes führt in Athen den Grundsatz der politischen Gleichheit (Isonomie) ein.
	ca. 500 v. Chr.	In Rom werden die Könige vertrieben; der Adel gründet eine Republik.
	494-297 v. Chr.	In den römischen Ständekämpfen trotzen die Plebejer den Patriziern die Teilhabe an der Macht ab.
Perserkriege	480 v. Chr.	Die Flotte Athens und seiner Verbündeten besiegt bei Salamis die überlegene persische Flotte.
	478/77 v. Chr.	Unter Führung Athens wird ein Seebund gegen Persien gegründet.
Von der Isonomie zur Demokratie	ab 462 v. Chr.	Perikles und Ephialtes errichten in Athen eine direkte Demokratie.
	Mitte des 5. Jh. v. Chr.	Athen ist auf dem Höhepunkt seiner politischen und wirtschaftlichen Macht; Blütezeit der griechischen Kunst, Literatur und Philosophie. In Rom wird das „Zwölf-Tafel-Gesetz" veröffentlicht.
Peloponnesischer Krieg und Zerfall der Demokratie	431-404 v. Chr.	Krieg zwischen Sparta und Athen um die Hegemonie in Griechenland (Peloponnesischer Krieg), den Sparta für sich entscheidet; Terrorherrschaft „der Dreißig".
	338 v. Chr.	Machtübernahme der Makedonen unter König Philipp II.; sein Sohn, Alexander der Große, folgt ihm 336 v. Chr. auf den Thron und erobert ein Weltreich.
Rom wird Weltmacht	291 v. Chr.	Rom erreicht die Vorherrschaft in Italien.
	82-79 v. Chr.	Sulla errichtet eine auf seine Truppen gestützte Diktatur.
	46-44 v. Chr.	Caesar unterwirft Rom nach seinem Sieg im Bürgerkrieg einer neuen Diktatur.
Römischer Prinzipat	27 v. Chr.	Durch die formale Wiederherstellung der Republik begründet Octavian den Prinzipat.
	um Chr. Geb.	Das Zeitalter des Augustus.
	14 n. Chr.	Tod des Augustus; Tiberius tritt seine Nachfolge als Princeps an.

Die Antike – für uns noch aktuell? Für uns Europäer haben fast alle Wissenschaften ihren Ursprung im antiken Griechenland. Die griechischen Philosophen entwickelten das systematische Denken und das methodisch strenge Vorgehen in den Wissenschaften. Sie versuchten zu ergründen, was hinter den sichtbaren Dingen und dem scheinbar Feststehenden lag. Diese Geisteshaltung verkörperte in vorbildlicher Weise der Philosoph Sokrates. Sein Schüler Platon sowie dessen Schüler Aristoteles gelten als die Begründer der abendländischen Philosophie.

Auch wenn uns vieles in der antiken Welt fremd erscheint, die Sklaverei oder die Ungleichheit von Mann und Frau – noch immer sind wir fasziniert, wie und warum sich im 6. Jahrhundert v. Chr. die Demokratie entwickelte. Während im benachbarten Perserreich ein übermächtiger Großkönig regierte, entfaltete sich in der Polis Athen ein Bewusstsein bürgerlicher Gleichheit und Verantwortung. Die besondere Verfassungsentwicklung begann mit den Reformen Solons um 600 v. Chr. Sie setzte sich rund hundert Jahre später mit der Einführung der politischen Gleichberechtigung (Isonomie) durch Kleisthenes fort und hatte ihren Höhepunkt Mitte des 5. Jahrhunderts mit der Durchsetzung der Demokratie. Die Macht der Führungselite wurde beschnitten, immer mehr Menschen konnten politisch mitbestimmen und Ämter übernehmen. Allerdings blieben Frauen, Sklaven und fremde Mitbewohner von der Politik ausgeschlossen.

Die andere antike Kultur, die bis in die Gegenwart fortwirkt, ist die römische. Mit der Beseitigung der Monarchie und der Gründung einer Republik begann um 500 v. Chr. der Aufstieg Roms vom Dorf zum Weltreich. Rom war eine Republik, weil die Staatsführung gewählt wurde, zugleich eine Aristokratie, weil die Republik vom Adel im Senat gelenkt wurde, später unter den Kaisern eine Monarchie. Denken und Recht der Römer beeinflussten die Diskussion um den besten Staat in allen späteren Epochen. Zum römischen Erbe gehört auch das Christentum, das im Osten des Imperium Romanum entstand. Klösterliche Handschriften des Mittelalters überlieferten das antike Wissen.

Auch in der Architektur und der Kunst ist das antike Erbe deutlich sichtbar. Römische Architekten und Bildhauer griffen auf griechische Vorbilder zurück. Griechen und Römer hinterließen uns jedoch nicht nur Kunstwerke, die durch Jahrhunderte hindurch Maßstäbe setzten. Sie brachten nicht nur viele berühmte Denker hervor. Sie überlieferten uns nicht nur Mythen und Erzählungen, die uns immer wieder begegnen, in Filmen und Erzählungen. Vielmehr sind wesentliche Fragen und Probleme, mit denen sie sich beschäftigten, immer noch aktuell.

> ▶ *Welche Ursachen und Folgen hatte der Demokratisierungsprozess im Athen des 5. Jahrhunderts v. Chr.?*
> ▶ *Wie funktionierte die Partizipation des Bürgers am politischen Prozess in der Polis der Athener?*
> ▶ *Was unterschied die Verfassung der Römischen Republik von der radikalen Demokratie in Athen?*
> ▶ *Woran scheiterte die Römische Republik?*

Ein neues Denken entsteht

Mythos und Logos Wer hat die Welt erschaffen? Warum wechseln die Jahreszeiten? Woher kommen Tag und Nacht? Diese und ähnliche Fragen haben sich die Menschen schon seit frühester Zeit gestellt. Die ersten Antworten darauf fanden sie, indem sie die Naturerscheinungen göttlichen Mächten zuordneten. Was sich dem menschlichen Verstand entzog, wurde in mündlich überlieferten Erzählungen oder Sagen von Göttern und Heroen (griech. mythos) in eine leicht fassliche Form gebracht und von Generation zu Generation weitergegeben.

So entstanden im Laufe der Zeit aus einzelnen lokalen Götterkulten ausdifferenzierte Götterwelten. Um sich die Gnade der Götter zu sichern, wurden ihnen Tempel errichtet, Priester bestellt und Opfer dargebracht. In den Epen des Sängers Homer, der „*Ilias*" über den Trojanischen Krieg und der „*Odyssee*" über die Irrfahrten des Helden Odysseus, greifen die Götter direkt in das Geschehen ein. Homer war der erste Dichter des Abendlandes, dessen Werke aufgezeichnet wurden.

Im 6. Jahrhundert v. Chr. begannen in Milet und Ephesos an der kleinasiatischen Küste Männer über den Ursprung der Welt nachzudenken, ohne dabei auf göttliche Mächte oder Mythen zurückzugreifen. Sie versuchten, die Welt mit dem Verstand (griech. logos) zu erfassen. Denker und Forscher wie **Thales von Milet** beobachteten die Vorgänge in der Natur, die Sterne, die Sonne und zogen daraus ihre Schlüsse. Gestützt auf Kenntnisse der Babylonier sagte Thales die Sonnenfinsternis von 585 v. Chr. voraus. Entscheidend für die weitere Entwicklung war jedoch nicht, welche Antworten die Männer auf ihre Frage gaben, sondern wie sie zu den unterschiedlichen Antworten gelangten. Durch ihre genauen Beobachtungen und ihr von der Vernunft bestimmtes Nachdenken lösten sie sich von den mythologischen Vorstellungen. An die Stelle des Mythos setzten sie Beobachtung, Erfahrung, Logik und Vernunft (▶ M1). Mythen dienten jedoch bis zum Ende der Antike in der griechischen und römischen Welt auch weiterhin zur Weltdeutung und Welterklärung.

▲ **Thales von Milet.**
Mosaik, Anfang des 3. Jh. n. Chr.

Thales von Milet (ca. 624-546 v. Chr.): griechischer Kaufmann, Astronom, Naturphilosoph und erster Mathematiker, der Beweise für seine Sätze gab. Er gilt als Begründer von Philosophie und Wissenschaft.

Der Beginn der Philosophie Das Streben nach Erkenntnis und Wahrheit aus „Liebe zur Weisheit" (griech. philosophia) trieb diese ersten Philosophen an. Eine der Fragen, die sie sich stellten, war die nach dem Grundbaustein der Welt. Hinter den unendlich vielfältigen Erscheinungsformen der Welt glaubten sie etwas stets Gleichbleibendes, ein allen Dingen zugrunde liegendes Prinzip (griech. arche) finden zu können. Thales war der Meinung, dass das Wasser der Urstoff des Universums ist – denn ohne Wasser kein Leben. Weil er und die anderen Denker seiner Zeit sich vorrangig mit dem Wesen der Natur beschäftigten, werden sie als „Naturphilosophen" bezeichnet, oder auch als „Vorsokratiker", da sie vor dem Mann lebten und wirkten, der durch sein systematisches Denken die nächste Zäsur brachte: **Sokrates**, dem wohl bedeutsamsten Anreger der europäischen Philosophie. Ihm wird der bezeichnende Satz zugeschrieben: „Ich weiß, dass ich nicht weiß." In schier unerschöpflichen Dialogen entwickelte der Mann aus Athen eine neue Form des Nachdenkens nach – modern ausgedrückt – wissenschaftlich-dialektischer Methodik.

In den „sokratischen Lehrgesprächen", die Sokrates mit seinen Schülern führte, wurden die Antworten auf aufgeworfene Fragen kritisch hinterfragt und logisch weiterentwickelt. Sein Ziel war es, durch unablässiges Fragen das Gute und das Gerechte herauszufinden. Wie kann der Mensch die Wahrheit erkennen? Gibt es ein Leben nach dem Tod? Was ist gut oder böse? Sokrates selbst hinterließ keine Schriften. Seinem Schüler **Platon** sind die Informationen über seine Lehre zu verdanken.

Sokrates (427-399 v. Chr.): griechischer Philosoph aus Athen. Er philosophierte im Gespräch (Dialog). Sokrates wurde wegen seines radikalen Fragens zum Tode verurteilt.

Platon (428/27-348/47 v. Chr.): griechischer Philosoph. Er und Aristoteles gelten als Begründer der europäischen Philosophie.

◀ **„Tod des Sokrates."**
Gemälde (130 x 196 cm) von Jacques-Louis David, 1787. Sokrates wurde 399 v. Chr. von zwei Bürgern Athens angeklagt. Sie beschuldigten ihn, Götter der Polis nicht anzuerkennen und für die Verehrung neuer Gottheiten einzutreten. Außerdem wurde ihm ein verderblicher Einfluss auf die Jugend vorgeworfen. Der Strafantrag forderte den Tod. Die Mehrheit der 501 Geschworenen des Gerichtshofes verurteilte Sokrates. Er musste einen Becher mit Gift trinken.

Da Sokrates und die anderen Philosophen des 5. und 4. Jahrhunderts v. Chr. bei ihren Antworten immer weniger Rücksicht auf die religiöse Weltdeutung nahmen, entstand Unruhe zwischen den Anhängern des alten Glaubens und den Befürwortern der „logischen" Sichtweise. Eines der ersten Opfer dieser Auseinandersetzungen wurde Ende des 5. Jahrhunderts der Sophist (Lehrer der Weisheit) *Protagoras* aus Athen. Weil er den Götterglauben öffentlich angezweifelt hatte, wurde er angeklagt und zum Tode verurteilt. Er floh, fand aber bei der Überfahrt nach Sizilien den Tod. Seine Schriften wurden verbrannt. Ein anderes Opfer wurde Sokrates. Auch ihn verurteilten die Athener zum Tode. Er nahm das Urteil an und lehnte es ab zu fliehen, um die Rechtsordnung zu respektieren.

Vom Marktplatz in die Akademie Kein Wunder, dass die Philosophen mit ihren Stellungnahmen zu Fragen des öffentlichen Lebens vorsichtiger wurden. Sie gingen – einfach gesagt – vom Marktplatz in die Schule und begannen dort, systematisch über das Leben und die Natur nachzudenken. So gründete Platon, der durch Sokrates zur Philosophie gekommen war, um 385 v. Chr. in Athen eine bedeutende Lehranstalt: die Akademie. Sie blieb über 900 Jahre bis 529 n. Chr. bestehen. Aus ihr ging **Aristoteles** hervor, Platons Schüler und einer der bedeutendsten Denker aller Zeiten (▶ M2).

Aristoteles und seine Schüler erforschten alle Wissensgebiete von Physik und Biologie bis zu Ethik und Politik. Die von Aristoteles gesammelten Erkenntnisse etwa zu den Gattungen der Tiere und Pflanzen, zu den physikalischen Vorgängen auf der Erde und in der Atmosphäre sowie zu geologischen Phänomenen (z. B. Erdbeben, Erosion, Gezeiten oder Vulkanismus) waren für lange Zeit wegweisend.

Einen besonderen Stellenwert nahm die Mathematik ein. Neben der Arithmetik, der Lehre vom Rechnen mit natürlichen Zahlen, gewann an der Wende vom 4. zum 3. Jahrhundert v. Chr. vor allem die Geometrie an Bedeutung. Mathematik und Geometrie wurden zu selbstständigen Wissenschaften, in denen es allgemeine und beweisbare Lehrsätze gab. Einige, wie etwa der „Satz des Thales" oder der „Satz des Pythagoras", sind bis heute Grundlagen der Mathematik.

Aristoteles (384 - 322 v. Chr.): griechischer Philosoph, Wissenschaftler und Schüler Platons. Nach dessen Tod ging Aristoteles ins Ausland und wurde in Makedonien Erzieher Alexanders des Großen. Rund zehn Jahre später kehrte er zurück und gründete in Athen eine Schule. Zu seinen wichtigsten Werken gehört seine „Politik", mit der im Mittelalter die Vor- und Nachteile der Monarchie erörtert worden sind.

Die Auseinandersetzung mit der antiken Philosophie ist bis heute aktuell. Der um 1947 verstorbene britische Mathematiker und Naturphilosoph Alfred North Whitehead meinte sogar, dass die philosophische Tradition Europas lediglich „aus einer Reihe von Fußnoten zu Platon besteht".

Recht und Moral, Staat und Gesellschaft  Die Denker und Philosophen machten sich auch Gedanken zu Politik und Gesellschaft: Wie sollen wir leben? Welches ist die beste Staatsform? Bereits Sokrates prägte die Vorstellung des sogenannten „ethischen Individualismus": Der Mensch habe sich als Teil der Gemeinschaft zwar nach deren Zielvorgaben zu richten, solle aber auch zu seinen eigenen Überzeugungen stehen. Zwei Generationen später beschrieb Aristoteles den Menschen als „zoon politikon", ein soziales, auf Gemeinschaft angelegtes Lebewesen, das nach individueller Glückseligkeit gemäß den Normen und Werten der eigenen Polis strebte (▶ M3).

Recht und Moral sollten dabei in größtmöglicher Übereinstimmung stehen. Platon skizzierte in seinem Werk „Politeia" („Der Staat") eine ideale Gesellschaft, die jedem Bürger einen festen, durch besondere Leistung erworbenen Platz innerhalb einer hierarchischen Ständeordnung von Wächtern (philosophisch basierte Staatsführung), Kriegern (Garantie von Sicherheit) und Erwerbstätigen (Ernährung) zuwies. Aristoteles verglich Verfassungen miteinander und entwickelte daraus eine Staatsformenlehre. In ihr werden den drei „guten" Verfassungen, die alle auf das Wohl der Allgemeinheit ausgerichtet sind (Monarchie, Aristokratie und Politie, der Herrschaft der Vernünftigen), die drei „entarteten" Verfassungen gegenübergestellt, die nur dem Eigennutz der herrschenden Einzelnen oder Gruppen dienen (Tyrannis, Oligarchie und Demokratie).

Der Athener **Solon** legte um 600 v. Chr. mit seinen politischen, sozialen und rechtlichen Reformen die Grundlagen für eine Demokratie. Er machte zwar die politischen Rechte der Bürger vom Einkommen abhängig, übergab jedoch einen Teil der Rechtsprechung an Volksgerichte, in die Bürger unabhängig von der Herkunft und dem Vermögen berufen werden konnten.*

Vermessung der Welt  Die Erkenntnisse in den Naturwissenschaften, vor allem in der Geometrie, förderten auch das Interesse der Menschen an ihrer nahen und fernen Umgebung. Dies äußerte sich im Streben nach immer exakterer Vermessung der Erde und nach Erkenntnissen über fremde Länder, Menschen und Lebensweisen. Durch astronomisch basierte Berechnung von Erdwinkeln ließen sich Erdradius und Erdumfang schätzen. Das Wissen über die Erde bereicherte auch die Erfahrungsberichte Reisender. **Hekataios von Milet** und andere Forschungsreisende dieser Zeit verfassten exakte Reisebeschreibungen, auf deren Grundlage Karten angelegt werden konnten. Schrittweise wurden damit Aussagen zum Verhältnis von Land- und Wassermasse sowie zur Verteilung von Kontinenten und Ländern präziser. Versuche, die erkannte Kugelgestalt der Erde auf die ebene Kartenfläche zu projizieren, führten dabei zunächst noch zu krassen Verzerrungen und falschen Perspektiven. Im 2. Jahrhundert n. Chr. wurde eine erste realistische Weltkarte entworfen, die bereits auf einem Koordinatensystem von Längen- und Breitengraden basierte und noch im Mittelalter genutzt wurde.

* Vgl. dazu ausführlich S. 15 f.

Solon (um 640–561 v. Chr.): athenischer Gesetzgeber und Dichter aus adliger Familie. Obwohl seine Reformen durch eine ungesetzliche Alleinherrschaft (Tyrannis) beseitigt wurden, galt er später als Begründer der athenischen Demokratie.

Hekataios von Milet (ca. 560–485/475 v. Chr.): Geschichtsschreiber und Geograf. Er verfasste eine Reisebeschreibung der ihm bekannten Erde und das älteste erhaltene Geschichtsbuch.

▼ **Karte nach Hekataios von Milet, um 500 v. Chr.**
Rekonstruktionsversuch von Jörg-Peter Röhl, 2000 (vereinfacht).
Die Karte entstand nach Angaben aus dem überlieferten Werk von Hekataios. Er zeigt die Erde als eine von einem Ozean umflossene Scheibe und teilt die bewohnte, durch Küstenumrisse gekennzeichnete Landmasse in einen nördlichen und einen südlichen Teil.

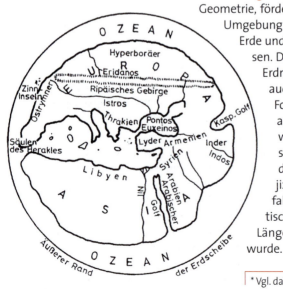

▲ „Der Rat der Götter."
*Deckenfresko von Raffael, eigentlich Raffaello Santi, in der Villa Farnesina in Rom, 1518.
Für die Künstler und Auftraggeber der Renaissance war die Darstellung der antiken Göttergestalten kein Bekenntnis zum mythologischen Glauben, sondern ein Beweis für ihre Kenntnis der Antike.*

M1 „Vom Mythos zum Logos"

Der römische Dichter und Philosoph Lukrez, der die Naturphilosophie des Griechen Epikur im Rom des 1. Jahrhunderts v. Chr. bekannt macht, äußert sich in seinem Lehrgedicht „Über die Natur der Dinge" zum Verhältnis von Göttern und Menschen in der griechischen Frühzeit:

Als das Leben der Menschen darnieder schmählich auf Erden lag, zusammengeduckt unter lastender Furcht vor den Göttern, welche das Haupt aus des Himmels Gevierten prahlerisch streckten droben mit schauriger Fratze herab den Sterblichen [drohend], erst hat ein Grieche gewagt, die sterblichen Augen dagegen aufzuheben und aufzutreten als erster dagegen; den nicht das Raunen von Göttern noch Blitze bezwangen noch drohend donnernd der Himmel; nein, nur umso mehr noch den scharfen Mut seines Geistes reizte, dass aufzubrechen die dichten Riegel zum Tor der Natur als erster er glühend begehrte. Also siegte die Kraft des lebendigen Geistes, und weiter schritt er hinaus die flammumlohten Mauern des Weltballs, und das unendliche Weltall durchstreift' er männlichen Sinnes; bringt von dorten zurück als Sieger, was zu entstehen, was aber nicht es vermag, begrenzte Macht einem jeden endlich wie sie gesetzt und der tief verhaftete Grenzstein. Drum liegt die Furcht vor den Göttern unter dem Fuß, und zur Rache wird sie zerstampft, uns hebt der Sieg empor bis zum Himmel. Jenes befürchte ich dabei, dass vielleicht du könntest vermeinen, ruchlosen Lehren zu folgen unsrer Vernunft und die Straße einzuschlagen der Sünde. Demgegenüber hat öfters jene Furcht vor den Göttern verursacht Frevles und Böses.

Lukrez, Über die Natur der Dinge 1,62 - 68; zitiert nach: Karl Hönn, Lukrez. Die Bibliothek der Alten Welt, Zürich 1956, S. 73

■ *Erläutern Sie, wodurch nach Lukrez die Menschen die „Furcht vor den Göttern" verlieren.*

M2 Über das Staunen

a) Nach Aristoteles beginnt das Philosophieren mit dem Staunen. In einer Schrift heißt es:

Denn weil sie staunen, beginnen die Menschen jetzt und begannen sie anfänglich zu philosophieren, wobei sie zu Beginn über die nahe liegenden Merkwürdigkeiten staunten, dann allmählich so voranschritten und bei den bedeutenderen Dingen Schwierigkeiten sahen, z. B. bei dem, was dem Mond widerfährt und was mit der Sonne geschieht und den Sternen und hinsichtlich der Entstehung des Alls. Wer aber in einer Schwierigkeit steckt und sich wundert, der ist der Meinung, dass er unwissend ist.
Daher ist auch der Liebhaber der Mythen in gewissem Sinne philosophisch: denn der Mythos besteht aus Wunderlichkeiten. Damit ist also klar, dass – wenn sie Philosophie betreiben, um der Unwissenheit zu entgehen – sie das Verstehen um des Wissens willen verfolgten und nicht wegen eines Nutzens. Das bezeugt auch das, was wirklich eintrat: Als so ziemlich alles Notwendige und zur Erleichterung des Lebens und zur Gestaltung der Freizeit Dienende vorhanden war, begann man, diese Art von Einsicht zu suchen. Es ist also klar, dass wir sie nicht um irgendeines anderen Nutzens willen suchen, sondern wie wir sagen, dass ein Mensch frei ist, der um seiner selbst, nicht eines anderen willen lebt, so sagen wir auch, dass diese die einzige freie unter den Wissenschaften ist; denn allein diese besteht um ihrer selbst willen.

b) Der Philosoph Karl Jaspers geht in einem Radiovortrag von 1949 auf Aristoteles ein:

Erstens: [...] Sich wundern drängt zur Erkenntnis. Im Wundern werde ich mir des Nichtwissens bewusst. Ich suche das Wissen, aber um des Wissens selber willen, nicht zu irgendeinem gemeinen Bedarf. Das Philosophieren ist wie ein Erwachen aus der Gebundenheit an die Lebensnotdurft. Das Erwachen vollzieht sich im zweckfreien Blick auf die Dinge, den Himmel und die Welt, in den Fragen: was das alles und woher das alles sei – Fragen, deren Antwort keinem Nutzen dienen soll, sondern an sich Befriedigung gewährt.

Zweitens: Habe ich Befriedigung meines Staunens und Bewunderns in der Erkenntnis des Seienden gefunden, so meldet sich bald der Zweifel. Zwar häufen sich die Erkenntnisse, aber bei kritischer Prüfung ist nichts gewiss. [...] Unsere Denkformen sind die unseres menschlichen Verstandes. Sie verwickeln sich in unlösbare Widersprüche. Überall stehen Behauptungen gegen Behauptungen. Philosophierend ergreife ich den Zweifel, versuche ihn radikal durchzuführen, nun aber entweder mit der Lust an der Verneinung durch den Zweifel, der nichts mehr gelten lässt, aber auch seinerseits keinen Schritt voran tun kann – oder mit der Frage: wo denn Gewissheit sei, die allem Zweifel sich entziehe und bei Redlichkeit jeder Kritik standhalte. [...]

Der Zweifel wird als methodischer Zweifel die Quelle kritischer Prüfung jeder Erkenntnis. Daher: ohne radikalen Zweifel kein wahrhaftiges Philosophieren. Aber entscheidend ist, wie und wo durch den Zweifel selbst der Boden der Gewissheit gewonnen wird.

Erster Text: Aristoteles, Metaphysik 982b12-28; zitiert nach: Hans-Joachim Gehrke und Helmuth Schneider (Hrsg.), Geschichte der Antike. Quellenband, Stuttgart 2007, S. 141 (übersetzt von Thomas A. Szlezak)
Zweiter Text: Karl Jaspers, Grundfragen der Philosophie. Einführung in die Philosophie, in: ders., Was ist Philosophie? Ein Lesebuch, München 1980, S. 39 f.

1. *Beschreiben Sie mit eigenen Worten, was Philosophie ist.*
2. *Erläutern Sie, wie Aristoteles den Mythos beurteilt. Vergleichen Sie mit M1.*

M3 Vom menschlichen Zusammenleben

a) Der Staatsmann und Schriftsteller Cicero gilt als Sprachrohr der stoischen Lehre[1] im Rom des 1. Jahrhunderts v. Chr.:

Seiner Natur nach ist der Mensch als ein Wesen geschaffen, dem der Trieb zur Gemeinschaft in Staat und Volk innewohnt. Die Griechen nennen ihn daher ein Gemeinschaftswesen (zoon politikon). Was immer der Mensch kraft irgendeiner Tugend tun mag, wird also nie zur Gemeinschaft und seiner [...] liebevollen Verbundenheit mit dem Menschengeschlechte in Widerspruch stehen. Es wird somit zwischen der Gerechtigkeit und den anderen Tugenden praktisch eine Wechselwirkung in der Weise bestehen, dass jene sich diesen mitteilt und sie zugleich auch in sich aufnimmt. Nur wer Tapferkeit und Weisheit besitzt, kann Gerechtigkeit wahren. Damit spreche ich hier von dem inneren Einklang, in dem die Tugenden zueinander stehen, und so, wie dieser ist, so steht es auch um die Tugend selbst und jede tugendhafte Tat. Ein so harmonisches, allen Tugenden entsprechendes Leben kann als das richtige, das sittliche, das standhafte und mit der Natur übereinstimmende angesehen werden.

b) Aristoteles geht in seiner „Politik" auch auf die Bedingungen menschlichen Zusammenlebens ein:

Freiheit ist das Grundprinzip der demokratischen Verfassung; diese Auffassung vertritt man ja dauernd, so als könnten nur in dieser Verfassung [die Bürger] an der Freiheit teilhaben; denn man sagt, dass danach jede Demokratie strebe. Ein Aspekt von Freiheit ist, dass man sich im Wechsel beherrschen lässt und herrscht; denn das demokratische Verständnis von Recht enthält die Forderung, dass [die Bürger] der Zahl und nicht dem Verdienst nach Gleichheit besitzen. Aus diesem Rechtsverständnis folgt notwendigerweise, dass die Menge alle Macht innehat und dass der Beschluss der Mehrheit, wie immer er ausfällt, oberste Gültigkeit besitzt und die Rechtsnorm bildet; denn [die Anhänger der Demokratie] sagen, dass jeder Bürger Gleiches besitzen muss. So ergibt sich, dass in den Demokratien die Armen größere Macht ausüben als die Begüterten; denn jene bilden die Mehrheit, der Beschluss der Mehrheit hat aber absolute Gültigkeit.

Erster Text: Cicero, Von den Grenzen im Guten und Bösen 5,66; zitiert nach: Cicero, Von den Grenzen im Guten und Bösen, bearb. v. Karl Atzert, Zürich u.a. 1964, S. 604 f.
Zweiter Text: Aristoteles, Politik 1317a40; zitiert nach: Hans-Joachim Gehrke und Helmuth Schneider (Hrsg.), a.a.O., S. 130 f. (übersetzt von Eckart E. Schütrumpf)

1. *Erklären Sie die Rolle der Tugenden in der stoischen Lehre.*
2. *Vergleichen Sie Aristoteles' Vorstellungen vom Zusammenleben mit denen der Stoiker. Erörtern Sie seinen Begriff von „Freiheit" und „Gleichheit".*
3. *Diskutieren Sie, ob die Bestimmung von „Freiheit" und „Gleichheit" heute noch gültig ist.*

---

[1] Stoiker: Philosophenschule ab dem 3. Jahrhundert v. Chr., benannt nach der berühmten Säulenhalle Stoa auf der Agora, dem Marktplatz von Athen. Die Stoiker sahen Pflichterfüllung und Disziplin im Einsatz für den Staat als Aufgabe des Individuums an.

Die Polis der Athener

Das archaische Griechenland In der archaischen Zeit Griechenlands (um 750-500 v. Chr.) bestimmte der *Oikos* (wörtlich: „das Haus" bzw. „die Hausgemeinschaft") das soziale und politische Leben der Griechen. Der Oikos war ein meist von mehreren verwandten Familien mit Sklaven und Abhängigen betriebener landwirtschaftlicher Hofkomplex, der primär für den Eigenbedarf produzierte (Subsistenzwirtschaft). Die Häupter der größeren Oikoi einer Region bildeten den Adel. Im Laufe der archaischen Zeit siedelte sich zunächst der Adel jeweils einer Region in einer *Polis* (selbstverwaltete Bürgergemeinschaft, „Stadtstaat") genannten Zentrum an. Dort befanden sich Kultplätze und es entstand bescheidener Marktverkehr. Am Ende der archaischen Zeit bildete je eine Polis das Namen gebende politisch-wirtschaftliche Siedlungszentrum einer Region.

Die Landnot führte seit dem 8. Jahrhundert zu neuen Siedlungsgründungen vornehmlich an den Küsten Italiens und des Schwarzen Meeres. Kolonien wurden nach dem Muster des Mutterlandes als selbstständige Poleis gegründet. Für die Kolonisten, die gleich große Landanteile erhielten, gewann der Gleichheitsgedanke an Bedeutung, zumal sie der gemeinsame Aufbau in einem fremden Umfeld zusätzlich zusammenschweißte. Die Kolonisation förderte den griechischen Handel, sie gab aber auch der Gleichheitsidee im Mutterland Auftrieb.

Auf der Halbinsel Attika war der Prozess der Polisbildung um 700 v. Chr. abgeschlossen. Das Zentrum Attikas bildete Athen. Neben **Sparta** war Athen die bedeutendste von über 1000 Poleis in der griechischen Welt (einschließlich der Kolonien). Anfangs war Athen eine Monarchie. Seit dem 8. Jahrhundert v. Chr. regierten in Athen keine Könige mehr, sondern eine Gruppe von Adligen (*Aristokratie*). Sie teilte sich Macht und Verantwortung für den Staat. Damit nicht ein Einzelner zu mächtig werden konnte, wählten sie zunächst drei, später neun Männer aus ihren Reihen, die als *Archonten* die Regierung übernahmen: Sie führten die Truppen, sprachen Recht und beaufsichtigten die Verehrung der Götter. Die Archonten amtierten seit dem Ende des 7. Jahrhunderts nur ein Jahr. Danach kamen sie in den Adelsrat, der auf dem „Hügel des Ares" tagte und daher *Areopag* hieß. Er überwachte die Archonten.

Solons Reformen Die ständige Verkleinerung der Höfe durch erbrechtlich vorgeschriebene Teilungen unter den Söhnen brachte viele Bauern in wirtschaftliche Not. Die Einführung der Geldwirtschaft ermöglichte zwar Hypotheken aufzunehmen. Es wurde Geld an Bauern verliehen, die dafür mit ihrem Grundbesitz hafteten. Die Zinslast aber trieb immer mehr Kleinbauern in die Schuldknechtschaft, die oft in Versklavung endete. Viele Kleinbauern forderten daher Schuldentilgung und eine Landreform. Handwerker und Händler Athens unterstützten die Bauern. Denn seit die Athener in Schlachtreihen (*Phalanx*) Krieg führten, stellten Bürger und Bauern die Mehrheit der schwerbewaffneten *Hopliten*. Aufgrund ihrer militärischen Pflichten und Leistungen wollten sie auch an der Herrschaft beteiligt sein.

Im frühen 6. Jahrhundert führten die sozialen Spannungen zwischen adligen Grundeigentümern und der verarmten bäuerlichen Mittelschicht die Polis an den Rand des Bürgerkrieges. Völlig zerstritten wählten die Athener 594 v. Chr. den angesehenen Adligen Solon* zum „Schiedsrichter": Er erhielt besondere Vollmachten, strich die Schulden der Bauern, verbot die Versklavung der einheimischen Bevölkerung und erließ neue

▲ **Athen im 6. Jh. v. Chr.**
Zur Polis Athen gehörte die Halbinsel Attika. Mit etwa 2550 km² ist sie so groß wie Luxemburg oder das Saarland.

Sparta: Stadtstaat auf der Peleponnes. Gegründet nach 1000 v. Chr. von den Dorern im Tal des Flusses Eurotas. Aus der frühen Siedlung entwickelte sich später Sparta. Im 7. Jh. v. Chr. entstand die spartanische Staatsform durch den Gesetzgeber Lykurg. An der Spitze standen zwei Könige, die ihr Amt vererbten. Verwaltet wurde Sparta von fünf Aufsehern (Ephoren). Ein „Rat der Alten" (Gerusia) beriet sie dabei. Unter dem Vorsitz der Ephoren tagte monatlich die Volksversammlung mit allen wehrfähigen Männern von über 30 Jahren. Gemeinsam entschieden sie über Gesetze, Verträge, Krieg und Frieden. Hielten der „Rat der Alten" und die Könige einen Volksbeschluss für falsch, konnten sie ihn für ungültig erklären.

---

* Vgl. zu ihm auch S. 12.

Scheffel: alte Volumeneinheit für trockene Güter wie Getreide, Mehl und Früchte, ca. 52 l. In Athen galt folgende Rechnungseinheit: 1 Scheffel = 1 Schaf = 1 Drachme.

▲ **Silbermünze.**
*Vorder- und Rückseite einer Münze aus Athen, um 460 v. Chr.
Vögel galten den Griechen als Abgesandte des göttlichen Willens. Die Eule war verbunden mit der Göttin Athene, sie wurde zum Zeichen der Polis Athen. Die Silbermünzen waren über Jahrhunderte in Gebrauch.*
▪ Erklären Sie die Redewendung, man müsse „nicht Eulen nach Athen tragen".

Kleisthenes (ca. 570 - 507 v. Chr.): athenischer Staatsreformer aus adliger Familie; vermutlich im Jahr 525/24 v. Chr. zum leitenden Beamten (Archon) ernannt, als welcher er die Volksversammlung reformierte. Er gilt als Begründer der attischen Demokratie.

Gesetze (▶ M1). Den Großgrundbesitz tastete Solon – anders als von den Bauern gefordert – nicht an.

Solon machte nicht mehr die Götter, sondern alle Bürger für das Wohl Athens verantwortlich. Er regelte die Rechte und Pflichten der wehrfähigen Athener neu und teilte sie nach ihrem Einkommen in vier „Klassen" ein: Wer 500 **Scheffel** jährliche Einkünfte besaß, gehörte zur obersten Klasse. Diesen blieb das Archontat vorbehalten. Darunter kamen „Reiter" mit 300 Scheffeln, die die mittleren Beamten stellten, und mittlere Bauern mit 200 Scheffeln, die niedrige Ämter bekleiden konnten. Theten, d. h. Bürger mit weniger als 200 Scheffeln, die nicht als Hopliten dienten, besaßen zwar das Stimmrecht in der Volksversammlung, als „Passivbürger" blieben sie aber von allen Ämtern ausgeschlossen.

Der Areopag bestimmte weiterhin die Politik. Er musste sich die Macht nun aber mit anderen Einrichtungen teilen: Die Verwaltung der Polis übernahm ein *Rat der 400*, in den nur Bürger aus den drei oberen Klassen gewählt werden durften. Er bereitete alle öffentlichen Angelegenheiten vor, über die die Volksversammlung entschied. Einen Teil der Rechtsprechung übernahmen Volksgerichte. In sie konnten Bürger unabhängig von Herkunft und Vermögen berufen werden.

Nach Solons Reformen war Athen keine Aristokratie mehr, sondern eine *Timokratie*: Nicht die Geburt, sondern Vermögen und Ansehen entschieden über die Rechte der Bürger. Solons Idee: Wer reich ist und nicht arbeiten muss, kann viel für den Staat leisten, vor allem für die Sicherheit der Polis. Zudem machte Solon durch die Einführung der *Popularklage* jeden Athener zum potenziellen Staatsanwalt und Ankläger jedes Missetäters. Um Willkür zu verhindern, wurden die Gesetzestafeln öffentlich aufgestellt. So suchte Solon das Interesse der Athener am Staat zu wecken und durch Gesetze das Verantwortungsprinzip zu stärken. Im 4. Jahrhundert v. Chr. wurde Solon von den Athenern zwar als „Vater der Demokratie" angesehen, doch davon konnte zu seiner Zeit noch keine Rede sein – das Volk herrschte nicht.

50 Jahre Tyrannis Solons Reformen hielten nicht lange. Dem alten Adel gingen sie zu weit, den ärmeren Bürgern nicht weit genug (▶ M2). Die Unzufriedenheit der Armen in der Stadt und der kleinen Bauern auf dem Land nutzte der Adlige *Peisistratos* aus, um 560 v. Chr. eine Alleinherrschaft zu errichten. Die Griechen nannten sie *Tyrannis*, da die Herrscher ihre Macht weder geerbt noch durch Wahl übernommen hatten. Außerdem unterlag sie keiner Kontrolle.

Der Form nach ließ Peisistratos die politische Ordnung Solons bestehen. Allerdings bekamen nur seine Anhänger wichtige Ämter. Zugleich kümmerte sich Peisistratos um die Masse der Bevölkerung. Er beschlagnahmte den Großgrundbesitz seiner Gegner und verteilte ihn an bedürftige Bauern. Durch den Bau von Tempeln und Straßen verschaffte er Handwerkern Arbeit und Brot. Viele Athener akzeptierten daher seine Alleinherrschaft. Nach dem Tode des Peisistratos übernahmen dessen Söhne die Macht. Sie sollen selbstherrlich regiert haben. Einer von ihnen wurde deshalb ermordet, den zweiten vertrieben Adlige mithilfe der Spartaner im Jahre 510 v. Chr.

Kleisthenes Nach dem Sturz der Tyrannis entbrannte zwischen den adligen Geschlechtern erneut ein Kampf um die Macht. In den Jahren 508/507 v. Chr. setzte sich **Kleisthenes** durch, indem er die Macht des Volkes stärkte. Er ließ die Einteilung der Bürger in vier Einkommensklassen ebenso bestehen wie die Aufgaben der Archonten und des Areopags. Dafür änderte er die Zusammensetzung der athenischen Bürger in den öffentlichen Einrichtungen grundlegend: Sie wurden nicht mehr aus vier, sondern aus zehn Verbänden (*Phylen*) zusammengestellt, wobei jede Phyle aus drei geografisch voneinander getrennten Bezirken (*Trittyen*) bestand: Stadtgebiet, Küsten- und Binnenregion. Diese Zusammensetzung der Phylen zerschnitt die alten Einflussbereiche der Adelsfamilien. Alle Phylen hatten einen etwa gleich hohen Bevölkerungsanteil. Jede stellte ca. 1000 Hopliten. Jedem Phylenregiment stand ein Stratege als Kommandeur vor.

Kleisthenes führte auch den *Ostrakismos*, das Scherbengericht, ein. Zur Hälfte des Amtsjahres entschied die Volksversammlung über die Durchführung dieses Verfahrens. Bei positivem Votum mussten in einer zweiten Volksversammlung 6000 gültige Scherben als „Stimmzettel" abgegeben werden. Der Politiker, dessen Namen am häufigsten auftauchte, wurde für zehn Jahre verbannt.

Mit Kleisthenes beginnt für einige Historiker die Demokratie in Athen. Doch dieser Begriff wurde damals noch nicht benutzt, stattdessen sprach man von Isonomie. Darunter verstand man den von Kleisthenes eingeführten Grundsatz der politischen Gleichheit aller Staatsbürger. Alle wehrfähigen Bürger hatten das gleiche Rede- und Stimmrecht in der Volksversammlung.

▲ **Tonscherben eines Ostrakismos.**
Mit diesen Scherben wurde Themistokles, athenischer Feldherr und Politiker, im Jahr 470 v. Chr. aus Athen verbannt.

Perserkriege und Demokratie Von 500 bis 494 v. Chr. beteiligte sich Athen am erfolglosen Kampf der Griechen Kleinasiens gegen das Perserreich, dessen Expansion 546 v. Chr. die Ägäis erreicht hatte. Nachdem Athens Hopliten 490 v. Chr. bei Marathon eine überlegene persische Strafexpedition besiegt hatten, setzte der Adlige Themistokles den Bau einer Flotte von 200 *Trieren* zur Perserabwehr durch. Trieren waren Kriegsschiffe eines neuen Typs, die auf jeder Seite von drei Reihen Ruderern – pro Triere etwa 170 Mann – angetrieben wurden. Als Ruderer wurden die bisher vom Kriegsdienst befreiten Theten eingesetzt. Ziel war, die gegnerischen Schiffe durch Abfahren ihrer Ruder manövrierunfähig zu machen und mit dem Rammsporn zu versenken. 480 v. Chr. gelang der Flotte Athens und seiner Verbündeten bei der Insel Salamis die Vernichtung der überlegenen persischen Flotte.

Durch den Sieg über Persien stieg Athen zur Großmacht auf. Auch innenpolitisch führten Flottenbau und -krieg zu gravierenden Veränderungen. Die Theten beanspruchten aufgrund ihrer gewachsenen militärischen Bedeutung auch mehr Mitsprache. Gemäß dem Grundsatz, nach dem der Kriegsdienst zu politischer Mitbestimmung berechtigt, forderten die Theten aktive Mitwirkung. Ihre politische Gleichberechtigung wurde in den folgenden Jahrzehnten durchgesetzt.

Isonomie: griech. isos: „gleich"; nemein: „verteilen"

Themistokles (um 525-459 v. Chr.): Staatsmann und Athenischer Feldherr. Er siegte in der Schlacht bei Salamis gegen die Perser und begründete damit den Aufstieg Athens. Er wurde um 471 v. Chr. durch das Scherbengericht verbannt und floh nach Persien.

Die radikale Demokratie in Athen Durch die Verfassungsreformen der Adligen Perikles und *Ephialtes* 462 / 61 v. Chr. wurden der Areopag entmachtet und Athen in eine radikale Demokratie umgewandelt (griech. demos: „Volk"; kratein: „herrschen"). Dem Areopag wurden alle Kontrollrechte im Bereich der Gesetzgebung und der Exekutive entzogen und dem Rat der 500, der Volksversammlung und dem Volksgericht übertragen. Zur Volksversammlung (*Ekklesía*) erhielten alle männlichen Bürger nach zweijährigem Militärdienst mit dem 20. Lebensjahr Zutritt. Sie überwachte die Beamten, entschied über die Gesetze, die Staatsfinanzen, die Flotten- und Baupolitik, Krieg und Frieden. Jedes Mitglied hatte Rede- und Antragsrecht. Die Ekklesía tagte mindestens vierzigmal im Jahr. Gültige Beschlüsse erforderten die Anwesenheit von mindestens 6000 Bürgern und eine einfache, durch Handheben festgestellte Mehrheit. Abgesehen von der Blutgerichtsbarkeit, die beim Areopag blieb, wurden alle Rechts-

Perikles (um 500-429 v. Chr.): athenischer Staatsmann. Er war von vornehmer Herkunft und leitete seit 443 als jährlich wiedergewählter Politiker die Geschicke der athenischen Demokratie. Seine Zeit gilt als Glanzzeit Athens. 431 begann er den Peloponnesischen Krieg um die Vorherrschaft Athens in Griechenland. Ein Jahr später wurde er abgesetzt.

verfahren von der Ekklesía selbst entschieden. Dazu wurde ein Volksgericht gebildet, dessen 6000 Mitglieder alljährlich neu gelost wurden.

Einen Ausschuss der Ekklesía stellte der auf Kleisthenes zurückgehende *Rat der 500* (Boulé) dar. Jeder Athener konnte zweimal in seinem Leben Ratsherr werden. Das Gremium, in das jede Phyle für ein Jahr 50 geloste Ratsherren entsandte, arbeitete Beschlussvorlagen für Gesetze oder Verträge aus und bereitete die Versammlung vor. Die Ekklesía konnte die Ratsvorlagen jederzeit verändern oder ersetzen. Der Rat kontrollierte im Auftrag der Volksversammlung auch die Beamten und empfing die Gesandtschaften. Durch die *Prytanie* war die Polis zu jeder Tages- und Nachtzeit handlungsfähig. Im monatlichen Wechsel stellten jeweils 50 aus jeder Phyle geloste Ratsherren (Prytanen) das höchste Organ Athens. Der täglich durch das Los neu bestimmte Vorsitzende der Prytanie leitete auch die Volksversammlung und fungierte als „Staatsoberhaupt" Athens. Eine zweite Amtszeit war für ihn ausgeschlossen.

Die Verwaltung der Stadt übernahmen ca. 700 durch das Los bestimmte Beamte. Ihre Aufgabenbereiche waren eng beschnitten. Die Amtszeit betrug maximal ein Jahr. Jeden Monat legten die Beamten vor dem Rat Rechenschaft ab. Bei Beanstandungen drohte ihnen Anklage vor dem Volksgericht.

Herrschaft des Volkes Den Reformen des Kleisthenes und des Perikles verdankte die Bürgerschaft Athens den Aufstieg zum uneingeschränkten staatlichen Souverän. Die Verfassung sicherte dem Volk die ungeteilte, direkte Macht und verhinderte die Herrschaft Einzelner über das Volk. Im Sinne dieser demokratischen Gleichberechtigung war es konsequent, dass Athen den Bürgern für die Teilnahme an der Politik schließlich *Diäten* (Tagegelder) zahlte. In ihren Genuss kamen Ratsherren, Richter und Besucher der Volksversammlung. Die Diäten sollten verhindern, dass drohender Verdienstausfall arme Bürger von der Teilnahme an der Demokratie abhielt.

In der Staatsform, die alle Macht in der frei entscheidenden Volksversammlung konzentrierte, kam dem Prozess der Willensbildung und Entscheidungsfindung in der Versammlung höchste Bedeutung zu. Redefreiheit und -recht hatten prinzipiell alle Bürger. Aber nur eine Minderheit machte davon wirklich Gebrauch, die Mehrheit blieb passiv und nahm nur ihr Abstimmungsrecht wahr. Entscheidungen kamen durch die in der Versammlung wirkenden Kräfte, die Redner und Reden, zustande. In der frühen Demokratie verschaffte dies den in Rhetorik und öffentlichem Auftreten erfahrenen Adligen Vorteile. Zunehmend wurden die entscheidenden Richtlinien der Politik nicht mehr in institutionellen Ämtern bestimmt, sondern es kam darauf an, sich immer wieder neu in der Volksversammlung und im Rat mit seinen Vorschlägen durchzusetzen. Wem dies durch Einfluss und rhetorisches Geschick häufig gelang, der galt als „Demagoge". Der Begriff besaß zunächst keinen negativen Beiklang. Perikles ist ein Beispiel dieses Politikstils: Er selbst blieb oft im Hintergrund, ließ Entscheidungen durch seine Anhänger herbeiführen und trat selbst nur in wichtigen Situationen auf (▶ M3). Gleichzeitig sicherte er seine in der Verfassung nicht vorgesehene Stellung ab, indem er regelmäßig das einzige noch durch Wahl vergebene Amt, das des Strategen, bekleidete, das dadurch zunehmend einen politischen Charakter gewann.

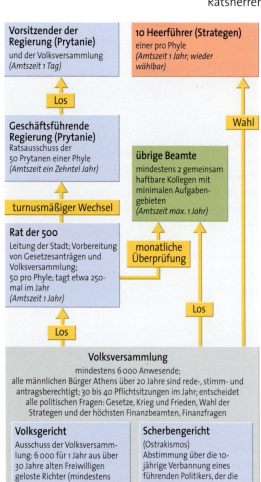

▲ **Verfassung der attischen Demokratie ab 462 v. Chr.**
- *Vergleichen Sie die Verfassung mit den Reformen Solons (siehe Seite 15 f.) und erläutern Sie die Veränderungen.*
- *Erörtern Sie Vor- und Nachteile der Verfassung.*

Wirtschaft und Gesellschaft Auf dem Höhepunkt seiner Großmachtstellung und Demokratisierung unter Perikles besaß Attika ca. 300 000 Einwohner, von denen 100 000 in Athen wohnten. Attika konnte diese Bevölkerung nicht ernähren. Athen war daher auf Getreideimporte aus Skythien, Phönizien, Ägypten und Sizilien angewiesen und ohne Kontrolle der Seewege extrem verwundbar. Der Export von Agrarprodukten war gesetzlich beschränkt. Seinen Wohlstand verdankte Athen den Silberbergwerken an der Südküste Attikas, den Zahlungen seiner Verbündeten, seiner führenden Stellung im Seehandel und einem hoch entwickelten, für den Export produzierenden Handwerk.

▲ **In einer Tongrube.**
*Tontäfelchen aus Korinth, 6. Jh. v. Chr.
Mit einer Hacke löst ein Arbeiter (Sklave?) den Ton von der Wand, ein anderer sammelt ihn in einen Korb ein, ein dritter hebt einen Korb aus der Mulde. Von oben hängt ein Wassergefäß herab.*

■ *Erklären Sie, wozu die Griechen den Ton vor allem benötigten.*

Ca. 150 000 Personen (einschließlich Frauen und Kinder) besaßen das seit 452 v. Chr. zum exklusiven Geburtsrecht erklärte Bürgerrecht. Zugang zur Volksversammlung hatten aber höchstens 50 000 wehrfähige Männer. Von ihnen stellten die als Hopliten kämpfenden oberen drei Vermögensklassen 20 000, die Theten 30 000 Mann.

Die kleine Elite der 500-Scheffler bildeten adlige Großgrundbesitzer sowie „neureiche" Großkaufleute und Besitzer von handwerklichen Großbetrieben, die mit Sklaven arbeiteten. Die Masse der Bürger umfasste die wenig vermögenden Klein- und Mittelbauern des ländlichen Attika. Trotz der Tagegelder scheuten sie die aufwändige regelmäßige Teilnahme an der Ekklesía. In ihr dominierten die vielen Kleinhandwerker, kleine Händler, Wirte und die oft als Tagelöhner lebenden Theten Athens. Sie vor allem profitierten ökonomisch von der Demokratie, die ihnen mit den Werften des Piräushafens, den von Perikles initiierten Prachtbauten und der Flotte sichere Einkünfte bot.

Handel, Gewerbe und Geistesleben der Stadt empfingen von ca. 30 000 Immigranten aus allen Teilen Griechenlands, den *Metöken* („Mitbewohner"), wichtige Impulse. Prominente Metöken fanden sich (z. B. neben dem Geschichtsschreiber *Herodot*) vor allem unter den Philosophen und Künstlern. Den politisch, aber keineswegs sozial deklassierten Nicht-Bürgern blieb die Teilnahme an der Demokratie verwehrt. Dennoch verlangte die Polis Steuern und Kriegsdienst von ihnen.

Frauen waren grundsätzlich von allen Rechten ausgeschlossen und ihr Leben lang von einem männlichen Vormund abhängig: Zunächst der Vater, nach dessen Tod der ältere Bruder und schließlich der Ehemann entschieden für sie und vertraten sie auch vor Gericht. Doch war die rechtliche und soziale Stellung der Frauen in der griechischen Staatenwelt sehr unterschiedlich ausgeprägt: Das Leben einer freien Bürgerin, einer Sklavin, der Frau eines reichen Metöken oder einer Bürgerin aus ärmerer Schicht unterlag jeweils anderen Bedingungen, über die antike Quellen jedoch kaum Auskunft geben (▶ M4). Im Privatbereich herrschte eine strikte Geschlechtertrennung vor. Männer übernahmen die Aufgaben außerhalb des Hauses wie landwirtschaftliche und handwerkliche Arbeiten sowie politische Ämter. Den Frauen waren die Aufgaben in und um Haus und Familie zugewiesen, sie konnten aber im Kult auch öffentliche, zum Teil sogar Priesterfunktionen übernehmen.

Sehr unsicher ist die Zahl der Sklaven. Sie ist auf ungefähr 120 000 Personen zu schätzen. Sklaven galten dem in Athen lehrenden Aristoteles als „beseelter Besitz". Sie waren weitgehend rechtlos und Eigentum ihres Besitzers. Die Lebensumstände der Sklaven hingen von der eigenen Tätigkeit und vom Charakter des Herrn ab. Die meisten arbeiteten als Handwerker. Auf den Großbaustellen der Akropolis verrichteten sie die gleichen Tätigkeiten wie die Theten. Besonders schwere Arbeits- und Lebensbedingungen hatten die ohne jede Perspektive sich totarbeitenden Bergwerks- und Steinbruch-

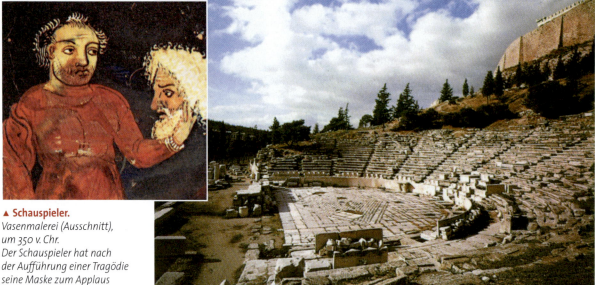

▲ **Schauspieler.**
Vasenmalerei (Ausschnitt), um 350 v. Chr.
Der Schauspieler hat nach der Aufführung einer Tragödie seine Maske zum Applaus abgenommen.

▲ **Dionysos-Theater am Südhang der Akropolis in Athen.**
Foto, um 1990.
Dramenwettbewerbe waren Bestandteil des Festes zu Ehren des Gottes Dionysos. Auf den 78 Sitzreihen fanden etwa 17 000 Zuschauer Platz. Der Bau war so geplant, dass die Darsteller auch in den hinteren Reihen – dort durften auch Frauen Platz nehmen – verstanden wurden.
■ Beurteilen Sie die politische und gesellschaftliche Bedeutung der Aufführungen.

sklaven. Sklaven in den Häusern der Reichen lebten dagegen unter relativ komfortablen Umständen. Dazu zählten sehr unterschiedlich spezialisierte Diener, vom Verwalter bis hinab zum gering geschätzten und von den Kindern oft wegen seiner Härte gefürchteten *Paidagogos* („Kinder(aus)führer").

Größe und Grenzen des demokratischen Athen ■ Der Flottenbau und die Selbstbehauptung gegen die persische Großmacht brachten Athen nicht nur den einzigartigen Durchbruch zur radikalen Demokratie. Parallel dazu entfaltete Athen in der Blütezeit des 5. Jahrhunderts v. Chr. in vielen Lebensbereichen eine beispiellose Dynamik. Mit der attischen Demokratie eng verbunden war die Einführung und Entfaltung des Theaters. *Aischylos*, *Sophokles* und *Euripides* entwickelten die Tragödie und schufen Werke, die bis heute inszeniert werden, wie die „Orestie" oder die „Antigone". Dass offene Politik- und Gesellschaftskritik in der athenischen Demokratie möglich waren, verdeutlichen die Komödien des *Aristophanes* (445-385 v. Chr.). *Thukydides* (um 460-399/96 v. Chr.) begründete die kritische Geschichtsschreibung und führte sie auf eine in der gesamten Antike nicht wieder erreichte Höhe. Die Philosophen Sokrates und Platon prägten durch ihr radikales Fragen und Denken bei ethischen und politischen Themen die Geistesgeschichte Europas.*

Das Bauprogramm auf der Akropolis, in dem Führungsanspruch und Selbstbild des demokratischen Athen ihren Niederschlag fanden, trug entscheidend zur Ausprägung des klassischen Kunststils bei, der die europäische Kunst später entscheidend beein-

* Vgl. ausführlich auf S. 10.

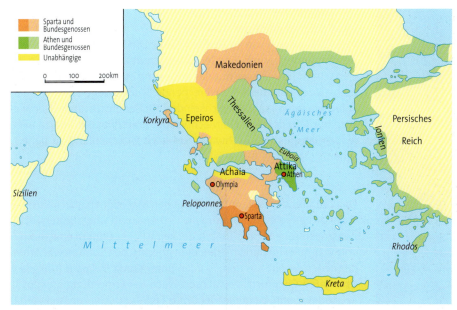

▲ Die Machtbereiche der Athener und Spartaner um 450 v. Chr.

flussen sollte. Die Finanzierung der Prachtbauten zeigt allerdings die Schattenseite der attischen Demokratie: Nach dem Sieg über das Perserreich schlossen Befreier und Befreite 478/77 v. Chr. einen Seebund gegen Persien (*Delisch-Attischer Seebund*). Die Mitglieder waren neben Athen Städte (Poleis) und Inseln des ägäischen Raums. Sie verpflichteten sich, Schiffskontingente zu stellen oder Ausgleichszahlungen zu leisten. Im Beschlussorgan des Attischen Seebundes, das auf Delos tagte, erhielt jedes Mitglied eine Stimme. Die meisten Mitglieder zogen schon bald Beitragszahlungen dem Bau, der Bemannung und dem Unterhalt eigener Trieren vor. Athen sprang in die Bresche und rüstete mit Bundesmitteln zusätzliche Schiffe aus. Dies verschob die militärischen Kräfteverhältnisse im Bund. Athen nutzte diese Entwicklung, um seine ursprüngliche Hegemonie (Führungsrolle) allmählich in eine offene Herrschaft über die Verbündeten umzuwandeln. Kriegs- und beitragsmüde Bundesgenossen wurden mit Gewalt diszipliniert und mussten noch vorhandene Schiffe ausliefern.

Das Bündnis wandelte sich durch die Politik der attischen Demokratie zu einem despotisch regierten Seereich, das die gesamte Ägäis sowie die Küsten Kleinasiens, des Bosporus und weiter Teile des Schwarzen Meeres umschloss. So demokratisch und herrschaftsfeindlich die Politik Athens auch im Innern war, anderen Städten gegenüber trat Athen als skrupelloser Tyrann auf. Es waren schließlich die Tribute der Untertanen aus dem Seereich, die die Vollendung der attischen Demokratie, die Diätenzahlungen und das glanzvolle Bauprogramm ermöglichten.

Verfall der Demokratie im Peloponnesischen Krieg

Athens schneller Aufstieg zur Seemacht steigerte das gegenseitige Misstrauen zwischen Spartanern und Athenern im Lauf des 5. Jahrhunderts v. Chr. noch weiter. Sie waren sich schon in den Perserkriegen häufig uneinig gewesen. Nun bedrohte die Außenpolitik Athens und des von ihm beherrschten Seebundes die Spartaner, die den *Peloponnesischen Bund* anführten. Sie fürchteten um ihre Unabhängigkeit. Der Machtkampf schwelte lange, ehe im Jahr 431 v. Chr. der **Peloponnesische Krieg** ausbrach, der mit Unterbrechungen 27 Jahre dauerte.

Peloponnesischer Krieg: Krieg um die Hegemonie in Griechenland zwischen Sparta, dessen militärische Stärke auf seinem Hoplitenheer beruhte, und Athen, das die Hochrüstung im Wesentlichen auf seine Flotte verlegt hatte. Die Athener schlossen sich in ihre starken Mauern ein, die mit den Langen Mauern die Verbindung zum Hafen Piräus und damit den freien Zugang zum Meer sicherten. Aufgrund der Strategie des Perikles musste die Bevölkerung Attikas, die hinter den Mauern zusammengepfercht war, jedoch bald darauf zusehen, wie ihr Land von den Spartanern verwüstet wurde. Im Jahr 430 v. Chr. brach die Pest aus und raffte mehr als ein Fünftel der Athener dahin, darunter auch Perikles, der 429 v. Chr. starb.

Erst mit der Besetzung von Athen im Jahr 404 v. Chr. errang Sparta den endgültigen Sieg. Die Demokratie wurde beseitigt und eine Kommission von 30 Männern („die Dreißig") eingesetzt, die in den folgenden Jahren eine Terrorherrschaft ausübten. Zwar lag die Herrschaft der Athener mit der Auflösung des Seebundes in Trümmern. Doch bald darauf ausbrechende Bruderkriege zwischen den Poleis brachten ständig wechselnde Koalitionen zustande. Der Niedergang Athens hatte ein Machtvakuum hinterlassen. Sparta blieb jedoch langfristig zu schwach, um ganz Griechenland zu beherrschen.

Das Zeitalter des Hellenismus

Mit den Makedonen übernahm 338 v. Chr. ein griechischer Stamm die Vorherrschaft über die zerstrittenen griechischen Stadtstaaten, der keine Polis, sondern eine Monarchie war. Auch im Bund mit anderen griechischen Städten war Athen der neuen Macht aus dem Norden unter König *Philipp II.* (um 382 v. Chr. - 336 v. Chr.) nicht gewachsen. Nach der Ermordung Philipps II. setzte sein Sohn *Alexander der Große* (356 - 323 v. Chr.) dessen Vorhaben eines Krieges gegen die Perser fort, der alle Griechen vereinen, aber auch den makedonischen Machtbereich erweitern sollte.

In einem einzigartigen Siegeszug eroberte Alexander danach das gesamte persische Gebiet. Das riesige Reich Alexanders, das von Griechenland bis zum Indus reichte und Ägypten einschloss, zerbrach jedoch rasch nach seinem frühen Tod. Seine Nachfolger (*Diadochen*) setzten die Herrschaft in fünf voneinander unabhängigen Dynastien fort, die sich unablässig in weiteren Kriegen bekämpften.

Was blieb, war die Ausbreitung der hellenistischen Zivilisation über den östlichen Mittelmeerraum und Persien. In dieser Epoche des Hellenismus (4.-1. Jahrhundert v. Chr.) überlagerten griechische Lebensformen die vorgefundenen einheimischen Kulturen. Das attische Griechisch wurde die gemeinsame Sprache (*Koiné*), die überall in der gebildeten Welt verstanden wurde. Sie war die Sprache der Diplomatie und der Wissenschaft. Über sie wurde die griechische Philosophie weitergetragen und fortgeführt, Kunst und Literatur verfeinerten sich.

Mit ihrem Ausgreifen nach dem Osten zerstörten die Römer schließlich die Diadochenreiche. Deren Kultur jedoch, die griechisch geprägt war und die man später hellenistisch nannte, überlebte und setzte sich auch im Römerreich durch.

Wiege der Demokratie?

Zwar war die Athener Demokratie nicht von Dauer, es bleibt aber die Frage: War das antike Athen die Wiege der Demokratie?

In allen großen politischen Umbrüchen der Neuzeit wie der „Glorious Revolution" in England 1688/89, der Amerikanischen Revolution 1776, der Französischen Revolution 1789 und der Oktoberrevolution 1917 in Russland erinnerten die Akteure an Athen als freiheitlichen Staat oder an die direkte Beteiligung der Bürger. Noch heute wird die „direkte" Versammlungsdemokratie der Athener unserer „indirekten" parlamentarischen Demokratie als Maßstab gegenübergestellt. Der historische Vergleich macht die Unterschiede deutlich (▶ M5). Bemerkenswert ist, dass wir bis heute Begriffe wie „Freiheit" und „Gleichheit" untersuchen, indem wir von griechischen Denkern wie Aristoteles ausgehen.

▲ **Athena besiegt den Giganten Alkyoneus.**
Ausschnitt aus dem Pergamonaltar im Berliner Pergamonmuseum, Gigantenfries, Ostseite. Foto von 2012. Der Pergamonaltar (siehe dazu auch Seite 28/29), erbaut um 170 v. Chr., war das Wahrzeichen der glanzvollen Residenzstadt Pergamon, die heute in der westlichen Türkei liegt (Bergama). In der Nachfolge Alexanders des Großen schufen sich die Attaliden im westlichen Kleinasien im 3. und 2. Jh v. Chr. ein bedeutendes Reich, das von den Römern nur indirekt beherrscht, jedoch nicht okkupiert wurde (vgl. dazu die Karte auf Seite 33).

M1 Die Herrschaft des Gesetzes

Im Jahr 594 v. Chr. beginnt der Dichter und Gesetzgeber Solon in einer wirtschaftlich und politisch schwierigen Zeit als oberster Staatsbeamter (Archont) seine Reformen. 572 v. Chr. zieht er sich aus der Politik zurück, reist viel und verfasst Dichtungen, in denen er seine Politik verteidigt:

Mir gibt das Herz den Befehl, die Athener so zu belehren:
Gilt kein Gesetz, wird viel Übel dem Staate zuteil.
5 Gilt das Gesetz, – es fügt zu schöner Ordnung das Ganze;
Die aber Unrecht tun, legt es in Fesseln zugleich.

[...]

10 Denn durch meine Macht
Hab ich Gewalt zugleich und Recht in eins gefügt,
Und redlich hab ich ausgeführt, was ich versprach.
15 Gesetze schrieb für Edle ich und Niedere,
Bestimmte jedem so das Recht, das ihm gebührt. [...]
Hätte damals ich getan,
20 Was unsere Gegner wünschten, oder hätte ich
Getan, was unsere Freunde sich von mir erhofft –
Verwaist, geprellt um manchen
25 Mann wär' diese Stadt!

Erster Text: Solon, frg. 3,30 ff.; zweiter Text: Solon frg. 24 D, 15 ff.; zitiert nach Werner Dahlheim, Die Antike. Griechenland und Rom von den Anfängen bis zur Expansion des Islam, Paderborn ⁶2002, S. 157

■ Erläutern Sie, nach welchen Grundsätzen Solon handelte.

M2 Kritik an Solon

Aristoteles berichtet in einer um die Mitte des 4. Jahrhunderts v. Chr. verfassten Schrift:

Nachdem er den Staat in der besagten Weise geordnet hatte, trat man an ihn heran und beschwerte sich über seine Gesetze. Als man die einen Bestimmungen ablehnte, nach anderen genau fragte, wollte er weder diese Dinge ändern noch

▲ **Solon.**
Athenischer Gesetzgeber, Staatsmann und Dichter. Skulptur in Form einer Herme (viereckiger, griechischer Kultpfeiler mit aufgesetzter Büste). Florenz, Galleria degli Uffizi, ohne Jahr.

durch seine Anwesenheit Hass auf sich ziehen, und unter-5 nahm daher eine Handels- und Bildungsreise nach Ägypten, nachdem er erklärt hatte, er werde innerhalb von zehn Jahren nicht zurückkehren; denn er glaube, es sei nicht gerecht, dass er bleibe und die Gesetze auslege; vielmehr solle jeder die schriftlich niedergelegten Bestimmungen befolgen. Zu-10 gleich ergab es sich auch, dass wegen seines Schuldenerlasses viele der Vornehmen eine feindliche Haltung gegen ihn eingenommen hatten und dass beide Parteien ihren Sinn geändert hatten, weil seine Regelung ihre Erwartungen nicht erfüllte. Denn das Volk hatte geglaubt, er werde alles neu 15 verteilen, die Vornehmen hingegen, er werde die frühere Ordnung wiederherstellen oder doch nur wenig ändern. Solon aber widerstand beiden Parteien (stáseis) und anstatt sich auf eine davon, auf welche er wollte, zu stützen und als Tyrann zu herrschen, nahm er es lieber in Kauf, bei beiden 20 verhasst zu werden, indem er das Vaterland rettete und als Gesetzgeber sein Bestes tat.

Aristoteles, Staat der Athener 11; zitiert nach: Hans-Joachim Gehrke und Helmuth Schneider (Hrsg.), Geschichte der Antike. Quellenband, Stuttgart 2007, S. 38

1. Erklären Sie die Reaktionen auf Solons Politik.
2. Nehmen Sie Stellung zu Aristoteles' Bewertung der Haltung Solons.

M3 „... eine Herrschaft des Ersten Mannes"

Der Athener Thukydides (um 460 - 399/96 v. Chr.) beurteilt den Politiker Perikles:

Denn solange er [Perikles] die Stadt leitete im Frieden, führte er sie mit Mäßigung und erhielt ihr ihre Sicherheit, und unter ihm wurde sie so groß, und als der Krieg ausbrach, da hatte er, wie sich zeigen lässt, auch hierfür die Kräfte richtig voraus-
5 berechnet. Er lebte dann noch zwei Jahre und sechs Monate, und nach seinem Tode wurde seine Voraussicht für den Krieg erst recht deutlich. Denn er hatte ihnen [den Athenern] gesagt, sie sollten sich nicht zersplittern, die Flotte ausbauen, ihr Reich nicht vergrößern während des Krieges und die Stadt
10 nicht aufs Spiel setzen, dann würden sie siegen. Sie aber taten von allem das Gegenteil und rissen außerdem aus persönlichem Ehrgeiz und zu persönlichem Gewinn den ganzen Staat in Unternehmungen, die mit dem Krieg ohne Zusammenhang schienen und die, falsch für Athen selbst und sei-
15 nen Bund, solange es gut ging, eher einzelnen Bürgern Ehre und Vorteil brachten, im Fehlschlag aber die Stadt für den Krieg schwächten. Das kam daher, dass er, mächtig durch sein Ansehen und seine Einsicht und in Gelddingen makellos unbeschenkbar, die Masse in Freiheit bändigte, selber führend,
20 nicht von ihr geführt, weil er nicht, um mit unsachlichen Mitteln die Macht zu erwerben, ihr zu Gefallen redete, sondern genug Ansehen hatte, ihr wohl auch im Zorn zu widersprechen. Sooft er wenigstens bemerkte, dass sie zur Unzeit sich in leichtfertiger Zuversicht überhoben, traf er sie mit
25 seiner Rede so, dass sie ängstlich wurden, und aus unbegründeter Furcht hob er sie wiederum auf und machte ihnen Mut. Es war dem Namen nach eine Volksherrschaft, in Wirklichkeit eine Herrschaft des Ersten Mannes.

Thukydides, Geschichte des Peloponnesischen Krieges, übersetzt v. G. P. Landmann, München 1991, S. 161 f.

1. Arbeiten Sie heraus, worin Thukydides die Leistung des Perikles sieht.
2. Erläutern und diskutieren Sie Thukydides' Urteil über die attische Demokratie zur Zeit des Perikles.

M4 Die Stellung der Frau

Der Historiker Werner Dahlheim beschreibt Probleme der Forschung über die Frau in der griechischen Antike:

Vor kaum lösbaren Schwierigkeiten stehen Untersuchungen, die die sozialen Unterschiede berücksichtigen wollen. Die Quellen differenzieren so nicht, und die Gelegenheiten, bei

▲ **Frauen bereiten Wolle zum Spinnen vor.**
Trinkschale, um 475 v. Chr.
Die sitzende Frau rollt die Wolle über ihr Bein.
■ Bei wohlhabenden Frauen war auch die Beschäftigung mit Künsten wie Literatur üblich. Erschließen Sie mögliche Gründe dafür.

denen sie die Frauen der unteren Schichten zu Wort kommen lassen, sind zu selten, um allgemeine Rückschlüsse zuzulas-
5 sen. Wenig Verlass ist auf die Komödie, deren Spiegel die Dinge bis zur Unkenntlichkeit verzerrt. So war es in einer Gesellschaft, die jede politische und administrative Verantwortung den Männern zuwies, bereits komisch, wenn Frauen die Bühne betraten, die diese Ordnung auf den Kopf stellten.
10 Aristophanes hatte solche Einfälle, als er in „Lysistrate" und der „Weibervolksversammlung" Frauen Pläne für den Umsturz schmieden ließ: Verschanzt auf der Akropolis verwehrten sie ihren lüsternen Männern, ihre Körper zu berühren, um so den Frieden zu erzwingen. [...]
15 Auch auf die Literaten ist wenig Verlass. Sie sprachen gerne von den häuslichen Tugenden ihrer Frauen, die – zurückgezogen in ihren Gemächern – ihren hausfraulichen Aufgaben nachgehen, die Kinder aufziehen und die edle Eigenschaft des Stillschweigens pflegen. Solche Behauptungen sind nicht
20 wörtlich zu nehmen, da sie allzu häufig ein Wunschtraum und ein Gegenbild zu Spartas Frauen waren, die im Gymnasium wie Männer trainierten und ihre Schenkel zeigten. In der Tragödie treffen Frauen große Entscheidungen, übernehmen harte Pflichten und äußern ihre Meinung pointiert und
25 vernehmbar. Es sind vor allem die Vasenbilder, die dieses Bild bestätigen und ein viel reicheres Frauenleben zeigen als das, was die Literaten so gerne als Ideal vorstellten. [...] Ein weiteres Problem kommt hinzu: Die Quellen sprechen vornehm-

lich von der Stellung der Frau in Athen. Sie lassen am deutlichsten die rechtliche Abhängigkeit von einem Vormund (meist der Vater oder Ehemann) erkennen: So konnte der Gatte nicht frei gewählt werden, und die Geschäfte, die Frauen tätigten, überwachte der Vormund. Erbberechtigt waren die Athenerinnen nicht; sie durften allenfalls als Erbtöchter das zu vererbende Familiengut an ihre Söhne weitergeben. Auf der anderen Seite waren sie persönlich frei, hatten einen rechtlichen und moralischen Anspruch auf Versorgung und genossen Klageschutz bei schlechter Behandlung. [...] Die lange gültige Vorstellung von der sozialen Bewegungslosigkeit der an das Haus gebundenen Frau ist heute aufgegeben. Ein Vergleich mit der orientalischen Haremswirtschaft scheint so weniger ergiebig als ein Blick auf die Stellung der Frauen in der europäischen frühen Neuzeit. In jedem Fall weit darüber hinaus weist die Bedeutung der Athenerin beim Vollzug der staatlichen Kulte. In bestimmten Priesterschaften und bei wichtigen Festen war ihre Rolle dominierend und unersetzbar [...].

Werner Dahlheim, Die griechisch-römische Antike, Bd. 1, Paderborn ³1997, S. 206f.

1. *Erläutern Sie die Probleme bei der Erforschung der antiken griechischen Frauengeschichte.*

2. *Recherchieren Sie, inwiefern die athenischen Frauen „ein Gegenbild zu Spartas Frauen" waren.*

3. *Beurteilen Sie die Stellung der Frau im antiken Griechenland. Vergleichen Sie mit der heutigen in Europa und in außereuropäischen Kulturkreisen.*

M5 Antike und moderne Demokratie

Der Historiker Jochen Bleicken stellt antike und moderne Demokratie einander gegenüber:

Die athenische Demokratie ist von der Vorstellung beherrscht, dass die Regierung durch möglichst viele, der Idee nach durch alle, ausgeübt werden soll. Jährlich sind ca. 1200 Bürger (500 Ratsherren, 700 Beamte) in dem Bereich tätig, den wir „Regierung" bzw. „Exekutive" nennen würden. Sowohl die Masse der Funktionäre als auch die Unselbstständigkeit aller Behörden, die von dieser Masse gebildet werden, reflektieren den Eindruck von institutionalisierter Machtlosigkeit: Den Beamtenkollegien fehlen aufgrund ihrer geringen Zuständigkeiten und der scharfen Kontrolle, der sie unterstehen, das institutionelle Gewicht und die Amtsautorität, [...] alle Funktionäre, Ratsherren wie Beamte, erfüllen eher die Aufgaben von Helfern, Vermittlern und Zuträgern als von echten Verwaltungsträgern.

Die Idee, dass in Athen die Regierungsgewalt von allen Bürgern ausgeübt werden soll, ist von der Philosophie in dem Satz von der Identität des Herrschens und Beherrschtwerdens verdichtet worden; in der Praxis des demokratischen Lebens tritt diese radikale Idee aber hinter dem Gedanken zurück, dass die Regierung schwach sein soll und kontrolliert werden muss. Entsprechende Vorstellungen sind auch der modernen Demokratie nicht fremd. Doch abgesehen davon, dass die Vertreter solcher Gedanken heute nicht von dem Perfektionismus der Athener besessen sind [...], haben sie, soweit ich sehe, kaum je die Idee vertreten, dass die machtlose die ideale Regierung sei. Sie haben öfter umgekehrt, [...] wie in den Vereinigten Staaten, die starke Regierung geradezu erstrebt (oder in Kauf genommen) und dem demokratischen Prinzip, wonach dem Volk die maßgebende Rolle im Staatsganzen zukommt, dadurch Geltung zu verschaffen gesucht, dass sie die Regierung wirksam kontrollieren und/oder ihre sachliche Zuständigkeit begrenzen wollten. [...]
In einer gegenüber der modernen Zeit eigentümlichen Weise haben die Athener auch über die Gleichheit und das Verhältnis von Freiheit und Gleichheit gedacht. Gleichheit ist in Athen politische Gleichheit; über soziale Gleichheit haben nur die Philosophen spekuliert [...]. Die Freiheit ist für die Athener in dem Gleichheitsbegriff enthalten bzw. eine Konsequenz desselben; sie bedeutet die Abwesenheit von Herrschaft und assoziiert folglich Vorstellungen wie „Ausübung der politischen Funktionen durch alle", „Kontrolle und Schwächung der Regierung" und „Rederecht für alle". „Demokratie" als die Herrschaft aller politisch Berechtigten ist darum mit Freiheit identisch. [...] „Gleichheit" konstituiert die Demokratie. „Freiheit" hat gegenüber „Gleichheit" keine eigene, auf sich beschränkte Funktion. Kaum etwas anderes kennzeichnet klarer den Abstand zur Moderne. „Freiheit" steht in der Französischen Revolution gleichrangig neben „Gleichheit"; sie ist die Absage an das Ancien Régime, und die Freiheitsrechte bedeuten die Sicherheitsgarantie gegen die Staatsgewalt. Die Freiheit hat hier Eigenwert, und sie tritt mit dem Erlebnis der Massendemokratie dann als eigenständige Größe zunehmend in einen Gegensatz zur Gleichheit [...].

Jochen Bleicken, Die athenische Demokratie, München ⁴1995, S. 429 ff.

1. *Erarbeiten Sie, worin Bleicken die Hauptprinzipien der athenischen Demokratie und worin er die wesentlichen Unterschiede zur modernen Demokratie sieht.*

2. *Suchen Sie nach „gemeinsamen Nennern" beider Formen der Demokratie.*

3. *Diskutieren Sie, welche Stärken und Schwächen der modernen Demokratie beim Vergleich mit der athenischen Demokratie deutlich werden.*

Die athenische „demokratía" – Muster unserer heutigen Demokratie?

Die Geschichtswissenschaft ruft uns stets ins Bewusstsein, dass die jeweilige Gegenwart eine weit zurückreichende kulturelle wie politische Prägung aufweist. Um sich in dieser Gegenwart orientieren zu können, müssen wir dieses Erbe aber bewusst wahrnehmen und es erkennen, denn es ist uns nicht natürlich angeboren.

Der Begriff „Demokratie" stammt aus der politischen Ideenwelt der griechischen Antike und leitet sich von „kratos", d.h. „Herrschaft", und „demos", d.h. „Volk", ab. Die Demokratie ist tief als Fundament in den heutigen europäischen Staatsverfassungen verwurzelt.

Doch stellt die griechische Idee der „Isonomie", d.h. die Gleichheit der Bürger bei politischen Entscheidungen, wirklich ein Muster der heutigen Demokratie dar? Und unterscheiden sich die antiken Vorstellungen von heutigen Auffassungen? Vertreter der Geschichts- wie der Politikwissenschaft haben diese Fragen kontrovers beantwortet.

M1 Demosherrschaft in Athen

Wolfgang Schuller, Professor für Alte Geschichte an der Universität Konstanz, wägt ab, welche Aspekte zur Bewertung der athenischen Demokratie berücksichtigt werden müssen:

Nimmt man nun noch hinzu, dass die athenische Demokratie nur zum geringeren Teil durch eigenständige Bestrebungen des Demos errungen war, sondern dass die Schritte auf dem Wege dahin teils aus Adelsrivalitäten resultierten, teils Rück-
5 wirkungen außenpolitischer Faktoren, insbesondere des Seebundes, waren, und vergegenwärtigt man sich, dass auch in der voll entwickelten Demokratie die Normalzahl von gut 6000 Teilnehmern an der Volksversammlung in Relation zu der Gesamtbevölkerung in der Größenordnung von 30 000
10 gesehen werden muss, dass überhaupt die politischen Entscheidungen nicht nur in einem „rationalen Diskurs" in der Volksversammlung fielen, sondern dass es Absprachen und Führungspersönlichkeiten gab sowie die aus (nicht demokratisierbarer) unterschiedlicher Bildung und Erziehung resul-
15 tierende unterschiedliche Fähigkeit, in der Volksversammlung sich verständlich zu machen und selber zu verstehen – dann liegt das Verdikt nahe, es habe sich gar nicht um eine Demokratie gehandelt.

Aber diese Einwände übersehen, dass es bei der Entstehung
20 der Demokratie außer eigene Ziele verfolgenden Adligen auch einen Demos gegeben hat, dessen Unterstützung damit gewonnen wurde, dass man ihn zunehmend an der Herrschaft beteiligte, ein Ziel also, das jedenfalls von einem aktiven Teil der Bevölkerung angestrebt worden sein muss. Er
25 übersieht weiter, dass die Beteiligten selber – und zwar alle, sowohl die Angehörigen des Demos wie die seine Herrschaft Kritisierenden – von Demokratia, also von Demosherrschaft sprachen und die Demokratie damit zutreffend von den vorherigen Regierungsformen des Adels- und des Hoplitenstaates unterschieden. Dass Frauen keine politischen Rechte ha- 30
ben, ist weiter ein Faktum, das vor dem 20. Jahrhundert n. Chr. überall eine politische Selbstverständlichkeit war, und dass Personen, die das Bürgerrecht einer staatlichen Gemeinschaft nicht besitzen, demgemäß von der politischen Mitwirkung ausgeschlossen sind, ist ja kein ganz abwegiger 35 Gedanke.

Das Messen der athenischen Demokratie an einem Ideal der uneingeschränkten und gleichen real ausgeübten Mitwirkung aller Bewohner eines Territoriums ist also unhistorisch. Schließlich wird übersehen, dass, selbst wenn man das doch 40 tun will, der Grad der Partizipation, wie er in Athen innerhalb der gegebenen Gesellschaftsstruktur (und trotz der großen räumlichen Entfernungen in Attika) erreicht war und jahrhundertelang erfolgreich angedauert hat, in der bisherigen Menschheitsgeschichte nie wieder verwirklicht worden ist. 45

Wolfgang Schuller, Griechische Geschichte (Oldenbourg Grundriss der Geschichte), München 2002, S. 38 f.

M2 Zustimmung, aber keine Mitbestimmung

Urs Marti, Professor für Politikwissenschaften und politische Philosophie an der Universität Zürich, bewertet die athenische Demokratie:

Gemäß der Auffassung, die sich in Athen im fünften vorchristlichen Jahrhundert durchgesetzt hat, ist Demokratie eine Verfassung, in der das Volk die beratende und
5 gesetzgebende Gewalt, die entscheidende und verordnende Gewalt sowie die Gerichtsgewalt ausübt. […] Tatsächlich ist Athen während knapp zwei Jahrhunderten, von den Reformen des Kleisthenes
10 (509-507) bis zur endgültigen Unterwerfung der griechischen Stadtstaaten durch Makedonien (322), über längere Zeitspannen hinweg, unterbrochen durch militärische Besetzungen und oligarchische Regimes, eine Demokratie gewesen. […]
15 Vieles jedoch ist an dieser Ordnung, an modernen Maßstäben gemessen, nicht demokratisch. Der Bürgerstatus steht nur freien Männern zu, die waffenfähig sind, Steuern zahlen und deren Eltern beide aus Attika stammen. Nach Schätzungen hatte Attika im fünften und vierten Jahrhundert mindes-
20 tens zweihunderttausend Einwohner, die Anzahl der Bürger betrug hingegen lediglich zwanzig- bis vierzigtausend. Frauen, Sklaven und Zugewanderte bleiben ausgeschlossen. Die Bürger sind nicht vollständig gleich, sondern in Zensusklassen – also nach Maßgabe ihres Vermögens – aufgeteilt,
25 denen unterschiedliche politische Rechte zukommen. Überdies werden die Entscheidungen von einer kleinen Minderheit getroffen, genau besehen kann das Volk in seiner Mehrheit einer Politik zwar zustimmen, aber es kann nicht wirklich mitbestimmen, es lässt sich, wie zeitgenössische Kritiker
30 eingewendet haben, von Demagogen leicht beeinflussen und wird von skrupellosen Führern für deren eigene Interessen instrumentalisiert. Zu erwähnen ist schließlich, dass Athen in der demokratischen Periode eine kriegerische und imperialistische Macht gewesen ist. Die athenische Demo-
35 kratie beruht, so lässt sich sagen, auf einer Externalisierung der Herrschaft […]. Frei und tendenziell gleich sind die Bürger Athens; herrschaftsunterworfen sind in unterschiedlichem Grad Frauen, Sklaven, Metöken, das heißt ortsansässige Fremde ohne politische Rechte, sowie Bewohner der erober-
40 ten Gebiete.

Urs Marti, Demokratie. Das uneingelöste Versprechen, Zürich 2006, S. 83 ff.

▲ Die Pnyx mit Rednertribüne, in klassischer Zeit Ort der athenischen Volksversammlung.
Undatiertes Foto.

M3 Eine Kulturbildung der Freiheit

Christian Meier, Professor für Alte Geschichte an der Ludwig-Maximilians-Universität München, nimmt Stellung:

Meine These ist, daß mit den Griechen etwas ganz Neues in der Weltgeschichte kam und daß dies zentral zu dem gehört, was Europa seitdem, zumindest für zweieinhalb Jahrtausende ausgezeichnet hat. In einer höchst wechselvollen Geschichte. […] Das Neue, das mit den Griechen in die Welt kam, 5 war eine Kulturbildung ohne irgend nennenswert prägende Rolle einer Monarchie, grob gesagt: eine Kulturbildung der Freiheit statt der Herrschaft. […] Auch religiöse Instanzen spielten in diesem Zusammenhang keine nennenswerte Rolle. Nie haben Priesterschaften bei den Griechen Macht 10 ausgeübt.

Christian Meier, Die griechisch-römische Tradition, in: Hans Joas und Klaus Wiegandt (Hrsg.), Die kulturellen Werte Europas, Frankfurt am Main 2005, S. 96-98

1. *Zeigen Sie anhand von M1 und M2 die Kontroverse auf.*
2. *Überprüfen Sie die Stellungnahmen M1 und M2 anhand der Informationen im Darstellungstext auf Seite 15-22 (Sachurteil).*
3. *Arbeiten Sie die Kriterien heraus, nach denen die Historiker in M1 und M2 urteilen (Werturteil).*
4. *Die athenische Demokratie – Muster der Demokratie? Nehmen Sie unter Bezug auf M3 Stellung.*

Geschichte vor Ort

Das Pergamonmuseum als außerschulischer Lernort

Zur Baugeschichte des Museums Geplant von Alfred Messel, der 1909 verstarb, errichtete Ludwig Hoffmann zwischen 1910 und 1930 das imposante Gebäude im Zentrum Berlins. Zuvor hatte an gleicher Stelle bereits ein kleineres Pergamonmuseum gestanden, das 1901 eröffnet und 1909 wieder geschlossen und abgerissen worden war. Im Zweiten Weltkrieg wurde das 1930 neu eröffnete, große Pergamonmuseum schwer beschädigt, wichtige Museumsbestände wurden zudem in die Sowjetunion verbracht. So war etwa der Pergamonaltar für das Publikum erst ab 1959 wieder zugänglich.

Die Sammlungen Das Pergamonmuseum umfasst weit mehr als den berühmten Fries, nach dem es benannt wurde: Neben der Antikensammlung befinden sich darin auch das Vorderasiatische Museum sowie das Museum für Islamische Kunst. Während in der Antikensammlung Architekturelemente, Kunstgegenstände etc. aus der hellenistischen Zeit (4. bis 1. Jahrhundert v. Chr.) sowie Denkmäler der römischen Kaiserzeit aus dem 1. bis 3. Jahrhundert n. Chr. gezeigt werden, sind die Sammlungsgegenstände des Vorderasiatischen Museums weit älter; sie stammen aus dem 4. bis 1. Jahrtausend v. Chr. Die größte Epoche umspannen die Sammlungen des Museums für Islamische Kunst, sie reichen von der Spätantike bis in die Moderne.

Der Pergamonaltar – ein Highlight auf der Berliner Museumsinsel Neben dem Markttor von Milet, der Mschatta-Fassade und dem Ischtar-Tor ist der Pergamonaltar für viele Besucher des Pergamonmuseums die Hauptattraktion. Erschaffen um 170 v. Chr. zeigt der Fries den Kampf der olympischen Götter gegen die Giganten, Söhne der Erde, die gegen die göttliche Ordnung aufbegehren.

Internettipps
- http://freunde-islamische-kunst-pergamonmuseum.de
- http://hv.spk-berlin.de/deutsch/einrichtungen/museen/pergamonmuseum.php
- http://www.smb.museum/smb/standorte/index.php?lang=de&objID=27&p=2

Literaturtipps
- Martin Maischberger (Hrsg.), Pergamonmuseum Berlin, München/London/New York und Staatliche Museen zu Berlin – Stiftung Preußischer Kulturbesitz 2011
- Pergamon: Panorama der antiken Metropole. Begleitbuch zur Ausstellung, für die Antikensammlung der Staatlichen Museen zu Berlin herausgegeben von Ralf Grüßinger, Ingrid Geske und Andreas Scholl, Petersberg ²2012

Filmtipp
- Zeitreise nach Pergamon. Dokumentarfilm von Konrad Herrmann und Torsten Hilscher, 30 min. Erstausstrahlung am 5. November 2011 im rbb.

Vor dem Besuch
- Informieren Sie sich (im Internet, in der Bibliothek) über a) die Geschichte des Pergamonmuseums, b) die dort gezeigten Ausstellungen und c) den griechischen Mythos, der im Fries des Pergamonaltars verarbeitet wurde.
- Verständigen Sie sich darüber, ob Sie alle Ausstellungen des Pergamonmuseums besuchen möchten oder ob Sie sich auf eine der Sammlungen konzentrieren wollen.

Vor Ort
- Informieren Sie sich (arbeitsteilig) über eine der drei Sammlungen des Pergamonmuseums: Wann und wie kamen die ausgestellten Objekte nach Berlin? Welche Objekte sind zu sehen und wie werden diese im Museum präsentiert? Welche Informationen bieten Erschließungshilfen wie Faltblätter, Texttafeln, Ausstellungskataloge oder der Audioguide? Machen Sie sich Notizen und fotografieren Sie.
- Bei einer Konzentration auf die Antikensammlung: Bilden Sie Teams und beschäftigen Sie sich ausführlich mit a) dem Saal der hellenistischen Architektur, b) dem Pergamonaltar, c) dem Telephosfries oder d) dem Saal der römischen Architektur.

Nach dem Besuch
- Berichten und diskutieren Sie im Plenum über die Inszenierung von Geschichte im Pergamonmuseum und über die unterschiedliche Gestaltung der Ausstellungen.
- Wählen Sie ein Ausstellungsobjekt und stellen Sie es Ihren Mitschülern in Form einer PowerPoint-Präsentation vor.
- Im Museum wird Geschichte als Zustand, nicht als Ereignis präsentiert. Diskutieren Sie diese These.

M Der Mythos Pergamon

Christina Tilmann erinnert im Jahr 2011 anlässlich einer neu eröffneten Ausstellung über die Kultur und Geschichte der antiken Metropole Pergamon, heute Bergama in der Türkei, an die Entstehungsgeschichte des Museums:

Olympia und Pergamon, das waren die beiden Großbaustellen der deutschen Archäologie im Kaiserreich. 1875 hatte man in Olympia zu graben begonnen, 1878 in Pergamon. [...] Die ersten Friese der Gigantomachie[1] wurden der Berliner Öffent-
5 lichkeit 1879 in der Rotunde des Alten Museums präsentiert, provisorisch vor die dort stehenden Statuen platziert. Bis sie 1901 in einem ersten, von Fritz Wolff entworfenen Interimsmuseum hinter dem Neuen Museum komplett gezeigt werden konnten, sollten noch weitere zwanzig Jahre vergehen.
10 Bis dahin war vor allem der Fries mit dem Kampf zwischen Göttern und Giganten durch Ferienkurse, Abgüsse, Wandtafeln und Gipse längst Gegenstand der schulischen und universitären Bildung geworden.
Die Pergamon-Begeisterung war von Anfang an groß. Der
15 Mythos einer spätantiken Stadt, die sich mit einzigartiger Pracht innerhalb kürzester Zeit auf spektakulärer Terrassenlage an der kleinasiatischen Küste erstreckt und einen selbstbewussten Gegenentwurf zum klassischen Athen bildet, ließ sich für das renommiersüchtige wilhelminische Deutschland
20 bestens verwerten. [...] Der Stolz, mit dem der von dem Archäologen Carl Humann auf dem Burgberg zutage geförderte Skulpturenschatz in Berlin begrüßt wurde, zeugt von Antikensehnsucht und Antikenbegeisterung – aber auch von einem gehörigen Minderwertigkeitskomplex gegenüber
25 anderen Nationen. Denn in der Archäologie, wie bei Kolonien und Absatzmärkten, fand sich das wilhelminische Deutschland von seinen Nachbarn hoffnungslos abgehängt. Längst waren die europäischen Konkurrenten in Griechenland fündig geworden, der Parthenon-Fries, den der britische Bot-
30 schafter in Konstantinopel, Thomas Bruce Earl of Elgin, schon Anfang des 19. Jahrhunderts aus Athen nach London verbracht hatte, war seit 1848 Hauptattraktion im British Museum. Vom Louvre und seinen Schätzen ganz zu schweigen. Umso dringlicher der deutsche Wunsch, die europäischen
35 Konkurrenten wenn schon nicht an Bedeutung, so doch an Masse zu übertreffen. Ab den 1870er-Jahren sammelt man in Berlin geradezu manisch antike Großarchitekturen, je größer und spektakulärer desto besser. Unter Kaiser Wilhelm II. verlagert sich das Interesse nach Vorderasien, der Mythos Baby-
40 lon löst den Mythos Pergamon ab. Die Prozessionsstraße samt Ischtar-Tor, die Robert Koldewey nach Berlin brachte, die monumentale Mschatta-Fassade, die Sultan Abdülhamid II. 1903 Wilhelm II. schenkte, das Markttor von Milet, sie alle plante man in dem seit 1906 geplanten Großmuseum auf der Museumsinsel zu präsentieren.
45 Die Freude an Vergegenwärtigung und Anschaulichkeit [...] fand ihren Widerhall in einer illusionistischen Architekturfassung, die die antiken Funde durchschreitbar und greifbar machen wollte. Den Pergamonaltar, Herz und Kernstück des neuen, 1930 eröffneten Museums, präsentierte Alfred Messel
50 dabei nicht mit seiner Schauseite, der Ostfassade, sondern in einer kühnen Umkehrung mit einer Rekonstruktion der Westseite samt monumentaler Treppenanlage. Mit dieser bis heute erhaltenen und seit der Restaurierung 2004 wieder in
55 altem Glanz erstrahlenden Architektur-Rekonstruktion ist das Berliner Pergamonmuseum tatsächlich einzigartig.

Christina Tilmann, Pergamon – Grabungsglück und Kaiserwahn, in: Der Tagesspiegel vom 26. September 2011 (http://www.tagesspiegel.de/kultur/ausstellung-pergamon-grabungsglueck-und-kaiserwahn/4661458.html, Zugriff vom 7. Januar 2013)

▲ **Die Rekonstruktion des Markttors von Milet (Westwand).**
Foto von 2012.
Links und rechts des Mitteldurchgangs befinden sich fragmentarische Kolossalstatuen. Davor wurde ein Orpheus-Mosaik aus Milet in den Boden eingelassen.

1. *Untersuchen Sie, inwiefern der Bau des Pergamonmuseums Ausdruck der zeitgenössischen Politik war.*
2. *Erklären Sie, was die Autorin mit Blick auf die Inszenierung der Antiken im Pergamonmuseum mit einer „illusionistischen Architekturfassung" (Zeile 47 f.) meint. Nehmen Sie dafür auch die Abbildung zu Hilfe.*

[1] Gigantomachie: Kampf der Giganten gegen Zeus

Die Römische Republik

Roms Anfänge Mit seiner rund tausendjährigen Geschichte, die sich in sechs **Epochen** unterteilen lässt, prägt das Römische Reich bis heute die Kultur Europas. Den Ausgangspunkt bildete eine kleine Siedlung, die im 11. Jahrhundert v. Chr. an einer strategisch günstigen Stelle am Tiber entstand. Könige aus dem Volk der *Etrusker* fassten in der ersten Hälfte des 6. Jahrhunderts v. Chr. den losen Siedlungsverband zu einem Stadtstaat zusammen und gaben ihm mit der Anlage des Forums als Markt- und Versammlungsplatz einen religiösen, politischen und wirtschaftlichen Mittelpunkt. Tempel, Häuser aus Stein und die erste Kanalisation wurden errichtet und die Stadt mit einer Mauer umgeben. Ein etruskischer König übte die Herrschaft aus. Ihn beriet der *Senat*, ein Ältestenrat aus den Sippenhäuptern der meist latinischen Adelsfamilien. Das von der römischen Geschichtsschreibung überlieferte Datum 21. April 753 v. Chr. mit dem Gründerkönig Romulus gehört demnach ins Reich der Legenden.

▲ **Aus der Gründungssage Roms.**
Münze, Anfang des 2. Jh. v. Chr.
- Recherchieren Sie die Gründungssage Roms und benennen Sie die Hauptakteure.
- Beschreiben Sie die abgebildete Szene. Welcher Augenblick der Sage ist dargestellt?

Grundlagen der römischen Gesellschaft Die römische Gesellschaft setzte sich aus einer kleinen grundbesitzenden Elite, den *Patriziern* (lat. patres: „die Väter"), und einer wesentlich größeren Gruppe römischer Bürger, den *Plebejern* (lat. plebs: „die Menge"), zusammen. Das Patriziat bestand aus den Oberhäuptern der reichen grundbesitzenden Familien, den *patres familias*. Zur römischen „familia" gehörten nicht nur Eltern und Kinder, sondern alle Generationen einer Familie mit Sklaven und Freigelassenen.

Die Plebejer waren persönlich frei. Sie besaßen zwar anfangs keine politischen Mitbestimmungsrechte, aber später waren sie zur Volksversammlung zugelassen, in der der Adel und die vermögenden, zum Wehrdienst als Hopliten fähigen Bürger dominierten. Die Plebejer betätigten sich als Kleinbauern, Kleinhändler, Handwerker und Tagelöhner. Von ihrem Verdienst konnten sie meist gerade so überleben. Da sich das Patriziat streng abkapselte, wurden selbst von außen zuziehende Adelsfamilien, von wenigen Ausnahmen abgesehen, den Plebejern zugerechnet.

Sklaven gehörten nicht zu den römischen Bürgern. Sie waren meist Kriegsgefangene und galten rechtlich nicht als Person, sondern als Sache. Einige arbeiteten für ihre Besitzer im Bergbau oder auf Feldern. Bessergestellte Sklaven verrichteten Tätigkeiten als Köche, Handwerker, Ärzte und Lehrer. Das römische Bürgerrecht erwarben sie erst bei ihrer Freilassung. Sie standen dann allerdings immer noch auf der niedrigsten sozialen Stufe der Bürgerschaft, blieben ihren Herren durch Dienstleistungen verpflichtet und hatten ihnen Gehorsam zu leisten.

Epochen der römischen Geschichte: Die Geschichte Roms wird meist in sechs Epochen unterteilt:
- Königszeit: 8.-6. Jh. v. Chr.
- Frühe Republik: ca. 500 - 340 v. Chr.
- Mittlere Republik: 340 - 133 v. Chr.
- Späte Republik („Revolutionszeit"): 133 - 30 v. Chr.
- Kaiserzeit (Prinzipat): 30 v. Chr. - 284 n. Chr.
- Spätantike: 284 - 476 oder 565 n. Chr.

Das Ende der Antike ist dabei nicht exakt zu datieren, die Übergänge zum Frühmittelalter sind fließend. Wichtige Einschnitte stellen die Absetzung des letzten weströmischen Kaisers Romulus Augustulus (476 n. Chr.) und die Erneuerung des Römischen Reiches unter Justinian (527 - 565 n. Chr.) dar.

Von der Monarchie zur Adelsrepublik Um 500 v. Chr. vertrieb das Patriziat den letzten etruskischen König und errichtete eine Adelsrepublik. Zwar verband Patrizier und Plebejer eine feste soziale Treuebeziehung, das *Klientelwesen**. Doch der Herrschaft des Patriziats drohten zwei Gefahren. So wollte die Plebs eine Machtbeteiligung und eine Demokratisierung erreichen. Gefährlicher waren jedoch die Bestrebungen einzelner Patrizier, sich an die Spitze des Gemeinwesens zu stellen. Denn die grundbesitzende Aristokratie insgesamt wollte ihre Herrschaft bewahren. Sie konnte aber die Staatsgewalt und die unterschiedlichen Regierungsgeschäfte nicht als Gruppe ausüben. Die Aristokraten mussten die Macht also delegieren, jedoch ihren Missbrauch zugleich verhindern.

* Siehe S. 32.

Die Verfassung der Republik ■ Die Aristokratie übertrug die Staatsgewalt demgemäß einer vierstufigen Beamtenhierarchie, der Magistratur. An deren Spitze standen zwei *Konsuln*. Sie waren mit dem Imperium, der fast unumschränkten zivilen und militärischen Höchstgewalt, ausgestattet. Auch beriefen und leiteten sie Volksversammlungen und Senatssitzungen und führten das Heer. Den anderen Beamten gegenüber besaßen sie ein Weisungs-, dem Amtskollegen gegenüber ein Blockaderecht. Dies sowie die Beschränkung der Amtszeit auf ein Jahr (*Annuität*) setzten ihrer Macht Grenzen.

Verließen die Konsuln die Stadt, fiel die Staatsleitung an die sonst für die Rechtsprechung zuständigen *Prätoren*. Die nachgeordneten *Ädilen* kümmerten sich um Märkte, Tempel und öffentliche Ordnung; die *Quästoren* verwalteten die Staatskasse. Die hohen Staatsämter konnten nur in einer bestimmten Reihenfolge (*cursus honorum*) und mit einem festgesetzten Mindestalter übernommen werden. Der Weg zum Konsulat, das frühestens mit 43 Jahren bekleidet werden durfte, führte zunächst über das Amt eines Quästors (ab 30 Jahre), dann eines Prätors (ab 40 Jahre). In der Regel konnte man sich erst nach zehn Jahren zum zweiten Mal um das Konsulat bewerben.

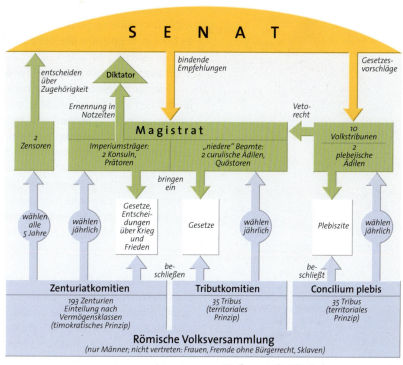

▲ **Verfassung der Römischen Republik ab 250 v. Chr.**

Rechtlich bildete der Senat in der Republik nicht mehr als eine Versammlung von ca. 300 ehemaligen Amtsträgern. Faktisch war er jedoch jahrhundertelang das unumstrittene Machtzentrum der Republik. Seine Entscheidungen repräsentierten die versammelte Autorität aller Adelsgeschlechter sowie die politische Erfahrung aller jemals politisch Verantwortlichen.

Der Senat besetzte die Geschworenengerichte und er bestimmte die Steuersätze für die Bürger und für die Bewohner der dauerhaft unterworfenen Gebiete (*Provinzen**). Ferner empfing er ausländische Gesandtschaften, verhandelte mit ihnen und schloss Verträge mit fremden Staaten. Die Senatoren entschieden, wie viele Truppen im Kriegsfall ausgehoben und eingesetzt werden sollten. Sie ernannten auch die Oberkommandierenden und gewährten einen Triumph für den siegreichen Feldherrn. Schließlich konnte der Senat in Krisensituationen den Staatsnotstand erklären und den Konsul beauftragen, mit allen Mitteln die Sicherheit wiederherzustellen. Wenn beide Konsuln beispielsweise auf einem Feldzug umkamen, konnte der Senat einen *Zwischenkönig* (*interrex*) berufen, der umgehend die Wahl der Nachfolger leitete. Drohte Gefahr für den Staat, durfte der Konsul im Auftrag des Senats für sechs Monate einen *Diktator* ernennen. Dieser besaß unbeschränkte Vollmachten und konnte nach eigenem Ermessen alle Maßnahmen treffen, um den Notstand zu beseitigen. Der Diktator ernannte bei seinem Amtsantritt einen Reiteroberst als seinen Vertreter bei Abwesenheit. Der Reiterführer war die rechte Hand des Diktators und der nächsthöhere Beamte. Er war außerdem berechtigt, ähnlich wie ein Prätor, Truppen anzuführen.

* Siehe S. 34.

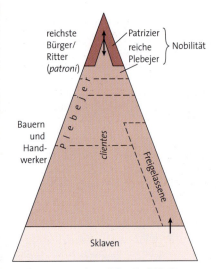

▲ **Die sozialen Verhältnisse in der Republik.**
Nach: Louis de Blois und Robert J. van der Spek, Einführung in die Alte Welt, Stuttgart 1994, S. 127 (leicht verändert)

Mittellose römische Bauern und Handwerker, aber auch freigelassene Sklaven unterstellten sich als Klienten (lat. clientes: „Schutzbefohlene") dem Schutz eines gesellschaftlich höhergestellten und materiell bessergestellten Patrons (lat. patronus: „Schutzherr"). Unter dem Klientelwesen verstand man ein Treueverhältnis auf Gegenseitigkeit. Der Patron schützte seine Klienten vor sozialer Not, vertrat sie vor Gericht und in der Politik. Dagegen verpflichteten sich die Klienten, den Patron bei seinen Geschäften zu unterstützen.

■ Erklären Sie anhand des Schaubildes die Beziehungen zwischen den Bevölkerungsgruppen der römischen Gesellschaft. Gehen Sie dabei auf die Mengen- und möglichen Machtverhältnisse zwischen den einzelnen Gruppen ein.
■ Arbeiten Sie den Durchlässigkeitsgrad der Gesellschaft heraus.

Ein „Rat" des Senats (*Senatus consultum*) besaß für Magistrate die Qualität eines kritik- und widerspruchslos auszuführenden Befehls. Wagten sie dennoch dem Senat zu trotzen, blieb ihnen die weitere Ämterlaufbahn verschlossen und die Streichung von der Senatsliste war ihnen sicher. Diese Liste revidierten alle fünf Jahre zwei aus den ehemaligen Konsuln gewählte *Zensoren*.

Formal bildeten Volk und Volksversammlungen ein starkes Gegengewicht gegen die adligen Senatoren und Magistrate, indem sie über Krieg und Frieden, die Gesetze und Magistratswahlen entschieden. Tatsächlich kontrollierte der Senat über die Magistrate aber auch die Volksversammlungen. Abstimmungen erfolgten ohne Diskussion. Missfiel dem Magistrat das sich abzeichnende Abstimmungsergebnis, konnte er die Versammlung ohne Ergebnis auflösen. In der Praxis drohte das allerdings selten. In der wichtigsten Versammlung, den aus der alten Heeresversammlung hervorgegangenen *Zenturiatkomitien*, von denen unter anderem Zensoren, Konsuln und Prätoren gewählt wurden, stellte eine kleine Minderheit aus Adligen und vermögenden Plebejern 98 von 193 Stimmabteilungen (▶ M1).

Die Ständekämpfe ■ Der Adel nutzte sein Machtmonopol in der frühen Republik, um sich Vorteile bei der Landverteilung zu sichern und viele Plebejer in die Schuldknechtschaft herabzudrücken, die der Sklaverei gleich kam. Da die plebejische Mittelschicht aber als Rückgrat der Hoplitenphalanx unersetzlich war, stiegen ihr Selbstbewusstsein und ihr Unwille über die drückende Adelsherrschaft.

Der politische und soziale Gegensatz zwischen der kleinen Schicht des großgrundbesitzenden Adels und der großen Menge der Plebejer führte zu Auseinandersetzungen, die sich mehr als zwei Jahrhunderte hinzogen (*Ständekämpfe*). In deren Verlauf konnten die Plebejer eine fast vollständige Gleichstellung mit den Patriziern erreichen. Sie schufen sich eigene Organe, die später auch von den Patriziern anerkannt wurden. Seit 450 v. Chr. wurden jährlich zehn *Volkstribune* gewählt (▶ M2). Sie leiteten die Volksversammlung der Plebejer (*concilium plebis*). Dort wurden *Plebiszite* (Volksbeschlüsse) gefasst.

In den Ständekämpfen erzwang die Plebs mit Wehrdienstverweigerung und Streiks schrittweise die Abschaffung der sozialen, rechtlichen und politischen Privilegien des Patriziats. Um 450 v. Chr. machte zunächst die Veröffentlichung des *Zwölf-Tafel-Gesetzes* das Recht für Plebejer kontrollier- und einklagbar. Es sollte die Plebejer vor der Willkür der Patrizier schützen und blieb über Jahrhunderte die einzige Gesetzessammlung. Die auf dem Forum Romanum aufgestellten zwölf Tafeln enthielten u.a. Angaben zum Ablauf eines Prozesses, zum Familien- und Erbrecht, zum Vertragsrecht sowie zu Strafverfahren und Strafrecht. Nachdem damit die Patrizier das Monopol auf Rechtskenntnis verloren hatten, fiel um 445 v. Chr. die soziale Schranke des Heiratsverbots zwischen den Ständen. 367 v. Chr. erreichten die Plebejer den Zugang zum Konsulat, 326 v. Chr. wurde die Schuldknechtschaft aufgehoben. Es folgten 287 v. Chr. die Anerkennung der Volkstribunen als Magistrate (Staatsbeamte) und 287 v. Chr. der Plesbizite als Staatsgesetze (*lex Hortensia*).

Das Patriziat schloss also Kompromisse, erhielt aber prinzipiell die Adelsherrschaft. Es fand in den führenden Plebejerfamilien Verbündete. Gemeinsam mit der plebejischen Elite verschmolz es zu einem neuen Adel, der *Nobilität* (lat. nobilitas: „die Namhaften"). Sie stand an der Spitze der Gesellschaft und lenkte die Geschicke Roms. Die Autorität dieser adligen Führungsschicht, die aus 20 bis 30 führenden Großfamilien bestand, beruhte endgültig nicht mehr auf dem Vorrecht der Geburt, sondern auf der Machtstellung, die sie durch die Bekleidung hoher Staatsämter innehatte. Im Laufe der Zeit schloss

▶ **Die Ausdehnung des Römischen Reiches, 510 v. Chr. bis 133 v. Chr.**

Als die Römer im 3. Jahrhundert v. Chr. große Teile Italiens unterworfen hatten, begann das Ringen um die Vorherrschaft im Mittelmeerraum. Die Kämpfe gegen Makedonien, Sizilien und Karthago begannen 264 v. Chr. und zogen sich bis etwa 133 v. Chr. hin. Obwohl Rom im Ersten Punischen Krieg (264-241 v. Chr.) den westlichen Mittelmeerraum und Sizilien erobern konnte, bauten die Karthager ihre Herrschaft auf der spanischen Halbinsel aus. Unter Hannibal zogen die Karthager im Zweiten Punischen Krieg (218-201 v. Chr.) gegen Rom; in der Schlacht bei Cannae erlitten die Römer die schlimmste Niederlage ihrer Geschichte: etwa 60 000 Mann starben. Hannibal gelang es jedoch nicht, Italien dauerhaft zu kontrollieren. Nachdem der römische Feldherr Scipio das karthagische Spanien für Rom erobert hatte

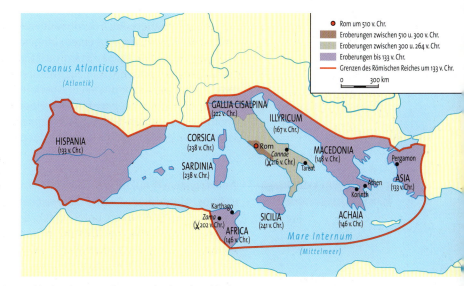

und vor Karthago stand, blieb Hannibal keine andere Wahl, als Italien zu verlassen und sich in der Schlacht bei Zama dem Herausforderer zu stellen. Scipio siegte und Karthago musste alle Außengebiete einschließlich Spanien an Rom abtreten, fast seine gesamte Flotte ausliefern und hohe Wiedergutmachungen zahlen. Im Dritten Punischen Krieg (150-146 v. Chr.) wurde Karthago schließlich vollständig zerstört.

- *Nennen Sie die heutigen Staaten, die ganz oder teilweise auf ehemals römischem Gebiet liegen.*
- *Bilden Sie Hypothesen zu folgenden Fragen:*
  - *a) Welche Ursachen hatte die römische Expansion?*
  - *b) Welche Anforderungen an die Römische Republik ergeben sich durch die Expansion?*
  - *c) Wer sind die Gewinner und die Verlierer der Expansion?*

sich die Nobilität immer stärker gegen aufstrebende Konkurrenten ab. Diese „neuen Männer" (*homines novi*) besaßen keine Vorfahren aus der Nobilität und mussten außerordentliche Fähigkeiten vorweisen, um überhaupt in ein hohes Amt gewählt zu werden (▶ M3). Nur reiche und angesehene, oft mit adligen Familien verwandte Bürger besaßen die Voraussetzung, diesen Karrieresprung zu vollziehen.

Die Expansion der Republik Von ca. 400 bis 129 v. Chr. errichtete die Stadtrepublik Rom in einer beispiellosen Expansion ein den Mittelmeerraum umfassendes Weltreich. Dessen Aufbau gliederte sich in drei Regionen: Von 400 bis 272 v. Chr. unterwarf Rom die Apenninenhalbinsel. Von 264 bis 201 v. Chr. eroberte es im Ringen mit der nordafrikanischen Handelsrepublik Karthago das westliche Mittelmeer und bis 129 v. Chr. große Teile des hellenistisch geprägten östlichen Mittelmeerraumes. Das Mittelmeer war dadurch zum Meer Roms geworden, zum *mare nostrum* (dt. „unser Meer"). Aus der Sicht der Zeitgenossen waren die Römer damit zur Weltmacht aufgestiegen, weit und breit gab es über Jahrhunderte keinen Staat, der ihre Vorherrschaft bedrohen konnte – das *Imperium Romanum* (dt. „Römisches Weltreich") war geboren.

Herrschaft in Italien Die Römer lebten auf der italienischen Halbinsel nicht allein. Sie waren von verschiedenen Stämmen eingekreist und mussten sich mehrmals gegen die Angriffe ihrer Nachbarn verteidigen. Rom entwickelte verschiedene Formen der Herrschaftsausübung in Italien, um sich gegen seine Feinde erfolgreich behaupten zu können. Die benachbarten Latiner wurden bis 338 v. Chr. völlig in den römischen

Stadtstaat integriert. Auch Städte anderer Völker Italiens nahm Rom später in seinen Staatsverband auf, aber mit einem Bürgerrecht zweiter Klasse ohne politische Rechte.

Die meisten Städte und Stämme Italiens wurden nach ihrer Unterwerfung autonome *Bundesgenossen* (*socii*). Sie mussten sich durch unkündbare Bündnisverträge jeweils einzeln an Rom binden und verloren ihre außenpolitische Souveränität. Bündnisse mit Dritten blieben nur der Hegemonialmacht Rom gestattet. Auf Roms Anordnung mussten festgelegte Truppenkontingente gestellt werden. Befestigte *Militärkolonien* dienten zur Kontrolle der neuen Verbündeten.

Provinzsystem Außerhalb Italiens behandelte Rom Besiegte als steuerpflichtige und rechtlose Untertanen. Deren Städte blieben begrenzt autonom, wurden aber den Weisungen eines Statthalters unterworfen, der jeweils für eine größere Region – Provinz genannt – zuständig war. Dessen militärische und zivile Macht war nahezu unbeschränkt. Sie unterlag anders als die der Magistrate keiner Kontrolle durch den Senat oder Amtskollegen. Es war zwar möglich, gegen die Ausbeutung durch einen Statthalter zu klagen, dafür musste aber erst ein geeigneter Anwalt, der für die Interessen der Provinz eintrat, gefunden werden. Da Statthalter kein reguläres römisches Staatsamt bekleideten, aber für einen Magistrat („pro magistratu") und mit dessen Amtsgewalt handelten, hießen sie *Promagistrate* und fungierten zum Teil auch als Heerführer.

Zur Minimierung des Verwaltungsapparates verzichtete Rom auf die staatliche Erhebung der Provinzialsteuern. Die Zensoren verpachteten das Recht zum Steuereinzug in einzelnen Provinzen gegen Höchstgebot an private Pachtgesellschaften. Die Steuerpächter (*publicani*) zahlten der Staatskasse im Voraus feste Summen und trieben dann Steuern nach eigenem Gutdünken ein. Die Differenz zwischen Pacht und Einnahmen ergab ihren Gewinn. Der war oft ungeheuer, da die Statthalter schamloser Ausbeutung selten Schranken setzten.

Jahr	Fläche
nach 500	822 km²
396	1510 km²
340	1902 km²
338	5289 km²
298	7600 km²
290	14000 km²
280	17390 km²
264	24000 km²
180	55000 km²

▲ **Ausdehnung des römischen Herrschaftsgebietes bis 180 v. Chr.**
Nach: Boris Dreyer, Die Innenpolitik der römischen Republik 264-133 v. Chr., Darmstadt 2006, S. 90 (gekürzt)

- *Beschreiben Sie die Statistik.*
- *Arbeiten Sie heraus, welche materialkritischen Aspekte (Skalierung, Ermittlung der Daten, Aussagekraft) zu beachten sind.*
- *Stellen Sie die Daten in einem Linien-/Kurvendiagramm dar.*
- *Erklären Sie, welche Rückschlüsse sich aus der Analyse der Statistik auf die Situation in Rom und in den von Rom beherrschten Gebieten ziehen lassen.*

Rückwirkungen der Expansion Die Sachzwänge der fernen Eroberungskriege und der Provinzialverwaltung erforderten bald die Verlängerung der Promagistraturen. Damit wurde auch das zweite fundamentale Verfassungsprinzip, die Beschränkung der Amtszeit, durchbrochen. Konsulat und Prätur verkamen im Lauf der Expansion zunehmend zum Sprungbrett für anschließende lukrative Promagistraturen. Feldherren und Statthaltern eröffneten sich ungeheure Möglichkeiten der Bereicherung. Große militärische Leistungen verschafften unvergleichbares Prestige. Nobiles, die als Promagistrate – im Osten gottähnliche – Verehrung und schrankenlose Macht genossen hatten, ließen sich nach Ablauf ihrer Kommandos zunehmend schwerer in den Senat integrieren. Dort wartete auf sie oft eine neiderfüllte Mehrheit. Denn dort hatten viele den Weg zu Macht, Reichtum und Ruhm durch Ämter (Prätur und Konsulat) nie erreicht. Die wachsende Ungleichheit untergrub ab 200 v. Chr. zunehmend Zusammenhalt und Machtbalance des Adels und damit die Fundamente seiner Herrschaft.

Spätere soziale Spannungen hatten ihren Ursprung auch in dem Grundsatz, dass Geldgeschäfte nicht mit dem Ethos und der Würde der Nobilität vereinbar waren. Dementsprechend legte die *lex Claudia* von 218 v. Chr. ein Verbot von Steuer- und Handelsgeschäften für diesen Stand fest. Der Teil der Oberschicht, der weiter Geldgeschäfte betreiben wollte, gehörte fortan dem von politischen Karrieren ausgeschlossenen *Ritterstand* an. Die lex Claudia zwang Senatoren, in landwirtschaftlichen Besitz zu investieren. Sicherheit und Ansehen dieser Anlage zogen auch die Ritter an. Beide Gruppen setzten dabei auf eine mit Sklaven betriebene Gutswirtschaft mit ausgedehnter

Weidewirtschaft und intensivem Wein- und Olivenanbau. Seit Roms Feldherren im 2. Jahrhundert zunehmend zu Massenversklavungen schritten, um ihre Kassen zu füllen, herrschte kein Mangel an Sklaven als billigen Arbeitskräften.

Den Kleinbauern bereitete der oft jahrelange Kriegsdienst außerhalb Italiens schwere Probleme. Daraus resultierende Verschuldung und offene Gewalt der Gutsbesitzer zwangen immer mehr von ihnen zur Aufgabe. So endeten viele stolze Eroberer der Mittelmeerwelt am Ende in den elenden Reihen der besitzlosen und von staatlicher Getreideversorgung lebenden stadtrömischen *Proletarier*. Das barg sozialen Sprengstoff und gefährdete zudem Roms militärische Macht. Da nur wehrpflichtig war, wer ein Mindestvermögen für die Anschaffung der Waffen besaß, gingen der Weltmacht gegen Ende des 2. Jahrhunderts v. Chr. zusehends die Rekruten aus.

Filmtipp:
Rom. TV-Serie von Michael Apted, 2005. Die Serie zeichnet die Geschehnisse vom Vorabend des Bürgerkriegs (siehe Seite 36) bis zur Machtübernahme des Augustus in einer fiktiven Geschichte nach.

Agrar- und Heeresreform Im Jahr 133 v. Chr. legte der Nobilis *Tiberius Gracchus* als Volkstribun Vorschläge für eine Agrarreform zur Lösung des Kleinbauern- und Militärproblems vor. Großgrundbesitz sollte grundsätzlich auf 125 Hektar beschränkt, darüber hinausgehender Besitz an Proletarier ausgegeben werden. Als führende Nobiles einen Senatsbeschluss und das Veto eines anderen Tribunen gegen das Vorhaben erwirkten, griff Tiberius zum doppelten Verfassungsbruch: Er setzte seinen gegnerischen Tribunkollegen per Volksbeschluss ab und brachte gegen alle Regeln seine Wiederwahl durch. Senatorische Gegner ließen Tiberius daraufhin ermorden. Dessen ungeachtet knüpfte sein Bruder *Gaius* 123 v. Chr. an Tiberius' Politik an (▶ M4). Um sich abzusichern, übertrug er die Entscheidung über Todesurteile per Gesetz exklusiv der Volksversammlung. Dagegen reklamierte der Senat das Recht, den Staatsnotstand zu erklären und die Konsuln zur Tötung erklärter Staatsfeinde – auch ohne Gerichtsurteil – zu ermächtigen. Als der Senat diesen Beschluss gegen Gaius fasste, wählte der den Freitod.

Die Auseinandersetzung um die Gracchischen Reformversuche spaltete die Nobilität dauerhaft in zwei Gruppen. Die *Optimaten* (lat. optimus: „der Beste") wollten die herkömmliche Ordnung und den Senat als einzig legitimen Ort für politische Entscheidungen bewahren. Die *Popularen* (lat. populus: „das Volk") suchten dagegen ihre Ziele als Tribunen oder Konsuln gegen die Senatsmehrheit mit Volksbeschlüssen durchzusetzen.

Gegen den Willen des Senats löste der Populare *Gaius Marius* als Konsul (ab 104 v. Chr.) Roms Rekrutenproblem durch eine grundlegende Heeresreform. Er rekrutierte besitzlose Proletarier als Berufssoldaten, rüstete sie mit Staatsmitteln aus und band sie mit Soldzahlungen und Bauernhöfen als Entlassungsprämien nach Ablauf der 16-jährigen Militärzeit als Heeresklientel fest an den Feldherrn. Das verschaffte ehrgeizigen Generälen ein neues, auch innenpolitisch einsetzbares Machtpotenzial.

Das Ende der Republik Ersten Gebrauch davon machte der Optimat und Konsul *Sulla*, der im Dauerkonflikt von Popularen und Optimaten zweimal zum Mittel des Staatsstreichs griff. 88 v. Chr. sicherte Sulla sich und seinen Legionen damit die Führung eines Krieges im Osten, der reiche Beute versprach. Bei seiner Rückkehr 82 v. Chr. erzwang der zum Staatsfeind erklärte Sulla seine dauerhafte Ernennung zum Diktator „für die Neuordnung der Republik" (▶ M5). Diese bestand aus der faktischen Abschaffung des Volkstribunats und der Ermordung seiner Gegner. Dem Terror seiner *Proskriptionen* (öffentliche Listen mit Namen von Todeskandidaten) fielen ca. 1700 Senatoren und Ritter zum Opfer. 79 v. Chr. hielt Sulla die Optimatenherrschaft für dauerhaft gesichert

▲ **Träger eines Legionsadlers.** *Bronzestatue von einer Pferderüstung, 1. Jh. n. Chr. Zur Heeresreform des Marius gehörte auch eine Vereinheitlichung der Feldzeichen. So wurde der Adler – das Zeichen Jupiters – alleiniges Erkennungszeichen der Legion.*

◀ **„Caesars Ermordung."**
Gemälde (149 x 238 cm) von Karl Theodor von Piloty, 1865 - 1867.
In der dargestellten Szene fleht der Senator Lucius Tillius Cimber Caesar mit einem Bittgesuch um Gnade für seinen verbannten Bruder an. Als Caesar ablehnt, zerrt ihm Cimber die Toga von der Schulter – das verabredete Zeichen für die anderen Attentäter.

- Beschreiben Sie den Bildaufbau und die einzelnen Bildelemente.
- Analysieren Sie, mit welchen gestalterischen Mitteln die Wirkung des Gemäldes erzeugt wird. Warum hat Piloty gerade diesen Moment der Ereignisse gewählt?
- Caesars Ermordung ist je nach der politischen Einstellung der Interpreten schon immer kontrovers gedeutet worden. Erläutern Sie, welche Aussageabsichten und Geschichtsdeutungen des Malers in dem Gemälde deutlich werden.

Caesar (Gaius Iulius C., 100 - 44 v. Chr.): römischer Feldherr und Staatsmann. Als Statthalter von Provinzen in Oberitalien und Gallien unterwarf er zwischen 58 und 51 v. Chr. alle nicht schon mit Rom verbundenen gallischen Völker. Er begann 49 einen Bürgerkrieg, um seine Machtansprüche durchzusetzen. Ab 48 v. Chr. wurde er zum Diktator ernannt, 44 v. Chr. von Angehörigen des Senats ermordet. „Caesar" wurde zum Beinamen, später zum Titelbestandteil der römischen Kaiser.

Octavian, später **Augustus** (63 v. Chr. - 14 n. Chr.): Großneffe Caesars, der ihn zum Erben eingesetzt hatte. Octavian begründete nach 31 v. Chr. in Rom den Prinzipat. 27 v. Chr. verlieh ihm der Senat wegen seiner Verdienste (Friedenssicherung) den Ehrentitel „Augustus" (der „Erhabene"). Der Monat August wurde nach ihm benannt. Die meisten späteren Kaiser übernahmen die Bezeichnung „Augustus" in ihren Kaisertitel.

und legte die Diktatur nieder. Der politische Dammbruch, den er ausgelöst hatte, war jedoch irreparabel.

Sullas Ordnung wurde durch ein 60 v. Chr. geschlossenes Bündnis dreier führender Nobiles zerstört. **Caesar**, der Führer der Popularen, *Pompeius*, der vom Senat enttäuschte Patron der größten Heeresklientel, und *Crassus*, der reichste Römer seiner Zeit, verabredeten, „es solle nichts geschehen, was einem der drei missfiele". Die Macht des „Drei-Männer-Bundes" (*Triumvirat*) beruhte auf Caesars Rückhalt bei der Plebs, Pompeius' Feldherrenruhm sowie Crassus' Finanzen. Dem vermochte der Senat nichts entgegenzusetzen. Die Triumvirn sicherten sich für ein Jahrzehnt Roms wichtigste Statthalterschaften und alle Legionen.

Als Crassus 52 v. Chr. bei einem Kriegszug fiel und Pompeius sich auf die Seite des Senats schlug, da er auf Caesars Eroberungen in Gallien eifersüchtig war, zerbrach das Triumvirat. Am 1. Januar 49 v. Chr. forderte der Senat vom Prokonsul Caesar, sein Heer aufzulösen und als Privatmann nach Rom zurückzukehren. Dies hätte Caesars politisches Ende bedeutet. Als Caesar nahe stehende Volkstribunen dagegen ihr Veto einlegten, rief der Senat den Staatsnotstand aus. Caesar reagierte, indem er seine Legionen nach Italien und in den Bürgerkrieg führte. Nach vier Jahren hatte der aufständische Prokonsul jeden Widerstand unterdrückt. Anders als Sulla schonte er seine Gegner, hatte jedoch keine Absicht, die ihm übertragene unbegrenzte Diktatur jemals wieder aus den Händen zu geben. Als sich alle Hoffnungen auf eine Wiederherstellung der Senatsherrschaft zerschlugen, bildete sich eine schlagkräftige Opposition. 60 Verschwörer aus deren Reihen ermordeten Caesar am 15. März 44 v. Chr. während einer Senatssitzung.

Doch ihr unrealistischer Traum von der Wiederherstellung der Republik durch Mord verflüchtigte sich rasch. Caesars Generäle *Antonius* und *Lepidus* verbündeten sich mit Caesars 19-jährigem Adoptivsohn **Octavian** zum *2. Triumvirat*, einer kaum bemäntelten Militärdiktatur (▶ M6). Ihre innenpolitischen Gegner schalteten sie wie Sulla mit Proskriptionen und Bürgerkrieg aus. Am Ende duellierten sich die Sieger in einem weiteren Bürgerkrieg. Die Entscheidung fiel nach fast 14 Jahren Bürgerkrieg 31 v. Chr. in der Seeschlacht bei Aktium an der Küste Griechenlands zugunsten Octavians. Damit war die Revolutionszeit der Römischen Republik beendet und die Zeit der römischen Kaiser begann.

M1 Die „gemischte Verfassung"

Der griechische Geschichtsschreiber Polybios (um 200 - um 120 v. Chr.), der mit etwa 30 Jahren nach Rom verschleppt worden ist, beschreibt die Verfassung der Römischen Republik so:

So gerecht und angemessen aber [...] waren die Rollen verteilt und wurden in diesem Zusammenspiel die politischen Aufgaben gelöst, dass auch von den Einheimischen niemand mit Bestimmtheit hätte sagen können, ob das Gemeinwesen
5 aristokratisch, demokratisch oder monarchisch war. [...] Denn wenn man seinen Blick auf die Amtsgewalt der Konsuln richtete, erschien das Gemeinwesen vollkommen monarchisch und königlich, wenn auf die des Senats, wiederum aristokratisch, und wenn man auf die Machtfülle der Menge sah,
10 schien sie unzweifelhaft demokratisch. [...]
Obwohl jeder der drei Teile solche Macht hat, einander zu schaden oder zu helfen, so besitzen sie doch in allen kritischen Situationen eine solche Übereinstimmung, dass man unmöglich ein besseres politisches System finden kann.
15 Denn wenn eine von außen her sie alle gemeinsam bedrohende Gefahr zum gemeinsamen Handeln und zur Zusammenarbeit zwingt, dann entfaltet dieses Gemeinwesen eine solche Kraft, dass weder eine notwendige Maßnahme versäumt wird, denn alle wetteifern miteinander, Mittel zu
20 ersinnen und das Unheil abzuwehren, noch die Ausführung eines Beschlusses zu spät kommt, da alle zusammen und jeder Einzelne Hand anlegt, um das Beabsichtigte durchzuführen. Daher ist dieses Gemeinwesen dank seiner eigentümlichen Verfassung unwiderstehlich, und es erreicht alles,
25 was es sich vorgesetzt hat. Wenn sie dann aber nach Abwendung der äußeren Gefahren im Genuss des Reichtums, den ihre Erfolge ihnen eingebracht haben, im Überfluss leben und, von Schmeichlern oder durch eigene Sorglosigkeit verführt, hochmütig und stolz werden, wie dies so zu geschehen
30 pflegt, da kann man erst richtig erkennen, wie diese Verfassung durch sich selbst ein Heilmittel dagegen findet. Denn wenn einer der drei Teile die ihm gezogenen Grenzen überschreitet und sich eine größere Macht anmaßt, als ihm zusteht, dann erweist sich der Vorteil dessen, dass keiner der
35 Teile für sich besteht, sondern von den anderen zurückgehalten und in seinen Plänen gehindert werden kann und ein Gegengewicht hat; keiner der Teile kann in seiner Macht zu sehr wachsen, keiner kann die anderen Teile verachten. Alle bleiben in dem gewohnten Zustand, und jedes aggressive
40 Vorgehen wird gehindert, und von Beginn an fürchtet der eine den Widerstand der anderen.

Polybios, Historien 6, 11 ff., zitiert nach: Hans-Joachim Gehrke und Helmuth Schneider (Hrsg.), Geschichte in der Antike. Quellenband, Stuttgart 2007, S. 215 f. und 218 (übersetzt nach H. Drexler)

1. Polybios bezeichnet die politische Ordnung Roms als „gemischte Verfassung". Erklären Sie diese Aussage.
2. Beurteilen Sie Polybios' Einschätzung der römischen Verfassung. Gehen Sie hierbei besonders auf seine Darstellung des Zusammenwirkens der Institutionen ein.
3. Der Historiker Fergus Millar deutet die Verfassung der Römischen Republik als Demokratie. Nehmen Sie Stellung zu dieser These.

M2 „Sich mit Füßen treten lassen"

Der griechische Schriftsteller Plutarch (siehe Seite 39, M4) äußert sich über das Amt des Volkstribuns:

Man glaubt, dass das Tribunat eher etwas ist, das das Amt zügelt und diesem entgegengesetzt ist, als ein wirkliches Amt. Denn seine Befugnis und Gewalt besteht darin, der Gewalt eines Beamten entgegenzutreten und ihre allzu große Befugnis zu beschneiden. [...] Da das Tribunat seinen 5
Ursprung vom Volke ableitet, ist das Volkselement in ihm stark, und es ist von großer Bedeutung, dass der Tribun nicht gegenüber den andern überheblich ist, sondern sich im Auftreten, in Kleidung und Lebensweise den gewöhnlichen Bürgern angleicht. Würde steht dem Konsul und Prätor an, der 10
Tribun aber muss [...] sich „mit Füßen treten lassen", darf keine stolze Miene zeigen, nicht schwer zugänglich noch barsch dem Volke gegenüber sein. [...] Daher ist es Brauch, dass die Tür seines Hauses nie verschlossen ist, sondern offen bleibt, Tag wie Nacht, wie ein Hafen und eine Zuflucht für alle, 15
die der Hilfe bedürfen. Je mehr er aber in seinem Auftreten sich erniedrigt, umso mehr steigert sich seine Macht [...], und durch die Ehre, die man ihm zollt, wird seine Person hochheilig und unverletzlich.

Plutarch, Röm. Fragen 81 (283), zitiert nach: Walter Arend (Bearb.), Altertum, Geschichte in Quellen, München ³1978, S. 412 (übersetzt von Walter Arend)

1. Beschreiben Sie die Rolle der Volkstribune nach Plutarch.
2. Arbeiten Sie die Unterschiede zwischen dem Volkstribunat und anderen „ordentlichen" Ämtern heraus.
3. Charakterisieren Sie, welches Konfliktpotenzial zwischen Volkstribunat und den ordentlichen Magistraturen besteht.
4. Das Amt des Volkstribuns wurde zunehmend von Mitgliedern der Nobilität (siehe Seite 32 f.) besetzt. Beurteilen Sie diese Entwicklung aus Sicht der unterschiedlichen gesellschaftlichen Gruppen der Römischen Republik.

M3 Ratschläge an einen homo novus

Der aus dem Ritterstand stammende Politiker Quintus Tullius Cicero (102–43 v. Chr.) erteilt seinem älteren Bruder Marcus Tullius Cicero Ratschläge für die Bewerbung um das Amt des Konsuls. In einem Brief aus dem Jahre 64 v. Chr. heißt es:

Bedenke, um welche Bürgerschaft es sich handelt, worum du dich bewirbst und wer du bist. Jeden Tag musst du dir, wenn du zum Forum hinuntergehst, dies klarmachen: „Ich bin ein Neuling [homo novus]; ich bewerbe mich um das Consulat, es handelt sich um Rom."

Die Neuheit deines Namens wirst du unschwer durch deinen Ruhm als Redner ausgleichen. Schon immer hat die Beredsamkeit eine besondere Würde verliehen; wer für würdig befunden wird, Consulare[1] vor Gericht zu verteidigen, kann nicht für unwürdig gehalten werden, selbst Consul zu werden. [...]

Ferner achte darauf, dass die große Zahl deiner Freunde und ihr Rang in Erscheinung tritt; du hast auf deiner Seite, was nur wenige homines novi gehabt haben: alle Steuerpächter [publicani], fast den gesamten ordo equester[2], zahlreiche dir ergebene Landstädte, viele Menschen jeden Standes, die du verteidigt hast, [...] dazu sehr viele Jünglinge, die mit dir durch das Studium der Redekunst verbunden sind; Tag für Tag sind die Freunde in großer Zahl präsent. Dies alles musst du festhalten, indem du ermahnst und bittest und auf jede Weise die Leute zu der Einsicht zu bringen suchst, dass es keine andere Gelegenheit mehr geben wird für diejenigen, die dir verpflichtet sind, sich dir erkenntlich zu zeigen, und für diejenigen, die etwas von dir wollen, sich dir zu verpflichten.

Auch dürfte einem homo novus das Wohlwollen der Nobiles und am meisten das der Consulare helfen; es ist nützlich, gerade von denen der Stellung und des Ranges für wert gehalten zu werden, deren Rang und Würden du erlangen willst. [...]

Außerdem musst du dich um die Jünglinge aus der Nobilität bemühen, um sie für dich zu gewinnen oder um sie zu halten, wenn sie dir bereits gewogen sind; auf diese Weise wird dein Ansehen erheblich gefördert werden. Sehr viele hast du bereits auf deiner Seite; lass sie wissen, welchen Wert du auf sie legst! [...]

Sehr hilfreich ist für dich angesichts deiner Herkunft aus einer Familie ohne Vorfahren im Senat überdies der Umstand, dass unter den Nobiles, die sich mit dir bewerben, keiner zu behaupten wagt, es sei geradezu selbstverständlich, dass ihnen die Zugehörigkeit zur Nobilität mehr nütze, als dir deine Fähigkeiten. [...]

[...] [A]ber es gibt viele, die dir es neiden; denn als Mann, der aus dem Stand der equites [Ritter] stammt, erstrebst du die höchste Stellung im Gemeinwesen, und es ist gerade insofern die höchste Stellung, als dieses Amt einem tapferen, redegewandten, unbescholtenen Mann viel mehr Ansehen einbringt als jedem anderen.

[...] Und gerade diejenigen, die aus consularischen Familien stammen, die aber die Stellung ihrer Vorfahren nicht erreicht haben, beneiden dich, wie ich vermute, es sei denn, der eine oder andere besitzt eine große Wertschätzung für dich. Auch die homines novi unter den Prätoriern, soweit sie sich nicht durch eine von dir erwiesene Wohltat verpflichtet fühlen, wollen nicht, glaube ich, dass du sie an Ehre übertriffst. [...] Auch ist bei dieser Bewerbung wesentlich darauf zu achten, dass die Republik [res publica] ihre Hoffnung auf dich setzt und Ehrenvolles erwartet. Allerdings solltest du während deiner Bewerbung weder im Senat noch in der Volksversammlung zu politischen Tagesereignissen Stellung nehmen, du solltest vielmehr Folgendes dir zur Regel machen: Der Senat muss aufgrund deiner Lebensführung glauben, dass du für seine Autorität eintreten wirst, die equites [Ritter] sowie die guten und reichen Bürger müssen angesichts deines bisherigen Lebens glauben, dass du dich um Ruhe [otium] und friedliche Verhältnisse bemühen wirst, die Menge [multitudo] muss aufgrund der Tatsache, dass du in deinen Äußerungen in den Volksversammlungen [contiones] und vor Gericht als Mann des Volkes aufgetreten bist, glauben, dass du ihren Interessen nicht ablehnend gegenüberstehst.

Quintus Tullius Cicero, Denkschrift über die Bewerbung 2-7, 13, 53, zitiert nach: Hans-Joachim Gehrke und Helmuth Schneider (Hrsg.), a.a.O., S. 252-254 (übersetzt nach Helmut Kasten)

---

[1] Consulare: ehemalige Konsuln
[2] ordo equester: Gemeint ist hier der Ritterstand. Reiche und angesehene, oft mit adligen Familien verwandte römische Bürger konnten sich aufgrund ihres Vermögens im Kriegsfall ein Pferd und teure Waffen leisten, sie wurden daher Ritter (equites) genannt. Ein Teil von ihnen wartete auf die Gelegenheit, in ein hohes Amt und in die Nobilität aufgenommen zu werden. Andere waren Großkaufleute, Großunternehmer, Bankiers, Reeder oder Gutsbesitzer und hielten sich von der aktiven Politik fern.

---

1. *Analysieren Sie M3 in Gruppenarbeit hinsichtlich*
   a) der Eigenschaften des Bewerbers,
   b) der Rolle von Freunden und der Nobilität,
   c) der Bedeutung des öffentlichen Ansehens,
   d) der Bedeutung der Konkurrenz.

2. *Arbeiten Sie aus dem Text das Selbstverständnis der Nobilität heraus.*

3. *Erläutern Sie ausgehend vom Text, welche Voraussetzungen und Strategien notwendig waren, um in Rom in die Führungsschicht aufzusteigen.*

4. Nehmen Sie Stellung dazu, welche der von Quintus Tullius Cicero empfohlenen Strategien für einen politischen oder gesellschaftlichen Aufstieg in der Gegenwart illegal oder nur moralisch angreifbar wären. Erläutern Sie die auftretenden Differenzen vor dem Hintergrund der damaligen bzw. gegenwärtigen Wertevorstellungen.

M4 „Herren der Welt werden sie genannt …"

Der griechische Schriftsteller Plutarch (46-125) ist vor allem durch seine Biografien bedeutender Griechen und Römer bekannt geworden. In dem Kapitel über Tiberius und Gaius Gracchus untersucht er die Ursachen der Agrarkrisen und die Gründe der gracchischen Reformbewegung:

Die Römer pflegten das Land, das sie ihren Nachbarn im Kriege abnahmen, zum einen Teil zu verkaufen, zum andern in Staatsbesitz überzuführen und dann bedürftigen Bürgern oder solchen ohne eigenen Boden gegen eine geringe Abgabe an die Staatskasse zur Nutzung zu überlassen. Als jedoch die Reichen anfingen, den Pachtzins in die Höhe zu treiben und die Armen von ihrer Scholle zu verdrängen, wurde ein Gesetz erlassen, welches bestimmte, dass niemand mehr als fünfhundert Morgen Land besitzen dürfe. Für kurze Zeit tat diese Vorschrift der Habgier Einhalt und half den Armen, welche auf den gepachteten Höfen blieben und den Anteil des staatlichen Bodens bewirtschafteten, den sie von jeher besessen hatten. Später aber brachten die reichen Nachbarn durch vorgeschobene Mittelsmänner die Pachtverträge in ihre Hände und verwalteten schließlich das meiste ganz offen als eigenen Besitz. Aus ihren Heimwesen gejagt, taten die Armen ihre Soldatenpflicht nur noch mit Widerwillen und zeigten auch keine Lust mehr, Kinder großzuziehen, sodass ganz Italien binnen Kurzem die freie Bevölkerung zurückgehen sah, während das Land sich mit den Kasernen ausländischer Sklaven bedeckte, welche nunmehr die Ländereien bestellten, aus denen die Reichen ihre Mitbürger vertrieben hatten. [...]

Sein Bruder Gaius indes berichtet in einer Schrift, Tiberius habe, als er auf dem Weg nach Numantia durch Etrurien kam, das verödete Land gesehen und die aus der Fremde eingeführten Sklaven, welche die Felder bestellten und das Vieh weideten. Da zuerst sei der Entschluss in ihm gereift zu jener Politik, welche ihnen beiden Leiden ohne Zahl bringen sollte. [...]

Tiberius [...] sprach: „Die wilden Tiere, welche in Italien hausen, haben ihre Höhle, jedes weiß, wo es sich hinlegen, wo es sich verkriechen kann – die Männer aber, die für Italien kämpfen und sterben, sie haben nichts außer Luft und Licht. Heimatlos, gehetzt irren sie mit Weib und Kind durch das Land. Die Feldherren lügen, wenn sie in der Schlacht die Soldaten aufrufen, für ihre Gräber und Heiligtümer sich zu wehren gegen den Feind, denn von all diesen Römern besitzt keiner einen Altar, den er vom Vater ererbt, keiner ein Grab, in dem seine Vorfahren ruhen, vielmehr kämpfen und streben sie für anderer Wohlleben und Reichtum. Herren der Welt werden sie genannt und haben nicht eine Scholle Land zu eigen."

Walter Wuhrmann, Tiberius und Gaius Gracchus, in: Konrat Ziegler, Plutarch. Große Griechen und Römer, Bd. VI, Zürich 1965, S. 243 ff.

1. Beschreiben Sie die Gründe der gracchischen Reformen. Woran scheiterten sie letztlich?
2. Erläutern Sie auf Basis Ihrer Vorkenntnisse, warum Tiberius Gracchus das Amt des Volkstribunen wählte, um seine Reformvorhaben durchzusetzen.
3. Diskutieren Sie, ob die Reformen des Tiberius eher eine Machtfrage oder eine Rechtsfrage gewesen sind.
4. Erörtern Sie, ob man die Reformen als „konservativ" bezeichnen kann.

M5 Sullas Diktatur 82-79 v. Chr.

Appian (ca. 95-165), der griechischer Abstammung ist und in der kaiserlichen Verwaltung eine steile Karriere gemacht hat, schildert in den „Bürgerkriegen" den ab 133 v. Chr. beginnenden Untergang der Römischen Republik:

So war denn Sulla in der Tat König oder Tyrann, nicht gewählt, sondern aufgrund von Macht und Gewalt.[1] Er brauchte nur noch den Schein einer Wahl und auch das brachte er auf folgende Weise zustande: Die römischen Könige wurden in alten Zeiten ob ihrer Tüchtigkeit bestellt. Wenn einer starb, dann übten Senatoren, einer nach dem anderen, jeweils fünf Tage lang die königliche Gewalt aus, bis das Volk einen anderen als König billigte. Diesen Fünftageherrscher hieß man Interrex [d.h. „Zwischenkönig"]. Die Konsulwahlen wurden hingegen von den jeweils abtretenden Konsul geleitet, und wenn zufällig einmal kein Konsul vorhanden war, so wurde auch dann [dafür] ein Interrex bestellt [...].

Dieses Herkommen machte sich nun Sulla zunutze, weil es eben zurzeit keinen Konsul gab; so entfernte sich Sulla irgendwie unbemerkt aus [Rom] und gab dem Senat Weisung, einen Interrex zu wählen. Die Senatoren wählten daraufhin den Valerius Flaccus in der Hoffnung, dass in Bälde Konsular-

---

[1] Sulla hatte nach seiner Rückkehr aus dem Osten die regierenden Konsuln mit seinem Heer gestürzt.

◀ **Lucius Cornelius Sulla (um 138/34 – 78 v. Chr.).** *Porträtbüste, um 100 v. Chr.*
■ *Arbeiten Sie heraus, welchen Eindruck von Sullas Charakter die Büste erweckt.*

M6 Frauen in Rom

Der folgende Bericht Appians zeigt eine Episode des letzten Bürgerkrieges. 43 v. Chr. beschwert sich Hortensia, Wortführerin von ca. 1400 vornehmen Römerinnen, auf dem Forum bei den Triumvirn Octavian, Lepidus und Antonius über die Besteuerung ihres Vermögens zur Finanzierung des Krieges gegen die Caesarmörder:

„Ihr habt uns bereits unsere Väter, Männer und Brüder entrissen, unter der Beschuldigung, dass sie euch Unrecht getan hätten. Nehmt ihr uns dazu auch noch das Vermögen, so zwingt ihr uns zu Unanständigkeiten, die unsere Abkunft, unsere Lebensweise und unsere Weiblichkeit entehren. Behauptet ihr, auch von uns wie von den Männern beleidigt zu sein, dann ächtet uns ebenso wie jene! Wenn wir Frauen aber keinen von euch zum Feind erklärt, keinem seine Behausung zerstört, keinem das Heer verführt haben, gegen keinen zu Felde gezogen sind, wenn wir keinem bei Erlangung eines Amtes oder einer Ehre in den Weg traten: Warum sollen wir die Strafe teilen, da wir keinen Teil am Unrecht hatten? Und warum sollen wir Steuern entrichten, da wir nicht im Mitgenuss von Ämtern, Ehrenstellen und Provinzen sind, überhaupt keinen Teil an den Staatsgeschäften haben, um die ihr jetzt, das Unheil bis auf den höchsten Grad steigernd, euch streitet? [...]"
Diese Rede der Hortensia erfüllte die drei Männer mit Unwillen. Wie? Frauen sollten, wenn Männer schweigen, die Keckheit haben, in die Versammlung zu kommen, die Handlungen der Machthaber zu mustern, und, wenn Männer Feldzüge machen, nicht einmal Geld dazu hergeben wollen? Sie befahlen deswegen den öffentlichen Dienern, die Frauen von der Tribüne wegzutreiben. Aber bald erhob sich ein Geschrei der Menge von außen her. Die Diener ließen von ihrem Beginnen ab, und die Machthaber erklärten die Sache verschoben auf den nächsten Tag. Am folgenden Tag wurden statt tausendvierhundert nur vierhundert öffentlich angeschlagen, die ihr Vermögen abschätzen lassen sollten. Eben dies wurde auch allen Männern befohlen, die mehr als hunderttausend Drachmen besäßen.

F. Dillenius, Appian. Bürgerkriege, Stuttgart 1828 ff., S. 1405 ff.

komitien² angesetzt würden. Sulla jedoch erteilte Flaccus schriftlich den Befehl, dem Volke vorzutragen, dass es augenblicklich im besonderen Interesse [Roms] liege, das Amt der Diktatur zu erneuern [...]. Wen sie aber wählten, der soll[t]e das Amt [...] so lange bekleiden, bis er die Stadt, Italien und das ganze Reich [...] wieder auf feste Füße gestellt habe [...]. Die Römer waren zwar nicht damit einverstanden, doch konnten sie keine Wahl mehr nach Gesetz durchführen [...]. So begrüßten sie in ihrer Zwangslage die vorgetäuschte Wahl als Schein von Freiheit und wählten Sulla [...] für einen Zeitraum, der in seinem Belieben stand, [und] fügten [...] noch hinzu, dass Sullas Wahl zum Diktator ihm die Möglichkeit zum Erlass von Gesetzen [...] und zur Neuordnung des Staatswesens gewähren solle [...]. Um indes an die Form der Verfassung anzuknüpfen, überließ Sulla dem Volke die Bestellung der Konsuln [...]. Er selbst stand freilich wie ein regierender König als Diktator über den Konsuln. 24 Beile wurden ihm nämlich als Diktator vorausgetragen, ebenso viele wie den früheren Königen, und außerdem hatte er eine starke Leibgarde um sich.

Appian, Bella civilia I, übersetzt von Otto Veh, zitiert nach: Klaus Meister, Einführung in die Interpretation historischer Quellen. Schwerpunkt: Antike, Bd. 2 (UTB 2056), Paderborn 1999, S. 182 ff.

1. *Analysieren Sie Motiv, Ziel und Methode von Sullas Vorgehen.*
2. *Beurteilen Sie Sullas Stellung und Verhalten unter dem Gesichtspunkt der römischen Verfassungsnormen.*

1. *Erklären Sie, worauf Hortensia zu Beginn ihrer Rede anspielt.*
2. *Kennzeichnen Sie nach dem Bericht des Appian die soziale und politische Stellung der Frauen in Rom.*

---

² Konsularkomitien: die (timokratische) Volksversammlung der Comitia centuriata zur Wahl der Konsuln

Methoden-Baustein: Verfassungsschemata analysieren

Geschichte als Schaubild

Der Aufbau und die Arbeitsweise eines Staates sind komplex und oft kompliziert. In der Verfassung ist die Grundordnung eines politischen Gemeinwesens zusammengefasst. Verfassungen legen dabei nicht nur die Grundstruktur und die politische Organisation eines Staates fest, sondern sie regeln auch das Verhältnis und die Kompetenzen der einzelnen Staatsgewalten untereinander und bestimmen, welche Rechte die Bürger eines Staates besitzen.

Verfassungsschemata analysieren

Schaubilder können helfen, solche komplexen Zusammenhänge und Beziehungen zu veranschaulichen. Sie sind konstruierte Hilfsmittel und ersetzen keine historischen Quellen und Darstellungen. Grafiken vereinfachen, lassen Aspekte weg und berücksichtigen Entwicklungen und Veränderungen nur bedingt. Ihre Vorteile sind, dass sie Wesentliches deutlich und Vergleiche leichter möglich machen. Jedes Schaubild muss aber zunächst einmal richtig gelesen und dann geprüft werden. Die folgenden Fragen sollen helfen, Verfassungsschemata richtig zu analysieren und auszuwerten.

Beschreibung
- Welches politische System zeigt das Verfassungsschema?
- Wie ist das Schema aufgebaut (hierarchisch, von unten nach oben, von links nach rechts, konzentrisch)?
- Gibt es einen schlüssigen Ansatz zur Beschreibung des Schemas? Verändert sich die Art der Beschreibung, wenn an einer anderen Stelle begonnen wird?
- Welche Ämter und Einrichtungen werden erwähnt? Wer hat Zugang zu ihnen, wer nicht?
- Welche Teile der Bevölkerung werden genannt, welche nicht?
- Welche Elemente sind zu erschließen (Bezugspfeile, Farben, Symbole, Größenverhältnis der Elemente)?

Analyse und Interpretation
- In welcher Beziehung stehen die einzelnen Elemente der Verfassung zueinander? Welche Institutionen stehen „oben", welche „unten"?
- Wer hat welche Aufgaben, Rechte und Pflichten?
- Welche Institutionen der Verfassung sind am bedeutsamsten?
- Welche Grundprinzipien der Verfassung lassen sich aus dem Schaubild herausarbeiten?
- Welche „Stärken" und „Schwächen" der Verfassung sind zu erkennen?
- Welche Grundform hat das dargestellte politische System (Diktatur, Oligarchie, Demokratie etc.)?

Beurteilung und Dekonstruktion
- Welche Elemente der Verfassung werden korrekt erfasst, welche bleiben in ihrer Darstellung unklar?
- Inwieweit stimmt die Darstellung mit der historischen Wirklichkeit überein? (Welche Aspekte werden vereinfacht oder weggelassen? Inwieweit berücksichtigt das Schema historische Veränderungen im Staatsaufbau?)
- In welcher Weise müsste das Schaubild verändert werden, um den tatsächlichen Aufbau des Staates angemessener zu erfassen?

Der Senat: die eigentliche Regierung Roms, in der frühen Republik mit 300 Magistraten auf Lebenszeit besetzt

Der Zwischenkönig: wurde vom Senat berufen, regelte die Nachfolge der Konsuln

Die Magistrate: die Beamtenschaft bildete das Fundament des Staates

Diktator und Reiteroberst: der Diktator wurde in Krisenzeiten vom Konsul für sechs Monate ernannt, er regierte ohne jede Kontrolle; der Reiteroberst fungierte als Vertreter des Diktators bei dessen Abwesenheit

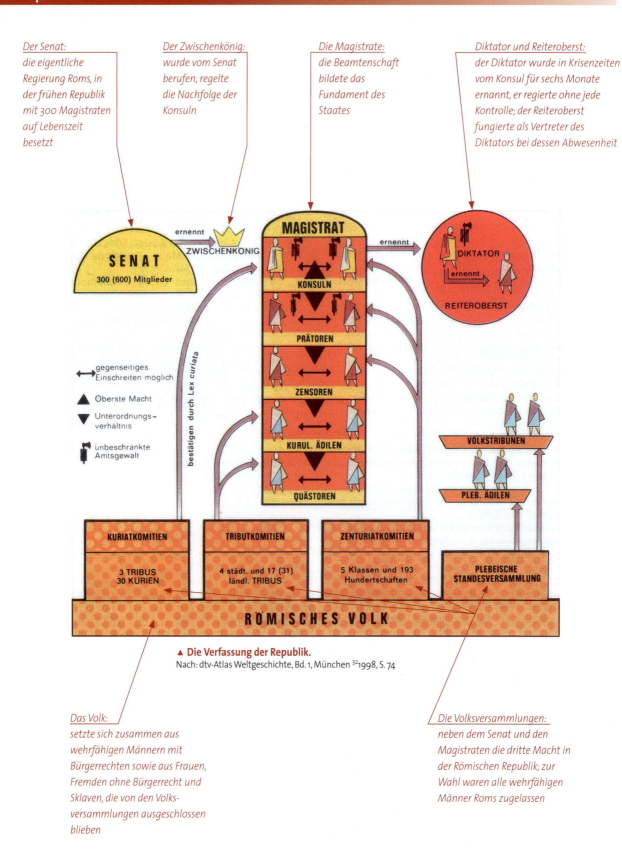

▲ **Die Verfassung der Republik.**
Nach: dtv-Atlas Weltgeschichte, Bd. 1, München ³²1998, S. 74

Das Volk: setzte sich zusammen aus wehrfähigen Männern mit Bürgerrechten sowie aus Frauen, Fremden ohne Bürgerrecht und Sklaven, die von den Volksversammlungen ausgeschlossen blieben

Die Volksversammlungen: neben dem Senat und den Magistraten die dritte Macht in der Römischen Republik; zur Wahl waren alle wehrfähigen Männer Roms zugelassen

Beschreibung Das Schema zeigt die Verfassung der Römischen Republik; es ist hierarchisch aufgebaut. An der Spitze stehen Senat, Konsuln und Diktator, unten das römische Volk. Die Volksversammlungen setzen sich bis auf die plebejische Standesversammlung entweder nach (Vermögens-)Klassen oder nach Tribus (Verwaltungseinheiten) zusammen. Neben den Magistraten werden mit dem Zwischenkönig, dem Reiteroberst, den Volkstribunen und den plebejischen Ädilen weitere Ämter der Römischen Republik genannt.
Symbole erläutern die Rangfolge und die Zuständigkeiten der Magistrate. Pfeile verdeutlichen, welche Institutionen die verschiedenen Ämter ernennen, wählen oder bestätigen. Durch eine ähnliche Farbgebung wird eine Verbindung von den Volkstribunen und plebejischen Ädilen zu den Volksversammlungen und dem römischen Volk hergestellt. Die Magistrate, der Diktator und der Reiteroberst stechen durch die rote Farbhinterlegung besonders hervor.

Analyse und Interpretation Das Schaubild zeigt das „römische Volk" als Basis des römischen Staates. Wer aus dem römischen Volk Zugang zum Senat, zu den Volksversammlungen und zum Magistrat hatte, lässt sich jedoch nicht entnehmen. Die Bevölkerung nimmt über die Volksversammlungen politischen Einfluss, indem sie die Magistrate wählt. Explizit erwähnt wird dabei die „Lex curiata de imperio" (dt.: „Kuriengesetz über die Amtsgewalt"). Nach diesem Gesetz bestätigen die Kuriatkomitien die Amtsgewalt der Konsuln.
Die Magistrate bilden ausgehend von der Gestaltung des Schemas den Mittelpunkt. Die Konsuln besitzen eine unbeschränkte Amtsgewalt und in verminderter Form ebenso die Prätoren. Jeder Beamte hat zudem die Möglichkeit, gegen seinen Kollegen und rangniedrigere Beamte einzuschreiten. Dies gilt nicht für den Diktator, der ebenfalls eine unbeschränkte Amtsgewalt besitzt. Er wird direkt von den Konsuln ernannt. Dies erklärt seine Sonderstellung rechts von der oberen Mitte. Der Senat befindet sich links oben in einer Randposition. Er hat das Recht, den Zwischenkönig zu ernennen. Die Volkstribune sind durch ihre Position ganz rechts von den ordentlichen Magistraten abgesetzt und nehmen in der Ranghierarchie eine mittlere Stellung ein.
Die gegenseitige Kontrolle der Beamten stellt eine Stärke der Verfassung dar. Dies gilt ebenso für die Rangfolge, die den Eindruck von einer klar abgegrenzten und dadurch effizienten Aufgabenteilung der Magistrate vermittelt. Die unterschiedlichen Zusammensetzungen und Wahlkompetenzen der Volksversammlungen deuten dagegen die politische Ungleichheit zwischen den verschiedenen Bevölkerungsschichten an. Eine Gefahr des Machtmissbrauchs liegt zudem im Amt des Diktators.

Beurteilung und Dekonstruktion Die Wahl und Rangfolge der Magistrate sowie ihre Kontrollrechte werden deutlich dargestellt. Auch die Anordnung von oben nach unten entspricht den Machtverhältnissen. Unklar bleibt, welche genauen Zuständigkeiten und Aufgaben die einzelnen Institutionen hatten. Konkrete politische Abläufe (z. B. Gesetzgebungsprozesse) veranschaulicht das Schema nicht.
Die herausragende Rolle des Senats als eigentliche Regierung Roms wird nicht deutlich. Seine Randposition im Schema ist fragwürdig. Zudem wird die unterschiedliche Anzahl der Senatsmitglieder nicht erläutert. Auch die Anzahl der jeweiligen Magistrate wird nicht erwähnt. Es entsteht der Eindruck, dass jedes Amt außer der Diktatur doppelt besetzt war, obwohl dies beispielsweise für die Volkstribune nicht zutraf. Informationen über die Dauer der Amtszeiten finden sich nicht. Ebenso ist die Bezeichnung „römisches Volk" kritisch zu betrachten. Es wird hier suggeriert, dass alle Einwohner Roms wählen durften. Richtig ist, dass nur wehrfähige Männer mit Bürgerrecht zur Wahl zugelassen waren. Frauen, Fremde und Sklaven hatten keine politischen Rechte. Das Schema ist nur mit entsprechendem Hintergrundwissen interpretierbar. Da es bei den Römern keine geschriebene Verfassung wie unser Grundgesetz gab, kann diese Grafik nur einen Einblick in die Verfassungswirklichkeit der Römischen Republik geben.

Die Grundlegung der modernen Welt im Mittelalter

◄ **Nürnberg von Süden.**
Kolorierter Holzschnitt (31 x 53 cm) von Michael Wolgemut.
Das Bild stammt aus der „Weltchronik" des Nürnberger Stadtarztes Hartmann Schedel, die 1493 bei Anton Koberger in Nürnberg gedruckt worden war. Damals hatte die Stadt etwa 22 000 Einwohner. Zum Vergleich: Die größte deutsche Stadt war zu der Zeit Köln mit etwa 40 000 Einwohnern. In Venedig und Florenz lebten Mitte des 14. Jahrhunderts bereits jeweils etwa 120 000 und in London rund 60 000 Menschen.

Frühmittelalter

5.-7. Jh. — In West- und Mitteleuropa geht die Bevölkerung von ca. 9 auf ca. 5,5 Millionen Menschen zurück.

Die während der Völkerwanderungszeit (4.-6. Jh.) verlassenen römischen Städte in Italien, Frankreich, am Rhein und an der Donau beginnen wieder zu wachsen. Aus ehemaligen Siedlungen wie Köln, Mainz oder Trier werden wieder richtige Städte.

Hochmittelalter

10./11. Jh. — In Marktorten oder an Messeplätzen, die an alten römischen Heer- und Handelsstraßen liegen sowie in Kaufmannssiedlungen an Fernstraßen, Flüssen und Küsten werden weitere Städte begründet.

11. - frühes 14. Jh. — Bis zum Jahr 1000 erhöht sich die Bevölkerungszahl in West- und Mitteleuropa wieder auf 12 Millionen, in der Folge bis zum Jahr 1340 auf 35,5 Millionen.

um 1120 — Herzog Konrad von Zähringen initiiert die Gründung von Freiburg im Breisgau, der ältesten Gründungsstadt auf deutschem Boden.

1232 — Kaiser Friedrich II., ein Enkel von Kaiser Friedrich Barbarossa, verzichtet formell auf königliche Herrschaftsrechte zugunsten der geistlichen und weltlichen Fürsten im Deutschen Reich. An sie verliert die Zentralgewalt ihre Macht.

1237 — Offizielles Gründungsdatum der Stadt Berlin. Gemeinsam mit seiner „Schwestergemeinde" Cölln entwickelt sich die „Doppelstadt" schon im 13. Jahrhundert zur bedeutendsten Stadt der Mark Brandenburg.

Mitte des 13. Jh. — Aus einer Gemeinschaft von Kaufleuten, die zunächst im Ost- und auch im Nordseeraum tätig ist, entwickelt sich unter der Führung Lübecks ein Bund von Städten: die Hanse.

Spätmittelalter

13. - 15. Jh. — In den Städten kämpfen Gruppen der Einwohnerschaft um Macht und Verfassung, so z. B. 1371 in der Kölner „Weberschlacht".

um 1350 — Schwere Pestepidemien („Schwarzer Tod") führen zu einem dramatischen Bevölkerungsrückgang in Europa.

um 1450 — Der Hanse gehören rund 70 aktive und 100 weitere Städte an der Nord- und Ostseeküste und im Binnenland an. Ende des 15. Jahrhunderts verliert die Hanse ihre beherrschende Stellung über den Handel im Ostseeraum.

Dunkles Mittelalter? „Silvis horrida" – „schrecklich mit seinen Wäldern", so beschrieb der römische Historiker Tacitus das Land der Germanen im Altertum. Wilde Wälder prägten auch im frühen Mittelalter (ca. 500-950) weithin das Land und trennten die bescheidenen Ansiedlungen der Menschen voneinander. Das noch immer verbreitete Wort vom „dunklen Mittelalter" meint freilich nicht die Wildnis und die dunklen, nur mühsam zu durchquerenden Urwälder, sondern lässt an Unwissenheit, überwiegendes Analphabetentum, derbe Sitten, Fehden und grausame Strafen denken. Auch der Begriff „Mittel-Alter" selbst, der zur Bezeichnung für die zehn Jahrhunderte etwa zwischen 500 und 1500 üblich geworden ist, war abwertend gemeint. Er wurde im 15. und 16. Jahrhundert von den humanistischen Gelehrten geprägt. Die eigene Zeit sahen sie durch die Wiederanknüpfung an die Antike geadelt, die Epoche dazwischen erschien lediglich als düsteres Scharnier zwischen Antike und Neuzeit. Aber stimmt das Bild vom dunklen Mittelalter überhaupt?

Schon der von Tacitus beschriebene vorherrschende Landschaftscharakter wurde durch die Rodungstätigkeit der Menschen im hohen Mittelalter mit Axt und Brand entscheidend verändert. In Deutschland wurde bis etwa 1300 ein Gebiet von der Größe Englands aus einer Wildnis in Kulturland verwandelt. Zugleich weitete sich auch der geistige Horizont der Menschen. Die antiken Vorbilder wirkten im Mittelalter fort. Im Hochmittelalter (ca. 950-1250) begann mit dem Denkstil der Scholastik „der Triumphzug beweisender Vernunft im Abendland" (Johannes Fried). Der um 1450 erfundene Buchdruck trug dazu bei, dass der im Mittelalter von den Klöstern, später den Universitäten und Schulen handschriftlich überlieferte antike Wissenskanon sowie neue wissenschaftliche, politische und religiöse Vorstellungen immer mehr Menschen zugänglich wurden. Zur Wissensverbreitung trug auch die Begegnung mit der islamisch-arabischen Kultur bei. Das Christentum blieb freilich die Grundlage des mittelalterlichen Menschen- und Weltbildes.

Zu den Hinterlassenschaften des Mittelalters gehört die in der Neuzeit fortgeführte ständische Gesellschaftsordnung mit Adel und hoher Geistlichkeit an der Spitze. Ihr Grundbesitz machte beide zu Herren der bäuerlichen Bevölkerung. Im Spätmittelalter (ca. 1250-1500) stieg die Zahl der Stadtgründungen sprunghaft an. Kaufmännisches Denken entstand, die Vielfalt der Berufe nahm zu, es entwickelten sich Bürgerrechte. Wesentliche Prinzipien, die heute unsere europäisch-westliche Vorstellung von politischer Ordnung und „Gewaltausübung" bestimmen, reichen weit ins Mittelalter zurück. So ist die Trennung von weltlicher und geistlicher Gewalt als Wurzel des weltlichen Staates das Ergebnis des Ringens zwischen Kaiser und Papst, Staat und Kirche.

Bei aller verbleibenden Fremdheit – es lohnt sich, das Mittelalter in seiner Vielschichtigkeit unvoreingenommen wahrzunehmen und seine Bewertungen in der Gegenwart kritisch zu überprüfen, auch oder gerade weil sich die Vorstellung vom dunklen „Mittelalter" bis heute gehalten hat.

▶ *Welche Ursachen hatte die Entwicklung der Städte im Mittelalter?*
▶ *Wie setzte sich die Einwohnerschaft mittelalterlicher Städte zusammen?*
▶ *Was bedeutete die Entwicklung städtischer Freiheit für die Menschen des Mittelalters und welche Gruppen waren am Kampf um Einfluss und Macht in den Städten beteiligt?*
▶ *Welche Rolle spielt das Mittelalter in der Erinnerungs- und Geschichtskultur unserer Zeit?*
▶ *Worauf gründet sich die moderne Sehnsucht nach dem Mittelalter?*

Die Stadt im Mittelalter

Jahr	Stadt	Einwohner (Schätzungen)
Anfang 14. Jh.	Köln	40 000
ca. 1325	Paris	80 000
1338	Venedig	120 000
1339	Florenz	120 000
1350	Hamburg	10 000
1350	Gent	60 000
1350	Genua	60 000
1370	Prag	30 000
1387	Frankfurt a.M.	10 000
1431	Nürnberg	22 000

▲ **Einwohner einiger mittelalterlicher „Großstädte".**
Nach: Der Große Ploetz, Freiburg ³⁵2008, S. 431, und Heiner Jansen u.a., Der historische Atlas Köln. 2000 Jahre Stadtgeschichte in Karten und Bildern, Köln 2003, S. 78

Civitas: im Römischen Reich die Bürgergemeinde, eine autonome Gebietskörperschaft, bestehend aus Zentralort und umliegendem Territorium. Die Kirchenorganisation in der Spätantike wählte *civitates* als Bischofssitze. Mittelalterliche Quellen nennen in der Regel nur Bischofsstädte *civitas*, andere Städte *oppidum* oder *urbs*.

Christianisierung: im Römischen Reich wurde das Christentum 391 n. Chr. zur alleinigen Staatsreligion erklärt. Dies war Voraussetzung für die Christianisierung, d.h. für die Gewinnung der noch heidnischen Bevölkerung für das Christentum. Im Mittelalter wurde die Christianisierung durch die Missionierung fortgesetzt.

Art und Größe mittelalterlicher Städte Was ist eine Stadt? Ein Lexikon definiert sie als „eine nach der Einwohnerzahl größere Siedlung mit geschlossener Bebauung, hoher Bebauungsdichte, Arbeitsteilung ihrer Einwohner, mit Anziehungskraft auf ihre Umgebung (Herrschaftssitz eines Gebietes, Handelsplatz, kultischer Mittelpunkt u.a.)" (Brockhaus). Einer solch allgemeinen Definition kann man sicher zustimmen; dass aber zwischen einer Stadt des alten Orients wie z.B. Babylon, einer römischen und einer mittelalterlichen Stadt größte Unterschiede bestehen, versteht sich von selbst.

Die griechisch-römische Antike war eine ausgesprochene Stadtkultur, während dem Mittelalter – zumindest in den nicht von den Römern eroberten Gebieten – Städte zunächst fremd waren. Bis zum Spätmittelalter waren hier weit über 90 Prozent der Bevölkerung landwirtschaftlich tätig. Dem frühen Mittelalter fehlte gar ein eigener Begriff für „Bauer" (mittelhochdeutsch *gebure* bezeichnete den Nachbarn oder den Dorfgenossen), weil fast jeder Bauer war. Hinzu kommt die äußerst dünne Besiedlung auf höchst eingeschränktem Lebensraum. Innerhalb riesiger Waldgebiete, Ödland, Sümpfe und Moore wurden allmählich durch Rodung Anbauflächen geschaffen. Mangels statistischer Quellen lässt sich die Bevölkerungsgröße nur vorsichtig schätzen: In der Übergangszeit von der Spätantike zum Frühmittelalter (5.- 7. Jahrhundert) nimmt man einen Bevölkerungsrückgang um etwa ein Drittel an (für West- und Mitteleuropa von ca. 9 auf ca. 5,5 Millionen). Mit der deutlichen Zunahme seit dem 9. Jahrhundert dürfte um 1000 eine Verdopplung erreicht worden sein (ca. 12 Millionen), gefolgt von einem besonders kräftigen Wachstum vom 11. bis zum frühen 14. Jahrhundert mit schließlich fast erreichter Verdreifachung (um 1340 ca. 35,5 Millionen). Die schweren Pestepidemien ab 1347/48 („Schwarzer Tod") führten zu einem dramatischen Rückgang mit katastrophalen Einbußen von oftmals mehr als 50 Prozent.

Auch für die mittelalterlichen Städte müssen wir von viel geringeren Größenordnungen als heute ausgehen. Die allermeisten zählten weniger als 2 000 Einwohner; viele mit nur wenigen Hundert würden wir heute eher als Dorf bezeichnen. Gerade noch eine Handvoll erreichte gegen Ende des Mittelalters mehr als 20 000 Bewohner. Die größte Stadt Deutschlands war damals Köln mit ca. 40 000 Einwohnern. Das römische Trier als zeitweilige Kaiserresidenz beherbergte um 300 etwa 60 000 Menschen; im 6./7. Jahrhundert lebten hier noch einige Tausend, bis in der ersten Hälfte des 14. Jahrhunderts wieder an die 10 000 Einwohner erreicht wurden (▶ M1).

Wurzeln der Stadtentstehung Die mittelalterlichen Städte gehen auf ganz unterschiedliche Wurzeln zurück. Die Römerstädte westlich des Rheins und südlich der Donau gingen auch in der Zeit der Germaneneinfälle nicht völlig unter; insbesondere ihre kirchliche Funktion als Bischofssitze sicherte den **civitates** in der zunehmenden **Christianisierung** ihr Überleben (so Trier, Mainz, Köln, Worms, Speyer, Straßburg). Auch römische Legionsfestungen (*castra*) konnten zu Städten werden (Bonn, Jülich, Regensburg). Alle befestigten Siedlungen mit römischen Mauern galten den Germanen als Burgen. Deshalb enden viele Städtenamen auf -burg, und daher kam es auch zur Bezeichnung „Bürger". Rechts des Rheins konnten sich ebenso Klöster, Stifte und befestigte Pfalzen und Burgen weltlicher Herren (*burgi* oder *vici*) zu Städten entwickeln. Manche wurden dann Bischofssitze und erreichten damit den Rang einer *civitas*. Schließlich sind die zahlreichen Kaufmanns- und Händlersiedlungen in günstiger Verkehrslage an Flussübergängen, Fernstraßen und Brücken zu nennen (Frankfurt, Erfurt; „Furt" = Flussübergang). Sie schlossen sich oft an herrschaftliche Burgen an (Hamburg, Magdeburg).

Aber nicht nur vorhandene ältere Siedlungen konnten zu Städten werden; im Hochmittelalter (ca. 950 - 1250) setzte eine Welle von fürstlichen oder königlichen Neugründungen von Städten ein. Mit Freiburg im Breisgau als ältester Gründungsstadt auf deutschem Boden (▶ M2) begann um 1120 eine erste wahre Städtegründungsperiode, die die Zahl in Deutschland auf über 3000 anschwellen ließ und den Anteil der Stadtbevölkerung auf geschätzte zwölf Prozent der Gesamtbevölkerung steigerte. „Der Anteil der städtischen Bevölkerung erhöhte sich zwar noch auf etwa 18 bis 20 v. H.* bis 1800, erfuhr aber damit keine so grundsätzliche Änderung wie von der Mitte des 12. bis zur Mitte des 14. Jh. (und wie im Zusammenhang mit der Industrialisierung seit dem 19. Jh.)" (F.-W. Henning).

▲ **Ältestes Siegel von Berlin aus dem Jahre 1253.**
Brandenburgischer Adler im Torbogen einer Stadtdarstellung, Umschrift: „Sigillum de Berlin Burg(en)s(ium)" (Siegel der Bürger Berlins). Der Bär taucht erst einige Jahre später, nämlich 1280, erstmals im Stadtsiegel auf.

Das Jahr 1237 gilt als offizielles Gründungsdatum Berlins; in diesem Jahr wird die Schwestergemeinde Cölln das erste Mal urkundlich erwähnt, Berlin folgt wenige Jahre später (1244). Beide Städte entwickelten sich aus Siedlungen links und rechts der Spree auf dem Gebiet des heutigen Stadtbezirks Mitte. Die „Doppelstadt" wurde rasch zu einem wichtigen Umschlagplatz für Fernhandelswaren und damit zur bedeutendsten Stadt der Mark Brandenburg.

■ *Die Städte legten großen Wert auf die Gestaltung ihrer Siegel. Erklären Sie, warum das Führen eines eigenen Siegels für die Städte so wichtig war.*

Die Bewohner der Stadt ■ Infolge der deutlichen Bevölkerungszunahme im Hochmittelalter gab das Land immer mehr Menschen an die Stadt ab. Die mittelalterlichen Städte wuchsen nur durch Zuzug. Gerade die unfreien Bauern der ländlichen **Grundherrschaften** lockte die Stadt mit einem freieren und leichteren Leben, größerer Sicherheit, beruflichen Aufstiegschancen und mehr Geselligkeit. Die Grundherren versuchten – oft mit Gewalt – die Abwanderung zu verhindern. Sie konnten in der Regel noch ein Jahr lang ihre Hörigen zurückfordern, danach galten diese als freie Stadtbewohner. „Wer binnen Jahr und Tag unangefochten in der Stadt wohnt, kann weiter frei und ungestört darin bleiben" heißt es schon in einer Urkunde aus dem frühen 12. Jahrhundert. Eine spätere Formulierung dafür lautete: „Stadtluft macht frei".

Insgesamt umfasste die städtische Bewohnerschaft ein breites soziales Spektrum. Nur ein Teil besaß das Bürgerrecht und war damit vollgültiges Mitglied der Stadtgemeinschaft. Das war die Ober- und Mittelschicht: von den Stadtadligen (**Patriziat**) und den vermögenden Fernhandelskaufleuten über die städtischen Beamten, die Kleinhändler und Handwerksmeister bis zu den (auch in der Stadt!) Landwirtschaft betreibenden „Ackerbürgern". Alle unselbstständigen Lohnempfänger, die zwar persönliche Freiheit genossen, aber politisch rechtlos blieben, zählten zur Unterschicht. Hierzu gehörten auch die gesellschaftlichen Randgruppen: dauerhaft Kranke, Arme und Bettler, ferner diejenigen, die einen „unehrlichen" (gemeint unehrenhaften) Beruf ausübten wie Henker, Totengräber, Abdecker und Prostituierte.

Zwei Gruppen blieben weitgehend außerhalb der mittelalterlichen Bürgergesellschaft: der Klerus und die Juden. Die zahlenmäßig starken Kleriker – durch Steuerfreiheit begünstigt – zeigten ihrerseits eine ausgeprägte soziale Differenzierung. Sie reichte von den oft wohlhabenden Domprälaten über die Stadtpfarrer bis zu den meist ärmlich lebenden Kaplänen. Die Stellung der Juden war im frühen Mittelalter nicht schlecht; im Wirtschaftsleben waren sie als Händler unentbehrlich und genossen manche Vergünstigung. Erst im Zusammenhang mit dem Ersten Kreuzzug (1096 - 1099) kam es zu schweren Verfolgungen, und besonders im 14. Jahrhundert sollte sich ihre Lage massiv

Grundherrschaft: moderner Begriff für die in der mittelalterlichen Agrarwirtschaft vorrangige Organisationsform. Eigentümer an Grund und Boden ist der – königliche, adlige oder kirchliche – Grundherr. Er übt zugleich die Herrschaft über die dort wohnenden und arbeitenden Menschen aus („Herrschaft über Land und Leute"). Die abhängigen Bauern waren dem Grundherrn zu Natural- und/oder Geldabgaben und zu Arbeitsleistungen (Frondienste, althochdeutsch frô: „Herr") verpflichtet.

Patriziat: bevorrechtigte Gruppe der städtischen Oberschicht, häufig Angehörige reicher, alteingesessener Familien; auch als „Geschlechter" bezeichnet

* v. H. = von Hundert, d.h. Prozent

verschlechtern. Sie wurden aus den **Zünften** ausgeschlossen und in das reine Geldgeschäft abgedrängt. Infolge der „Großen Pest" (ab 1347/48) arteten die Verfolgungen zu regelrechten **Pogromen** aus.

Seit dem 12. Jahrhundert schlossen sich die Handwerker zunehmend in Zünften zusammen. Je mehr der Einfluss des Stadtherrn zurückging, umso mehr gewannen die Zünfte und andere Genossenschaften an Eigenleben. Meist erhielten sie das Recht der Kontrolle über die Produktion ihrer Zunftgenossen, das Versammlungsrecht und damit die Möglichkeit, in Mitgliederversammlungen auf dem Zunfthaus ihre Belange selbst zu regeln. In den großen Handelsstädten bildeten sich oft Handelsgesellschaften, von denen die bedeutendsten Handel in der ganzen damals bekannten Welt trieben.

Typisch für die Einwohner der Städte war die soziale Mobilität. Ihr Recht auf Freizügigkeit erlaubte es ihnen, ihre Heimatstadt zu verlassen, in eine andere Stadt zu wechseln und dort das Bürgerrecht zu erwerben. Aber auch innerhalb der eigenen Stadt zeigte sich soziale Mobilität: Sei es, dass reiche Familien verarmten und aus der Führungsschicht ausschieden, sei es, dass Handwerker durch erfolgreichen Handel mit ihren Produkten den Aufstieg schafften. Manche verzichteten sogar auf die eigene handwerkliche Produktion und wurden angesehene Kaufleute. Selbst Angehörigen der Unterschichten gelang zuweilen der Aufstieg. Denn zunehmend bestimmte nicht mehr ihr ursprünglicher Geburtsstand ihre Chancen. Vielmehr wurde wirtschaftlicher Reichtum zum entscheidenden Gradmesser und entschied faktisch über die Zugehörigkeit zur Oberschicht. Die Aufsteiger waren den führenden Familien ein Ärgernis. Dass der Frieden in der Stadt gefährdet war, zeigen die seit dem späteren Mittelalter sich häufenden innerstädtischen Auseinandersetzungen.

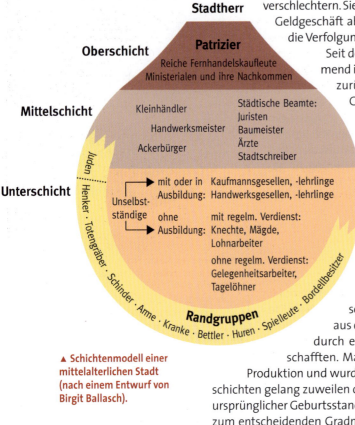

▲ Schichtenmodell einer mittelalterlichen Stadt (nach einem Entwurf von Birgit Ballasch).

Zunft: genossenschaftlicher Zusammenschluss der Handwerksmeister eines Gewerbes (vgl. heute die Innung). Sie regelten die wirtschaftlichen Belange (Herstellung und Absatz der Produkte, Rohstoffbeschaffung, Verkaufspreise). Außerdem boten die Zünfte ihren Mitgliedern gesellige Zusammenkünfte und soziale Unterstützung (für Kranke, Witwen und Waisen; Sorge für das Begräbnis). Jeder selbstständige Gewerbetreibende musste beitreten („Zunftzwang").

Pogrom (russ.: Verwüstung, Zerstörung): gewaltsame Ausschreitung der Bevölkerung gegen religiöse oder ethnische Minderheiten, v. a. gegen Juden

Die Frau in der mittelalterlichen Stadt

Nur schwer statistisch erfassbar ist das Geschlechterverhältnis in mittelalterlichen Städten, zumindest in manchen spätmittelalterlichen Städten gab es einen Frauenüberschuss (in Köln lag er bei ca. 20 Prozent). Besonders alleinstehende Frauen lebten oft in drückenden Verhältnissen. Aber auch verheiratete Frauen – besonders aus den unteren und mittleren Schichten – waren meist neben Haushaltsführung und Kindererziehung noch beruflich tätig, sei es in eigener Tätigkeit, sei es als Mitarbeiterin im Betrieb des Ehemanns. Wurden sie Witwen, erlaubten die Zünfte ihnen häufig die eigenständige Fortführung des handwerklichen Betriebs. In vielen Zünften fanden sich Männer und Frauen als gleichberechtigte Mitglieder. Selbst reine Frauenzünfte sind in einigen Städten bezeugt; in Köln etwa für Garnmacherinnen, Goldspinnerinnen und das Seidengewerbe. Oft konnte es dann zu einer Arbeitsteilung zwischen den Ehepartnern kommen. Während die Frauen den Gewerbebetrieb unterhielten, besorgten die Ehemänner den Absatz der Produkte. Aber es gab auch selbstständige Handelstätigkeit von Frauen, die auf eigenverantwortlicher Gewinn- und Verlustbasis handelten. Besonders in der Oberschicht traf man zuweilen auf durchaus erfolgreiche und angesehene Unternehmerinnen.

Städtisches Wirtschaftsleben ■ Bei städtischer Wirtschaft im Mittelalter denkt man zu Recht vorrangig an Handwerk, Gewerbe und Handel. Aber es darf nicht das falsche Bild erweckt werden, nur in den Städten hätten Handwerker gelebt und nur auf dem Land Bauern. Auch im Rahmen der ländlichen Grundherrschaft gab es häufig unfreie Handwerker, die mit einer Bauernwirtschaft ausgestattet waren und Teile ihrer handwerklichen Produktion als Abgaben leisteten. Und andererseits fanden sich auch innerhalb der Städte landwirtschaftlich genutzte Flächen.

Den engen Zusammenhang von agrarischer Wirtschaft und Handwerk erkennt man auch daran, dass im Frühmittelalter oft Personen, die eine spezialisierte landwirtschaftliche Tätigkeit ausübten, zu den Handwerkern zählten: so etwa Gärtner, Kuhhirten, Schweinehirten und Schäfer. Aber auch Kunstmaler, Glasmaler, Münzmeister, ja sogar Schauspieler und Gaukler und – für uns heute noch überraschender – Ärzte galten als Handwerker. Es gab eben noch keine eigentlichen „akademischen" Berufe; „studiert" wurde nur in Kloster- und Domschulen. Erst im Spätmittelalter bildeten sich dann mit den zahlreich entstehenden Universitäten (z.B. Prag 1348, Erfurt 1379 oder Heidelberg 1385) auch nicht-theologische akademische Berufe aus, z.B. Juristen und studierte Ärzte; letztere unterschied man als „Leibärzte" (*medici*) von den weiterhin als Handwerker geltenden „Wundärzten" (*chirurgi*).

▲ **Handwerker in einer mittelalterlichen Stadt, hier: Stiefelmacher.**
Miniatur, um 1210.

Die große Bedeutung und z.T. hohe Spezialisierung mittelalterlicher Handwerker spiegelt sich noch heute in unzähligen Familiennamen: von der Masse der „Schmied" (Schmidt, Schmitz u.Ä.), „Müller", „Weber", „Maurer", „Zimmermann" bis zu den ganz speziellen und daher weniger häufigen wie „Stellmacher" (Wagenbauer), „Leinenweber" oder „Seifensieder". Auch die Schmiede spezialisierten sich wieder als Goldschmiede, Eisenschmiede, Hufschmiede, Grobschmiede. Vom Grundbedarf der Menschen aller Schichten her waren Textilherstellung, Bautätigkeit und Schmiedekunst sowie natürlich Bäcker und Fleischer die wichtigsten Handwerkszweige. Dabei bildeten Textilarbeiten schon früh die Domäne der Frauen – sei es als harte Arbeit, sei es als Freizeitbeschäftigung vornehmer Damen (noch bis weit in die Neuzeit porträtierte man sie gerne am Spinnrad oder mit dem Stickrahmen). Zwar traf man schon in den frühmittelalterlichen Städten auf Werkstätten einzelner Handwerker, die noch heute aus Viertel- und Straßennamen vertraute Konzentration einzelner Handwerkszweige in bestimmten Wohnbezirken (z.B. „Färbergasse", „Gerberau", „Fleischstraße", „Brotstraße") ist jedoch erst eine Erscheinung des späten Mittelalters.

Märkte, Messen und Fernhandel ■ In der frühesten Zeit diente die handwerkliche Produktion – besonders in den Grundherrschaften – vorrangig dem Eigenbedarf. Bald aber entstanden örtliche Märkte, die als Wochenmärkte meist am Freitag oder Samstag gehalten wurden (wie auch heute noch in vielen Städten). Hier verkauften ortsansässige Handwerker ihre Erzeugnisse und kauften selbst die benötigten Nahrungsmittel, die von Bauern der Grundherrschaft aus ihren Überschüssen angeboten wurden. Dieser mengenmäßig geringe Warenverkehr wurde von den Erzeugern selbst abgewickelt – aber eben nur an einem Tag in der Woche, da die überwiegende Arbeitszeit des Handwerkers ja von der Produktion in der Werkstatt beansprucht wurde. Zwar gab es noch Tauschhandel, aber zunehmend setzte sich der Geldhandel durch. Auf einen weiteren Umkreis bezogen und von überregionaler Bedeutung waren die mehrere Tage dauernden, jährlich veranstalteten Jahrmärkte. Da sie zu bestimmten kirchlichen Feiertagen abgehalten wurden, nannte man sie auch „Messen". Einer der ältesten bezeugten ist der Jahrmarkt von Saint Denis vor Paris, der am 9. Oktober, dem Tag des heiligen Dionysius, begann. Solche Jahrmärkte zogen die Landbevölkerung aus weitem Umkreis

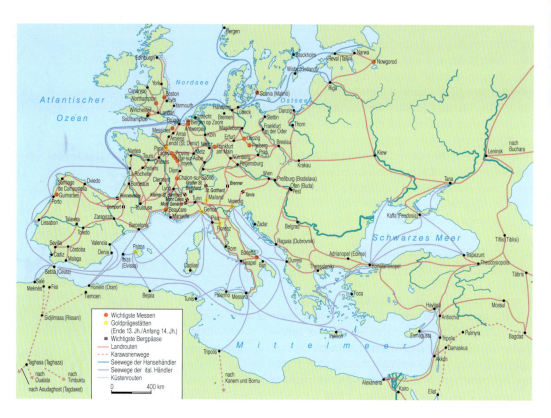

▶ Handelsbeziehungen in der abendländischen Welt im 13. Jahrhundert.
Nach: Didier Méhu, Wege des Mittelalters, Freiburg/Basel/Wien 2004, S. 76

in die Städte. Neben den geschäftlichen Aktivitäten kam man der Verehrung des kirchlichen Schutzpatrons an dessen Jahrestag nach. Man erfreute sich am geselligen Leben. Abgeschlossen wurde der Markttag häufig in einer Taverne, wo dann auch kräftig gezecht wurde. Die typische Verbindung von geschäftlichen Aktivitäten, kirchlicher Verehrung des örtlichen Schutzpatrons und Unterhaltung lebt noch heute in den „Jahrmärkten" weiter („Kirmes", „Kirchweih").

Auf den Messen handelten nun zunehmend hauptberufliche Kaufleute, teils auf eigene Rechnung, teils auf Rechnung adliger Teilhaber, von Fürsten oder Äbten (▶ M3). Die wichtigsten Handelsgüter – Getreide, Vieh, Wein, Salz, Eisen – wurden auf Fuhrwerken oder Schiffen von Messe zu Messe transportiert, wobei die Wasserwege bevorzugt wurden. So war etwa Mainz ein wichtiger Umschlagplatz für den Getreidehandel: Aus Franken wurde es auf dem Main herangeschafft und auf dem Rhein weiter bis nach Friesland transportiert. In den Quellen begegnen uns dabei oft Klagen über den Wucher der Kaufleute. Man warf ihnen vor, nach überdurchschnittlich guten Ernten Getreide günstig aufzukaufen, um es dann in Mangelzeiten mit hohem Gewinn zu verkaufen. Außerhalb der Reichsgrenzen entwickelten sich seit dem 13. Jahrhundert die Messen der Champagne zu Zentren des europäischen Handels. Hier trafen sich die Händler aus Italien und dem Mittelmeerraum, aus Süddeutschland und aus den Niederlanden. Später kamen andere Messestädte hinzu, sie konkurrierten mit den Champagnemessen: Chalon-sur-Saône und seit dem 15. Jahrhundert Genf, Lyon und besonders dann Frankfurt am Main, noch heute eine der wichtigsten Messestädte.

Die Fernhändler bildeten denn auch die angesehenste Gruppe der Kaufleute. Sie zogen über die Grenzen des Reiches hinaus und suchten Beziehungen zu den Zentren des damaligen „Welthandels", zu den nordischen Ländern, zum Mittelmeerraum und zum Orient. Dabei standen sie unter Schutz und Aufsicht des Königs, waren aber auch besonders privilegiert, vorrangig durch Zollbefreiungen. Die Handelswege der Ostsee wurden von Skandinaviern und Friesen beherrscht. Friesen waren auch im ganzen Reichsgebiet sehr aktiv. Ihre Niederlassungen reichten bis Mainz, Worms und Straßburg, und noch heute erinnert in Köln das „Friesenviertel" daran. Beim Orienthandel waren vor allem jüdische Händler führend.

Der hauptberufliche Kaufmann war nicht mehr mit dem Produzenten seiner Handelswaren identisch. Das bedingte einen gewissen Kapitalbesitz. Verarmte Kaufleute versuchten denn auch, gegen teils beträchtliche Zinsen Kapital aufzunehmen. Als Geldverleiher sind vorzugsweise Juden bezeugt, für die das christliche Zinsverbot nicht galt – die Kirche stufte Wucherer gar als Ketzer ein. Bei größeren Handelsobjekten wurden zunehmend schriftliche Kaufverträge aufgesetzt und unterzeichnet; bis dahin hatte der Abschluss per Handschlag als ausreichend gegolten.

Kaufmanns- und Städtebünde

Im späteren Mittelalter schlossen sich häufiger Fernhändler zusammen, um gemeinsam mit stärkerer Kapitalkraft eigenständige Fernhandelssysteme aufzubauen. So entstanden in Süddeutschland verschiedene Handelsgesellschaften für den Mittelmeerhandel.

Am bedeutsamsten wurde jedoch der Städtebund der *Hanse*. Dieser Bund bestimmte nicht nur lange die wirtschaftliche, politische und kulturelle Entwicklung im niederdeutschen Raum, sondern betrieb auch eine erfolgreiche Wirtschaftspolitik jenseits seiner Grenzen. Noch heute lassen die „Hansestädte" etwas von der führenden Rolle im mittelalterlichen Wirtschaftsleben erahnen.

Am Anfang der Entwicklung stand die Bildung von *Kaufmannshansen*. Mittels dieser genossenschaftlichen Zusammenschlüsse hofften die Kaufleute, ihre gemeinsamen Interessen durchzusetzen. Sie wollten den Schutz ihrer Waren – beispielsweise vor Seeräubern – verbessern und durch ein geschlossenes Auftreten die zahllosen Zölle in den unterschiedlichen Herrschaftsgebieten bekämpfen, dazu wertvolle Handelsprivilegien im Ausland gewinnen. Die Heimatstädte machten sich die Interessen ihrer Kaufleute zu eigen und schlossen sich seit dem späten 13. Jahrhundert selbst zusammen. An der Spitze des relativ locker organisierten Bundes stand Lübeck. Der Hanse gehörten im 15. Jahrhundert rund 70 aktive und 100 weitere Städte an der Nord- und Ostseeküste und im Binnenland an. Die wichtigsten Entscheidungen wurden auf den Lübecker Hansetagen getroffen.

Die Hanse kann bis zum ausgehenden 15. Jahrhundert als mächtigster Interessenverband des Mittelalters bezeichnet werden. In den nordeuropäischen Wirtschaftszentren besaß sie privilegierte Handelsplätze („Kontore", in Brügge und London im Westen, Bergen im Norden und Nowgorod im Osten). Die große Leistung der Hanse bestand darin, einen Wirtschaftsraum um Nord- und Ostsee zu schaffen und Massengüter wie Getreide, Holz und Fisch aus dem Osten und Norden in die bevölkerungsreichen Gewerbezentren West- und Mitteleuropas zu verfrachten, die dafür handwerkliche Produkte und Salz lieferten.

Insgesamt war der Handel die wichtigste Quelle der städtischen Wirtschaftsmacht. Damit waren auch die Fernhändler eine tonangebende und angesehene Schicht.

▲ **Georg Gisze.**
Porträt von Hans Holbein d. J., Öl auf Eichenholz (93,3 x 85,7 cm), 1532.
Gisze, ein Kaufmann aus Danzig, in seinem engen Kontor im Londoner Stalhof an der Themse, in dem viele deutsche Kaufleute ihre Niederlassungen hatten. Der Tisch ist bedeckt mit einem anatolischen Teppich, darauf steht eine venezianische Vase mit Nelken, Rosmarin und Basilikum, daneben ein Sandstreuer zum Trocknen der Tinte, auf dem Brett links ein Geschäftsbuch, eine Münzwaage und ein Siegelstempel. Darunter der Name des Kaufmanns und seine Devise: Nulla sine merore voluptas (Kein Vergnügen ohne Kummer).

■ *Interpretieren Sie die Devise Giszes. Wofür könnten die Begriffe „Vergnügen" und „Kummer" stehen?*

M1 Zeitgenössische Beschreibungen mittelalterlicher Städte

a) Beschreibung der Stadt Dijon (Ende 6. Jahrhundert):

Es ist eine Feste (*castrum*) mit sehr starken Mauern, mitten in einer sehr reizenden Ebene gelegen, und es gehören dazu sehr fruchtbare und üppige Äcker, so dass, wenn der Boden nur einmal umgepflügt ist, die ausgeworfene Saat einen sehr reichlichen Ertrag gewährt. Im Süden fließt die Ouche, die sehr fischreich ist, im Norden ein anderer kleiner Fluss, der durch das eine Tor hinein-, unter einer Brücke hindurch- und durch ein anderes Tor wieder herausfließt, und in sanftem Fall die gesamten Befestigungen umströmt, vor dem Tor aber Mühlen mit wunderbarer Schnelligkeit treibt. Die vier Tore liegen nach den vier Weltgegenden, den ganzen Baukörper schmücken 33 Türme, die Mauer aber ist bis zu einer Höhe von 20 Fuß[1] von Quadersteinen gebaut, darüber aber von Backsteinen, sie hat 30 Fuß Höhe und 15 Fuß Breite. Warum der Ort nicht „Stadt" (*civitas*) genannt wird, weiß ich nicht. In der Umgebung sind treffliche Quellen und nach Abend hin üppige Berge voller Wein, die den Bewohnern so edle Frucht bringen, dass sie den Wein von Askalon[2] von sich weisen. Die Alten erzählen, dass der Ort vom Kaiser Aurelianus[3] erbaut sei.

b) Eroberung von Verdun (985):

Diese Stadt ist so gelegen, dass sie auf der einen Seite an eine Ebene stößt, auf welcher man ihr leicht beikommen kann, während sie von der Rückseite her uneinnehmbar ist. Von dieser Seite her nämlich erstreckt sich rings umher bis zum Gipfel eine tiefe Schlucht. Von unten bis zum Gipfel ist sie gespickt mit steilen Felsen. Die Stadt besitzt nicht nur im Überfluss Quellen und Brunnen, die für die Bewohner nützlich sind; sie ist auch waldreich, und der Fluss Maas bespült sie an der steilen Seite. Die Angreifer bereiteten also da, wo die Ebene bis an die Stadt reicht, Belagerungsmaschinen verschiedener Art vor. Nicht weniger rüsteten sich auch die, die in der Stadt waren, zum Widerstand. [...]

c) Schilderung der Stadt Mainz im Jahre 973:

Mainz (*Magândscha*) ist eine sehr große Stadt, von der ein Teil bewohnt und der Rest besät ist. Sie liegt im Frankenlande an einem Fluss, der Rhein genannt wird, und ist reich an Weizen, Gerste, Dinkel, Weinbergen und Obst. Dort gibt es Dirheme[4] aus der Samarkander[5] Münze vom Jahre 913/14 und 914/15 mit dem Namen der Münzherrn und dem Datum der Prägung. [...] Seltsam ist auch, dass es dort Gewürze gibt, die nur im fernsten Morgenlande vorkommen, während sie (die Stadt Mainz) im fernsten Abendland liegt, z. B. Pfeffer, Ingwer, Gewürznelken, Spikanarde, Costus und Galgant[6]; sie werden aus Indien importiert, wo sie in Mengen vorkommen. [...]

d) Beschreibung der Stadt Mainz aus der Mitte des 12. Jahrhunderts:

Diese am Rhein gelegene Stadt ist groß und stark und auf der an den Rhein grenzenden Seite dicht bevölkert, auf der anderen Seite dagegen hat sie nur wenige Einwohner und ist nur mit einer starken Mauer mit vielen Türmen umgeben. Die Stadt erstreckt sich in der Länge unendlich weit, in der Breite dagegen ist sie schmaler. Der Zwang der Lage hat der Stadt das Gepräge gegeben. Denn auf der Gallien[7] benachbarten Seite wird sie durch einen mäßig hohen Berg eingeengt, auf der anderen, nach Germanien zu gelegenen Seite aber durch den Rhein. So kommt es, dass sie am Rhein mit herrlichen Kirchen und weltlichen Gebäuden ausgestattet, nach dem Berg zu dagegen mit Weingärten und anderen Nutzanlagen versehen ist. [...]

Erster Text: Gregor von Tours, Zehn Bücher Geschichten, herausgegeben und übersetzt von Rudolf Buchner, Darmstadt 1959, III,19, S. 175-177
Zweiter Text: Richer von Reims, Historiae, herausgegeben von Robert Latouche, Bd. II, Paris 1937, III,101, S. 128 f. (übersetzt von Ulrich Nonn)
Dritter Text: Schilderung des Zustandes der Stadt Mainz durch den arabischen Kosmographen Qazwînî (13. Jahrhundert), zurückgehend auf einen Gesandtschaftsbericht des Ibrâhîm ibn Ahmed at-Tartûschî über eine Reise an den Hof Kaiser Ottos I., in: Elenchus Fontium Historiae Urbanae, Bd. I, Leiden 1967, S. 53 (übersetzt von B. Diestelkamp)
Vierter Text: Otto von Freising und Rahewin, Gesta Frederici, herausgegeben von Franz-Josef Schmale, Darmstadt 1965, I,13, S. 153 (übersetzt von Adolf Schmidt)

1. Vergleichen Sie die aus verschiedenen Jahrhunderten stammenden Beschreibungen. Was ist den Autoren jeweils besonders wichtig?

2. Orientieren Sie sich über die geografische Lage und die heutige Bedeutung der drei Städte. Bereiten Sie dazu einen Kurzvortrag vor.

3. Erläutern Sie, welche grundsätzlichen Unterschiede zu heutigen Städten schon an diesen Beispielen deutlich werden.

---

[1] 1 Fuß = ca. 30 cm
[2] Syrische Weine erfreuten sich großer Beliebtheit.
[3] Lucius Domitius Aurelianus (Aurelian): römischer Kaiser (270-275)
[4] Dirhem: arabische Silbermünze
[5] Samarkander: heute Stadt in Usbekistan (Samarkand)
[6] Spikanarde: Lavendelpflanze; Costus: dt. Kostwurz, verwandt mit den Ingwerpflanzen; Galgant: Gewürz- und Heilpflanze aus der Familie der Ingwergewächse, auch „Thai-Ingwer" genannt
[7] Mit „Gallia" bezeichnete man wie schon die Römer das linksrheinische Gebiet, mit „Germania" das rechtsrheinische.

M2 Das Gründungsprivileg für Freiburg im Breisgau

Herzog Konrad von Zähringen (um 1090-1152) verleiht im Jahr 1120 – die Zeitangabe ist umstritten – einer Gruppe von Kaufleuten folgende Vorrechte:

Bekannt sei allen Künftigen und Gegenwärtigen, dass ich, Konrad, in einem Ort meines Eigentums, nämlich Freiburg, im Jahre nach der Fleischwerdung des Herrn 1120 einen Markt begründet habe. Mit den von überall her zusammengerufe-
5 nen angesehenen Kaufleuten habe ich in einer beschworenen Vereinbarung beschlossen, diesen Markt zu beginnen und auszubauen.
Deshalb habe ich in dem gegründeten Markt jedem Kaufmann ein Grundstück zum Hausbau als Eigentum zugeteilt
10 und entschieden, dass mir und meinen Nachfolgern als Zins jedes Jahr am Fest des heiligen Martin[1] von jedem Grundstück ein Schilling öffentlicher Münze zu zahlen sei. So sei allen bekannt, dass ich gemäß ihrer Bitte und Hoffnung die Privilegien, die folgen, bewilligt habe. Und es erschien mir
15 ratsam, wenn sie in einer Urkunde niedergeschrieben würden, damit sie während langer Zeit im Gedächtnis gehalten würden, sodass meine Kaufleute und ihre Nachkommen von mir und meinen Nachfahren dieses Privileg in aller Zeit behaupten können.
20 1. Ich verspreche Frieden und Sicherheit des Weges allen, die meinen Markt aufsuchen, in meinem Machtbereich und Herrschaftsgebiet. Wenn jemand von ihnen in diesem Gebiet beraubt wird, werde ich, wenn er den Räuber namhaft macht, dafür sorgen, dass ihm das Geraubte zurückgegeben wird,
25 oder ich werde es bezahlen.
2. Wenn einer meiner Bürger stirbt, soll seine Frau mit seinen Kindern alles besitzen und ohne jede Einschränkung behaupten, was ihr Mann hinterlassen hat.
3. Allen Besitzern am Markt verleihe ich, dass sie der Rechte
30 meines Volkes und der Landsleute teilhaftig werden, soweit ich es vermag, das heißt, dass sie frei von Herrschaftsrechten die Weiden, Flüsse, Gehölze und Wälder benutzen.
4. Allen Kaufleuten erlasse ich den Zoll.
5. Niemals werde ich meinen Bürgern einen anderen Vogt[2],
35 niemals einen anderen Priester ohne Wahl vorsetzen, sondern wen immer sie dazu wählen, sollen sie unter der Bedingung meiner Bestätigung haben.
6. Wenn ein Zwist oder Rechtsstreit unter meinen Bürgern entsteht, soll er nicht nach meinem Gutdünken oder dem
40 ihres Rektors[3] entschieden, sondern er soll gerichtlich verhandelt werden nach der Gewohnheit und dem Recht aller Kaufleute, besonders aber der von Köln.
45 7. Wenn jemand durch Mangel am Lebensnotwendigen dazu genötigt wird, soll er seinen Besitz verkaufen, wem immer er will. Der Käufer aber 50 soll von dem Grundstück den festgelegten Zins zahlen.
8. Damit meine Bürger den vorgenannten Versprechungen keinen geringen Glauben 55 zuwenden, habe ich ihnen Sicherheit geleistet, indem ich mit zwölf meiner namhaftesten Ministerialen[4] auf die Reliquien der Heiligen geschworen habe, dass ich und 60 meine Nachfolger das oben Genannte immer erfüllen werden. Und damit ich nicht in irgendeiner Notlage diesen 65 Eid breche, habe ich mit meinen Rechten dem freien Manne (*es fehlt ein Name*) und denen, die den Markt beschworen haben, unverletzlich Treue in dieser Sache geschworen. Amen. 70

▲ **Konrad von Zähringen verleiht Freiburg im Breisgau das Stadtrecht.**
Teil eines Glasgemäldes von Fritz Geiges, 1899.

Hartmut Boockmann, Das Mittelalter, München ³1997, S. 142 f.

1. *Stellen Sie die von Herzog Konrad ausgehenden Aktivitäten beim Gründungsvorgang Freiburgs zusammen.*

2. *Welche unterschiedlichen Vorteile sollten die Bürger der Stadt Freiburg genießen? Versuchen Sie, Einzelprivilegien gruppenweise zusammenzufassen.*

3. *Diskutieren Sie, welche Vorteile Könige und Fürsten von der Gründung einer Stadt erwarten konnten.*

---

[1] 11. November.
[2] Der Vogt (von lat. advocatus) wurde zwar von den Bürgern gewählt, blieb aber zugleich Vertreter des Stadtherrn; wahrscheinlich übte er die herrschaftliche Gerichtsbarkeit in Freiburg aus.
[3] Wohl der in Abschnitt 5 genannte Vogt.
[4] Ministerialen: ursprünglich unfreie Dienstmannen, die schließlich zum niederen Adel aufstiegen

▲ **Ein mittelalterlicher Fernhändler und seine Kundin.**
*Abbildung aus der berühmtesten mittelhochdeutschen Liederhandschrift (der sogenannten „Manessischen Handschrift") aus der ersten Hälfte des 14. Jahrhunderts.
Die Abbildung zeigt, wie ein Fernhändler einer interessierten Kundin Luxusgüter wie kostbar gearbeitete Lederwaren und modische Taschen anpreist, die er auf dem Saumtier transportiert und nun zur Besichtigung aufgehängt hat. Die Frau wird durch ihre vornehme Kleidung und ihr Schoßhündchen auf dem Arm als adlige Dame gekennzeichnet.*

M3 Geschäftsreisen

Das ausführliche Rechnungsbuch eines Freiburger Kaufmanns von 1487/88 lässt folgende Aktivitäten erkennen:

Er kauft hauptsächlich Weinstein, d.h. weinsaures Kalium, einen Niederschlag aus Weinfässern, der damals als Medizin und zu verschiedenen anderen Zwecken benutzt wurde, aus den Weindörfern westlich und südlich der Stadt Freiburg. Dann transportiert er diese sehr schwere Ware auf dem Landweg über Kappel am Rhein nach Straßburg, worauf er mit einem Schiff nach Frankfurt am Main zur Frühjahrsmesse fährt. In Frankfurt verkauft er den Weinstein gegen Tuch aus dem Norden unter Zuschuss von Bargeld, weil der Stoff wertvoller als der Weinstein war. Mit diesem Tuch kehrt er sofort wieder in die hiesige Gegend zurück und verkauft es auf den Märkten in und um Freiburg. Danach macht er eine zweite Fahrt nach Frankfurt zur Zeit der Herbstmesse mit den gleichen Waren und unter den gleichen Geldverhältnissen. Auf beiden Reisen treibt er als Nebengeschäft Handel mit Tragpferden, weil der Weinstein erheblich schwerer als das zurücktransportierte Tuch war. Während der Handel auf den beiden Reisen im Jahre 1487 und auf der ersten Fahrt im Jahre 1488 auf die geschilderte Weise verlief, wurde sein Tauschvorhaben im Jahre 1488 durch einen Schiffsunfall und eine daraus folgende Beschädigung eines großen Teils des Weinsteins offenbar erheblich beeinträchtigt. Infolgedessen musste er sein Verfahren im restlichen Teil des Jahres nach vorheriger Beratung mit seinem geldgebenden Handelspartner stark ändern. Alle Verkäufe wurden nur noch gegen Bargeld vollzogen und neue, möglichst gewinnreiche Waren zu handeln versucht. So handelt er auf der zweiten Reise von 1488 und im restlichen Teil dieses Jahres mit folgenden neuen Waren: Branntwein, Messern und Pferden. Daneben betrieb er den An- und Verkauf von Tuch in der bisherigen Form. Der Ertrag wurde aber auch dadurch nicht wesentlich gehoben. Er setzte sich also neue Reiseziele. München und Augsburg kamen zu Frankfurt hinzu. Aber die Marktverhältnisse in diesen neuen Städten waren ihm ziemlich fremd. Als er nach München kam, um Sensen zu kaufen, konnte er dort keine fertige Ware finden. Er musste infolgedessen in Augsburg Messer kaufen. Am Ende des Jahres war er aus diesem Grunde noch sehr tief bei seinem Handelspartner verschuldet, und die Bereinigung des hieraus entstandenen Streites vor dem Freiburger Gericht sollte noch Jahre dauern, wenigstens bis 1495, in welchem Jahr er eine Verteidigung gegen die Appellation[1] an die königlichen Räte vorbereitet hat.

Steven W. Rowan, Die Jahresrechnungen eines Freiburger Kaufmanns 1487/88, in: Stadt und Umland, herausgegeben von Erich Maschke und Jürgen Sydow, Stuttgart 1974, S. 234 f.

1. *Ermitteln Sie auf einer Karte die Entfernungen, die der Freiburger Kaufmann in einem Jahr zurücklegen muss.*
2. *Analysieren Sie, welche Probleme der reisenden Kaufleute diese Momentaufnahme zeigt.*

[1] Appellation: dt. Berufung

Historische Fallanalyse:
Das Ringen um die städtische Freiheit in Köln

▲ **Köln, Stadtansicht.**
*Kolorierter Holzschnitt aus der Schedel'schen Weltchronik, 1493.
Da die Bevölkerung stetig zunahm, mussten die Stadtbefestigungen immer wieder erweitert werden. Köln wurde die größte Stadt des Heiligen Römischen Reiches und hatte im 14. Jahrhundert etwa 40 000 Einwohner.*

Von der erzbischöflichen Stadtherrschaft zur freien Reichsstadt Die mittelalterliche Stadt war kein herrschaftsfreier Raum, sie unterstand zunächst einem Stadtherrn. Auch Stadtbürger waren Untertanen. Stadtherr konnte der Bischof sein, der König oder ein weltlicher Herr (wie in Freiburg der Herzog Konrad von Zähringen; vgl. M2, Seite 53). Die zunehmende Ausweitung des Handels- und Geldwesens stärkte die Wirtschaftskraft und das Selbstbewusstsein der Städte, die sich bemühten, ihre Rechtsstellung gegenüber dem Stadtherrn zu stärken. In manchen Gründungsstädten wurden die Bürger von Anfang an mit umfassenden Freiheiten ausgestattet (wie z.B. in Freiburg). Denn die Stadtgründer erkannten, welch großen Nutzen die neue Lebens- und Organisationsform Stadt auch ihnen brachte, wirtschaftlich, militärisch und zivilisatorisch. Seit der Ottonenzeit (919-1024) erlangten zahlreiche Bischöfe für ihre Stadt königliche Hoheitsrechte wie das Münzrecht, das Zoll- und Marktrecht, das Befestigungsrecht und die eigene Gerichtsbarkeit. Da aber die Stadtherren diese Rechte nicht mit den Bürgern teilen wollten, setzte vielerorts ein zäher Kampf um die Ausübung ein. Auch wenn die Städter zuweilen Rechte erkauften, kam es doch immer wieder zu gewaltsamen Erhebungen und sogar zu blutigen Auseinandersetzungen.

In Köln griffen die Bürger erstmals 1074 zu den Waffen gegen ihren Stadtherrn, Erzbischof *Anno II.* (1056-1075), um für sich Herrschaftsfreiheit und Selbstbestimmung zu erreichen (▶ M1). Anno hatte das Osterfest in Köln mit seinem Gast, dem Bischof von Münster, gefeiert. Für dessen Rückreise nach den Feiertagen ließ er ein Kaufmannsschiff beschlagnahmen, das schon für die Ausfahrt beladen war. Freie Kaufleute konnten sich bei Reisen und Transporten auf alte Privilegien berufen. Sie waren nicht verpflichtet, geistlichen und weltlichen Herren zu dienen. Schon der karolingische Kaiser *Ludwig der Fromme* hatte ihnen zugesichert, „ihre Schiffe nicht für Unseren Bedarf wegzunehmen". Ein heftiges Handgemenge artete bald in regelrechte Kämpfe in der Stadt aus, man belagerte den Erzbischof in seinem Palast. Nur mit knapper Not konnte er sich vor der aufgebrachten Menge retten. Vier Tage nach seiner Flucht erschien er mit einem Heer vor der Stadt, die Bürger ergaben sich reuig. Die Anführer erwarteten harte Strafen. Anno schloss seine Strafmaßnahmen damit ab, dass er von den Anführern einen Eid verlangte, ihm die Stadt nach bestem Vermögen gegen die Gewalt aller Menschen zu bewahren. „Im Augenblick seines Triumphes über die Bürger anerkannte

▲ **Gotisches Siegel der Stadt Köln.**
Moderner Abdruck aus dem Kölnischen Stadtmuseum. Die Inschrift lautet: „SANCTA COLONIA DEI GRACIA ROMANE ECCLESIE FIDELIS FILIA" (Das heilige Köln, von Gottes Gnaden getreue Tochter der römischen Kirche).

einer der mächtigsten Männer auf dem Kölner Erzstuhl, dass er aus eigener Kraft seine Stadtherrschaft nicht aufrechterhalten konnte" (Hugo Stehkämper).

Unter Erzbischof *Friedrich I.* (1100-1131) gelang dem Bürgertum ein weiterer Aufstieg. In seiner Zeit erwähnt eine Kölner Quelle, dass „in Köln eine Schwurgemeinschaft (*coniuratio*) für die Freiheit gebildet worden ist". Es wurde eine Genossenschaft der angesehensten Bürger (*meliores*) mit zwei jährlich wechselnden Bürgermeistern an der Spitze gegründet und das Ganze mit einem feierlichen Schwur beeidet. Die Stadtgemeinde entwickelte sich zu einer Rechtskörperschaft – eine unabdingbare Voraussetzung für die Stadtautonomie. Mit einem ersten Stadtsiegel und einem Bürgerhaus für ihre Versammlungen schuf sich die Stadt selbstbewusst eigene Symbole. Aber die Bürger hatten weiterhin Anlass, ihrem Stadtherrn zu misstrauen. 1180 gestand der machtbewusste *Philipp von Heinsberg* in einer Urkunde, „in rechtsverletzender Anmaßung" Verträge gebrochen und die Stadt geschädigt zu haben. Als erster der Bischöfe sah er sich genötigt, „alle Rechte der Bürger und der Stadt sowie alle guten und gesetzlichen Rechtsgewohnheiten" zu bestätigen. Auch seinen Nachfolgern untersagte er, die städtischen Satzungen anzufechten. Im gleichen Jahr erhielt die Stadt auch eine Bestätigung des Kaisers (▶ M2). *Friedrich Barbarossa* (1152-1190), keineswegs ein Freund Kölns, bekräftigte mit kaiserlicher Vollmacht die erzbischöfliche Anerkennung der städtischen Rechte und drohte Philipp und seinen Nachfolgern bei Missachtung sein Einschreiten an. Bis ins 17. Jahrhundert sollte Köln immer wieder königliche und kaiserliche Verbürgungen seiner städtischen Rechte erhalten.

Im 13. Jahrhundert erhielt die Stadt sogar mehrere Rechtsbestätigungen von päpstlicher Seite. Das alles bedeutete indes nicht die generelle Aufhebung der erzbischöflichen Stadtherrschaft. Aber die Rechtsbeglaubigungen seitens der beiden höchsten Gewalten der Christenheit – Kaiser und Papst – stärkten die Stellung der Stadt und ihr Selbstbewusstsein. Die unterschiedlichen Rechtsauffassungen von Stadtherr und Stadt führten jedoch immer wieder zu Konflikten. Als die Bürger 1216 einen Rat und damit eine eigene, nicht auf den Stadtherrn vereidigte „Behörde" einrichteten, rief das Strafaktionen des Erzbischofs hervor. Nach immer neuen Konflikten ließ sich 1258 *Konrad von Hochstaden* auf den Versuch eines rechtlichen Ausgleichs mit den Bürgern ein. Es wurde ein Schiedsgericht aus fünf angesehenen Geistlichen bestimmt: „von dem ehrwürdigen Vater, dem Erzbischof von Köln, einerseits und den Kölner Bürgern andererseits gemeinsam erwählte Schiedsrichter", wie es hieß. Der Schiedsspruch – in einer umfangreichen Urkunde (zehn Druckseiten!), dem sogenannten „*Großen Schied*", festgehalten – listete zunächst 53 erzbischöfliche und 21 städtische Beschwerden auf, die von den fünf Schiedsrichtern geprüft und dann entschieden wurden (▶ M3). Damit hatte Köln eine weitere Etappe auf dem langen Weg der Stadt zur Freiheit innerhalb des Reichsverbandes erreicht. Aber es sollte noch über 200 Jahre dauern, bis 1475 Kaiser *Friedrich III.* (1440-1493) in einem Privileg erklärte, die Stadt Köln sei nur Kaiser und Reich unmittelbar zugehörig. Keinem Erzbischof sei es zukünftig erlaubt, die Stadt als „seine Stadt" zu bezeichnen oder ihre Bewohner als „seine Bürger und Getreuen" anzusprechen. Köln hatte den Höhepunkt seiner Autonomie erlangt, es war nun „Freie Reichsstadt".

Bürgerkämpfe in der Stadt

Nicht nur im Verhältnis zwischen Stadtherr und Stadt, auch innerhalb der städtischen Einwohnerschaft entbrannten seit dem 14. Jahrhundert immer wieder Kämpfe um Einfluss und Macht. Die Patrizier waren kaum bereit, ihre beherrschende Stellung im Rat beschneiden zu lassen. Aber zunehmend machten ihnen die wohlhabender gewordenen Zünfte und aufsteigende Kaufmannsfamilien diesen Vorrang streitig. Oft erhoben diese ihre Forderungen gerade dann, wenn die Stadt in unruhigen Zeiten unter finanziellen Schwierigkeiten litt. Da wurden dann Vorwürfe laut wie Geheimwirtschaft und korruptes Verhalten, mangelhafte Amtsführung und letzthin daraus entstehender Schaden für das Gemeinwohl. Insbesondere das „Ungeld" (Akzise), eine indirekte Steuer auf Verzehr (Wein und Bier, Lebensmittel), und seine häufige Erhöhung (Spanne zwischen 1 und 17 Prozent) lösten erbitterten Streit aus.

Nicht überall erhoben sich die Bürger, und die Reaktionen der Patrizier unterschieden sich von Stadt zu Stadt. Wenn in Nürnberg die Aufständischen den Rat verjagten, anschließend aber rücksichtslos niedergeschlagen wurden, so kam es anderwärts zur stärkeren Vertretung der Zünfte im Rat. Im neu gebildeten Augsburger Rat stellten sie gar die Mehrheit. Neben den Zünften sah man oft wohlhabende Kaufleute als die Gewinner. Zuweilen vermitteln die Quellen den Eindruck, dass sich solche Bewegungen wie ein Flächenbrand ausbreiteten. Offenbar steckte eine Stadt eine benachbarte andere an. In Städten mit verbreitetem Textilexport, wie etwa in Konstanz und Augsburg oder im Norden in Stendal, aber auch in flandrischen und italienischen Städten, waren es auffällig oft die Weber, die sich erhoben.

So auch 1370 in Köln. Hier war es das mitgliederstarke „Wollenamt", die genossenschaftliche Vereinigung der Weber und der von diesen abhängigen Hilfsgewerbe, das sich an die Spitze der kommunalen Opposition setzte. „Weber" wurde bald von einer Berufsbezeichnung geradezu zu einem Parteinamen. Schon im Mai 1369 entfachte ein Prozess gegen einen mutmaßlichen Straßenräuber Tumulte. Die Weber, unzufrieden mit dem sich in ihren Augen zu lange hinziehenden Prozess, warteten das Urteil nicht ab, stürmten das Gefängnis und schlugen dem Mann den Kopf ab. Es folgten Ausschreitungen gegen den Rat, die sich im „Weberaufstand" entluden. Die Macht der Zünfte wuchs. Im Juli 1370 erreichten die Weber sogar eine Änderung der städtischen Verfassung. Während dem „Engen Rat" weiterhin nur Angehörige des Patriziats angehörten, wurde der „Weite Rat" organisatorisch umgestaltet. Von ursprünglich 82 wurde er auf 50 Mitglieder verkleinert und sollte nur noch von Vertretern der Handwerker und Kaufleute beschickt werden. Seine Kompetenzen wurden erweitert. Vor allem im städtischen Finanzwesen konnten die Weber Änderungen erreichen, die die reichen Kaufleute und Patrizier belasteten, sie selbst aber verschonten, z.B. die Einführung einer direkten Vermögenssteuer und einer Abgabe auf Weinimporte. Eine Kölner Chronik vermerkte dazu kritisch: „Es war wunderlich und fremd anzusehen, als Köln [...] allzeit regiert war [...] von fünfzehn adeligen Geschlechtern. [...] An deren Stelle saßen nun die Weber."

Als die Weber aber widerrechtlich in die städtische Rechtspflege eingriffen und einen zum Tode verurteilten Zunftgenossen gewaltsam dem Henker entrissen, rief das nicht nur den Widerstand der Patrizier, sondern auch der Kaufleute und anderer Zünfte hervor. Krawalle arteten zu blutigen Straßenschlachten aus. Die aufständischen Weber erlitten eine vernichtende Niederlage. Die „Weberschlacht" vom 20. November 1371 fand ein breites Echo in Kölner Chroniken und Dichtungen, so in dem epischen Gedicht *Weverslaicht*.

▲ **Entstehung der städtischen Selbstverwaltung.**

Die Entwicklung der städtischen Selbstverwaltung seit dem 14. Jahrhundert war uneinheitlich. Nicht in allen Städten regierten (wie in der Grafik angegeben) Patrizier und Zunftmitglieder gemeinsam. In Regensburg, Schwäbisch Hall oder Mülhausen im Elsass konnten sich die Zünfte z.B. politisch nicht gegen die Patrizier durchsetzen. Dafür übernahmen sie aber z.B. in Straßburg, Augsburg, Ulm und Zürich die führende Rolle im Stadtregiment.

Nach: Ernst Bruckmüller und Peter Claus Hartmann (Hrsg.), Putzger. Historischer Weltatlas, Berlin [10]2001, S. 69

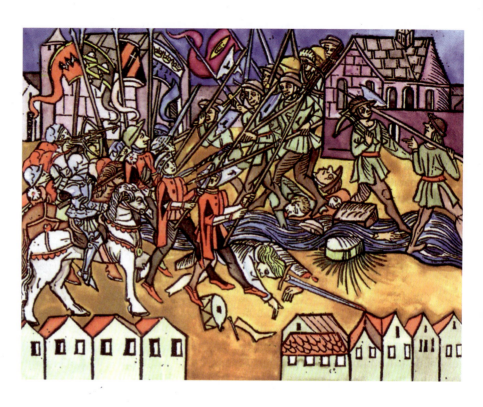

▶ Die „Kölner Weber-schlacht" von 1371.
Nachträglich kolorierter Holzschnitt von 1499.

Der Sieg der Geschlechter (Patriziat) bedeutete eine restaurative Wendung in der stadtkölnischen Politik und führte letztlich zu einer wirtschaftlichen und politischen Schwächung der Zünfte. Nicht nur an der „Weberschlacht" beteiligte Zunftangehörige wurden hart bestraft, sondern das Wollenamt als solches wurde ganz aufgehoben. Der „Weite Rat" wurde nochmals verkleinert und durch ein geändertes Wahlverfahren praktisch auf patrizische Familien und Kaufleute beschränkt.

Gegen Ende des 14. Jahrhunderts setzten starke Gruppen, besonders mehrere *Gaffeln**, die nach mehr politischem Einfluss strebten, die herrschenden Geschlechter zunehmend unter Druck. Mit dem „Verbundbrief" von 1396 (▶ M4) wurde ein neuer Rat begründet, der jetzt von 22 Gaffeln gewählt wurde. Damit war die alte Geschlechterherrschaft beseitigt. Der Verbundbrief und spätere Bestätigungen bildeten über Jahrhunderte das „Grundgesetz" der Freien Reichsstadt Köln.

In den Bürgerkämpfen haben manche Historiker Ansätze einer Demokratisierung sehen wollen. Davon kann aber keine Rede sein. Denn selbst da, wo den bürgerlichen Mittelschichten der Griff nach dem Stadtregiment gelang, blieben die Unterschichten weiterhin von jeder Mitsprache ausgeschlossen. Mit Beginn der Neuzeit um 1500 wurde jegliche Durchlässigkeit erschwert. Im selben Maß, in dem der Adel sich vom wirtschaftsstarken Bürgertum durch Stammbäume und Wappen abzuheben trachtete, bauten die bürgerlichen Ratsfamilien nun eigene Schranken auf. Vor allem Kleiderordnungen sollten ständische Unterschiede auch in der Stadt festhalten. Diese verfügten für Männer und Frauen aller städtischen Schichten, welche Kleidung, Hüte, Ketten oder Schuhe sie tragen durften.

* Siehe auch S. 62.

M1 Aufstand gegen den Erzbischof im Jahr 1074

Der Geschichtsschreiber Lampert von Hersfeld schildert in seinen Annalen ausführlich den Aufstand der Kölner Bürger:

Der Erzbischof feierte das Osterfest in Köln, und bei ihm war der Bischof von Münster, den er im Gedenken an die vertraute Freundschaft zur Teilnahme an den Freuden des hohen Festes eingeladen hatte. Als nun die Osterfeiertage bei-
5 nahe vorüber waren und dieser sich anschickte abzureisen, erhielten diejenigen, welche für das Haus des Erzbischofs sorgten, den Befehl, ein geeignetes Schiff für seine Rückreise zu besorgen. Nachdem alle eingehend gemustert und besichtigt waren, beschlagnahmten sie ein Schiff, das einem
10 gewissen sehr reichen Kaufmann gehörte, welches ihnen für diesen Zweck geeignet schien, ließen die Waren, die es geladen hatte, ausladen und befahlen, es unverzüglich im Dienste des Erzbischofs segelfertig zu machen. Als das die Knechte, die das Schiff zu bewachen hatten, verweigerten, drohten sie
15 mit Gewalt, wenn diese nicht sofort ihre Befehle ausführten. Jene eilten, so rasch sie konnten, zu dem Schiffseigner, meldeten die Sache und fragten, was zu tun sei.
Dieser hatte einen erwachsenen Sohn, der nicht weniger durch Kühnheit als durch Körperkräfte ausgezeichnet und
20 sowohl wegen verwandtschaftlicher Beziehungen als auch wegen seiner Verdienste bei den vornehmsten Einwohnern der Stadt im höchsten Maße beliebt und anerkannt war. Dieser sammelte seine Knechte und junge Leute aus der Stadt, so viele er in aller Hast zu seinem Beistand zusammen-
25 raffen konnte, begab sich in fliegender Eile zu dem Schiff und verjagte gewaltsam die Diener des Erzbischofs, die energisch auf der Beschlagnahmung des Schiffes bestanden. Als darauf der Stadtvogt[1] mit demselben Ziel heranrückte und ein neues Handgemenge hervorrief, wehrte er auch diesen mit der glei-
30 chen Hartnäckigkeit ab und jagte ihn davon. Schon eilten beiden Seiten Freunde bewaffnet zu Hilfe, und alles schien auf eine schlimme Auseinandersetzung und einen gefährlichen Kampf hinzudeuten. Als man den Erzbischof benachrichtigte, in der Stadt tobe ein schwerer Aufruhr, schickte er
35 sofort Leute aus, um die Volkserhebung zu beruhigen, und drohte voller Zorn, er werde die aufrührerischen jungen Leute bei der nächsten Gerichtssitzung mit der verdienten Strafe züchtigen. [...] Kaum konnte man dem Kampf einigermaßen Einhalt tun. Im Gegenteil hörte der junge Mann trotzigen
40 Sinnes und durch den ersten Erfolg übermütig gemacht, nicht auf, überall zum Aufruhr zu hetzen. [...]

Nach dem Mittag, als sich der Tag schon zum Abend neigte und zum Zorn noch Trunkenheit wie Öl zum Feuer kam, stürmten sie aus allen Teilen der Stadt zum Palast des Erzbischofs, und während dieser an einem belebten Ort mit dem 45 Bischof von Münster speist, greifen sie ihn an, schleudern Geschosse, werfen Steine, töten einige von den Beistehenden, jagen die übrigen, die geschwächt sind durch Schläge und Wunden, in die Flucht. [...] Den Erzbischof retten die Seinen mit Mühe und Not aus dem Gedränge der Feinde und 50 der Wolke von Geschossen und schleppen ihn in die Kirche des hl. Petrus (*der alte Dom*), deren Türen sie nicht nur durch Riegel und Balken, sondern auch durch große davorgewälzte Blöcke sichern.
Draußen rasen und brüllen wie über die Ufer schäumende 55 Wasserfluten die Gefäße des Teufels voll vom Weine des Zorns Gottes, laufen durch alle Gemächer des Palastes, brechen die Türen auf, plündern die Schätze, zerschlagen die Weinfässer [...]. Andere dringen in die Kapelle des Erzbischofs ein und plündern den Altar, reißen die Bischofsgewänder 60 auseinander, und während sie alle gottesdienstlichen Geräte mit eifernder, nein geifernder Gründlichkeit zugrunde richten, entdecken sie dort jemanden, der sich aus Furcht in einen Winkel verkrochen hat, und töten ihn im Glauben, es sei der Erzbischof, nicht ohne frohlockende Schmährede, sie hät- 65 ten nun endlich einmal der leichtfertigsten Zunge Mäßigung beigebracht. Doch als sie erfuhren, dass sie die Ähnlichkeit getäuscht hatte und der Erzbischof sich in der Kirche des hl. Petrus sowohl durch die Heiligkeit des Ortes als auch die Festigkeit der Mauern schützte, rotten sie sich von allen Sei- 70 ten zusammen, umlagern die Kirche und bemühen sich mit großem Fleiß, die Mauer zu durchbrechen, zuletzt drohen sie sogar, Feuer anzulegen, wenn ihnen der Erzbischof nicht sofort ausgeliefert werde. Als nun die im Innern sahen, dass die Bevölkerung entschlossen auf seinem Tod bestand und 75 die Menschen nicht allein durch Trunkenheit, die ja mit der Zeit abzunehmen pflegt, sondern auch durch zähen Hass und eine gewisse fanatische Wut angetrieben wurden, raten sie ihm zu dem Versuch, mit veränderter Kleidung aus der Kirche zu fliehen und die Belagerer zu täuschen; dadurch 80 könne er das heilige Gebäude vor der drohenden Einäscherung und sich vor der Todesgefahr retten. [...] Ein schmaler Zugang führte aus der Kirche in den Schlafsaal und wieder heraus in den Vorhof und in das Haus eines Domherrn, das an die Stadtmauer angrenzte. Dieser hatte nach Gottes gnä- 85 diger Fügung zur Rettung des Erzbischofs wenige Tage vor dem Ausbruch des Aufruhrs von diesem die Erlaubnis erhalten, die Stadtmauer zu durchbrechen und sich eine kleine Hintertür anzulegen. Dort führte man den Erzbischof hinaus, und nachdem man für seine und seiner Begleiter Flucht 90 Pferde herbeigeschafft hatte, ritt er davon, durch die Finster-

---
[1] Der Stadtvogt (lat. *advocatus urbis*) leitete die Hochgerichtsbarkeit und die Verteidigung als Vertreter des Stadtherrn, weil Geistliche kein Blut vergießen durften.

nis der dunklen Nacht aufs günstigste davor geschützt, von Entgegenkommenden erkannt zu werden. [...]

So rückte der Erzbischof am vierten Tage nach seiner Flucht, von einem stattlichen Heer geschützt, vor die Stadt. Als die Kölner das bemerkten und erkannten, dass sie dem Angriff einer so großen erbitterten Menge weder an der Mauer noch in offener Schlacht standhalten konnten, da erst begann ihre Wut zu verrauchen, ihre Trunkenheit zu schwinden; und von großem Schrecken erschüttert, schickten sie ihm Friedensboten entgegen, durch welche sie sich schuldig bekannten und bereit erklärten, jede Strafe auf sich zu nehmen, wenn ihr Leben geschont werde. [...]

Quellen zur Geschichte der Stadt Köln, herausgegeben vom Förderverein Geschichte in Köln e.V., Bd. 1: Antike und Mittelalter, Köln 1999, S. 121-126

1. Fassen Sie zusammen, was Ihnen der Text über die Stellung des Erzbischofs als Stadtherr und Reichsfürst sagt.
2. Suchen Sie auf dem Plan von Köln (vgl. dazu die Abbildung) die Schauplätze des Geschehens.
3. Diskutieren Sie, wie sich aus dem vergleichsweise geringfügigen Anlass ein solch gewalttätiger Aufstand entwickeln konnte. Welche Erklärungen lassen sich dafür finden?

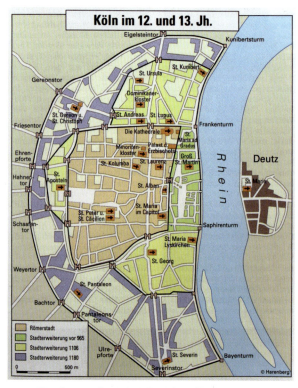

▲ Von der Römerstadt zur Freien Reichsstadt.
Stadtplan von Köln aus einer Chronik zur Stadtgeschichte.

M2 Kaiserliche Urkunde für Köln

Im Jahr 1180 bestätigt Kaiser Friedrich Barbarossa den Kölnern die selbstherrlich errichtete Befestigung der Stadt und ihre überkommenen Rechte und Gewohnheiten:

Im Namen der heiligen und unteilbaren Dreifaltigkeit.
Friedrich, durch die Gunst der göttlichen Gnade erhabener Kaiser der Römer. [...]
Daher wollen wir, dass zu Kenntnis aller Getreuen des Reichs, und zwar der gegenwärtigen wie der nachfolgenden Epoche, die Tatsache gelangt, dass Zwietracht zwischen unserem geliebten Erzbischof Philipp von Köln und den Kölner Bürgern entstanden war, und zwar sowohl über Wall und Graben, die sie gegen sein Verbot zur Befestigung der Stadt zu errichten gewagt hatten, als auch über die Gebäude, die an dem Ufer, das Leinpfad heißt, sowie auf dem Marktplatz wie auf anderem öffentlichen Grund ohne seine oder seiner Vorgänger amtliche Genehmigung bekanntermaßen gebaut wurden. Dieser Zwist ist nach Verkündung unseres Schiedsspruchs und dem zustimmenden Rat der Fürsten des Reiches zur Ruhe gekommen und nach Wiederherstellung des Friedens jetzt allseitig zu Ende. Allerdings zahlten die Kölner Bürger aufgrund unseres Urteils als Zeichen des Gehorsams gegenüber dem Erzbischof und seiner Kirche zweitausend Mark. Und so dürfen sie mit unserer Erlaubnis und Duldung wie auch derjenigen des Erzbischofs selbst, mit dem zustimmenden Rat der Prioren[1] und der Getreuen der Kölner Kirche und unter Einwilligung des Burggrafen[2] das Grabenwerk zu Zier und Befestigung der Stadt ohne Weiteres ausführen und glücklich vollenden. [...]
Und damit neuerlichem Streit und Zwist kein Anlass geboten wird, bestätigen wir ihnen alle Rechte von Bürgern und Stadt sowie auch alle guten und vernünftigen Gewohnheiten, welche die Stadtbewohner (*burgenses*) innerhalb oder außerhalb der Stadt bis zum Zeitpunkt der Verfertigung dieser Urkunde besaßen; und wir wollen und schreiben vor, sie unverletzlich zu bewahren, wobei dem Erzbischof oder seinen Nachfolgern keine Möglichkeit zur Verfügung steht, den genannten Bestimmungen entgegenzutreten, wobei dennoch in allen Belangen kaiserliche Rechtshoheit und das Recht des Erzbischofs, der Kirche und der bischöflichen Kammer[3] gewahrt bleiben. [...]

[1] Prioren: Das Priorenkolleg war ein Wahl-, Beratungs- und Mitbestimmungsgremium des Erzbischofs (Vorstufe des Domkapitels).
[2] Burggraf: adliger Amtsträger des Erzbischofs mit u.a. baupolizeilichen Befugnissen
[3] Kammer: Finanzbehörde des Erzbischofs

Damit aber alles, was nach Willen und Urteil unserer Majestät und mit der Zustimmung des Erzbischofs festgesetzt wurde, ungestört, unberührt und auf ewig unbeeinträchtigt bleibe, wollten wir vorliegende Urkunde durch Anheften unseres Siegels sichern und bekräftigen; und wir untersagen mit unserer Amtsgewalt, dass dem erwähnten Erzbischof Philipp oder einem seiner Nachfolger oder irgendeinem Menschen erlaubt sei, gegen das, was in vorliegendem Schriftstück enthalten ist, in frecher Anmaßung vorzugehen oder mit irgendeiner Schädigung die Ruhe und den Frieden des Erzbischofs und der Kölner Bürger zu verwirren oder das, was um des Guts von Frieden und Eintracht willen gut geordnet wurde, mit Listen und Machenschaften oder irgendeiner Art von Schädigung künftig zu schwächen oder zu brechen. Die Zeugen dieses Rechtsgeschäfts sind (*Es folgen 22 Namen*) und sehr viele andere.
(*Es folgen das Monogramm des Kaisers, die Unterfertigung des Kanzlers, Datum und Ort der Ausstellung*). Heil und Segen, Amen.

Quellen zur Geschichte der Stadt Köln, a.a.O., Bearbeiter: Wolfgang Rosen, Stefan Wunsch, Lars Wirtler, Dorothee Rheker-Wunsch, S. 158–160

1. *Die Urkunde spiegelt das Beziehungsgeflecht zwischen Kaiser, Stadtherr und Bürgern. Charakterisieren Sie die Machtverteilung, die erkennbar wird.*
2. *Arbeiten Sie heraus, welche Rolle das Befestigungsrecht spielt. Wie erklären Sie sich das?*
3. *Die für uns heute eher befremdliche Form und der Stil sind ganz typisch für mittelalterliche Herrscherurkunden. Zeigen Sie am Text diese Besonderheiten auf.*

M3 Der „Große Schied"

Vereinbarung zwischen Erzbischof Konrad von Hochstaden und der Stadt Köln von 1258:

Unmissverständlich stützte sich Konrad von Hochstaden auf seine Stadtherrschaft, so wie er sie verstand, dass nämlich „in der Stadt Köln, in der er der höchste Richter in geistlichen wie weltlichen Angelegenheiten ist, alle Rechtsgewalt in geistlichen wie weltlichen Angelegenheiten von ihm abhängt; dass in der Stadt Köln sich niemand rechtens eine Rechtsgewalt aneignen kann, wenn er sie nicht vom Erzbischof hat". In den 53 Artikeln seiner Vorlage bekräftigte er noch dreimal seinen Herrschaftsanspruch vom „höchsten Richter und Herrn": in der Steuer- und Geleitshoheit sowie in der Erteilung der Befugnis, Schulden aufzunehmen.
Die Schiedsrichter [...] bestätigten ihm dann auch, „dass es freilich wahr ist, dass die Fülle der Gewalt und Befugnisse in geistlichen wie weltlichen Angelegenheiten der Erzbischof besitzt." Doch unmittelbar fortfahrend anerkannten sie im selben Atemzug das genossenschaftliche Eigenrecht der Bürger, selbstständige Verwaltungsorgane mit Satzungsbefugnis zu bestellen: „Es gibt sowohl unter ihm Richter, die von ihm Richtergewalt besitzen, wie auch Amtspersonen, die Bürgermeister heißen, welche nach seit alters beobachtetem Brauch von der Richerzeche[1] gewählt werden und schwören, gewisse Satzungen zu erlassen und zu beachten laut Inhalt einer darüber angefertigten Urkunde. Wenn sie dies tun und nach dem Wortlaut ihres Amtseinführungseides beachten, dann, so bestimmen wir, bedeutet dies viel für die Bewahrung der Stadt." Dem ausschließlichen, umfassenden, einheitlichen, in allem überlegenen Herrschafts- und Hoheitsbegriff Konrads von Hochstaden [...] stellten die Schiedsleute gleichwertig zur Seite das durch Herkommen beglaubigte und für die Existenz der Stadt als unerlässliches Erfordernis erachtete gemeindliche Eigenrecht. Folgerichtig lehnten sie des Erzbischofs Ansprüche auf Rechte, die er innerhalb seines Territoriums auszuüben gewohnt war[2], für den Bereich der Stadt Köln ab: Die Bürger durften seine Edelleute, Ritter und Bedienstete auch gegen sein Friedegebot in ihren Mauern festnehmen und anklagen, Schulden in eigener Verantwortung machen, Bündnisse mit auswärtigen Mächten schließen, einen nicht auf den Erzbischof, sondern auf das Gemeinwohl vereidigten Rat bestellen, Satzungen ohne Mit- und Einsprache des Stadtherrn erlassen, alles selbstverständlich ohne Schaden und Nachteil für den Erzbischof und die Kölner Kirche. Die Schiedsrichter wahrten also den Bürgern nicht nur die eigenständige gemeindlich-genossenschaftliche Rechtsgrundlage, sie schoben vielmehr darüber hinaus die vom Stadtherrn beanspruchte und in der Qualität allen übrigen Befugnissen überlegene Einzigartigkeit seines Herrschaftsrechts beiseite. [...]
Nicht in der unmittelbaren Regierung und Verwaltung der Stadt sahen also die Schiedsrichter die Herrscheraufgabe des Stadtherrn, sondern als Richter über unterlassenes oder missbräuchliches Regierungs- und Verwaltungshandeln der ansonsten in eigener Verantwortung in der Stadt tätigen Amtsträger sowie als Schutzherr der Benachteiligten, Überforderten und ungerecht Bestraften. Der berühmte Große Schied von 1258, mittels dessen Konrad versuchte, den Rechtsgrund der städtischen Verfassung und Regierungsorgane allein und ausschließlich aus seiner mit höchstem Herrschaftsrecht beschriebenen Gewaltenfülle abzuleiten und so

---
[1] Richerzeche: wörtlich „Bruderschaft der Reichen"; war ein genossenschaftlicher Zusammenschluss der führenden Kölner Familien
[2] Der Kölner Erzbischof war nicht nur Kirchenfürst, sondern auch Landesherr, also regierender Fürst seines Territoriums.

die Stadt rechtlich als Teil seines Territoriums zu erweisen, wurde ein Schlag ins Wasser. Der Erzbischof musste erfahren, dass Stadtherr und Territorialherr zweierlei Dinge waren. Die Schiedsrichter [...] erkannten ihm zwar bei Notständen Eingriffsrechte, aber kein direktes Regiment, vor allem nicht die Rechte zu, die er unbeschränkt in seinen Territorien auszuüben gewohnt war. Für die Stadt indessen bedeutete der Große Schied eine Magna Charta³ der Unabhängigkeit und Freiheit.

Hugo Stehkämper, „Köln contra Köln". Erzbischöfe und Bürger im Ringen um die Kölner Stadtautonomie, in: Stadt und Kirche, herausgegeben von Franz-Heinz Hye, Linz/Donau 1995, S. 53-82, hier S. 62-64

1. *Erläutern Sie, welche Rechte und Funktionen der Schiedsspruch dem Erzbischof und welche er der Stadt zuspricht.*
2. *Stellen Sie gegenüber: Gewinner, Verlierer oder Kompromiss? Wie sieht es der Autor, wie beurteilen Sie es?*
3. *Überprüfen Sie, inwieweit eine heutige deutsche Stadt „Unabhängigkeit und Freiheit" genießt.*

M4 Kölns Verfassung für 400 Jahre

Der „Verbundbrief" vom 14. September 1396:

Im Namen der heiligen Dreifaltigkeit, Amen.
Wir, Bürgermeister und Rat der Stadt Köln, und weiter wir, die ganze Gemeinde insgesamt, arm und reich, ansässig und wohnhaft in Köln, aus allen und jeglichen Ämtern und Gaffelgesellschaften¹, die im Folgenden namentlich aufgeschrieben sind: [...]
Geben kund allen Leuten, die jetzt leben oder einstmals kommen werden und diese gegenwärtige Urkunde ansehen oder vorlesen hören auf ewige Tage: [...] haben wir uns sämtlich und einträchtig miteinander in Liebe und Güte verbunden und verbinden uns dazu fest mit dieser Urkunde durch solche Eide und Gelöbnisse, die wir darauf geleistet haben, dass wir alle Artikel und Vorschriften dieser Urkunde so befolgen und einhalten werden, wie es hernach von Wort zu Wort geschrieben steht:

³ Magna Charta: Die „Große Freiheitsurkunde" wurde 1215 von König Johann I. von England erlassen. Vgl. dazu S. 120.
¹ Gaffeln: in Köln ursprünglich Bezeichnung für unterschiedliche Korporationen (benannt wohl nach der Tranchiergabel, die bei Festgelagen Verwendung fand), seit dem 14. Jahrhundert für Kaufleutekorporationen, seit dem „Verbundbrief" für die neu geschaffenen, verfassungsmäßigen politischen Korporationen der wahlberechtigten Kölner Bevölkerung

(1) Zum Ersten haben wir, die sämtlichen genannten Ämter und Gaffelgesellschaften, eins mit der gesamten Gemeinde in Köln, in guter und ganzer Treue fest und gänzlich gelobt und uns verbunden und geloben und verbinden uns mit dieser Urkunde, einem jeweiligen Rat der Stadt Köln beizustehen, treu und hold zu sein und ihn machtvoll und mächtig bleiben und ihn zu Rate sitzen lassen über alle Angelegenheiten. Ausgenommen sind jedoch die im Folgenden beschriebenen Artikel und Sachen, die der jeweilige Rat in keiner Weise weder erlauben noch ausführen noch beschließen darf, es sei denn mit Wissen, Willen und Zustimmung der ganzen vorgenannten Gemeinde, das heißt: keinen Kriegszug zu unternehmen oder auszurufen; keine neuen Bündnisse, Urkunden oder Verträge mit irgendwelchen Herren oder Städten einzugehen oder abzuschließen in irgendeiner Weise; die genannte Stadt Köln nicht mit irgendwelchen Erbrenten oder Leibrenten in irgendeiner Weise zu belasten; und unter keinen Umständen innerhalb eines Jahres auf einmal mehr als eine Summe von 1000 Gulden, wie sie gerade gang und gäbe sind, auszugeben oder jemandem zu versprechen oder zu verbriefen; es sei denn mit Wissen und Willen der Gemeinde, wie es oben geschrieben steht. Das ist so zu verstehen, dass man solche vorgenannten Angelegenheiten, wenn es nötig sein sollte, allen und jeglichen der genannten Ämter und Gaffeln vortragen und kundtun soll, damit diese dann aus jedem genannten Amt und Gaffel zwei ihrer Freunde, ehrbare Männer, zum derzeitigen Rat schicken und senden, um diese vorbeschriebenen Angelegenheiten mit ihm zu besprechen. Und was diese gemeinsam mit dem Rat alsdann einträchtig mit Mehrheit beschließen, das soll Kraft, Macht und Bestand haben ohne jemandes Widerspruch.
(2) Weiter sind wir sämtlich miteinander übereingekommen, dass der jeweilige Rat der Stadt Köln leiblich bei den Heiligen schwören soll, die Ehre Gottes und die Ehre und Freiheit der Stadt zu erhalten, getreu das gemeine Beste voranzustellen und dafür Sorge zu tragen.
Es soll auch fortan nur ein ungeschiedener, ungeteilter Rat bestehen und gemeinsam miteinander zu Rate sitzen; das heißt, dass in Köln kein Enger und kein Weiter Rat mehr sein noch sitzen sollen so, wie sie früher waren und gesessen haben.
(3) Weiter haben wir einträchtig beschlossen, wie der jeweilige Rat zu wählen ist, dass nämlich immer zu der Zeit, wenn es sich gebührt, die zwei Bürgermeister und den jeweiligen Rat in Köln zu wählen, bei den geschworenen Eiden diese Wahl so geschehen soll, wie es im Folgenden beschrieben ist: [*Es folgt das höchst komplizierte und umständliche Wahlverfahren*]
[...] und dass wir nämlich unter uns, den genannten Ämtern, Gaffeln und der Gemeinde, nur solche ehrbaren, verständi-

▶ **Der „Platzjabbeck" am Kölner Rathaus.**
Foto von 2009.
Die buntbemalte Fratze, die im Zweiten Weltkrieg zerstört, später nachgebildet und unter der Turmuhr angebracht wurde, steckt dem aufmerksamen Betrachter einmal stündlich die Zunge entgegen. Diese Funktion hat der Platzjabbeck jedoch erst seit knapp 100 Jahren. Entstanden ist die Fratze schon im Spätmittelalter, vermutlich im Jahr 1445, und damit ca. vierzig Jahre nach der Fertigstellung des Rathausturmes. Damals wurde der Platzjabbeck (aus dem Frz. „le bec" – der Schnabel oder der Mund, Kölsch: „jappe" – „den Mund aufreißen"), der auf den Alten Markt(platz) blickt, als Symbol für das Erlangen der Stadtherrschaft durch die Zünfte und Gaffeln angebracht.
■ *Auch in anderen Städten künden Figuren an Rathäusern von der im Mittelalter erkämpften politischen Macht der Bürger. Recherchieren Sie die Geschichte dieser Städte und die Geschichte der Figuren und präsentieren Sie Ihre Ergebnisse in Form einer PowerPoint-Präsentation.*

gen Männer in den Rat wählen sollen, die für die Stadt und die Gemeinde nützlich, ehrenhaft und am besten geeignet sind.
(4) [...] Auch darf die vorbeschriebene Wahl des jeweiligen Rates und der Bürgermeister nicht geschehen und darf nicht gewählt werden um Liebe noch um Leid noch um Freundschaft, weder um Verwandtschaft noch um irgendwelcher anderen Umstände oder um Fürbitten willen, sondern einzig, um die Ehre und Freiheit der Stadt zu erhalten und in allen Angelegenheiten das gemeine Beste getreu voranzustellen und dafür Sorge zu tragen, ohne Arglist. [...]
(9) Weiter sind wir sämtlich übereingekommen und haben uns einträchtig willentlich dazu verbunden: Für den Fall – wovor Gott immer sein möge –, dass jetzt oder später einmal in Köln bei Nacht oder Tag irgendein Aufstand oder Aufruhr geschähe oder entstünde, der gegen den Rat und die vorgenannte Gemeinde gerichtet wäre, sodass deshalb zu dieser Zeit Banner² und Wimpel der Stadt aufgeworfen würden oder wären, so sollen wir alle vorgenannten Ämter, Gaffeln und die Gemeinde unverzüglich einträchtig zusammenkommen, sobald wir das erfahren, und jeder von uns soll dem anderen helfen und ihn beschützen, Leib und Gut bewahren und dem Banner und Wimpel nachfolgen zu Nutzen, Vorteil und Hilfe für die genannte Stadt und Gemeinde, sofern es ohne Arglist geschieht.
(10) Weiterhin sind wir, um alle Entzweiung und Zwietracht unter uns zu verhüten, übereingekommen und haben uns auch dazu verbunden: Für den Fall, dass jemand von uns vorgenannten Ämtern, Gaffeln und der Gemeinde, wer er auch sei, gegen diese unsere vorbeschriebenen Gesetze und Verträge jetzt oder später einmal mit Parteinahme, Arglist oder Heimtücke einen Aufruhr oder Aufstand in Köln machte oder herbeiführte, sei es bei Nacht oder bei Tag, dass man dann über den oder diejenigen, die den Aufruhr gemacht und herbeigeführt hätten und von denen man es offenkundig gewahr würde, öffentlich zu Gericht sitzen soll. [...]
(15) Alle und jegliche Artikel und Gesetze, die vor und nach in dieser Urkunde geschrieben stehen, haben wir, die genannten Bürgermeister, Rat, Ämter und Gaffeln, eins mit der ganzen Gemeinde in Köln, und weiter mit all denen, die mit uns vereidigt und verbunden sind wie wir mit ihnen, sämtlich und einzeln erst in guter, völliger Treue fest gelobt und versichert und danach willentlich mit aufgereckten Fingern leiblich bei den Heiligen geschworen, und wir geloben, versichern und schwören mittels dieser Urkunde, sie gänzlich und genauso, wie sie vor und nach durch uns in dieser Urkunde beschrieben und erklärt stehen, für ewige Tage fest, beständig und unverbrüchlich zu halten, zu befolgen und auszuführen, und zu keiner Zeit gegen sie zu raten, zu handeln oder zu sprechen mit irgendwelcher List, Arglist, Ränke oder böser Heimtücke, welche in irgendeiner Weise einmal erdacht worden sind oder noch erdacht werden könnten. [...]

Quellen zur Geschichte der Stadt Köln, herausgegeben vom Förderverein Geschichte in Köln e.V., Bd. 2: Spätes Mittelalter und Frühe Neuzeit, Bearbeiter: Johannes Helmrath und Joachim Deeters, Köln 1996, S. 16–24

1. *Kennzeichnen Sie die Rechte und Pflichten des Kölner Rates und der Gaffeln.*

2. *Auch in dieser Urkunde erscheint die Stadtgemeinde in der damals so verbreiteten Form als „Schwurgemeinschaft/Eidgenossenschaft" (lat. coniuratio). Verdeutlichen Sie das am Text.*

3. *Vergleichen Sie Wahl und Aufgaben des Kölner Rates 1396 mit dem heutigen Stadtrat Ihres Wohnortes.*

---
² Das Banner war das Symbol für die Herrschaft in der Stadt.

Freiheit in den Städten – auch für Frauen?

Die Entwicklung der Städte trug in besonderem Maß zur Grundlegung einer modernen Welt im Mittelalter bei. Die städtische Gesellschaft kannte keine Stände und keine unfreien Individuen wie in den Herrschaftsstrukturen auf dem Land. In dieser neuen Welt der Ausweitung persönlicher Freiheiten boten sich allen Stadtbewohnern größere Handlungsspielräume. Doch die wirtschaftliche wie politische Stellung von Frauen muss sich nicht zwangsläufig in einem ökonomisch und politisch freieren System verändern. Es ist daher zu fragen: Welche Rolle spielten Frauen im politischen wie im wirtschaftlichen Leben von mittelalterlichen Städten? Galten Männerrechte auch für Frauen? Zwei Historikerinnen nehmen zu diesen Fragen Stellung.

M1 Günstige Bedingungen

Die Autorin eines mehrfach neu aufgelegten Werkes zum Leben von Frauen in mittelalterlichen Städten, Professorin Erika Uitz aus Magdeburg, bilanziert zur Geschichte von Frauen:

Die mittelalterlichen Städte boten in ihrer Gesamtheit, wenn auch je nach Stadttyp mehr oder weniger ausgeprägt, infolge günstiger Bedingungen für die Entfaltung eines blühenden Wirtschaftslebens und den sozialen Aufstieg der Bürger auch
5 für die Städterinnen eine Reihe positiver Veränderungen. Sie erlangten eine anerkannte Position im städtischen Wirtschaftsleben, eine begrenzte Geschäftsfähigkeit im juristischen Sinne und die Möglichkeit zum selbstständigen Erwerb des Bürgerrechts.
10 Einen großen Beitrag zum Erhalt der Familien leisteten vor allem die Frauen in den städtischen Unterschichten, wo sie durch ihre Arbeit die Existenz der Familienwerkstatt mittrugen oder auch außerhalb dieser Werkstatt berufstätig wurden, vorwiegend als Lohnarbeiterin und im Kleinhandel.
15 In den großen Exportgewerbe- und Fernhandelszentren und in den mittleren Handelsstädten mit Exportgewerbe bildeten die Klein- und Detailhändlerinnen eine nicht wegzudenkende Stütze des Binnenmarktes. Wo sich das Verhältnis von Arbeits- und Arbeitskräfteangebot zuungunsten der Arbeits-
20 suchenden gestaltete, mussten die Frauen der städtischen Unterschichten nicht selten auch schwere körperliche Arbeiten wie im Baugewerbe oder im Schmiedehandwerk ausführen. Nicht wenige dieser Frauen halfen darüber hinaus die Existenz ihrer Familien durch Nebenverdienste zu sichern.
25 Die Wehrlosesten verfielen der Prostitution.
Frauen aus dem vermögenderen Stadtbürgertum fanden sich unter den Berufstätigen im Handel, im Wechselgeschäft, in städtischen Ämtern und im Handwerk. Ungeachtet zahlreicher weiterbestehender Zunftbeschränkungen konnten sie in den reinen Frauenzünften oder in gemischten Zünften 30 des Textilgewerbes Meisterrecht erlangen. Andere Zweige des Handwerks wie z.B. die Ölschläger, Seiler, Pergamenter, Fleischer, Schuster oder Bäcker scheinen nur vereinzelt und regional begrenzt weibliche Meister zugelassen zu haben. Bis zur zweiten Hälfte des 15. Jahrhunderts, teilweise noch bis 35 zum Ende des 16. Jahrhunderts gab es vermutlich eine Reihe von günstigen Bedingungen für eine selbstständige weibliche Berufsarbeit, von denen einige in der Frühen Neuzeit wegfallen. [...]
Als feste Stütze der Familie erwiesen sich Städterinnen be- 40 sonders in Notsituationen wie beim Tod des Ehemannes, in demografischen Krisen und innerstädtischen Auseinandersetzungen. Vielfältige weibliche Bemühungen galten aber auch im normalen städtischen Leben der Sicherung und Mehrung des Vermögens, dem sozialen Ansehen der Familie, 45 der Erziehung der Kinder, der Versorgung und Anleitung der Knechte und Mägde, der Lehrlinge, Lehrmädchen, unverheirateten Gesellen und Handlungsdiener, soweit sie im Hause wohnten und zur Familie zählten. Dazu befähigte diese Frauen eine nicht geringe Teilnahme an der Erwerbstätigkeit 50 der männlichen Familienmitglieder und den alltäglichen Vorgängen in der Stadt. Auch der Zugang zu den Grundschulen war dem förderlich. [...]
Zieht man ein vorläufiges Fazit, so zeigen die skizzierten Beobachtungen das Leben der Städterinnen im Mittelalter nicht 55 als eine Aneinanderreihung von erduldeten Erniedrigungen, sondern auch als aktives Eingehen auf historische Chancen.

Erika Uitz, Die Frau in der mittelalterlichen Stadt, Freiburg 1992, S. 189-192

M2 Ohne politischen Einfluss

Die Mittelalter-Expertin und Professorin Edith Ennen aus Bonn zieht im Schlussteil einer umfassenden und mehrfach aufgelegten historischen Darstellung über die Stellung und Arbeit von Frauen in Städten ein Fazit:

In der mittelalterlichen Stadt war den Frauen keine politische Wirksamkeit beschieden. Die Frauen in der Stadt partizipierten wohl am Bürgerrecht des Mannes, aber sie stiegen hier nicht zur politischen Verantwortung auf – ja sie haben es
5 anscheinend auch gar nicht erstrebt –, das war folgenschwer angesichts der wachsenden Bedeutung der Städte und des Bürgertums. [...] Wir konstatieren einen auffallenden Gegensatz weiblichen Engagements des Hochmittelalters: Für die bürgerlichen Freiheitskämpfe interessieren sich die Frauen
10 offensichtlich nicht; erst recht fehlt jeder Beleg für eine weibliche Teilnahme an der Auseinandersetzung mit dem Stadtherrn. An der religiösen Bewegung nehmen sie, obwohl sie vom Weiheamt ebenso ausgeschlossen bleiben wie vom Sitz im städtischen Rat, leidenschaftlich Anteil [...].
15 Es gab zahlenmäßig breite Unterschichten der armen Witwen, der Mägde, deren Lohnniveau stets unter dem der Knechte, das sind vor allem Handwerksgesellen, liegt. Die Handwerksgesellen hatten eine Berufsausbildung, sie schlossen sich zu Gesellenverbünden zusammen und stellten ihre
20 Forderungen auf. Die Mägde wohnten weiterhin im Haus des Arbeitgebers, sie entwickelten keinerlei Solidarität, ihre niedrigen Löhne wurden – sehr unterschiedlich – aufgebessert durch persönliche Zuwendungen vonseiten der Herrschaft. In den Unterschichten sind die Frauen nachweisbar oft über-
25 durchschnittlich hoch vertreten. Als weibliche Randgruppe erwiesen sich die Dirnen. Die kirchlichen Institute reichten nicht immer aus, die bedürftigen Frauen hinreichend zu versorgen und Randgruppen eventuell zu integrieren [...].
In manchen mittelalterlichen Städten sind nicht nur allein-
30 stehende Frauen, junge Mädchen, Witwen berufstätig, sondern mitunter auch in beträchtlichem Umfang verheiratete Frauen, und zwar gut verheiratete Frauen von Kaufleuten und sogar Ratsherren. Hier fragt sich, ob diese Frauen ihren Handel, den sie auf eigenen Gewinn und Verlust treiben, ih-
35 ren selbstständigen Gewerbebetrieb aus ähnlichen Gründen führen, die heute viele verheiratete Frauen zur Berufstätigkeit veranlassen. [...] Die Berufstätigkeit der Frau wurde in der spätmittelalterlichen Stadt dadurch erleichtert, dass es infolge der handwerklichen Organisation auch der Exportge-
40 werbe noch keine Trennung zwischen Wohnung und Arbeitsplatz gab: Die Werkstätte der selbstständigen Handwerkerin lag in ihrem Wohnhaus, ebenso wie das Kontor der Kauffrau. Die Gewerbetätigkeit der Frauen war besonders da gegeben, wo die Stadt in einzelnen Gewerbezweigen für den Export
45 arbeitete und daher viele Arbeitskräfte gebraucht wurden. [...] In Köln [...] liegt die Seidenverarbeitung ausschließlich in der Hand der beiden Frauenzünfte der Seidmacherinnen und der Seidenspinnerinnen. Aber auch die Kölner Meisterfrauen und Kauffrauen erstreben keinen eigenen Anteil am Stadtregiment, keinen politischen Einfluss. [...] Daher ist in der Neu-
50 zeit, vor etwa 1918, die Benachteiligung der Frau im Berufsleben größer gewesen als im Spätmittelalter.

Edith Ennen, Frauen im Mittelalter, München 1991, S. 233-241

▲ „Die Kreuztragung Christi."
Buchmalerei auf Pergament (ca. 16,5 x 12 cm) aus dem „Livre d'heures d'Étienne Chevalier" (Stundenbuch des französischen Schatzmeisters Étienne Chevalier) von Jean Fouquet, 1455.
■ Beschreiben Sie die Abbildung. Welche Rollen werden den Frauen vom Künstler zugeschrieben?

1. *Zeigen Sie anhand von M1 und M2 die Unterschiede, aber auch Gemeinsamkeiten in der Einschätzung auf. (Achten Sie im Besonderen auf unterschiedliche Bezugsebenen in den Texten.)*

2. *Überprüfen Sie die Stellungnahmen M1 und M2 anhand der Informationen im Darstellungstext auf Seite 48 f. (Sachurteil).*

3. *Freiheit in den Städten – auch für Frauen? Nehmen Sie Stellung.*

Das Mittelalter in der Geschichts- und Erinnerungskultur der Gegenwart

Gegenwärtiges Mittelalter Das Mittelalter ist uns nah und fern zugleich. Es ist uns nah, weil es wie keine andere Epoche in unserer Gegenwart präsent ist. Es ist uns fern, weil es uns trotz seiner vermeintlichen Nähe bis heute fremd und unbekannt geblieben ist. Die Geschichtswissenschaft spricht in diesem Zusammenhang von der **Alterität** des Mittelalters. Die Andersartigkeit hat zum einen mit der lateinischen Sprache zu tun, die heute kaum noch jemand versteht und die uns das Lesen von mittelalterlichen Quellen im Original schwer macht. Sie liegt zum anderen aber auch in der Tatsache begründet, dass die moderne Welt, die um 1500 entstand, von Anfang an ein zwiespältiges Verhältnis zu ihrer Vorgängerepoche hatte.

Das zeigt schon der Name „Mittelalter", der keine mittelalterliche Selbst-, sondern eine moderne Fremdbezeichnung ist. Er sollte lediglich eine „Zwischenzeit" zwischen der Antike und der eigenen, als „Neuzeit" apostrophierten Zeit bezeichnen. „Mittelalter" war gewissermaßen ein Verlegenheitsbegriff, der eine tausendjährige Epoche bezeichnen sollte, mit der man eigentlich – nach der Wiederentdeckung der Antike in der Renaissance und im Humanismus – nicht mehr viel zu tun haben wollte. Die lateinischen Begriffe „media aetas" (mittleres Zeitalter) oder „medium aevum" (mittlere Zeit) bringen diese Verlegenheit insofern zum Ausdruck, als sich das Wesen der Epoche offenbar in der Mittelstellung zwischen zwei anderen Epochen erschöpfte. Ihr Eigenwert ist damit nicht erfasst.

Die moderne Epochenbezeichnung „Mittelalter" ist jedoch auch insofern problematisch, als sich die mittelalterlichen Menschen selbst niemals als „mittelalterlich" verstanden haben. Sie glaubten vielmehr in einer „Endzeit" zu leben, die auf das Jüngste Gericht und damit auf die erwartete Wiederkunft Jesu Christi zuläuft. Sie erwarteten also ein baldiges Ende der Welt und der Geschichte und lebten dementsprechend. Man spricht in diesem Zusammenhang auch von einem religiösen und **eschatologischen** Weltbild. Es formte das mittelalterliche Geschichtsdenken von Grund auf. Das müssen wir berücksichtigen, wenn wir uns mit der Epoche beschäftigen.

„Erfundenes" Mittelalter Der Mittelalterbegriff ist nicht zeitgenössisch, sondern eine nachmittelalterliche „Erfindung" der Moderne. Das gilt auch für die sogenannte **Epochentrias** Antike – Mittelalter – Neuzeit. Sie wird zwar häufig zur Gliederung der vormodernen und modernen europäischen Geschichte herangezogen. Aber sie ist eine moderne Konstruktion, die unter globaler Perspektive ihre Gültigkeit verliert (▶ M1).

Die Epochentrias ist wie der Mittelalterbegriff ebenfalls erst am Beginn der Neuzeit entstanden und hat mit mittelalterlichen Zeit- und Geschichtsgliederungen nichts zu tun. So war im Mittelalter die Vorstellung von sechs Weltaltern verbreitet. Sie dauerten jeweils tausend Jahre und begannen mit Adam, Noah, Abraham, Moses, David und Jesus. Der mittelalterliche Mensch wies sich also dem letzten Weltalter zu. Endgültig durchgesetzt hat sich die Einteilung in Antike – Mittelalter – Neuzeit im ausgehenden 17. und vor allem im 18. Jahrhundert.

Wichtig ist in diesem Zusammenhang, dass diese Epochengliederung von ihren Erfindern nie absolut, sondern als Hilfsmittel gedacht war. Denn Epocheneinteilungen werden vorwiegend aus didaktischen Gründen vorgenommen, um große Zeiträume besser überschauen und untersuchen zu können. Sie werden immer im Rückblick vorgenommen. Dabei kommt es jeweils auf die Perspektive an, wo man eine Epoche enden

---

Alterität: Der Begriff ist von dem lat. Wort „alter, -era, -erum" abgeleitet und bedeutet „der, die, das andere". Das Forschungskonzept, das im anglo-amerikanischen Sprachraum als „otherness" bezeichnet wird, macht deutlich, dass wir vor allem die vormodernen Zeitalter nicht einfach verstehen können, indem wir unsere modernen Vorstellungen und Werte auf sie übertragen. Der Begriff versucht wertfrei deutlich zu machen, dass wir uns, wenn wir uns mit dem Mittelalter beschäftigen, in einer „anderen" Welt bewegen, deren Verständnis nicht vorausgesetzt werden kann, sondern erarbeitet werden muss.

Eschatologie: Der Begriff leitet sich vom griech. Wort „eschaton" ab, das „das Letzte, das Ende" bedeutet. Gemeint ist die „Lehre von den letzten Dingen" bzw. die „Lehre von der Endzeit".

Epochentrias: Dreigliederung der europäischen Geschichte in Antike, Mittelalter und Neuzeit, die im Humanismus entstand. Es handelt sich jedoch – wie beim Mittelalterbegriff – um eine moderne Konstruktion. Derartige Periodisierungsversuche werden auch als Epochennomenklaturen bezeichnet.

▶ **Die „Imperia" im Hafen von Konstanz am Bodensee.**
Foto von 2012.
Anfangs umstritten, wurde die Statue des Künstlers Peter Lenk, die seit 1993 die Hafeneinfahrt von Konstanz schmückt, im Lauf der Zeit zu einem Wahrzeichen der Stadt. Sie erinnert in satirischer Art und Weise an das Konstanzer Konzil von 1414 bis 1418. Das Konzil sollte das „Große Schisma", die Spaltung der Christenheit, beenden. Seit 1378 standen sich ein italienischer Papst in Rom und ein französischer Papst in Avignon gegenüber, 1409 war sogar noch ein dritter Papst hinzugekommen. Auf dem Konzil in Konstanz wurden die rivalisierenden Päpste nach dreijährigen Debatten abberufen und mit Martin V. (1417-1431) wurde ein neuer, allgemein anerkannter Papst gewählt.

■ Beschreiben Sie die Statue und analysieren Sie die Auswahl der einzelnen Elemente. Welche Themen und Personen greift der Künstler in seiner Darstellung der „Imperia" auf? Nehmen Sie ggf. das Internet zu Hilfe.

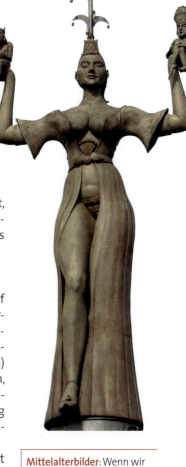

und die andere beginnen lässt. Die Zeit selbst kennt keine Grenzen. Grundsätzlich gilt, dass Epochenkategorisierungen, und dazu zählt auch die Epochentrias Antike – Mittelalter – Neuzeit, immer mehr über die Zeit aussagen, die die Einteilung vornimmt, als über die Zeit, die eigentlich klassifiziert werden soll.

„Entzweites" Mittelalter ■ Bei der Auseinandersetzung mit der Vergangenheit darf nie vergessen werden, dass der Gegenstand historischer Untersuchung nicht die Vergangenheit, sondern die Vorstellung von der Vergangenheit ist. Die Geschichtswissenschaft hat es nie mit den *res gestae* (den vergangenen Ereignissen), sondern ausschließlich mit der *historia rerum gestarum* (der Erzählung von den vergangenen Ereignissen) zu tun. Sie spricht deshalb auch von „Geschichtsbildern", um zum Ausdruck zu bringen, dass wir nicht mit der vergangenen Wirklichkeit, sondern immer nur mit unterschiedlichen Wahrnehmungen dieser Wirklichkeit konfrontiert werden. Die Unterscheidung zwischen Vergangenheit und Geschichte (*past-history*-Differenz) zählt zu den Grundprinzipien moderner Geschichtswissenschaft.

„Geschichtsbilder" sind Vorstellungen, die sich Menschen von der Vergangenheit machen. Diese Bilder sind häufig fest in das kollektive Gedächtnis von Gesellschaften eingeschrieben. Sie geben das Geschehen aber nicht immer korrekt und angemessen wieder, sondern haben häufig legitimierende oder identitätsstiftende Funktion. Die Grenze zu Legenden oder Mythen ist fließend, sodass oft nicht klar ist, wo das Bild endet und das Trugbild beginnt. Das gilt in besonderer Weise für die Geschichte des Mittelalters, die in gewisser Weise als „Referenzgeschichte der Moderne" (Rolf Ballof) gelten kann. Denn die Moderne hat das Mittelalter nicht „erfunden", um es zu verstehen, sondern um sich als die bessere Epoche davon abzugrenzen. Die modernen **Mittelalterbilder** haben deshalb häufig instrumentalen oder funktionalen Charakter (▶ M2). Sie sind nicht Aussagen über das Mittelalter, „sondern vielmehr Aussagen über die Moderne" (Otto Gerhard Oexle).

Das Mittelalter diente der Moderne gewissermaßen als Folie zur Selbstreflexion. Diese Folie wurde auch ausgetauscht. Während der Renaissance-Humanismus und die Aufklärung ein eher negatives, „finsteres" Mittelalterbild verbreiteten, wurde im 18. und 19. Jahrhundert das moderne Bild des Mittelalters durch die Romantik und die aufkommende Nationalbewegung eher positiv und „hell" gezeichnet. Die Mittelalterforschung hat diesbezüglich von einem „entzweiten Mittelalter" (Otto Gerhard Oexle) gesprochen. Beide Bilder wirken bis heute nach, obwohl die **Mediävistik** längst nachgewiesen hat, dass weder das eine noch das andere nüchterner historischer Rekonstruktion gerecht wird. In beiden Fällen handelt es sich um Überzeichnungen, die Produkte der

Mittelalterbilder: Wenn wir uns mit mittelalterlicher Geschichte beschäftigen, haben wir es nie mit dem (vergangenen) Mittelalter, sondern immer nur mit Mittelalterbildern oder -vorstellungen zu tun. Diese sind häufig Projektionen der jeweiligen Gegenwart auf die Vergangenheit. Sie haben deshalb wenig mit der historischen Wirklichkeit gemein. Man spricht infolgedessen auch von „Epochenimaginationen".

Mediävistik: Abgeleitet vom lat. Begriff „medium aevum" (= mittlere Zeit) bezeichnet der Begriff die Fachwissenschaft, die sich mit dem Mittelalter in allen seinen Aspekten vornehmlich an Universitäten und Hochschulen beschäftigt.

Mittelalterrezeption: Abgeleitet von dem lat. Wort „recipere" (= empfangen, erhalten) beschäftigt sich der Forschungszweig mit der Frage nach der Behandlung der mittelalterlichen Epoche durch die Nachwelt. Sie dokumentiert die Geschichte des sich wandelnden Interesses am Mittelalter. Die Mittelalterwahrnehmung ist gleichzeitig eine Geschichte der Selbstverständigung der Moderne anhand des Mittelalters.

Mittelalterinszenierungen: Das Mittelalter wird heute in der Populärkultur vielfach verlebendigt. Als Reenactment bezeichnet man die Wiederaufführung oder Reinszenierung konkreter geschichtlicher Ereignisse (z. B. einer Schlacht oder eines historischen Festes), als Living History die Darstellung historischer Lebenswelten durch Personen (z. B. auf einem Mittelaltermarkt), deren Kleidung, Ausrüstung und Gebrauchsgegenstände möglichst der dargestellten Epoche entsprechen sollen. Mit Live Action Role Playing (LARP) werden Rollenspiele beschrieben, bei denen die Spieler eine bestimmte historische Figur (einen „Charakter") möglichst authentisch darstellen.

Eskapismus: Methode der Geschichtsbenutzung, um aus der gegenwärtigen Realität, deren Anforderungen man als zu komplex, schwierig und aufdringlich empfindet, zu flüchten (engl. to escape). Die Epochenimagination „Mittelalter" wird z. B. als Rückzugs-, Projektions- oder Identifikationsraum gewählt, um der Gegenwart zu entfliehen.

▲ **Das Mittelalter als weltweiter Unterhaltungsfaktor.**
Links „Medieval Times. Dinner & Tournament". Modernes Mittelalter im amerikanischen Kissimmee/Orlando, Florida (Foto von 2012), rechts eine Szene aus dem Film „Ritter der Kokosnuss" der britischen Komikergruppe Monty Python von 1975.

Mittelalterrezeption sind. Jede Zeit entwirft gewissermaßen ihr eigenes Mittelalterbild. „The continuing process of creating the Middle Ages" wird nach Leslie J. Workman auch als *Mediävalismus* (*medievalism*) bezeichnet.

Populäres Mittelalter ■ Das Mittelalter ist wie keine andere Epoche in der Geschichts- und Erinnerungskultur der Gegenwart präsent. Weil diese Mittelalterbilder nicht selten in der Öffentlichkeit inszeniert werden, hat man dieses „populäre" Mittelalter, wie es uns etwa auf *Mittelaltermärkten* begegnet, auch als „Sekundärmittelalter" (Valentin Groebner) bezeichnet (▶ M3). Es handelt sich dabei jedenfalls nicht um das wissenschaftlich verhandelte Mittelalter, wie es an Schulen und Hochschulen gelehrt wird, sondern um moderne Mittelalterinszenierungen der Populärkultur, wie sie uns etwa in Literatur, Film, Fernsehen, digitalen Medien, aber auch in der Tourismusindustrie begegnen. Der sogenannte Mittelalterboom schlägt sich darüber hinaus in unterschiedlichen **Mittelalterinszenierungen** nieder, die z. B. als Reenactment, Living History oder als Live Action Role Playing (LARP) bezeichnet werden. Es ist nicht das historische, sondern das imaginierte, das inszenierte Mittelalter, das die Massen interessiert und fesselt. Es ist nicht das vergangene und weithin fremde Mittelalter, nicht das Mittelalter der kaum zu verstehenden Überreste und Quellen, die man nur mithilfe anspruchsvoller Hilfswissenschaften auswerten kann, sondern das bunte, das laute, das „lebendige" Mittelalter, wofür sich die Menschen interessieren (▶ M4).

Die Mittelaltersehnsucht unserer Zeit ist mithin zwiespältig. Von den Mühen der Annäherung an diese uns so ferne Zeit will sie im Allgemeinen wenig wissen. Bewunderer wenden sich dem vermeintlich einfacheren Mittelalter zu, um der komplexen Gegenwart zu entfliehen. Die Wissenschaft spricht in diesem Zusammenhang von **Eskapismus**. Von daher erklären sich auch die Vorbehalte, die die Mediävistik gegenüber dem Mittelalterboom geltend gemacht hat. Sie muss zur Kenntnis nehmen, dass die moderne Sehnsucht nach dem Mittelalter nicht immer der historischen Vergangenheit gilt. Denn sie erzielt dort ihre größten Wirkungen, „wo es gar nicht um die Rekonstruktion der Vergangenheit geht" (Valentin Groebner).

Die **Epochenimagination** „Mittelalter" ist zugleich ein Paradebeispiel dafür, dass der massive öffentliche Zugriff auf Geschichte mit einem Funktionswandel dessen einhergeht, was wir unter Geschichte verstehen. Geht es der Geschichtswissenschaft um die angemessene Rekonstruktion der Vergangenheit, so will die populäre Geschichtskultur deren Vergegenwärtigung und Verlebendigung. Geschichte soll als Erfahrungs-, Erlebnis-, Handlungs- und Projektionsraum inszeniert werden.

Mediales Mittelalter Der öffentliche Gebrauch von Geschichte folgt mithin anderen Gesetzen, als sie für die Vermittlung von Geschichte in Schule und Unterricht gelten. Außer Frage steht jedoch, dass die populären Vorstellungen vom Mittelalter, wie sie etwa durch Film, Fernsehen, das Internet oder historische Romane vermittelt werden, nicht selten wirksamer sind und das öffentliche Geschichtsbewusstsein nachhaltiger beeinflussen als wissenschaftliche Befunde. Ken Folletts Roman „Säulen der Erde" hat bereits in seiner englischen Originalversion von 1989 ein Millionenpublikum erreicht. Er ist in einer ZDF-Umfrage sogar zum drittliebsten Buch der Deutschen gewählt worden. Den Sat1-Film „Die Wanderhure", der im Spätmittelalter der Konzilszeit spielt, haben 2010 nahezu zehn Millionen Fernsehzuschauer gesehen. Das früheste und vielleicht beste Beispiel für den modernen Mittelalterboom ist freilich der Hype, den Umberto Ecos Roman „Der Name der Rose" (Il nome della rosa) in den 1980er-Jahren in der Öffentlichkeit ausgelöst hat.

Das Mittelalterfach hat sich seither zunehmend für Phänomene der Geschichtskultur geöffnet. Hier spielen vor allem die großen Mittelalterausstellungen eine wichtige Rolle. Wie hat man die mediale Präsenz des Mittelalters zu verstehen? Es kann im Bereich historischen Lernens jedenfalls nicht nur darum gehen, die Fehler und Versäumnisse populärkultureller Geschichtsinszenierungen aufzuzeigen. Es gilt vielmehr zu erkennen, dass Geschichte als Vorstellungsgebilde immer medial aufbereitet wird. Somit sollte man anstreben, einen reflektierten Umgang mit zu Gegenwartszwecken aufbereiteter und inszenierter Vergangenheit zu schulen.

Es reicht deshalb nicht aus zu fragen, ob das, was der Mittelalterfilm zeigt, mit der historischen Wirklichkeit (die wir ja auch nicht exakt kennen) übereinstimmt, sondern warum die mittelalterliche Vergangenheit so und nicht anders aufbereitet wird. Ein gutes Beispiel ist der moderne Mittelalterroman „Die Päpstin" von Donna Woolfolk Cross, der 2006 auch verfilmt wurde (▶ M5). Der Film will nicht in erster Linie historisch belehren. Er benutzt das Mittelalter vielmehr als Kulisse zur Verarbeitung moderner Themen. Gleiches gilt für die Darstellung der Kreuzzüge in dem Film „Königreich der Himmel" von Ridley Scott, der 2005 in die Kinos kam. Der Film wurde nicht nur „als klassische Inszenierung zur Darstellung des Mittelalters und des Kampfes um die Stadt Jerusalem aufgefasst, sondern zugleich als Parabel auf aktuelle politische Konstellationen, neue religiöse Auseinandersetzungen und die US-Außenpolitik unter Präsident George W. Bush gelesen" (Christian Kuchler).

Epochenimaginationen: Der Begriff ist abgeleitet vom lat. Wort „imago", das so viel wie „Bild" oder „Vorstellung" bedeutet. Damit ist angedeutet, dass jede Epoche bestimmte „Bilder" und Assoziationen aufruft, die häufig Teil des kollektiven Gedächtnisses einer Gesellschaft sind. Diese Geschichtsbilder sind zwar wirkmächtig, aber nicht mit der historischen Wirklichkeit zu verwechseln.

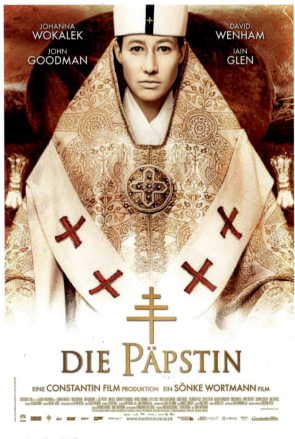

▲ „Die Päpstin."
Film des deutschen Regisseurs Sönke Wortmann von 2006.

Modernes Mittelalter Das Mittelalter hat der Moderne seit jeher als Projektionsfläche gedient. Der moderne Mensch beschäftigt sich gewissermaßen zwangsläufig mit dem Mittelalter, weil es sein Produkt, seine Erfindung, seine Entdeckung ist (▶ M6). Man kann auch sagen, der moderne Mensch habe das Mittelalter erfunden, um sich selbst zu verstehen.

Wenn heute vom Mittelalter gesprochen wird, ist es jedenfalls häufig nicht die vergangene mittelalterliche Wirklichkeit, die im Fokus steht. Es sind vielmehr moderne Bilder, Vorstellungen und Imaginationen, die den zeitgenössischen Gedankenaustausch über die historische Epoche bestimmen. Damit bewegen wir uns nicht mehr auf einer faktischen, sondern auf einer imaginären Ebene. Es geht nicht mehr vorrangig um die angemessene wissenschaftliche Rekonstruktion vergangener Wirklichkeit(en), sondern um die absichtsvolle Konstruktion einer neuen und anderen Wirklichkeit. Diese wird zwar „Mittelalter" genannt, sie hat aber gewissermaßen Platzhalterfunktion. Man hat deshalb vom Mittelalter auch als moderner „Anderswelt" gesprochen.

Vor diesem Hintergrund wird klar, dass es weniger historische Realitäten als vielmehr moderne Vorstellungen, Imaginationen und Wünsche sind (vor allem des 19. und frühen 20. Jahrhunderts), die verhandelt werden, wenn heute über „das" Mittelalter gesprochen wird. Alle moderne Befassung mit dem Mittelalter bewegt sich somit zwischen Wunsch und Wirklichkeit. Die moderne Sehnsucht nach dem Mittelalter, die man im Anschluss an eine angloamerikanische Begrifflichkeit auch als Mediävalismus bezeichnen kann, hat also mit dem intensiven Wunsch nach einem anderen Leben jenseits der Moderne zu tun. Das Mittelalter, das in diesem Zusammenhang aufgerufen wird, ist keine chronologisch verortbare Epoche, die man wissenschaftlich erforschen und unterrichten kann, sondern Mythos, Lebensform, Gefühl oder eben Traumfabrik.

In der modernen „Erlebnisgesellschaft" (Gerhard Schulze) und der damit einhergehenden Eventkultur ist die Beschäftigung mit Geschichte auch eine besondere Form der Freizeitgestaltung und damit ein Teil der Tourismus- und Unterhaltungsindustrie geworden. Das muss man wissen, um die Angebote beurteilen zu können. Mittelalter, Renaissance und jüngere Geschichte werden in der öffentlichen Wahrnehmung insofern nicht selten zu einem undifferenzierten „Früher" vermischt und dem modernen „Heute" gegenübergestellt. Ins Mittelalter wird quasi alles verlegt, was nicht modern oder doch zumindest fremd anmutet.

Die Epoche bietet auch Anhaltspunkte, um über vermeintlich unhaltbare Zustände in der Moderne zu klagen. Ins Mittelalter kann sich flüchten, wem die Gegenwart zu schwierig und zu unübersichtlich geworden ist. Geschichte hätte hier angesichts der Zumutungen der Moderne Entlastungsfunktion. Das würde erklären, warum die Epoche trotz der Tatsache, dass sich an Schule, Hochschule und Universität niemand mehr so recht für das Mittelalter interessiert, heute gleichwohl so gegenwärtig ist. Je moderner die moderne Welt wird, desto unvermeidlicher wird das Mittelalter.

▲ „Mittelalterrock"?
Ein Mitglied der Band „In Extremo" bei einem Auftritt auf dem Greenfield Festival in Interlaken/Schweiz im Jahr 2006.

■ Mittelalterbands wie „In Extremo", „Corvus Corax" oder „Saltatio Mortis" sind seit Jahren erfolgreich im Musikgeschäft aktiv. Recherchieren Sie weitere Mittelalterbands und analysieren Sie in einem kurzen Essay, welche Bilder vom Mittelalter über ihre Texte und ihr Auftreten (Kleidung, Instrumente etc.) vermittelt werden.

M1 Zugänge zum Mittelalter

a) Der Historiker Horst Fuhrmann berichtet über die andere Mentalität der mittelalterlichen Menschen:

Sinnentleerende Verflachung gerade des Mittelalters ist es – und das suggestivste[1] Medium, das Fernsehen, bringt diese Gefahr mit sich –, wenn man Bild und Geschehen ohne die dazugehörige Vorstellungswelt anbietet: zum Beispiel ohne
5 das mittelalterliche Lebensgefühl, die drückenden eschatologischen[2] Fragen, das ständige Suchen nach Gottes Plan. Wer die Sehnsüchte und die Ängste mittelalterlicher Menschen nicht wahrnimmt oder sie nicht ernst nimmt, wird kaum Verständnis aufbringen für eine Epoche, deren Hinter-
10 lassenschaft in unvernünftig großen Kathedralen, in nicht benutzbaren Weltkarten und in entpersönlichten Porträts[3] besteht, und deren Menschen, durchdrungen von dem Gefühl der Sündhaftigkeit und in der Hoffnung auf Gnade, vielfach ein ebenso hingebungs- wie entsagungsvolles Leben
15 geführt haben. Ein Sichöffnen zu häufig Fremdem und ein geduldiges Hinhören sind hier nötig.

b) Der Historiker Hartmut Boockmann erläutert die Verständnisbarrieren, die uns bei der Auseinandersetzung mit dem Mittelalter begegnen:

Doch sollte man sehen, dass nicht nur die Zugänge zur Vergangenheit, sondern auch die Vorstellungen von ihr durch unsere Gegenwart geformt werden. Überdies stellen sich
20 jüngere Vergangenheiten vor die älteren Jahrhunderte. Wir können die Jahrhunderte, die uns vom Mittelalter trennen, nicht einfach überspringen; wir dürfen nicht davon absehen, dass die Reformation, die Ausbildung moderner Staatlichkeit, die Aufklärung und zumal das bürgerliche 19. Jahrhundert
25 wie mächtige Barrieren zwischen uns und dem Mittelalter liegen und wir das Mittelalter nur erreichen können, wenn wir solche Formationen zu durchmessen versuchen, wenn wir uns darüber Rechenschaft geben, welchen Anteil die aus jüngeren Jahrhunderten stammenden Traditionen an unse-
30 ren Zugängen zum Mittelalter haben.

c) Der Historiker und Geschichtsdidaktiker Thomas Martin Buck spricht über den „Weg" zurück ins Mittelalter:

Der Weg zurück in die mittelalterliche Vergangenheit ist mithin kein einfacher, sondern ein über viele Stationen vermittelter. Wer sich heute mit dem Mittelalter beschäftigen will, kann dies, selbst wenn er es wollte, jedenfalls nicht mehr vorbehaltlos und voraussetzungslos tun. Er wird sich nicht 35 nur für das Mittelalter interessieren, sondern auch für dessen Verwendung in neuerer Zeit. Das gilt auch für den Mittelalter-Unterricht der Schule. Das heißt: Man kann von diesem Weg, den das Mittelalterbild und die Mittelalter-Deutung seit seiner Entstehung in der Frühen Neuzeit bis heute ge- 40 nommen hat, nicht einfachhin abstrahieren. Denn dieser historisch vermittelte Weg ist in dem modernen Mittelalterbild, wie wir es heute besitzen, „aufgehoben". Wir müssen die Geschichte der modernen Mittelalter-Wahrnehmung wenigstens teilweise rekonstruieren, wenn wir das historische 45 Mittelalter, das sich hinter diesen Bildern verbirgt, angemessen verstehen wollen.

d) Der Historiker Hans-Werner Goetz schildert die Relevanz der Beschäftigung mit dem Mittelalter:

Der Blick auf die mittelalterliche Geschichte bietet keine Lösungen aktueller Probleme, wohl aber Einsichten, die zu einer differenzierteren Lösung beitragen. Dadurch öffnen sich 50 unserem (zeitverhaftet beschränkten) Geist Perspektiven, die verdeutlichen, dass der gegenwärtige Mensch nicht der einzige Maßstab ist, an dem alles andere zu messen wäre: Wer die Gegenwart mit fremden Zeiten wie dem Mittelalter zu vergleichen vermag, dem fällt es leichter, sich selbst und 55 seine Zeit zu relativieren, Entwicklungen in ihrer Veränderlichkeit und die eigenen Anschauungen als zeitgemäß zu erkennen. Wer hingegen nichts anderes als den eigenen Lebenskreis kennt, wird befangen und unfähig, sich selbst und die eigene Zeit noch angemessen und kritisch zu beurteilen. 60 Die Beschäftigung mit fremden Zeiten ist ein Mittel notwendiger Gegenwarts- und Selbstkritik.

e) Der Historiker Johannes Fried äußert sich zur Frage, wie moderne Mediävisten ihre Arbeit verstehen:

Gleichwohl, würden wir uns allein der Erforschung abgelegener Jahrhunderte widmen, ohne über den mediävistischen Tellerrand hinaus auf unsere Gegenwart zu schauen, wir 65 wären ohne Nutz, nutzlos, nämlich für das Leben; betrieben unsere Kunst um ihrer selbst willen, abseits, auf einer gesellschaftlichen Spielwiese, die, wie jeder Vergnügungspark, straflos geschlossen werden dürfte. Eine solche Annahme könnte in der Tat jene Spötter, jene Kommission[4] auf den Plan 70

---

[1] suggestiv: unbewusst beeinflussend
[2] eschatologisch: die Eschatologie (Lehre vom Weltende und vom Anbruch einer neuen Welt) betreffend
[3] gemeint: Personendarstellungen in der Bildkunst
[4] Hierbei geht es um Kommissionen, die den jeweiligen Landesregierungen empfehlen, die Geisteswissenschaften und insbesondere die Mediävistik zugunsten von Naturwissenschaften zu streichen.

gerufen haben. Und es wäre ihnen zuzustimmen: Wer über das Mittelalter nicht hinausdenkt, versteht vom Mittelalter nichts.

f) Der Historiker Ernst Voltmer diskutiert, ob Neutralität gegenüber dem Mittelalter möglich ist:

Die von der Fortschrittsidee inspirierte, künstliche Dreigliederung der Vergangenheit, die mit der Zeit zusehends problematischer wird, hat noch eine weitere Folge. Bereits als polemischer Gegenbegriff geboren, ist die unglückliche Bezeichnung „Mittelalter" von vornherein so angelegt, dass ihr gegenüber eine unvoreingenommene Haltung nur noch schwer möglich scheint. Nie hat die Zeit eine Chance gehabt, wie sie gewesen, d. h. in ihrer eigenen Wertigkeit gesehen zu werden, immer wurde und wird sie benutzt, instrumentalisiert, mythisiert oder als Negativ-Folie (Nicht-Aufklärung, Nicht-Moderne), als mal verklärte, mal verteufelte Gegenwelt der jeweiligen Gegenwart präsentiert. Eben weil es von Anfang an schon nur als Alibi und als Spiegel konzipiert wurde, fällt auch heute, bei allem Fortschritt unseres Wissens, uneingeschränkte Neutralität gegenüber dem Mittelalter schwer.

Erster Text: Horst Fuhrmann, Einladung ins Mittelalter, München ⁴2009, S. 279 f.
Zweiter Text: Hartmut Boockmann, Die Gegenwart des Mittelalters, Berlin 1988, S. 16
Dritter Text: Thomas Martin Buck, Mittelalter und Moderne. Plädoyer für eine qualitative Erneuerung des Mittelalter-Unterrichts an der Schule, Schwalbach/Ts. 2008, S. 274 f.
Vierter Text: Hans-Werner Goetz, Moderne Mediävistik. Stand und Perspektiven der Mittelalterforschung, Darmstadt 1999, S. 30
Fünfter Text: Johannes Fried, Mediävistik in heutiger Zeit. Fragen an die Geschichte, in: Fünfzig Jahre Konstanzer Arbeitskreis für mittelalterliche Geschichte. Die Gegenwart des Mittelalters, herausgegeben von Stefan Weinfurter, Stuttgart 2001, S. 29
Sechster Text: Ernst Voltmer, Das Mittelalter ist noch nicht vorbei ... Über die merkwürdige Wiederentdeckung einer längst vergangenen Zeit und die verschiedenen Wege, sich ein Bild davon zu machen, in: Ecos Rosenroman. Ein Kolloquium, herausgegeben von Alfred Haverkamp und Alfred Heit, München 1987, S. 185-228, hier S. 197f.

1. *Erörtern Sie, was den verstehenden Zugang zum Mittelalter nach Fuhrmann, Boockmann, Buck und Voltmer so schwer macht.*
2. *Arbeiten Sie heraus, worin nach Goetz die Relevanz der Beschäftigung mit dem Mittelalter besteht.*
3. *Zeigen Sie auf, wann die wissenschaftliche Beschäftigung mit dem Mittelalter nach Fried „nutzlos" wäre.*

M2 Bilder vom Mittelalter

a) Der Historiker Frank Rexroth erläutert das Verhältnis von Mittelalter und Moderne:

Im Nachdenken über das Mittelalter vergewissern sich, so kann man verallgemeinernd sagen, die Menschen der Moderne ihrer selbst, sie reflektieren vermeintliche Errungenschaften und Verlustgefühle. Wo in dieser grundsätzlichen Weise vom Mittelalter die Rede ist, geht es entweder um die Apologie[1] der oder um die Kritik an der Gegenwart. Da aber beide Positionen auf der Prämisse[2] beruhen, dass das Mittelalter *a limine*[3] das Gegenüber der Moderne ist, ließen und lassen sie sich mit einigem Geschick durchaus miteinander kombinieren. Mit seinen Inszenierungen bedient das Mittelalter-Vergnügungs-Gewerbe der Gegenwart erfolgreich beide Klischees zugleich: die romantische Sehnsucht nach vergangener Ganzheitlichkeit und Naturgemäßheit und den aufgeklärten Abscheu vor Atavismen[4] und jeglicher Form von Unvernunft.

b) Der Historiker Otto Gerhard Oexle erklärt den von ihm geprägten Begriff „entzweites" Mittelalter:

Wie steht es nun mit der Gegenwart des Mittelalters im Denken der Moderne? Das Mittelalter ist im Denken der Moderne in zweierlei Weise gegenwärtig: in einer positiven und in einer negativen Auffassung, in einer positiven und einer negativen Besetzung dieses Begriffs, in Abstoßung und Aneignung, in Verurteilung und Identifikation zugleich. Beide Auffassungen stehen in einem kontradiktorischen Gegensatz zueinander; sie schließen sich gewissermaßen wechselseitig aus und beziehen sich doch zugleich unausgesetzt aufeinander. Mit anderen Worten: Die Moderne deutet das Mittelalter in der polaren Spannung zweier entgegengesetzter grundsätzlicher Wahrnehmungen. Dieser Sachverhalt wird im Folgenden mit dem Begriff des „entzweiten Mittelalters" bezeichnet.

Erster Text: Frank Rexroth, Das Mittelalter und die Moderne in den Meistererzählungen der historischen Wissenschaften, in: Zeitschrift für Literaturwissenschaft und Linguistik, Jahrgang 38, 2008, Heft 151: Erfindung des Mittelalters, herausgegeben von Wolfgang Haubrichs und Manfred Engel, S. 21
Zweiter Text: Otto Gerhard Oexle, Das entzweite Mittelalter, in: Die Deutschen und ihr Mittelalter. Themen und Funktionen moderner Geschichtsbilder vom Mittelalter, herausgegeben von Gerd Althoff, Darmstadt 1992, S. 7

[1] Apologie: Rechtfertigung
[2] Prämisse: Voraussetzung
[3] a limine: von Anfang an
[4] Atavismus: Wiederauftreten einer überholten Vergangenheit

1. Stellen Sie dar, was moderne Menschen nach Rexroth tun, wenn sie sich mit dem Mittelalter beschäftigen, und welcher Vorstellungen sie sich dabei bedienen.
2. Erklären Sie, was Oexle mit dem von ihm geprägten Begriff „entzweites" Mittelalter meint und prüfen Sie, ob seine Analyse richtig ist.

M3 Sekundärmittelalter

Der Historiker Valentin Groebner schreibt über den von ihm geprägten Begriff „Sekundärmittelalter":

Das Mittelalter schrumpft in akademischen Pflichtveranstaltungen ebenso wie in den Lehrplänen der Schulen […]. Das Mittelalter verschwindet aber nicht aus der Populärkultur, im Gegenteil. Die beiden kommerziell erfolgreichsten Filme der
5 letzten Jahrzehnte, die Trilogien „Star Wars" und „Lord of the Rings", sind Sekundärmittelalter, zusammengesetzt aus den traditionellen literarischen Versatzstücken romantischer Mittelaltermotive, komplett mit Prinzessinnen und Ungeheuern, fahrenden Rittern, langhaarigen Barbarenkönigen und wil-
10 den Männern. Die Bahnhofsbuchhandlungen sind voller historischer Romane mit farbenprächtigen Umschlägen und etwas reißerischen Titeln, die im Mittelalter angesiedelt sind. Die künstlichen Welten der Computerspiele wimmeln nur so von Burgen und Bogenschützen. Aber der Erfolg dieser Mit-
15 telalterinszenierungen im Kino, in der Literatur, in den neuen digitalen Medien und in einem boomenden Freizeit- und Vereinswesen geht einher mit der Verweigerung der meisten deutschen Mediävisten, sich mit solchen Adaptionen[1] der von ihnen studierten Vergangenheit zu beschäftigen. Wenn ein-
20 zelne Kolleginnen und Kollegen sich mit moderner Mittelalterrezeption befassen, so die solide Mehrheitsmeinung, sei das sicher nützlich. Aber als ernsthafte, gleichberechtigte Forschung wird das nicht angesehen […]. Mit der Basis der eigenen Arbeit, den Texten aus dem 8., 11. oder 14. Jahrhun-
25 dert, dem richtigen Mittelalter also, habe dieser neue Firlefanz selbstverständlich nichts zu tun.

Valentin Groebner, Das Mittelalter hört nicht auf. Über historisches Erzählen, München 2008, S. 21f.

▲ **Sekundärmittelalter im Kinderzimmer.**
Ein Auszug aus dem Comic „Ritter Donalds Schwafelrunde. Minnesang und Entenlyrik" von 2012.

▲ **Sekundärmittelalter für Erwachsene.**
Die Zeitschrift „Karfunkel" ist in der Mittelalterszene beliebt, bietet sie doch nicht nur Artikel zum historischen Kontext der jeweils behandelten Themen, sondern verweist auch auf Museen und Ausstellungen mit mittelalterlichem Bezug, bietet Informationen über Mythen und Legenden des Mittelalters und gibt Tipps, wie man selbst „im Mittelalter aktiv werden" kann. Dazu gehören etwa Schnittmuster für mittelalterliche „Gewandungen", Anleitungen zum Herstellen mittelalterlicher Werkzeuge oder Hinweise zur Ausstattung einer mittelalterlichen Lagerküche. Im Bild ist das „Karfunkel Mittelalter-ABC Nr. 1" von 2011 zu sehen, „das Special für erlebbare Geschichte, Reenactment und Histotainment".

1. Legen Sie dar, warum das Mittelalter nach Groebner „schrumpft", aber gleichzeitig auch wächst.
2. Erklären Sie, was der Begriff „Sekundärmittelalter" nach Groebner bedeutet und was er darunter versteht.

[1] Adaption: Anpassung

M4 Mittelalter in der Geschichtskultur

a) Die Historikerin und Geschichtsdidaktikerin Bea Lundt berichtet über das Mittelalter in der Geschichtskultur der Gegenwart:

Der Ort des Mittelalters innerhalb der Geschichtskultur kann also nur vor dem Hintergrund aktueller Sinnbedürfnisse verstanden werden. Bestimmte Erinnerungsstrukturen lassen sich besser in der Distanz der fernen Zeiten bearbeiten. Man legt in die Vergangenheit, was man in der Gegenwart vermisst; und man vergisst, was man nicht ertragen kann. Je weiter die Zeit zurückliegt, desto willkürlicher kann mit ihr verfahren werden.

b) Der Historiker Valentin Groebner spricht über das Mittelalter als moderne „Wunschmaschine":

Offenbar geht es um Wünsche. Übers Mittelalter zu reden und schreiben heißt Wünsche zu verhandeln. Denn diese Epoche [...] ist buchstäblich durch Wünsche erschaffen worden, vor mehreren hundert Jahren, und seither wird sie mit Wünschen entworfen, umrissen, ausgestattet und möbliert. Ziemlich unterschiedlichen Wünschen. Fangen wir mit den Verhältnissen an der Wende vom 20. zum 21. Jahrhundert an, bevor wir uns der Vergangenheit zuwenden. Was begehrt derjenige, der etwas vom Mittelalter wissen will? Über das Mittelalter wissenschaftlich zu arbeiten, ist häufig mit der Sehnsucht verbunden, dieses entfernte Zeitalter zur Distanzierung von einer als aufdringlich oder hässlich, kurz, ästhetisch (oder moralisch) ungenügenden Gegenwart zu nutzen. Historikerinnen und Historiker [...] gestehen das gewöhnlich nur zögernd ein.

c) Die Journalistin und Fachbuchautorin Karin Schneider-Ferber betont, dass der „Blick" auf das Mittelalter seit Jahrhunderten unterschiedlich ausfällt:

Zwischen den Antipoden „Faszination" und „Schrecken" hat sich eine Reihe von Irrtümern und Vorurteilen über das schillernde Jahrtausend zwischen Antike und Neuzeit eingeschlichen. Die romantisch-verklärte Sicht auf das Mittelalter hat mit der Realität ebenso wenig zu tun wie das heilige Erschauern über seine negativen Seiten. Das Mittelalter ist nicht einfach da, sondern es wurde und wird immer neu geschaffen aus der Perspektive der späteren Jahrhunderte. So entwickelte jede Generation ihre eigenen Vorstellungen vom Mittelalter: Während die Humanisten es gemessen an den hohen Idealen der Antike mit Abscheu und Entsetzen als eine Zeit der Rückständigkeit betrachteten, sahen die Romantiker unter dem Eindruck der napoleonischen Befreiungskriege in ihm die „gute alte Zeit" der Kaiserherrschaft und der nationalen Größe. Heute fällt der Umgang mit der Epoche differenzierter aus, doch auch wir betrachten die Vergangenheit durch die Brille von eigenen Wertvorstellungen, von Wünschen und Sehnsüchten. Selbst wir haben nur eine leise Ahnung davon, was das Mittelalter in all seiner Vielschichtigkeit und Widersprüchlichkeit ausmacht.

d) Der amerikanische Autor Michael Crichton über die „Zukunft der Vergangenheit" in seinem mittelalterlichen Zeitreiseroman „Timeline" (1999), in dem eine Gruppe von Mittelalterexperten in die Vergangenheit des 14. Jahrhunderts zurückreist. Robert Doniger, Chef der Firma ITC (International Technology Corporation) erläutert das Konzept seiner Geschäftsidee, die Reisen in die Vergangenheit möglich macht:

Doniger ging auf der dunklen Bühne auf und ab. Im Auditorium saßen drei Konzernchefs und sahen ihm schweigend zu. „Früher oder später", sagte er, „wird die Künstlichkeit der Unterhaltung – der permanenten, ununterbrochenen Unterhaltung – die Leute dazu bringen, dass sie Authentizität[1] suchen. *Authentizität* wird zum Schlagwort des einundzwanzigsten Jahrhunderts. Und was ist authentisch? Alles, was nicht darauf ausgerichtet ist, Profit zu machen. Alles, was aus sich selbst heraus existiert und seine eigene Gestalt annimmt. Und was ist das Authentische überhaupt? Die Vergangenheit. Die Vergangenheit ist eine Welt, die bereits vor Disney und Murdoch und British Telecom und Nissan und Sony und IBM und all den anderen Gestaltern unserer Gegenwart existierte. Die Vergangenheit gab es, bevor es sie gab. Die Vergangenheit entwickelte sich ohne ihre Einmischung und ihre Gestaltung. Die Vergangenheit ist echt. Sie ist authentisch. *Und genau das macht die Vergangenheit unglaublich attraktiv.* Weil die Vergangenheit die einzige Alternative zur korporativen Gegenwart ist. Was werden die Leute tun? Sie tun es bereits. Das am schnellsten wachsende Segment des Reisemarktes ist der Kulturtourismus. Leute, die nicht andere Orte, sondern andere Zeiten besuchen wollen. Leute, die eintauchen wollen in mittelalterliche Wehrstädte, in riesige buddhistische Tempel, in die Pyramidenstädte der Mayas, in ägyptische Nekropolen[2]. Leute, die durch die Welt der Vergangenheit spazieren, die in ihr sein wollen. In der untergegangenen Welt. Und sie wollen nicht, dass diese Welt eine Fälschung ist. Sie wollen sie nicht hergerichtet oder herausgeputzt. Sie wollen sie authentisch. Und wer wird diese Authentizität garantieren? Wer wird zum Markennamen der

[1] Authentizität: Schlüsselwort der modernen Mittelalterszene, das so viel wie „Echtheit" bedeutet.
[2] Nekropolen: Totenstädte

Vergangenheit? ITC [...]. Eins sollte uns klar sein: Die Geschichte ist keine leidenschaftslose Aufzeichnung toter Ereignisse. Noch ist sie ein Spielplatz, auf dem Wissenschaftler ihren trivialen Disputen frönen können. Der Zweck der Geschichte ist die Erklärung der Gegenwart – die Geschichte sagt uns, warum die Welt um uns herum so ist, wie sie ist. Sie sagt uns, was wichtig ist in unserer Welt, und wie es dazu kam. Sie sagt uns, warum die Dinge, die wir schätzen, die Dinge sind, die wir schätzen sollten. Das ist wahre Macht – tief greifende Macht. Die Macht, eine ganze Gesellschaft zu gestalten. Die Zukunft liegt in der Vergangenheit – und bei dem, der die Vergangenheit kontrolliert.

Erster Text: Bea Lundt, Das ferne Mittelalter in der Geschichtskultur, in: Geschichtskultur. Die Anwesenheit von Vergangenheit in der Gegenwart, herausgegeben von Vadim Oswalt und Hans-Jürgen Pandel, Schwalbach/Ts. 2009, S. 233
Zweiter Text: Valentin Groebner, a.a.O., S. 11 f.
Dritter Text: Karin Schneider-Ferber, Alles Mythos! 20 populäre Irrtümer über das Mittelalter, Stuttgart 2009, S. 8
Vierter Text: Michael Crichton, Timeline. Eine Reise in die Mitte der Zeit. Roman. Deutsch von Klaus Berr, München 2000, S. 550 f. und 551 f.

1. Analysieren Sie, was es bedeutet, wenn Lundt feststellt, dass der Ort des Mittelalters in der Geschichtskultur nur vor dem Hintergrund „aktueller Sinnbedürfnisse" verstanden werden könne.
2. Erklären Sie, was Groebner meint, wenn er sagt, über das Mittelalter zu reden und zu schreiben, bedeute „Wünsche zu verhandeln".
3. Erörtern Sie den Satz von Schneider-Ferber, das Mittelalter sei „nicht einfach da", sondern werde „immer neu geschaffen".
4. Nehmen Sie Stellung zu der im Roman „Timeline" dargebotenen Zeit- und Gegenwartsanalyse und erörtern Sie, was daran Ihrer Meinung nach richtig und was falsch ist.

M5 Legenden und Mythen vom Mittelalter

Die Historiker Max Kerner und Klaus Herbers äußern sich über die Legende von der Päpstin Johanna:

Die Geschichte von der Päpstin Johanna kann wie andere Erzählungen [...] wohl kaum zum Sprechen gebracht werden, wenn wir nur darauf schauen, welcher Wahrheitskern in dieser Geschichte enthalten sein mag. Vielleicht sollten wir Fiktionen eher danach befragen, ob sie für nicht verstandene Entwicklungen der Zeit ein Sinnangebot bereit hielten. [...] Die Wünsche und Sehnsüchte, die sich auf Johanna als mythische Orientierungsfigur richteten, äußerten sich zu bestimmten Zeiten und in verschiedenen Kreisen unterschiedlich. Die Beobachtung der Forschung, dass Mythen oft in Krisensituationen entstanden und sich immer wieder neuen Bedingungen anpassten, um Orientierung zu bieten, lässt sich für das Beispiel der Päpstin konkretisieren, denn mehrere nebeneinander bestehende Bilder wurden in Umbruchszeiten erfolgreich, sie wurden genutzt und gebraucht: in den Auseinandersetzungen um den rechten Weg des Papsttums im ausgehenden 13. Jahrhundert, in den Debatten um die Rechtmäßigkeit zweier Päpste im Großen Abendländischen Schisma[1] seit 1378 oder in den konfessionellen Debatten nach der Reformation. Einschließen lassen sich jüngste kirchliche Krisen, denn die Rufe nach Ordinationen[2] von Frauen gehören ebenso in diesen größeren Zusammenhang. [...] Gegen Vereinfachungen oder Mythen lassen sich kaum Bücher schreiben, dies gilt auch für den vorgelegten Versuch. Allerdings lassen sich Legenden infrage stellen oder ihre Entstehung erläutern. In jedem Fall schaffen Dekonstruktionen Mythen keineswegs aus der Welt. Man kann sogar fragen, ob die Historie vielleicht den Mythos braucht wie umgekehrt der Mythos die Geschichte?

Max Kerner und Klaus Herbers, Die Päpstin Johanna. Biographie einer Legende, Köln u.a. 2010, S. 137-140

■ Zeigen Sie auf, warum Kerner und Herbers ein Buch über die mythische Figur der Päpstin Johanna geschrieben haben, obgleich sie der Meinung sind, dass sich gegen Mythen keine Bücher schreiben lassen.

M6 Instrumentalisierung des Mittelalters

a) In einem neueren Mittelalterlehrbuch heißt es über den Zusammenhang von Kaisergeschichte und Reichsidee im 19. Jahrhundert:

Mit dem wachsenden Interesse am Nationalstaat und den verschiedenen Vorstellungen vom neu zu gründenden Reich entstanden nun die großen mehrbändigen Kaisergeschichten Friedrich von Raumers (1781-1873) und Wilhelm von Giesebrechts (1814-1889), die in ihren Werken eine edle imperiale Größe der Vorzeit imaginierten. Seit der Romantik war das Geschichtsbild zunehmend beherrscht von einer Mittelaltervorstellung, die viel von einem verklärten Wunschtraum hatte, in dem etwa Friedrich I. Barbarossa (1152-1190) als märchenhafte Erlöserfigur dargestellt wurde. Die hauptsächlich an die Staufer geknüpften Hoffnungen waren am deutlichsten in der Kyffhäusersage zu Wort und Stein erstarrt.

[1] Großes Abendländisches Schisma: Kirchenspaltung
[2] Ordination: Priesterweihe

◀ **Das Kyffhäuserdenkmal bei Bad Frankenhausen.**
Foto von 2012.
Das im Kyffhäusergebirge gelegene Denkmal wurde in den Jahren 1891 bis 1896 auf Initiative des Kyffhäuserbundes, dem Dachverband der deutschen Landes-Kriegerverbände, errichtet.

- *Die Architektur des Kyffhäuserdenkmals bietet dem Betrachter eine „stufenweise Abfolge der Geschichte". Informieren Sie sich zu diesem Aspekt, indem Sie Grundrisse, schematische Darstellungen und/oder Fotos auswerten oder organisieren Sie nach Möglichkeit eine Exkursion vor Ort. Dokumentieren Sie Ihre Ergebnisse.*
- *Recherchieren Sie, wie das Kyffhäuserdenkmal heute seinen Besuchern präsentiert wird (zum Beispiel im Internet). Entwickeln Sie anschließend gestalterische Konzepte für ein modernes Kyffhäuserdenkmal, das den Barbarossa-Mythos aufarbeitet.*

Barbarossa („Rotbart") hatte, so die Vorstellungen, das große Reichsgebäude zu errichten begonnen, Barbablanca („Weißbart"), wie man für Kaiser Wilhelm I. (1871-1888) vergeblich zu etablieren versuchte, den Bau vollendet.

b) Das 1896 eingeweihte Kyffhäuserdenkmal bei Bad Frankenhausen in Thüringen sollte diese Verbindung zwischen dem alten und dem neuen Reich verdeutlichen:

Die Zusammenschau von Kaiser Friedrich Barbarossa und Kaiser Wilhelm I. manifestiert sich nirgendwo in so monumentaler Form wie im 1896 eingeweihten Denkmal der deutschen Kriegervereine auf dem Kyffhäuser. Am vormaligen Standort einer Reichsburg [...] schuf mit Bruno Schmitz (1858-1916) ein Experte für Nationaldenkmale eine Anlage, die uns heute befremdlich vorkommen mag, aber die Stimmung der Zeit vor 1900 exakt traf und den Zeitgeschmack vortrefflich einfängt. Letztlich ist das seit 1891 errichtete ca. 75 Meter hohe Turmdenkmal aus Rotsandstein durch ein Gedicht fundamentiert worden, mit dem Friedrich Rückert (1788-1866) im Jahre 1817 die halb vergessene Legende vom schlafenden Kaiser im Kyffhäuser auf einen Schlag im deutschen Bildungsbürgertum popularisierte. Es beginnt mit folgenden Versen: „Der alte Barbarossa, / Der Kaiser Friederich, / im unterirdischen Schlosse / Hält er verzaubert sich. / ... Er hat hinabgenommen / Des Reiches Herrlichkeit, / Und wird einst wiederkommen, / Mit ihr zu seiner Zeit." Der erwachende Kaiser Barbarossa, kenntlich unter anderem an Reichskrone, Gewändern und seinem roten Bart (barba = Bart, rossa = rot), ruht im höhlenartigen Teil des Denkmals zwischen erster und zweiter Terrasse. Über ihm sieht man den Begründer eines ganz anderen Kaiserreiches, Kaiser Wilhelm I. als 9 Meter hohen Reiter und (seltsamerweise) mit preußischem Helm dargestellt. Die Assoziation, die hier erweckt werden soll, ist sofort einleuchtend, wenn man zudem weiß, dass zur selben Zeit zwischen altem und neuem Kaiser durch die Bezeichnung des letzteren als Barbablanca (Weißbart) eine typologische[1] Verbindung hergestellt wurde. Gegenwart und Mittelalter treten in dieser steinernen Deutung in einen Zusammenhang, der zu suggerieren suchte, dass mit der Gründung des Deutschen Reiches von 1871 die Legende vom schlafenden und in aller Herrlichkeit wiederkehrenden Kaiser wahr geworden sei.

Erster Text: Stephan Selzer, Geschichte der Mittelalterforschung, in: Oldenbourg. Geschichte Lehrbuch Mittelalter, herausgegeben von Matthias Meinhardt u.a., München 2007, S. 386-388
Zweiter Text: Stephan Selzer, a.a.O., S. 387

1. *Analysieren Sie, warum eine Parallelisierung von mittelalterlicher und moderner Geschichte im 19. Jahrhundert noch „funktionierte", heute aber niemanden mehr überzeugen würde.*

2. *Nehmen Sie zur politischen Intention des Kyffhäuserdenkmals als Nationaldenkmal Stellung und zeigen Sie auf, welche Rolle diese Denkmäler im 19. Jahrhundert spielten.*

3. *Recherchieren und nennen Sie weitere Beispiele der Instrumentalisierung von Geschichte im 19. Jahrhundert.*

[1] Typologie: Form des mittelalterlichen Vergleichs zwischen Gegenwart und Vergangenheit

Literatur als Spiegel der Gesellschaft

Wer moderne Mittelalter-Literatur liest, wie sie in großen Buchhandlungen zuhauf ausliegt, wird nicht selten mit Liebe, Erotik und Sexualität konfrontiert. Ob die Autorinnen und Autoren dem Mittelalter gerecht werden oder vielmehr moderne Mittelalter-Obsessionen* ihrer Leserinnen und Leser bedienen, ist freilich die Frage. Das folgende Beispiel, das lange Zeit als „ältestes deutsches Liebesgedicht" bezeichnet wurde, soll zeigen, dass die vorbehaltlose Übertragung moderner Vorstellungen auf das Mittelalter zwar durchaus verkaufsträchtig und en vogue ist, aber oft über die Alterität dieser Texte hinwegsieht.

Mittelalterliche Literatur analysieren und interpretieren

Literatur ist immer Ausdruck einer Gesellschaft. Man muss also wissen, wer die Autorinnen und Autoren sind, welche literarischen Kunstformen es gibt, wie es um die Ausbildung der Literaten steht, welche Bedürfnisse sie befriedigen, aus welchen sozialen Schichten sie kommen, ob sie im Auftrag gearbeitet haben und wie ihr Weltbild aussah. Bezogen auf die Leser lässt sich fragen, wer überhaupt lesen und schreiben konnte, wer die Adressaten dieser Form von Literatur waren, wie sie aufgeführt bzw. inszeniert wurde, in welcher Sprache geschrieben, gelesen und gehört wurde, welchen Stellenwert Kunst und Literatur hatten und welcher rhetorischen Mittel sich die „litterati" (= die Buchstabenkundigen) bedienten.

Formale Kennzeichen
- Wer ist die Autorin / der Autor? Gibt es überhaupt eine Autorin / einen Autor?
- In welcher Sprache ist der Text verfasst? Wie ist der Text handschriftlich überliefert?
- Wie ist das Verhältnis von Text und Kontext? Was sagt die Überlieferung?

Textinhalt
- Was ist das Thema des Gedichts?
- Wer spricht zu wem?
- Wie ist der Text aufgebaut?
- Welche besonderen Merkmale gibt es (Sprache, Stil, Symbolik)?
- Was hat der Reim mit dem Inhalt zu tun?

Historisch-sozialer Kontext
- Wer kann im Mittelalter lesen und schreiben? Wer spricht und versteht Latein?
- Wo wird im Mittelalter geschrieben? Was bedeutet Schreiben im Mittelalter? Was ist ein Skriptorium?
- Wie entsteht Kunst und Literatur? Wird Kunst in Auftrag gegeben?
- Wie haben wir uns literarische Kunst in einer weithin oralen Gesellschaft vorzustellen?
- Was hat es mit dem Nebeneinander von Latein und Volkssprache auf sich?
- Was sind „offene" und „unfeste Texte"?
- Wie wird Literatur aufgeführt, vorgetragen oder gelesen?

Intention
- An wen richtet sich der Text? Gibt es überhaupt einen Adressaten?
- Geht es tatsächlich um Liebe oder um etwas ganz anderes?

Bewertung
- Wie lässt sich der Text insgesamt einordnen?
- Handelt es sich um ein Liebesgedicht im modernen Sinne?

* Obsession: Besessenheit

Beispiel und Analyse

Codex Latinus Monacensis 19411, fol. 114ᵛ (Bayerische Staatsbibliothek München)

> Dû bist mîn, ich bin dîn.
> des solt dû gewis sîn.
> dû bist beslozzen
> in mînem herzen,
> verlorn ist das sluzzelîn:
> dû muost ouch immêr darinne sîn.

Des Minnesangs Frühling. Unter Benutzung der Ausgaben von Karl Lachmann u.a., bearb. von Hugo Moser und Helmut Tervooren I: Texte, 37., rev. Aufl., Stuttgart 1982, S. 21

Formale Kennzeichen ■ Das Gedicht ist anonym überliefert, was im Mittelalter keine Seltenheit war. Wir wissen also nicht, wer es verfasst hat. Der lateinische Kontext, in den das volkssprachliche Gedicht eingebettet ist, lässt indes eine gelehrte Briefstellerin / einen gelehrten Briefsteller vermuten.

Das Gedicht darf nicht, wie es leider häufig geschieht, isoliert betrachtet, sondern kann nur in seinem überlieferungsgeschichtlichen Kontext verstanden werden (siehe Handschriftenbild). Das mittelhochdeutsche Gedicht steht am Ende eines lateinischen Briefes. Die Verse fassen die Hauptgedanken des Briefes noch einmal in Reimform zusammen.

Textinhalt ■ Bei dem fraglichen Brief, an dessen Ende das Gedicht begegnet, handelt es sich nicht um einen Liebes-, sondern um einen Freundschaftsbrief. Der Codex (= mittelalterliches Buch), der den Brief und das Gedicht überliefert, steht in der *ars dictaminis*-Tradition des Mittelalters. Die *ars dictaminis* lehrte die Kunst des Prosabriefs.

Der Codex Latinus Monacensis 19411 enthält im Wesentlichen *dictamina*, d. h. Schriftsätze und theoretische Abhandlungen zur Kunst des Briefeschreibens. Es handelt sich um eine Musterbriefsammlung. Mit einiger Wahrscheinlichkeit lässt sich deshalb sagen, dass es sich nicht um originale, sondern um fingierte Briefe handelt, um sogenannte *exercitationes*, worunter man „Übungen" verstand. Das heißt, dass das Gedicht vermutlich nicht Ausdruck eines subjektiven oder emotionalen Liebesgefühls, sondern schlicht eine sprachliche Stilübung ist, die keinen konkreten Adressaten kennt.

Historisch-sozialer Kontext ■ Das volkssprachliche Gedicht begegnet in einem lateinischen Kontext. Das entspricht der Tatsache, dass Latein im Mittelalter neben der Volkssprache die Universalsprache war. Der Briefsteller konnte also nicht nur Mittelhochdeutsch, sondern auch Latein, war also bilingual. Wir müssen deshalb davon ausgehen, dass es sich um eine Geistliche oder um einen Geistlichen handelte. Daraus folgt, dass es nicht wie ein modernes Liebesgedicht zu verstehen ist. Denn Geistliche produzieren keine Liebesgedichte, sondern sind der Enthaltsamkeit bzw. der Askese verpflichtet. Da der Entstehungsort der Handschrift das Kloster Tegernsee im ausgehenden 12. Jahrhundert ist, ist zu vermuten, dass die Verfasserin oder der Verfasser eine gelehrte geistliche Person war, die in einem Kloster lebte.

Intention ■ Die Absicht war offenbar nicht, ein Liebesgedicht im modernen Sinne zu schreiben, obwohl wir heute, wenn wir nur das Gedicht (ohne seinen Kontext) lesen, dies sofort annehmen. Die Verse fassen vielmehr die Hauptgedanken des voranstehenden lateinischen Musterbriefs noch einmal prägnant zusammen, ohne auf eine konkrete Person oder ein konkretes Gefühl zu zielen. Die Textsorte „Brief" stand im Mittelalter den Urkunden sehr nahe und hatte ein verbindliches Muster.

Bewertung ■ Das Gedichtbeispiel lehrt uns, dass wir bei der Beurteilung des Mittelalters und seiner Literatur vorsichtig sein und die „soziale Logik" (Gabrielle M. Spiegel) von Texten, d. h. die Einbettung in den gesellschaftlichen Kontext, mitberücksichtigen müssen. Nicht immer stimmt das, was wir aus unserer modernen Perspektive zunächst vermuten. Der Erkenntnisfortschritt im Umgang mit dem Mittelalter besteht deshalb nicht zuletzt darin, wie dies der Altgermanist Max Wehrli formulierte, „die Fremdheit, das Anderssein des Gegenstands zu erfahren und anzuerkennen".

◄ „Soester Fehde."
Plakat von 2011.
Veranstalter: Soestmarketing in Zusammenarbeit mit dem Soester Kulturforum e.V. Im August 2009 findet in der nordrhein-westfälischen Gemeinde Soest zum ersten Mal ein „mittelalterliches Stadtfest" statt, bei dem ein Ereignis der „Soester Fehde" (1445 - 1449) Ausgangspunkt für ein umfangreiches Programm ist. Zwei Jahre später wird die Veranstaltung wiederholt.

- Recherchieren Sie auf der Homepage (http://www.soesterfehde.de/veranstaltung.html) und fassen Sie zusammen, aus welchen historischen Aspekten, mit welchen technischen Mitteln und auf welchen Zeitebenen die Veranstaltung entwickelt worden ist.
- Analysieren Sie, welche Aspekte des Mittelalters in der Veranstaltung besonders hervorgehoben werden.
- Erörtern Sie in einem ersten Schritt die Vor- und Nachteile einer solchen Geschichtsdarstellung.
- Stellen Sie das Informations- und Werbematerial zur „Soester Fehde" den verschiedenen Haltungen zur Erlebniskultur gegenüber, die im Darstellungs- und im Materialienteil des Kapitels „Das Mittelalter in der Geschichts- und Erinnerungskultur der Gegenwart" präsentiert werden, und beurteilen Sie es daraufhin in einem zweiten Schritt.

1. Zeichnen Sie die Entstehungsgeschichte der attischen Demokratie nach. Erklären Sie, welche Faktoren die Demokratisierung vorantrieben, und entscheiden Sie, ob es sich um einen bewussten und zielgerichteten Prozess der Demokratisierung handelte.

2. Untersuchen Sie anhand eines Werkes (oder – arbeitsteilig – unterschiedlicher Werke) des Aristophanes, z. B. der „Vögel", der „Weibervolksversammlung", der „Lysistrate" oder der „Wespen", die Darstellung der attischen Demokratie in der zeitgenössischen Komödie. Analysieren Sie das Bild, das von den Athenern, dem Prozess der politischen Willensbildung, dem Charakter, den Motiven und der Rolle von Politikern bzw. „Demagogen" entworfen wird. Setzen Sie einige, Ihnen besonders aussagekräftig erscheinende Teile der Komödie(n) in Szene.

3. Die radikale Demokratie Athens und die Römische Republik repräsentieren unterschiedliche Regierungsformen. Vergleichen Sie, wie jeweils versucht wurde, das Problem des Machtmissbrauchs durch Amtsträger zu lösen.

4. Erklären Sie mithilfe des Verfassertextes zum Methoden-Baustein auf Seite 43 die dargestellte Verfassung der Römischen Republik (Seite 42) in ihrer Funktionsweise (mit Zuständigkeiten und Aufgaben der politischen Einrichtungen). Entwickeln Sie auf Basis Ihrer Ergebnisse ein eigenes Verfassungsschema der Römischen Republik.

5. Überprüfen Sie in Partner- oder Gruppenarbeit anhand der Leitfragen auf Seite 41 Ihr Verfassungsschema und ändern Sie es ggf. nach Abstimmung mit Ihrer Arbeitsgruppe.

6. Informieren Sie sich über die Rezeption der antiken Architektur in europäischen und nordamerikanischen Repräsentationsbauten des 18. und 19. Jahrhunderts. Stellen Sie Bildbeispiele mit kurzen Erläuterungen zur Übernahme antiker Architekturelemente und Dokumente zusammen. Überlegen Sie, welche Wirkung diese Bauten beim Betrachter erzielen sollten.

7. Fassen Sie die wichtigsten Merkmale mittelalterlicher Städte zusammen.

8. Begeben Sie sich in Ihrem Wohnort oder in Ihrer Umgebung auf Spurensuche nach mittelalterlichen Zeugnissen. Die Gründung der Stadt, Kirchen, Klöster und profane Gebäude sowie Straßennamen können Ihnen hier Anhaltspunkte liefern. Oft werden auch entsprechende Themenführungen von Geschichtsvereinen oder kommerziellen Veranstaltern angeboten. Erstellen Sie einen eigenen Stadtspaziergang und führen Sie Ihre Klasse / Ihren Kurs oder bereiten Sie eine Stadtrallye vor.

9. Neben der „Hanse" gab es im Hoch- und Spätmittelalter noch weitere Städtebünde, z. B. den Rheinischen Städtebund, den Schwäbischen Bund oder den Nürnberger Herrenbund. Schließen Sie sich zu kleinen Teams zusammen und bereiten Sie eine PowerPoint-Präsentation vor, in der Sie über einen dieser Bünde berichten (Mitglieder, Ziele des Bundes etc.).

10. Tragen Sie Beispiele dafür zusammen, wie in Werbung, Comics, Filmen, Werken der Literatur und Musik oder Baukunst an das Mittelalter angeknüpft wird. Untersuchen Sie an einem Einzelbeispiel genauer die „historische Richtigkeit" der Mittelalter-Rezeption.

Literaturtipps

Jochen Bleicken, Die athenische Demokratie, Paderborn ⁴1995

Klaus Bringmann, Römische Geschichte: Von den Anfängen bis zur Spätantike, München ⁹2006

Thomas Martin Buck und Nicola Brauch (Hrsg.), Das Mittelalter zwischen Vorstellung und Wirklichkeit. Probleme, Perspektiven und Anstöße für die Unterrichtspraxis, Münster 2011

Sabine Buttinger, Das Mittelalter, Stuttgart ²2008

Werner Dahlheim, Die Antike. Griechenland und Rom von den Anfängen bis zur Expansion des Islam, Paderborn/München/Wien ⁶2002

Johannes Fried, Das Mittelalter. Geschichte und Kultur, München 2008

Horst Fuhrmann, Einladung ins Mittelalter, München ⁴2009

Georges Hacquard, Das antike Rom. Führer durch Geschichte und Kultur, Bamberg 2002

Alfred Heuss, Römische Geschichte, hrsg. von Jochen Bleicken u.a., Paderborn 2007

Frank G. Hirschmann, Die Stadt im Mittelalter, München 2009

Christian Meier, Athen. Ein Neubeginn der Weltgeschichte, München 2004

Angela Pabst, Die athenische Demokratie, München 2003

Felicitas Schmieder, Die mittelalterliche Stadt, Darmstadt 2005

Internettipps

http://www.berlin.de/775/stadt-im-mittelalter

http://www.hdg.de/eurovisionen/index.html
Virtuelle Reise in die europäische Geschichte von der Antike bis zur Gegenwart

http://www.kirke.hu-berlin.de/vl/vlagdt.html
Linkliste zum Altertum

http://www.mittelalter.uni-tuebingen.de/?q=links/links.htm
Links zur mittelalterlichen Geschichte

http://www.planet-schule.de/wissenspool/die-stadt-im-spaeten-mittelalter
Sendungen des SWR/WDR-Magazins planet schule zum Thema Stadt im Mittelalter

http://www.wcurrlin.de/pages/5.htm
Informationen und Materialien für die Schule zu allen Epochen

▲ **Blick in die Waffenkammer des Märkischen Museums Berlin.**
Foto von 2008.
Wer mehr über die Vergangenheit der deutschen Hauptstadt erfahren will, der sollte ins Märkische Museum fahren. In über 50 Schauräumen wird dort die Geschichte der Stadt Berlin von ihren Anfängen bis zur Gegenwart erzählt.

◄ **Relief mit Theatermasken und Eros, ursprünglich Teil eines Sarkophags.**
Foto von 2012.
Antike Skulptur (72 x 120 cm), um 120/130 n. Chr. Berlin, Staatliche Museen, Antikensammlung.

Die Geschichtswissenschaft ist sich heute einig, dass sich das 16., 17. und 18. Jahrhundert unter dem Begriff „Frühe Neuzeit" zusammenfassen lassen – eine Epoche, in der Europa seinen Weg in die Moderne beschritt. In der Frühen Neuzeit erstarkte die Macht der Könige und Fürsten. Ihr fügten sich die Untertanen nur widerstrebend. Auf der einen Seite wuchs der Staat, denn nur er konnte den inneren und äußeren Frieden bewahren. Auf der anderen Seite wuchs der Wunsch nach unveräußerlichen Rechten für das Individuum, denn es brauchte Schutz gegen die fortschreitende Disziplinierung. Diese Spannung zwischen staatlicher Macht und Individuum kennzeichnet die Epoche.

Die Staatsformen, die dem Herrscher immer mehr legale Gewalt einräumten, nennen Historiker die absolute und die aufgeklärt absolutistische Monarchie. Einen Sonderweg beschritt England mit der konstitutionellen Monarchie, in der sich König und ständisches Parlament die Herrschaft teilten. Der absolutistische wie der konstitutionelle Weg jedoch führte zum modernen Machtstaat des 19. Jahrhunderts.

Die Wegbereiter und Anhänger der europäischen Aufklärung erhoben im 18. Jahrhundert den Anspruch, die Natur, die Gesellschaft und den Menschen einer voraussetzungslosen Prüfung zu unterziehen. Maßstab war allein die Vernunft. Damit schufen sie ein Welt- und Menschenbild, das sich völlig von religiösen Erklärungen löste. Sie begründeten so nicht nur die moderne Wissenschaft, sondern auch die politische Vision eines Bürgers, der seine Rechte gegen den Staat schützt. Diese Vision wurde in der Amerikanischen und Französischen Revolution verwirklicht.

Der Frühen Neuzeit folgte die Ära von 1789 bis 1914, die in der Geschichtswissenschaft als „langes 19. Jahrhundert" verstanden wird. Sie ist gekennzeichnet durch die Industrialisierung, den Wandel der Lebenswelt, eine fortschreitende Demokratisierung und durch die Bildung von Nationalstaaten. In Deutschland scheiterte das liberale Bürgertum in der Revolution von 1848/49, weil es weder die nationale Einheit noch die staatsbürgerliche Freiheit herzustellen vermochte. Erst gut 30 Jahre später endete mit der Gründung des Deutschen Reiches die traditionelle Zersplitterung Deutschlands.

Die Herausbildung moderner Strukturen in Gesellschaft und Staat von der Frühen Neuzeit bis ins 19. Jahrhundert

Gesellschaft und Staat im Zeitalter der Aufklärung

◄ „König Friedrichs II. Tafelrunde in Sanssouci."
*Gemälde von Adolph Menzel, 1850.
Friedrich II. hielt die deutsche Kultur gegenüber der französischen in allen Bereichen für rückständig. Selbst ein begabter Musiker und Philosoph, berief er zahlreiche französische Gelehrte nach Preußen. Der Philosoph Voltaire hielt sich lange Zeit in Sanssouci auf.*

Rationalismus und Aufklärung

1576 — In dem Werk „Sechs Bücher über den Staat" formuliert der französische Jurist und Politiker Jean Bodin erstmals den Begriff der Souveränität.

17./18. Jh. — Rationalismus und Aufklärung prägen Europa. Kritisches Verstandes- und Vernunftdenken, Freiheit, Selbstbestimmung und Toleranz gelten als höchste Werte.

1609 — Johannes Kepler beschreibt die Umlaufbahn der Planeten.

1651 — In seinem Hauptwerk „Leviathan" entwirft der englische Philosoph und Staatstheoretiker Thomas Hobbes eine rationale Begründung (Legitimation) des Staates.

Zeitalter des Absolutismus

1648 – 1789 — Im Zeitalter des Absolutismus leiten die Fürsten ihre Stellung von Gott ab und regieren weitgehend losgelöst (absolut) von den Gesetzen und den Ständen. Mit der staatlich gelenkten Wirtschaftspolitik des Merkantilismus fördern sie das einheimische Gewerbe, um die Steuereinnahmen zu erhöhen.

1661 – 1715 — König Ludwig XIV., genannt der „Sonnenkönig", regiert Frankreich.

1666 — Newtons Gravitationstheorie beweist zum ersten Mal, dass sich Erscheinungen auf der Erde und im Weltraum auf die gleichen Gesetzmäßigkeiten zurückführen lassen.

1688 — Die „Glorious Revolution" begründet die konstitutionelle Monarchie in England.

1690 — John Locke begründet das Widerstandsrecht bei einer Willkürherrschaft.

Aufgeklärter Absolutismus

1740 – 1786 — Friedrich II. regiert in Preußen im Zeichen des aufgeklärten Absolutismus.

1748 — Charles de Montesquieu entwickelt das Prinzip der Gewaltenteilung.

1762 — Jean-Jacques Rousseau fordert die Volkssouveränität, weil er allen Menschen die gleichen Rechte zuerkennt.

1781 — Joseph II. von Österreich leitet sozial- und religionspolitische Reformen ein.

1784 — Der deutsche Philosoph Immanuel Kant beantwortet richtungsweisend die Frage „Was ist Aufklärung?".

1789 und 1791 — Die amerikanische und die französische Verfassung verankern mit den Menschenrechten und der Gewaltenteilung aufklärerische Prinzipien.

Wer schützt das Individuum gegen die wachsende Staatsgewalt? Renaissance und Reformation werteten das Individuum auf und stellten die Autorität der Herrschenden und der Kirche infrage. Aber der Anspruch auf Freiheit führte auch zu Kämpfen und zur Kirchenspaltung. Die frühmodernen Staaten Europas unterbanden nach 1555 (Augsburger Religionsfrieden) die inneren Konflikte und schufen neue, konfessionsgebundene Ordnungen, denen sich die Untertanen anzupassen hatten.

Im Gegensatz zu den Monarchien Spanien, Frankreich und England blieb das Heilige Römische Reich Deutscher Nation nach dem Dreißigjährigen Krieg (1618-1648) ein lockerer Verbund zahlreicher Einzelstaaten. Dort und mehr noch in Europa setzte sich die Herrschaftsform des Absolutismus durch, in der die Fürsten versuchten, unabhängig von den Ständen zu regieren. Auf der einen Seite entstand im Zeitalter des Absolutismus zwischen 1650 und 1790 der moderne Machtstaat, der das Individuum immer stärker für seine Zwecke disziplinierte. Auf der anderen Seite forderten die Denker der Aufklärung für die Untertanen unveräußerliche Rechte ein, um sie vor der Herrschaftsgewalt zu schützen.

Die absolute Monarchie zeichnete sich aus durch das stehende Heer, regelmäßige Steuern, den Ausbau der Verwaltung und die Schwäche der ständischen Parlamente, die zuvor die Regierung kontrolliert hatten. Damit fiel dem König oder dem Fürsten die Souveränität zu, d.h. die nicht oder nur wenig beschränkte Hoheitsgewalt. Im Dienst der absolutistischen Monarchen erhielt das Bürgertum Zugang zu einflussreichen Ämtern, die bislang den privilegierten Ständen, dem Adel und dem Klerus, vorbehalten waren.

Rationalisten und Denker der europäischen Aufklärung setzten fort, was die Renaissance begonnen hatte. Sie erhoben den Anspruch, die Natur, die Gesellschaft und den Menschen einer voraussetzungslosen Prüfung zu unterziehen, lehnten sich aber nicht mehr direkt an antike Vorbilder an. Sie richteten sich gegen die absolutistische Herrschaft und forderten die Kontrolle und Teilung der Staatsgewalt sowie die Volkssouveränität. Damit begründeten sie nicht nur die moderne Wissenschaft, sondern auch die politische Konzeption eines Bürgers, der seine Rechte gegen den Staat verteidigen konnte.

Im späten 18. Jahrhundert wurden die Gewaltenteilung und die Rechtsbindung staatlichen Handelns wegweisend realisiert. Die amerikanische und französische Verfassung von 1789 und 1791 verankerten grundlegende Menschenrechte und teilten die staatliche Gewalt in eine gesetzgebende, ausführende und richterliche. Beide verfügten außerdem, dass jedes staatliche Handeln an Recht und Verfassung gebunden war. Menschenrechte, Gewaltenteilung und Rechtsstaatlichkeit sind die Grundlagen demokratischer Verfassungen bis heute.

> ▶ *Was unterschied die absolute Monarchie König Ludwigs XIV. vom aufgeklärten Absolutismus in Brandenburg-Preußen und in Österreich?*
> ▶ *Welche Grundlagen und Prinzipien, die den modernen Verfassungsstaat bis heute prägen, wurden von den Aufklärern formuliert?*
> ▶ *Welches Menschenbild lag den Überlegungen der Aufklärer zugrunde und inwiefern fanden diese Vorstellungen in der Politik der absoluten Herrscher der Zeit ihren Niederschlag?*

Die absolute Monarchie am Beispiel Ludwigs XIV.

▲ **Das Zeichen des Königs.**
Teil des Schlosstors von Versailles. Foto von 1990.
■ Ludwig XIV. ging als „Sonnenkönig" in die Geschichte ein. Für ihn stellte die Sonne „das lebendigste und schönste Sinnbild eines großen Herrschers" dar. Nennen Sie mögliche Gründe dafür.

Ludwig XIV. (1638–1715, genannt „Sonnenkönig"): König von Frankreich. Er entmachtete den alten Adel und regierte weitgehend „losgelöst" von den Gesetzen und den Ständen. Die wirtschaftliche Macht des Landes steigerte er durch die Einführung des Merkantilismus. In zahlreichen Kriegen versuchte er, die Vorherrschaft (Hegemonie) Frankreichs auf dem Kontinent durchzusetzen.

Absolutismus ■ Der Begriff *Absolutismus* ist abgeleitet aus dem lateinischen „princeps legibus (ab)solutus", was heißt: Der Herrscher ist befreit von den Gesetzen. Damit wird auf seine Machtfülle verwiesen. Denn im Absolutismus hatte der (Allein-)Herrscher prinzipiell die Staatsgewalt inne, er war auch oberster Gesetzgeber und Richter. Ständeparlamente, in denen Adel, Geistliche und Bürger vertreten waren, kontrollierten ihn nicht oder nur wenig.

Die Staatsform des Absolutismus bildete sich im 17. Jahrhundert aus, in dessen Verlauf es Königen und Fürsten in ganz Europa gelang, ihren politischen Willen gegen die Ständeparlamente und gegen den hohen Adel durchzusetzen. Dies geschah mithilfe eines wachsenden Verwaltungsapparats, eines stehenden Heeres und auf der Grundlage von regelmäßigen Steuern. Der Adel und die Kirche wurden mehr und mehr der Hoheitsgewalt des absoluten Herrschers unterworfen. Die Untertanen hatten nach absolutistischer Auffassung kein Recht auf Widerstand. Die Könige und Fürsten leiteten ihre Herrschaft unmittelbar von Gott ab („Gottesgnadentum"). Weil in vielen Staaten Europas von etwa 1650 bis 1790 eine solche absolute Monarchie existierte, sprechen die meisten Historiker vom Zeitalter des Absolutismus.

Die Macht der Herrscher war jedoch nicht völlig uneingeschränkt. Die absolutistischen Fürsten standen zwar über den einfachen Gesetzen, hatten aber die Grundgesetze (z. B. das Eigentumsrecht), das Naturrecht (z. B. Recht auf Leben) und die Gebote der Religion zu achten. Auch die Untertanen waren nicht „absolut" dem Willen des Monarchen unterworfen. Adel und Klerus übten weiterhin niedere Gerichts- und Verwaltungsrechte über diejenigen Bauern aus, denen sie Land verliehen. Der Adel besaß außerdem Vorrechte. Er besetzte die hohen Ämter in der Regierung und in der Armee, auch entzog er sich weitgehend der Besteuerung. Bürger und Bauern bewahrten ihre althergebrachten Sozial- und Lebensformen. Zu diesen Formen gehörten die soziale Organisation in Dorf und Stadt, ausufernde Feste, Wallfahrten und Prozessionen, genauso das Fernbleiben vom Gottesdienst, Fluchen und Saufen. Das alles erwies sich als resistent gegen die Flut königlicher Erlasse. Es gab zu wenige königliche Amtsträger zur Überwachung; und diese mussten zu Pferd oder zu Fuß sehr lange Wegstrecken bewältigen. Außerdem hatten die Herrscher trotz aller Verbote mit dem Widerstand und dem Aufruhr der Bauern zu rechnen.

Der Begriff Absolutismus ist also nicht mit unumschränkter Herrschaftsgewalt gleichzusetzen. Vielmehr bezeichnet er diejenige Staatsform in der europäischen Geschichte, in der die Rechtsprechung, Gesetzgebung und Regierungsgewalt in der Hand des Monarchen lagen. Der absolute König besaß somit die Souveränität, d.h. die unbeschränkte, umfassende Staatsgewalt (▶ M1). Der Absolutismus war eine Vorstufe des heutigen souveränen Staates. In unserer parlamentarischen Demokratie freilich ist die Staatsgewalt prinzipiell beim Volk und im Vollzug aufgeteilt zwischen den obersten Gerichten, dem Parlament und der Regierung.

Das Beispiel Ludwigs XIV. ■ Die absolute Monarchie prägte sich vorbildhaft in Frankreich während der Regierung König **Ludwigs XIV.** aus, der von 1661 bis 1715 regierte (▶ M2). Woran lag das?

1. Es war die Person Ludwigs XIV. selbst, der gewissenhaft, kompetent und sehr selbstständig regierte. Ein Berater vermerkte etwas übertreibend: „Der König sieht alles,

hört alles, beschließt alles, befiehlt alles." Ludwig XIV. herrschte und entschied tatsächlich allein, aber nach gründlicher Beratung durch seine Minister und den Staatsrat. Der Satz *L'État c'est moi* („Der Staat bin ich") stammt wohl nicht von ihm, wie oft zu lesen ist. Aber er verdeutlicht die herausragende Stellung des Königs in den Augen der Zeitgenossen. Sie unterschieden noch nicht zwischen Staat und König. Der König verkörperte die Ordnung der Welt und sicherte damit das Wohl der Untertanen.

2. Dass Frankreich schließlich Vorbild der absoluten Monarchie wurde, lag an historischen Erfahrungen. Das Land hatte schwer unter den inneren Kämpfen des mächtigen Hochadels gelitten, zuletzt um 1650. Die Mehrheit der adligen und bürgerlichen Eliten war daher überzeugt, dass nur ein starker König den inneren Frieden sichern konnte. Bei ihm sollte daher die Souveränität liegen.

3. Dass gerade Frankreich in Europa nachgeahmt wurde, ergab sich auch aus seiner Vormachtstellung in Europa, die es im Französisch-Spanischen Krieg mit dem Sieg über Spanien (1659) errungen hatte. Frankreich verfügte über die stärkste Militärmacht, stand aber auch an der Spitze der Entwicklung in Wissenschaft, Technik und Kunst. Die Prachtentfaltung am Hof Ludwigs XIV. trieb andere Fürsten zur Nachahmung. Moden in Kleidung und Verhalten, die am französischen Hof üblich waren, fanden weite Verbreitung unter den europäischen Eliten.

Französisch-Spanischer Krieg (1635 - 1659): Konflikt, der im Rahmen des Dreißigjährigen Krieges (1618 - 1648) ausgetragen wurde. Der Krieg beendete die fast zweihundertjährige habsburgisch-spanische Vormachtstellung in Europa und leitete die französische Hegemonie auf dem Kontinent ein. Im Pyrenäenfrieden von 1659 musste Spanien Gebiete an Frankreich abtreten. Darüber hinaus wurde das Land innen- und außenpolitisch so geschwächt, dass der Machtverfall Spaniens in Europa nicht länger aufzuhalten war.

Der Hof zu Versailles ■ Der König mit seinem Hof vereinigte also politische Macht und kulturellen Glanz. Das Schloss von Versailles brachte dies sinnfällig zum Ausdruck. Die Baumaßnahmen in einem sumpfigen Gelände südwestlich von Paris dauerten fünf Jahrzehnte. Das Schloss war seit 1682 ständige Residenz der Könige Frankreichs, die bis dahin noch zwischen ihren Schlössern in Paris und an der Loire hin- und hergereist waren, gefolgt von Reitern, Höflingen, Wagen und Sänften, einem Tross von einigen Kilometern Länge. Nun also residierte der König nur noch an einem Ort, auf den das ganze Land die Blicke richten sollte (▶ M3).

In Versailles wurden alle Straßen, Plätze, auch der ausgedehnte Park mit seinen Wegen auf die Schlossanlage in der Mitte ausgerichtet. Im Mittelpunkt der geometrischen Anordnung der Bauten lagen das Paradeschlafzimmer und die Regierungsräume des Königs, sichtbares Zeichen für die zentrale Position des Herrschers im Königreich und im Staatsgefüge. Wie der Bau selbst demonstrierte auch das Hofleben die Erhabenheit des Königs. Prinzen, Bischöfe, hoher Geblütsadel, Minister, Generäle, Gelehrte, Dichter und Künstler lebten monate- oder jahrelang am Hof. Sie nahmen an den großartigen Aufzügen, Empfängen, Bällen, Feuerwerken, den Theater- und Musikdarbietungen, den Jagden und den Glücksspielen teil. Aber sie hatten auch die Verpflichtung, sich einem strengen Zeremoniell zu unterwerfen.

▶ **Ludwig XIV.**
Ölgemälde von Hyacinthe Rigaud, 1701.
Das Gemälde (2,77 x 1,94 m) hing im Thronsaal von Versailles. Dort war es so hoch angebracht, dass die Füße des Königs – der selbst nur etwa 1,60 m maß – auf Augenhöhe der Betrachter waren. Heute befindet es sich im Museum Louvre in Paris.
■ Das Bild zeigt den König, wie er sich selbst sah und wie er gesehen werden wollte. Beschreiben Sie Aussehen und Haltung des Königs. Analysieren Sie die Wirkungsabsicht des Bildes.

▲ **Gründung der „Académie royale des sciences".**
Ölgemälde (348 x 590 cm) von Henri Testelin, 1667. Jean-Baptiste Colbert (links) stellt Ludwig XIV. (sitzend) die Mitglieder der 1666 gegründeten naturwissenschaftlichen Akademie vor. Ihre Mitglieder sollten mit ihren Arbeiten die Wissenschaft und Wirtschaft fördern sowie den Ruhm des Königs und das internationale Ansehen Frankreichs vergrößern.

Die Zivilisierung der Lebensformen am Hof Der Hof hatte für die absolute Monarchie eine kaum zu überschätzende Bedeutung. Er repräsentierte die Würde des Königs und damit des Staates, und zwar nach innen gegenüber den Untertanen, aber auch nach außen gegenüber den konkurrierenden Mächten. Die verschwenderische Inszenierung dieser Würde beeindruckte und steigerte die politische Wirkung. Daher war der Aufwand, den wir heute noch in den Bauten, Gärten, Möbeln, Teppichen und Kunstgegenständen bestaunen, nicht nur Selbstzweck, sondern auch Teil der Politik.

In Versailles wie an jedem Hof liefen die politischen Fäden zusammen. Dort entschieden der König und seine Behörden über die Geschicke des Landes. Der Hof zog mächtige Adlige in seinen Bann, die nun besser in das Staatsgefüge integriert wurden. Deshalb entflammten Adels- und Bürgerkriege bis zum Ende der absoluten Monarchie 1789 in Frankreich nicht mehr. Schließlich konzentrierte der Hof die kulturellen Leistungen und Entwicklungen. Er versammelte die herausragenden Wissenschaftler und Künstler des Landes. Die *Académie royale des sciences* (Königliche Akademie der Wissenschaften) wurde vom Hof aus gegründet, sie förderte gezielt die Naturwissenschaften. Der Dichter *Jean-Baptiste Molière* (1622-1673) konnte seine Komödien zur Aufführung bringen, obwohl sie den Höflingen ein strenges, standesübergreifendes Tugendideal vorhielten. Die zivilisierten höfischen Lebensformen wirkten vorbildhaft für die Oberschichten in Frankreich und Europa. Der „courtisan" (Hofmann) hatte tapfer und hilfsbereit zu sein, lärmenden Streit zu vermeiden, sich Bildung und Umgangsformen anzueignen. Der Bautypus von Versailles, das höfische Zeremoniell, die zivilisierten Lebensformen und Ideale verbreiteten sich mit dem Leitbild der absoluten Monarchie in ganz Europa.

Bürokratie, Steuern, Militär Unter Ludwig XIV. zählte man in Frankreich etwa 40 000 Amtsträger des Königs, die ihr Amt meist gekauft hatten und es vorwiegend als ihre Einnahmequelle betrachteten, weniger als öffentliche Aufgabe. Sie befolgten die Weisungen von oben nur unzureichend. Ludwig XIV. reformierte zunächst die zentrale Regierung des Landes, indem er die Zuständigkeiten besser regelte. Wichtiger noch war, dass er den *Intendanten* in den nun gebildeten rund 30 Verwaltungsbezirken umfassende Vollmachten für die Gerichts-, Steuer-, Militär- und allgemeine Verwaltung übertrug. Das neuartige Amt eines Intendanten besetzte der König überwiegend mit bezirksfremden Bürgerlichen, von denen er sich mehr Gehorsam erhoffte. Der alteingesessene Adel wurde dadurch entmachtet oder verlor seine Ämter. Ihm boten sich durch den Dienst am Hof und im Heer neue Chancen. Um die Intendanten wuchs ein neuer, ebenfalls vom Hof weisungsabhängiger Verwaltungsapparat, der die Aufgaben der traditionellen, oft vererbbaren Ämter übernahm. Dadurch erst wurden eine straffere Lenkung von oben und eine effizientere Verwaltung möglich, die den Willen des Königs besser durchsetzte. Es ist kein Zufall, dass das Wort *Bürokratie*, ein neuer Begriff für die „Herrschaft der Amtsträger", bald nach der Regierungszeit Ludwigs XIV. in Frankreich geprägt wurde.

Infolge der Verwaltungsreformen erzielte der König höhere Steuereinnahmen. Die regelmäßig eingetriebenen Steuern waren vor allem zwischen 1620 und 1680 stark angehoben worden. Um 1680 musste ein französischer Bauer 34 Tage im Jahr arbeiten,

▲ **Spielkartenmanufaktur in Paris.**
*Gemälde, um 1680.
Die größere Anzahl von Mitarbeitern erlaubte es, die Fertigung des Produktes in Einzeltätigkeiten zu zerlegen. Durch die Arbeitsteilung unter einem Dach ließen sich mehr Waren kostengünstiger herstellen, weil für die einfachen Arbeitsgänge billige ungelernte Arbeiter, Frauen und Kinder eingestellt wurden und die Zwischentransporte der Halbfertigwaren von Werkstatt zu Werkstatt entfielen.*

um seine Steuer zu bezahlen. 1550 waren es nur sieben Tage gewesen. Dabei verblieb stets ein hoher Anteil der Steuern in den Taschen der Steuereinnehmer. Diese wurden nun schärfer kontrolliert, sodass Ludwig XIV. die Erträge schon in wenigen Jahren verdoppeln konnte.

Die Steuern flossen vor allem in die Finanzierung des stehenden Heeres, dessen Umfang von 1665 (45000) bis 1703 (400 000) enorm anwuchs. Stehende Heere in Friedenszeiten kannte man im 16. und beginnenden 17. Jahrhundert noch nicht. Das französische Heer wurde im Innern gegen revoltierende Bauern eingesetzt, wobei es natürlich auch als beständige Abschreckung wirkte. Vor allem aber eroberte es in den äußeren Kriegen neue Provinzen. Die Heeresreformen Ludwigs XIV. waren ähnlich vorbildhaft wie sein Hof. Er ließ Kasernen und Festungen bauen, führte einheitliche Uniformen und Bewaffnung ein, ferner Ausbildungsstätten für Offiziere, und er traf Vorsorge für Kriegsinvaliden; das alles hatte es zuvor in diesem Ausmaß noch nicht gegeben.

Wirtschaftspolitik (Colbertismus) ■ Ebenfalls erstmals im großen Maßstab betrieb der Generalkontrolleur der Finanzen, **Jean-Baptiste Colbert**, eine umfassende Wirtschaftspolitik mit dem Ziel, die Einnahmen und den Reichtum des Staates zu steigern. Als Mittel dazu förderte er den Außenhandel und die gewerbliche Produktion im Innern. Hochwertige Waren wurden ausgeführt, Textilien, Wandteppiche, Spiegel, Parfum, Porzellan, Waffen. Hingegen sorgten Schutzzölle gegenüber Einfuhren für eine aktive Handelsbilanz. Das Ziel war also, mehr zu exportieren als zu importieren. Um die Produktion im Inland zu steigern, begünstigte Colbert die neuartigen *Manufakturen*, in denen anders als im Handwerksbetrieb eine Vielzahl von Beschäftigten in Arbeitsteilung große Mengen hochwertiger Waren herstellte. Außerdem beseitigte er einen Großteil der Binnenzölle und verbesserte die Verkehrswege. Der Bau des *Canal du Midi* verband den Atlantik mit dem Mittelmeer. Diese Wirtschaftspolitik, die den Wohlstand des Landes hob, um die Staatseinnahmen zu steigern, nannte man später *Merkantilismus* oder *Colbertismus* (▶ M4).

Die planmäßige staatliche Wirtschaftsförderung Colberts stieß bald an ihre Grenzen. Frankreich war ein durch und durch agrarisches Land, anders als die traditionellen Handels- und Gewerberegionen Europas, etwa Oberitalien oder die Niederlande. Vor

Jean-Baptiste Colbert (1619-1683): französischer Staatsmann und der Begründer des Merkantilismus (Colbertismus) und der „Académie royale des sciences" (1666). Unter Ludwig XIV. sanierte er als Finanzminister den Staatshaushalt, um die hohen Aufwendungen für den königlichen Hofstaat und die Kriege zu finanzieren. Er holte Fachkräfte ins Land und förderte Manufakturen, um teure Importe aus dem Ausland zu vermeiden. Colbert schuf die Basis der französischen Wirtschafts- und Kolonialpolitik.

allem die Niederlande und England behielten gegenüber Frankreich wirtschaftlich die Oberhand, auch in Übersee, in Nordamerika (Kanada), in der Karibik und in Ostasien, obwohl die französische Krone eine energische Ansiedlungs- und Handelspolitik betrieb. Colbert wurde später zu Recht vorgeworfen, die Landwirtschaft vernachlässigt zu haben.

Die Kriege des Königs, die fast drei Jahrzehnte andauerten, führten am Ende zu einer gewaltigen Überschuldung. Auch wirkte sich für die Wirtschaft Frankreichs verhängnisvoll aus, dass Ludwig XIV. 1685 das *Edikt von Nantes* (von 1598) und damit die Rechte der calvinistischen Hugenotten aufhob, weiterhin ihren Glauben auszuüben. Der Katholizismus wurde wieder zur alleinigen Staatsreligion. Mehr als 300 000 der insgesamt etwa eine Million zählenden Hugenotten verließen das Land. Da ein Großteil von ihnen spezielle Fertigkeiten in der Textil- und Luxuswarenherstellung und in anderen Wirtschaftszweigen besaß, machte sich dieser Verlust zum einen für die französische Wirtschaft bemerkbar. Zum anderen lösten die Hugenotten in den Niederlanden, in Brandenburg und in der Schweiz, wohin sie flüchteten, einen Modernisierungsschub aus, der wiederum die Konkurrenten Frankreichs stärkte.

▲ **Bauernfamilie.**
Gemälde (113 x 159 cm) von Louis oder Antoine Le Nain, um 1640/45.

Die Bevölkerung auf dem Land Die Landbewohner machten nahezu 90 Prozent der etwa 20 Millionen Franzosen aus. Sie verfügten als Eigentümer nur über etwa ein Drittel des Grund und Bodens. Zwei Drittel gehörten Adligen, Bürgern oder Klerikern, die das Land selbst bewirtschafteten oder es an Bauern vergaben. Dies geschah zum Teil in Form einer Pacht-, zum Teil in Form einer Herrschaftsbeziehung zwischen Grundherren und Bauern. Bei einer solchen Grundherrschaft hatten die Bauern für die Nutzung eines Hofes Natural- und Geldabgaben sowie Dienste zu leisten. Außerdem hatten sie die Bannrechte des Grundherrn zu beachten; sie durften also nur dessen Mühlen, Backhäuser oder Weinpressen gegen Entgelt benutzen. Die Grundherren waren oftmals auch Gerichts- und Polizeiherren der Bauern und überwachten die Einhaltung der öffentlichen Ordnung. Schwere Kriminaldelikte (Mord, Raub, Diebstahl usw.) kamen jedoch vor die Gerichte des Königs.

Die Bauern regelten aber in den Versammlungen der Pfarrbezirke und Gemeinden ihre eigenen Angelegenheiten durchaus selbst. Das betraf Grenzziehungen, die Nutzung des gemeinsamen Grundeigentums (Allmende), die gegenseitige Hilfe nach einem Brand oder Hagelsturm, mitunter sogar die Erhebung von Steuern. Die Intensivierung der königlichen Verwaltung schmälerte die eigenen Zuständigkeiten der Gemeinden, bot aber höhere Rechtssicherheit und schützte besser vor der Willkür der Grundherren. In dieser Hinsicht brachte der absolutistische Staat also Vorteile. Jedoch bedrängte er die Landbewohner im Gegenzug mit wachsenden Steuern. Die Steuerlast, dazu die hohen Abgaben an den Grundherrn und die Zehnten an die Kirche beließen den Bauern oftmals nur das Existenzminimum.

Seit 1624 brachen, beginnend im Südwesten Frankreichs, immer neue Aufstände aus, die erst nach den Erhebungen in der Bretagne 1675 verebbten. In diesem Zeitraum stiegen die Steuern sehr rasch, obwohl wiederholte Erntekrisen und Seuchenzüge die Erträge minderten. Dennoch wurden die Steuern rücksichtslos eingetrieben. Aufstände wurden später selten, weil Ludwig XIV. 1675 und erneut 1702/04 gegen die rebellischen Bauern im Languedoc Truppen einsetzte, mehr noch weil die Intendanten für eine gerechtere Verteilung der Steuerlast sorgten, die außerdem nur noch geringfügig wuchs.

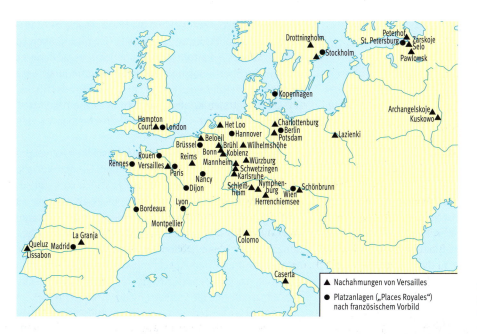

◄ Die Ausstrahlung von Versailles auf die europäischen Schloss- und Stadtanlagen.
■ *Verbalisieren Sie die Grafik.*

Die absolute Monarchie in Europa ■ Ludwig XIV. verstand es meisterhaft, seine monarchische Herrschaft propagandistisch aufzuwerten. Auch konnte er tatsächlich Erfolge vorweisen. Frankreich dehnte als führende Macht in Europa sein Staatsgebiet links des Rheins und an der Grenze zu den Niederlanden beträchtlich aus. Die Hofhaltung in Versailles, die Reformen in Verwaltung, Militärwesen und Wirtschaft überzeugten die Staatsmänner und Gebildeten überall in Europa. Deshalb versuchten auch andere europäische Monarchien, zu ähnlichen Lösungen wie Frankreich zu kommen.

Die absolute Monarchie leitete Entwicklungen ein, die für den modernen Staat grundlegend waren. Der König oder der regierende Fürst konzentrierte die Rechte, die man im 19. Jahrhundert als die staatlichen Hoheitsrechte ansah: das Monopol der legitimen Gewaltanwendung, das Monopol der auswärtigen Politik, die Gerichts-, Militär-, Steuer- und Verwaltungshoheit. Die Souveränität lag ausschließlich beim Herrscher. Er und seine Minister konnten die politische Mitsprache des Adels und der Geistlichkeit zurückdrängen, die Verwaltung reformieren und die Wirtschaftskraft stärken. Aber das gelang immer nur unvollkommen. Daher hatten die absoluten Monarchien unterschiedliche Ausprägungen. So erreichten die spanischen Könige nicht mehr, als die regionalen Sonderrechte im Ostteil der Halbinsel zu beseitigen und dadurch die Steuereinnahmen zu steigern. In Deutschland entwickelte Preußen infolge einer wirksamen Verwaltungs-, Militär- und Wirtschaftspolitik ein anerkanntes Muster der absoluten Monarchie. Dagegen kam die Modernisierung Habsburg-Österreichs nur schwer voran, weil es sehr verschiedenartige Länder mit ebenso verschiedenartigen Sonderrechten vereinigte. Die habsburgische Monarchie reichte vom Herzogtum Mailand über Österreich, Böhmen, Ungarn bis nach Belgrad und Siebenbürgen im Osten. Russland wurde um 1700 von Zar **Peter I.** gemäß westlichen Vorbildern modernisiert, jedoch wirkte der Machtfülle des Herrschers die riesige Weite des Landes entgegen.

Überwiegend im Norden Europas findet man die nichtabsolutistischen Vorläufer des modernen Staates. In England, Polen und Schweden teilten die Könige die Macht mit den Großen des Landes, meist den Adligen. Sie bewilligten die Steuern, wirkten bei der Gesetzgebung mit und kontrollierten die Monarchen.

▲ Zar Peter I. in der Kleidung eines holländischen Schiffsbauers.
Anonymes Gemälde, um 1698.

Peter I., der Große (1672 - 1725): russischer Zar (seit 1682) und Kaiser (seit 1721). Er begründete die Großmacht Russlands und regierte autokratisch, d. h. in uneingeschränkter Selbstherrschaft. Er setzte zahlreiche Reformen durch und versuchte, das Russische Reich nach Westeuropa zu öffnen.

M1 Jean Bodin über die Souveränität

Der 1530 in Angers geborene Jean Bodin ist zunächst Karmelitermönch gewesen, bevor er seit 1561 als Advokat am Pariser Parlament tätig wird. Kurz nach der Veröffentlichung seines Hauptwerkes „Six Livres de la République" wird er in innenpolitische Streitereien verwickelt und muss die Hauptstadt verlassen. Bodin stirbt 1596. Die hier abgedruckten Auszüge stammen aus Buch 1, 8. und 10. Kapitel:

Der Begriff Souveränität beinhaltet die absolute und dauernde Gewalt eines Staates, die im Lateinischen „majestas" heißt. [...] Souveränität bedeutet höchste Befehlsgewalt.[1] [...] Souveränität wird weder durch irgendeine Gewalt, noch
5 durch menschliche Satzung, noch durch eine Frist begrenzt. [...] Die Inhaber der Souveränität sind auf keine Weise den Befehlen eines anderen unterworfen, geben den Untertanen Gesetze, schaffen überholte Gesetze ab, um dafür neue zu erlassen. Niemand, der selbst den Gesetzen oder der Befehls-
10 gewalt anderer untersteht, kann dies tun. Darum gilt, dass der Fürst von der Gewalt der Gesetze entbunden ist.
[...] Was allerdings die Gesetze Gottes und der Natur betrifft, so sind alle Fürsten auf dieser Erde an sie gebunden. Es liegt nicht in ihrer Macht, gegen sie zu verstoßen, wenn sie nicht
15 des beleidigenden Aufbegehrens gegen Gott schuldig werden wollen, unter dessen Größe sich alle Monarchen der Welt beugen und vor dem sie ihr Haupt in Furcht und Ehrerbietung neigen müssen. Die absolute Gewalt der Fürsten und Herrschenden reicht nicht an die Gesetze Gottes und der
20 Natur heran.
[...] Was die Grundgesetze der Monarchie angeht, insofern sie unmittelbar mit der Krone verknüpft sind, wie es beim Salischen Gesetz[2] der Fall ist, so darf der Fürst nicht von ihnen abweichen [...], denn auf sie stützt sich und auf ihnen beruht
25 die souveräne Majestät.
[...] Größe und Majestät eines wirklich souveränen Herrschers zeigen sich, wenn die Stände des ganzen Volkes versammelt sind und in aller Untertänigkeit dem Herrscher ihre Anträge und Bitten vortragen, ohne die geringste Befehls- oder Ent-
30 scheidungsgewalt oder auch nur eine beratende Stimme zu haben. Was der König nach seinem Gutdünken annimmt oder verwirft, befiehlt oder verbietet, hat Gesetzeskraft. [...]

Wenn also ein souveräner Fürst die Naturgesetze nicht verletzen darf, die auf Gott, dessen Abbild er ist, zurückgehen, so darf er fremdes Eigentum nicht konfiszieren, es sei denn, es 35 gibt eine Rechtfertigung und vernünftige Begründung. Diese ist gegeben im Falle eines Kaufes oder Tausches oder für den Fall einer legitimen Konfiszierung im Interesse der Staatserhaltung, um einen sonst nicht zu erreichenden Frieden abschließen zu können. 40
[...] Das hervorragendste Merkmal der fürstlichen Souveränität besteht in der Machtvollkommenheit, Gesetze für alle und für jeden Einzelnen zu erlassen, [...] ohne dass irgendjemand zustimmen müsste. [...] Diese Gewalt, Gesetze zu machen oder aufzugeben, umfasst zugleich alle anderen 45 Rechte und Kennzeichen der Souveränität [...]: die Entscheidung über Krieg und Frieden, das Recht der letzten Instanz, das Ernennungs- und Absetzungsrecht für die obersten Beamten, das Besteuerungsrecht, das Begnadigungsrecht, das Münzrecht und die Festsetzung des Geldwerts. 50

Jean Bodin, Über den Staat (Six Livres de la République). Auswahl, Übersetzung und Nachwort von Gottfried Niedhart, Stuttgart 1976, S. 19 f., 24 ff., 28 f., 37 und 42 f.

[1] In der lateinischen Fassung lautet die berühmte Souveränitätsformel, aus der sich die Epochenbezeichnung des Absolutismus herleitet: Majestas est summa in cives ac subditos legibus soluta potestas = Die Souveränität ist die höchste und von den Gesetzen entbundene Gewalt über Bürger und Untertanen.
[2] Das „Salische Gesetz" regelte die französische Thronfolge: Erbfolge ausschließlich für den Erstgeborenen und nur über die männliche Linie.

1. *Bestimmen Sie anhand des Textes die Bedeutung des Begriffs „Souveränität".*

2. *Erläutern Sie, welche Rechte und Freiheiten dem Inhaber der Souveränität zustehen und welche Schranken ihm gesetzt sind.*

M2 Der Herzog von Saint-Simon beurteilt Ludwig XIV.

Der Herzog Louis von Saint-Simon hat seit 1694 „Mémoires" („Denkwürdigkeiten") zum Hof und zur Regierung Ludwigs XIV. verfasst, die erst 1788 gedruckt erscheinen. Aus Enttäuschung, weil ihm der König kein hohes politisches Amt überträgt, verlässt er 1702 den Hof. Er tritt später für die Rechte der Stände und des hohen Adels ein, dem er selbst angehört. Über Ludwig XIV. heißt es bei Saint-Simon:

Der König forderte die ständige Gegenwart nicht nur des gesamten hohen, sondern auch des niederen Adels bei seinem Lever[1], bei seinem Coucher[2], bei seinen Mahlzeiten, wenn er durch die „Appartements"[3] ging, oder bei den Spaziergängen in den Gärten von Versailles, auf denen ihn nur 5 einige Höflinge begleiten durften, immer und überall ließ er die Blicke wachsam nach rechts und nach links schweifen,

[1] Lever: Zeremonie beim Aufstehen
[2] Coucher: Zeremonie beim Zubettgehen
[3] Hier sind Zimmerfluchten im Schloss gemeint.

er sah und bemerkte einen jeden, keiner entging seiner Aufmerksamkeit, selbst jene nicht, die nicht die geringste Hoffnung hegten, gesehen zu werden; er registrierte genauestens die Abwesenheit derer, die zum Hof gehörten, oder derer, die nur vorübergehend zu erscheinen pflegten; er rechnete die allgemeinen und besonderen Ursachen dieses Nichterscheinens zusammen, und er versäumte keine Gelegenheit, die Betreffenden dementsprechend zu behandeln. [...]

Seine Neugier bewog ihn, dem Polizeipräfekten unerhörte Vollmachten zu gewähren. Die Polizeibeamten wurden in Frankreich mehr als die Minister – ja sogar von diesen selbst – gefürchtet, und jedermann, auch die Prinzen von Geblüt, nahm die größte Rücksicht auf sie. Der König erhielt von ihnen nicht nur sachliche Berichte, er ließ sich zu seinem Vergnügen auch noch sämtliche Pariser Liebeshändel und Skandalgeschichten erzählen.

Aber das schlimmste Auskunftsmittel, dessen sich der König bediente, war das Öffnen der Privatbriefe; dies geschah lange Zeit, ohne dass man das Geringste davon ahnte. [...] Niemand verstand es, Gunstbeweise mit größerer Anmut zu spenden und dergestalt den Preis seiner Wohltaten zu erhöhen; niemand vermochte seine Aussprüche, sein Lächeln, ja sogar noch seine Blicke so teuer zu verkaufen wie er. Durch die Unterschiede, die er machte, und durch sein majestätisches Gebaren verlieh er allem eine gewisse Kostbarkeit, wozu die Seltenheit und die Kürze seiner Bemerkungen nicht wenig beitrugen. Sobald er sich mit der belanglosesten Frage jemandem zuwandte, richteten sich die Blicke aller Umstehenden auf den Betreffenden; es war dies eine Auszeichnung, die man zur Kenntnis nahm und die stets zur Erhöhung des Ansehens beitrug. So verhielt es sich mit all den Aufmerksamkeiten, den Auszeichnungen und Bevorzugungen, die er nach Maßgabe verteilte. Niemals ließ er sich hinreißen, jemandem ein beleidigendes Wort zu sagen, und wenn er jemanden zu ermahnen oder zu tadeln hatte – was selten der Fall war –, so tat er es immer in freundlichem Ton, niemals barsch oder im Zorn. [...]

Sigrid von Massenbach (Übers. u. Hrsg.), Die Memoiren des Herzogs von Saint-Simon, Frankfurt am Main/Berlin 1991, S. 290-292

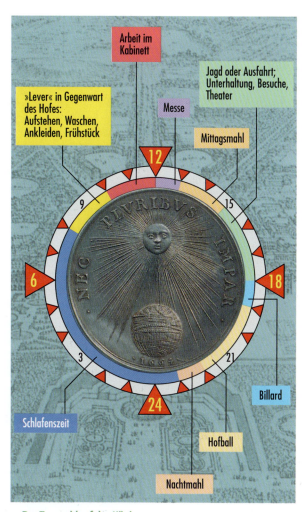

▲ **Der Tagesablauf des Königs.**
In der Mitte der Grafik ist die Rückseite einer Schaumünze (Medaille) von 1664 zu sehen. Sie trägt die lateinische Umschrift „Nec pluribus impar" (dt. „Keiner kommt ihm gleich").

1. *Der Herzog von Saint-Simon war kein unvoreingenommener Beobachter, aber er wird überwiegend durch andere Quellen bestätigt. Entwerfen Sie ein Bild der Herrscherpersönlichkeit Ludwigs XIV.*
2. *Erläutern Sie, wie sich das Verhalten des Königs auf die Hofangehörigen auswirkte.*
3. *Erklären Sie, warum der Hof ein so geeignetes Instrument war, den Adel in die Monarchie einzufügen.*

▲ **Versailles: Gesamtanlage.**
Ausschnitt eines Gemäldes von Pierre Patel, 1668.
Mittelpunkt des Schlosses ist das königliche Schlafzimmer. Sowohl die Straße aus Paris als auch die Mittelachse der gegenüberliegenden Seite laufen direkt darauf zu. Der sich immer weiter verengende Innenhof unterteilt sich in den „Königshof" und den Marmorhof. Später kam noch der „Hof der Minister" hinzu (benannt nach den Ministerflügeln auf beiden Seiten). Er ist in dieser frühen Bauphase noch nicht angelegt.

M3 Das Modell Versailles

Versailles ist die größte Schlossanlage in Europa. Der Bau beginnt 1661, von 1682 bis 1789 dient das Schloss als Residenz der französischen Könige. 1789 versammeln sich hier die Generalstände Frankreichs, 1871 wird im Versailler Spiegelsaal der deutsche Kaiser proklamiert, 1919 der Versailler Vertrag unterzeichnet. Der Publizist Uwe Schultz schreibt:

Die Natur, nicht länger von Dämonen bevölkert, hatte sich ebenso der Machbarkeit zu unterwerfen wie die Menschen der Macht des Monarchen, die in Ludwig XIV. ihre erste und letzte Instanz gefunden hatte. Sie war nicht länger feindlich,
5 sollte vielmehr dienstbar werden zum Nutzen der Menschen und zum Vergnügen des Königs.
Diese geordnete Welt glich dem Netz der Spinne und hatte ihr Zentrum im Schlafgemach des Königs. Ihr Netz, das mit Straßen und Kanälen das ganze Land überziehen und die Kommunikation wie die Wirtschaft zu neuer Blüte bringen 10 sollte, war zugleich die ideale Topografie der Überwachung und Besteuerung. Das Prinzip Kontrolle begann seine Herrschaft.

Uwe Schultz, Versailles. Die Sonne Frankreichs, München 2002, S. 78

1. Wenden Sie einzelne Aussagen des wissenschaftlichen Textes an, um die Schloss- und Gartenanlagen von Versailles zu beschreiben oder zu deuten.
2. Der barocke Garten oder Park war eine prägende Gestaltungsform im Zeitalter des Absolutismus. Nutzen Sie Nachschlagemöglichkeiten, um einige seiner Merkmale zu benennen.
3. Der hohe Geldaufwand für den absolutistischen Hof kommt auch in der abgebildeten Schlossanlage zum Ausdruck. Diskutieren Sie, ob das höfische Leben als Verschwendung oder als sinnvolle Politik anzusehen ist.

M4 Grundsätze der Colbert'schen Wirtschaftspolitik

Jean-Baptiste Colbert (1619-1683), seit 1665 Oberkontrolleur der Finanzen der Minister Ludwigs XIV., verfasst 1664 eine Denkschrift, in welcher er die Grundlagen staatlicher Wirtschaftspolitik darlegt. Viele der Vorschläge werden in den nachfolgenden Jahrzehnten verwirklicht. Colbert schreibt:

Ich glaube, man wird ohne Weiteres in dem Grundsatz einig sein, dass es einzig und allein der Reichtum an Geld ist, der die Unterschiede an Größe und Macht zwischen den Staaten begrün-
5 det. Was dies betrifft, so ist es sicher, dass jährlich aus dem Königreich einheimische Erzeugnisse (Wein, Branntwein, Weinessig, Eisen, Obst, Papier, Leinwand, Eisenwaren, Seide, Kurzwaren) für den Verbrauch im Ausland im Wert von 12 bis 18 Mil-
10 lionen Livres hinausgehen. Das sind die Goldminen unseres Königreiches, um deren Erhalt wir uns sorgfältig bemühen müssen. [...] Außer den Vorteilen, die die Einfuhr einer größeren Menge Bargeld in das Königreich mit sich bringt, wird
15 sicherlich durch die Manufakturen eine Million zurzeit arbeitsloser Menschen ihren Lebensunterhalt gewinnen. Eine ebenso beträchtliche Anzahl wird in der Schifffahrt und in den Seehäfen Verdienst finden, und die fast unbegrenzte Vermehrung der Schiffe wird im gleichen Verhältnis
20 Größe und Macht des Staates vermehren. Dies sind die Ziele, nach denen der König meines Erachtens aus guter Gesinnung und Liebe zu seinem Volk streben sollte. Als Mittel, sie zu erreichen, schlage ich vor: Durch einen Conseilbeschluss[1] mit Beteiligung des Königs möge Seine Majestät allen Unter-
25 tanen seinen Entschluss verkünden. Alle im Dienst des Königs Stehenden sollen die Vorteile, die den Untertanen des Königs daraus erwachsen, öffentlich erörtern; die am Hof erscheinenden Kaufleute sollten mit allen Anzeichen der Gewogenheit und des guten Willens empfangen, in allen
30 Angelegenheiten ihres Handels unterstützt und zuweilen, wenn sie mit wichtigen Angelegenheiten kommen, im Conseil Seiner Majestät gehört werden. [...] Es sollte jährlich eine bedeutende Summe für Wiederherstellung der Manufakturen und die Förderung des Handels durch Conseilbeschluss
35 ausgeworfen werden. Desgleichen bezüglich der Schifffahrt: Zahlung von Gratifikationen[2] an alle, die neue Schiffe kaufen oder bauen oder große Handelsreisen unternehmen. Die Landstraßen sollten ausgebessert, die Zollstationen an den Flüssen aufgehoben, die kommunalen Schulden weiterhin
40 abgelöst werden. Man bemühe sich unablässig, die Flüsse im Innern des Königreiches schiffbar zu machen, soweit sie es noch nicht sind; man prüfe sorgfältig die Frage einer Verbindung der Meere.

Fritz Dickmann (Bearb.), Renaissance, Glaubenskämpfe, Absolutismus. Geschichte in Quellen, Bd. 3, München ³1982, S. 448

[1] Conseilbeschluss: Beschluss des königlichen Rates
[2] Gratifikation: zusätzliches Entgelt zu besonderen Anlässen

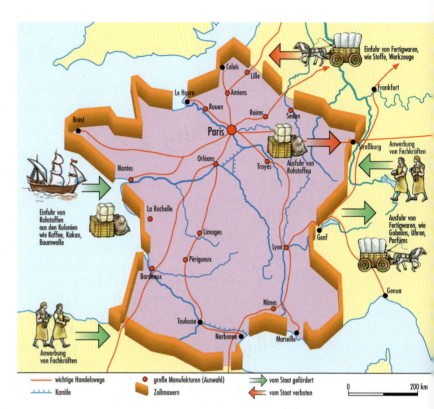

▲ Wie die merkantilistische Wirtschaft funktionieren sollte.

1. Stellen Sie die Ziele und Mittel Colbert'scher Wirtschaftspolitik aus dem Text und der Karte zusammen.

2. Der englische Wirtschaftsphilosoph Adam Smith schreibt 1776: „Räumt man alle Begünstigungs- und Beschränkungssysteme völlig aus dem Weg, so stellt sich die natürliche Freiheit in der Wirtschaft von selbst her und die Wirtschaft eines Landes wird so am besten blühen. Das Staatsoberhaupt wird so ganz von der Pflicht entbunden, den Gewerbefleiß der Untertanen zu überwachen und in den Wirtschaftsablauf einzugreifen." Vergleichen Sie den Grundgedanken von Adam Smith mit dem entsprechenden Grundsatz von Colbert. Welche Einwände hätte ein Verfechter des Merkantilismus gegen den Vorschlag von Adam Smith erhoben?

▲ Erste Seite des berühmten Aufsatzes von Immanuel Kant (1724-1804) zu der Frage „Was ist Aufklärung?", 1784.

René Descartes (1556-1650): französischer Philosoph, Mathematiker und Naturwissenschaftler. Er gilt als Begründer des modernen frühneuzeitlichen Rationalismus und der modernen Philosophie. Descartes fasste die Philosophie als eine Art Universalmathematik auf, mit der durch Deduktion (vom Allgemeinen auf das Besondere schließen) aus einfachen Grundbegriffen alles abgeleitet werden kann. Von ihm stammt der berühmte Grundsatz „Ich denke, also bin ich".

Das politische Denken der Aufklärung: Gewaltenteilung und Menschenrechte

Was ist Aufklärung? Diese Frage beantwortete *Immanuel Kant* 1784 in einem berühmten Aufsatz, der seither so oft zitiert wurde wie kaum ein anderer (▶ M1). *Aufklärung* sei die Befreiung aus selbstverschuldeter Unmündigkeit, aus dem „Unvermögen, sich seines Verstandes ohne Leitung eines anderen zu bedienen". Kant rief jeden auf, sich seines eigenen „Verstandes zu bedienen". Hinter dem Aufruf stand ein Weltbild, das man so zusammenfassen kann:

1. Die Vernunft macht den eigentlichen Wesenskern des Menschen aus; mit ihrer Hilfe lässt sich über Wahrheit und Irrtum entscheiden.
2. Weil die Welt und der Mensch vernunftgemäß angelegt sind, kann die kritische Vernunft die Ordnung der Welt und die Bestimmung des Menschen erkennen.
3. Damit befreit sich der Mensch aus den Zwängen des Irrationalen. Er kann sich und die Gesellschaft vervollkommnen und als letztes Ziel das Glück für alle erreichen.

Dieses Weltbild teilten Gebildete in ganz Europa, Philosophen ebenso wie Juristen, Ärzte, Lehrer oder Staatsmänner. Es hatte seine Wurzeln im wissenschaftlichen Denken um 1600, war um 1700 eine Geisteshaltung von wenigen Gebildeten und wandelte sich im 18. Jahrhundert zur machtvollen Bewegung, die schließlich das politische und soziale Leben in Europa radikal umwälzte. Deshalb wählen historische Werke zum 18. Jahrhundert neben „Absolutismus" auch die Epochenbezeichnungen „Zeitalter der Vernunft" oder „Zeitalter der Aufklärung". „Aufklärung" ist eine Ableitung aus dem französischen Schlagwort des „siècle des lumières" (Jahrhundert der Erleuchtung), das um 1700 aufkam. Die Lichtmetapher fand Eingang auch in andere Sprachen (z.B. englisch „enlightenment"), da die Aufklärung eine europäische Bewegung war und die Aufklärer Frankreichs am meisten Beachtung fanden.

Die Anfänge: messende Beobachtung und Rationalismus Gelehrte wie *Galileo Galilei* revolutionierten um 1600 das Verständnis der Naturforschung. Wie schon in der Renaissance üblich, prüften sie den überlieferten Wissenskanon durch Beobachtung. Zusätzlich setzten sie nun auch mathematische Methoden ein, insbesondere aber die bahnbrechende Methode des Experiments. Mit ihrer Hilfe gelang es ihnen, den manchmal trügerischen Augenschein der Beobachtung zu kontrollieren. Das Misstrauen gegenüber der eigenen Wahrnehmung stand somit am Anfang der modernen Naturwissenschaft. Noch galten die Werke des Aristoteles. Darin konnte man lesen, dass ein Körper umso schneller fällt, je schwerer er ist. Dem Anschein nach flog eine Feder langsamer zu Boden als ein Stein. Galilei bewies durch seine Experimente und Messungen, z.B. mit Kugeln und schiefen Ebenen, dass alle Körper gleich schnell fallen. Experimente, Messungen und mathematische Operationen blieben Methoden der Naturwissenschaften bis heute.

René Descartes versuchte nicht nur, „das Buch der Natur mithilfe der Mathematik zu lesen", wie es Galilei für sich formulierte, sondern auch den Menschen und die lebende Welt mit mathematisch-logischen Operationen zu erschließen. Damit begründete er den *Rationalismus*. Die Rationalisten vertraten den Standpunkt, dass die menschliche „ratio", die „Vernunft", die gesamte Welt erkennen könne. Dies sei deshalb möglich, weil die Welt nach logischen Gesetzen aufgebaut sei. Das hieß in der

◄ „Das Experiment mit der Luftpumpe."
Ölgemälde von Joseph Wright, 1768.
Der dargestellte Versuch zeigt, dass ein Vogel im luftleeren Raum nicht fliegen kann.
■ Beschreiben Sie die Inszenierung des nächtlichen Experiments. Achten Sie dabei auf die dargestellten Personen, ihre Körperhaltungen und auf die Licht- und Schattensymbolik.

Konsequenz, dass der menschliche Verstand alle Rätsel der Welt lösen konnte, einer Welt, die sich die Rationalisten als Maschine vorstellten. Diese Auffassung verfestigte sich zur unumstößlichen Gewissheit durch die Entdeckungen von Isaac Newton, des berühmtesten Wissenschaftlers seines Zeitalters. Denn Newton schien mit seinen Entdeckungen zu bestätigen, dass die Vernunft das Tor zu den Fundamentalgesetzen der Natur aufstieß. Sein 1666 formuliertes Gravitationsgesetz, nach dem sich alle Körper auf der Erde und im Weltraum gegenseitig anziehen, erklärte die Fallgesetze Galileis ebenso wie die Bahnen der Planeten um die Sonne, die Johannes Kepler einst mathematisch beschrieben hatte. Damit erbrachte Newton den Beweis, dass die Naturgesetze auf der Erde wie im Universum gelten.

Das Gravitationsgesetz war ein früher Höhepunkt wissenschaftlicher Grundlagenforschung. Viele berühmt gewordene Entdeckungen der Mathematik und Physik vor 1800 fallen ebenfalls ins 17. Jahrhundert, die Infinitesimalrechnung (um 1680), die Wahrscheinlichkeitsrechnung (um 1700), das Druck-Volumen-Gesetz der Gase (1662) oder die Entdeckung der Wellenform des Lichts (1690). Die Biologie und Chemie folgten im 18. Jahrhundert, etwa mit der Systematik aller Lebewesen (1735) bzw. der Oxidationstheorie (1789). Ebenso wurden die bedeutenden Erfindungen vorwiegend im 18. Jahrhundert gemacht, das Porzellan (1708/09), der Blitzableiter (1752), die Dampfmaschine (1765), die Spinnmaschine (1767/69) und der Heißluftballon (1783).

Isaac Newton (1643-1727): englischer Naturwissenschaftler, Physiker und Mathematiker. Mit seinem Gravitationsgesetz beschrieb er die universelle Gravitation und die Bewegungsgesetze. Er baute das erste Spiegelteleskop. Sein Werk „Principia Mathematica" gilt als eines der wichtigsten wissenschaftlichen Werke überhaupt.

Johannes Kepler (1571-1630): deutscher Astronom. Er entdeckte die Planetengesetze, legte in der Mathematik u.a. den Grundstein für das Rechnen mit Logarithmen, machte die Optik zum Gegenstand der Wissenschaft und half die Theorien Galileis zu beweisen.

Wissen und Öffentlichkeit ■ Wissenschaftlich-technische Neuerungen waren Leistungen Einzelner, zunehmend spielte auch die Wissensorganisation eine Rolle. Deren Träger waren nicht die Universitäten, sondern die staatlichen Akademien der Wissenschaften. Sie versammelten die berühmtesten Gelehrten des Landes. Diese beschäftigten sich vorrangig mit naturwissenschaftlichen Problemen und technischen Fragen der Schifffahrt oder der Landwirtschaft, aber auch mit Philosophie und Kulturwissenschaft. 1662 erhielt die Londoner Akademie ihre Gründungsurkunde; es folgten Akademien in Paris (1666), Berlin (1700), St. Petersburg (1725) und Boston (1780).

Im 18. Jahrhundert erfasste die entstehende bürgerliche Öffentlichkeit immer weitere Kreise der Bevölkerung. Immer mehr Menschen konnten lesen, die Zahl der jährlich veröffentlichten Bücher stieg, ebenso die Auflagenstärken der Zeitungen und Zeitschriften. In Lexika und Enzyklopädien wurde das Wissen der Zeit gesammelt, systematisiert und einem größeren Publikum bekannt gemacht. Menschen aller Schichten schlossen sich in Lesegesellschaften zusammen, um Zugang zu möglichst vielen der noch teuren Druckerzeugnisse zu haben.

Jean Bodin (1529/30 - 1596): französischer Theologe und Jurist. Der frühe Befürworter des Absolutismus gilt als Begründer des modernen Souveränitätsbegriffes, den er in seinem Hauptwerk „Sechs Bücher über den Staat" ausarbeitete.

Thomas Hobbes (1588 - 1679): englischer Mathematiker, Staatstheoretiker und Philosoph. In seinem 1651 veröffentlichten Hauptwerk „Leviathan" entwickelte er seine Staatstheorie, nach der sich der Einzelne zu Schutzzwecken der absoluten Gewalt des Staates unterwirft.

Der Zweck des Staates

Die Rationalisten und Aufklärer unterzogen auch den Staat ihren strengen Kriterien der Vernunft, um wie in den Naturwissenschaften fundamentale Gesetze aufzufinden, die dann für alle gelten sollten. Ihre Theorien, die sie in Büchern veröffentlichten und mit anderen Gelehrten diskutierten, entfalteten später eine ungeheure Wirkung in der politischen Realität. Nach den Religions- und Bürgerkriegen des 16. und 17. Jahrhunderts suchten gelehrte Köpfe mehr denn je die Antwort auf die Frage nach dem besten Staat und nach Wegen des friedlichen Zusammenlebens aller Menschen. Die Begründer der modernen Staatslehre gingen von der Annahme aus, dass alle Menschen ein Recht auf persönliche Freiheit, auf Unversehrtheit von Leib und Leben und auf Eigentum besitzen. Solche Gedanken sind bereits bei mittelalterlichen Theologen zu finden, die als Quelle dieser Rechte Gott ansahen. Die rationalistischen und aufklärerischen Denker lösten sich jedoch zunehmend von der theologischen Herleitung und erklärten diese Rechte zu einem naturgegebenen Sachverhalt.

Um diese natürlichen Rechte zu sichern, schließen die Menschen einen (gedachten) „Vertrag", einen sogenannten Gesellschaftsvertrag, ab. Dieses Vertragsdenken wurzelt in alten Traditionen, denn auch die ständischen Freibriefe und Wahlkapitulationen waren Herrschaftsverträge, in denen die Rechte der Beherrschten gesichert wurden. Aber der Gedanke des Gesellschaftsvertrages geht weiter: In ihm ist festgelegt, wer „staatliche" Herrschaft ausübt, d.h. wer in der Gemeinschaft die erforderlichen Gesetze zum Schutz von Leben und Eigentum erlässt und wer über ihre Einhaltung wacht. Die Antworten der Staatsdenker zu diesen Fragen fielen unterschiedlich aus.

Ein Grundgedanke, zwei Folgen

Ausgehend von der rationalen, „vernünftigen" Begründung des Staates gelangten die Zeitgenossen zu zwei völlig gegensätzlichen Vorstellungen von der erstrebten politischen Ordnung. Beide stellten einen Gegenentwurf zu den traditionellen ständischen Freiheiten dar. Aus der Erfahrung der religiös-konfessionellen Kriege heraus ließ sich – wie es Jean Bodin und ähnlich Thomas Hobbes taten – der monarchische Absolutismus, die umfassende Herrschaftsgewalt des Fürsten und

◀ Titelbild des „Leviathan" von Thomas Hobbes.
Englische Erstausgabe von 1651.
Der lateinische Text am oberen Rand stammt aus dem alttestamentarischen Buch Hiob und lautet übersetzt: „Es gibt keine Macht auf Erden, die ihm gleichkommt."
- Recherchieren Sie, woher Hobbes den Titel „Leviathan" entlehnte.
- Analysieren Sie die einzelnen Bildelemente. Schließen Sie daraus und aus der Bedeutung des „Leviathan" auf die mögliche „Botschaft" der Schrift.

sein Gesetzgebungsmonopol, begründen. Hobbes betrachtete die Überantwortung der Freiheitsrechte des Einzelnen an den Herrscher als ein Instrument, das den Kampf aller gegen alle zu unterbinden vermochte und jedem den ihm zustehenden Spielraum zuteilte.

Ebenso konsequent dem Vernunftdenken verpflichtet war die Vorstellung von der Entstehung politischer Gemeinwesen als freiwilliger Zusammenschluss von Individuen, von „Hausvätern". In ihnen erkannte sich das Bürgertum wieder, dem die relativ starre Sozialstruktur der ständischen Gesellschaft wenig Raum für gesellschaftlichen Aufstieg und politische Einflussnahme ließ. Freier Erwerb und Sicherung von Eigentum bei Entfaltung aller seiner Fähigkeiten – so stellte sich das bürgerliche Denken den Zweck des Gesellschaftsvertrages vor.

John Locke (1632-1704): englischer Wissenschaftler und Staatsmann. Er lehrte in Oxford und verfasste naturwissenschaftliche, medizinische, philosophische und politische Schriften.

John Locke – Gesellschaftsvertrag und Widerstandsrecht
Der Engländer John Locke veröffentlichte 1690 anonym sein Werk „Two Treatises of Government" (▶ M2). In der tagespolitischen Diskussion in England nach der Glorious Revolution* sollte es den Standpunkt der göttlich legitimierten absoluten Monarchie widerlegen und die Position des Parlaments stärken.

Wie bei Hobbes formiert sich das Gemeinwesen nach Locke zum Schutz von Leben und Eigentum durch den Gesellschaftsvertrag. Doch bei ihm ist neben der ausführenden (exekutiven) die gesetzgebende (legislative) Gewalt oberste Gewalt im Staat. Diesen Gewalten sind durch das natürliche Recht jedes Menschen auf Freiheit seiner Person und Unversehrtheit seines Eigentums Schranken gesetzt. Ausdrücklicher Bestandteil des Zusammenlebens ist das Mehrheitsprinzip, dem sich jeder fügen müsse. Werden diese Schranken durchbrochen, hat die Gemeinschaft das Recht, die Gewalten abzusetzen. Locke formulierte also eine Art Grundrechtegarantie und leitete aus ihr ein Widerstandsrecht ab.

Glorious Revolution: In England scheiterte das Streben der Könige nach einer absolutistischen Herrschaft am Widerstand des Parlaments, das seit dem 14. Jh. bestand. Nach der Hinrichtung König Karls I. 1649 entstand für kurze Zeit eine Republik. Am Ende der unblutigen Revolution von 1688/89, der „Glorious Revolution", legte 1689 die „Bill of Rights" Rechte und Pflichten des Parlaments und der Könige fest. Sie machte England zur konstitutionellen Monarchie.

Montesquieu – die Teilung der Staatsgewalt
Der Franzose Charles de Montesquieu informierte sich eingehend über die englische Regierungspraxis. Seine Erfahrungen legte er seinem 1748 erschienenen Werk „De l'esprit des loix" zugrunde (▶ M3). Unter dem „Geist" der Gesetze verstand Montesquieu die gemeinschaftliche Mentalität eines Volkes oder einer Nation, welche von Umweltfaktoren wie Landesnatur, Klima und sozialen Faktoren wie Sitten, Religion, Stellung der Frau etc. geprägt ist und auf die Gesetze einwirkt. Die Gesetze eines Landes müssen also der Mentalität eines Volkes angepasst sein. Übergreifendes Ideal der Gesetzgebung ist die politische Freiheit.

Mit Blick auf England, wo Freiheit als Verfassungszweck galt, und in freier Weiterführung von Locke entwickelte Montesquieu das Postulat der Gewaltenteilung. Die drei im Staat bestehenden fundamentalen Gewalten Legislative, Exekutive und Judikative sind auf drei unabhängig voneinander handelnde Träger zu verteilen. Nur diese Trennung verhindere missbräuchliche Machtausübung.

Als Angehöriger des französischen Hochadels blieb Montesquieu den Fähigkeiten und Möglichkeiten des Volkes gegenüber misstrauisch. Seine Beteiligung an der Legislative hielt er zwar für richtig, jedoch nur in Form eines Repräsentativsystems, d. h. durch Abgeordnete. Gemeinsam mit Locke formulierte Montesquieu damit die Grundsätze des modernen Verfassungsstaates.

Charles(-Louis Baron de Secondat) de Montesquieu (1689-1755): französischer Rechtsgelehrter und Schriftsteller. Sein Werk „Vom Geist der Gesetze" zählt zu den wichtigsten staatstheoretischen Schriften der Aufklärung und begründet bis heute die Vorstellung von der Gewaltenteilung.

---
* Siehe dazu auch S. 120-123.

◂ „Jean-Jacques Rousseau ou l'Homme de la Nature."
*Kupferstich von Augustin Legrand, um 1790.
In seinem 1762 veröffentlichten Roman „Emile" entwirft Rousseau einen Erziehungsplan, der die gesellschaftliche Fehlentwicklung des Menschen im Sinn einer wiederzugewinnenden Natürlichkeit korrigieren soll. Der Kupferstich von Legrand illustriert Rousseaus Forderungen, dass Mütter ihre Kinder wieder selbst stillen und nicht – wie im 18. Jahrhundert üblich – Ammen überlassen sollten. Damit werde sich die Sittlichkeit der Gesellschaft heben, behauptete Rousseau.*

Rousseau – direkte Demokratie und politische Tugend

Der aus Genf stammende Jean-Jacques Rousseau ging noch weiter. Auch er legte den vorgeschichtlichen Naturzustand des Menschen zugrunde. Sobald der Mensch in ihm nicht länger verharren kann, muss eine Gesellschaftsform gefunden werden, die den Einzelnen schützt, durch die jedoch jeder „frei bleibt wie zuvor" (▸ M4).

Durch einen Gesellschaftsvertrag entsteht der Staat, dessen Zweck die Wahrung des Gemeinwohls ist. Mit Abschluss des Vertrages verlieren die Menschen zwar ihre natürlichen Freiheiten, doch sie gewinnen dafür die Freiheit von Staatsbürgern und behalten ihre Souveränität. Diese ist nicht übertragbar und auch nicht teilbar. Daher kennt der Staat nach Rousseau keine Gewaltenteilung und keine parlamentarische Repräsentation. Er forderte nach dem Vorbild der antiken demokratischen Polis, dass alle staatliche Gewalt uneingeschränkt und direkt beim Volk liegen müsse. Gemäß seinem Grundsatz der *Volkssouveränität** war Herrschaft nur mit Zustimmung der Bürger rechtmäßig. Dieser Übergang des Menschen aus dem vorbürgerlichen in den bürgerlichen Zustand bedeutete für ihn eine sittliche Erhöhung. Vernunft und Gesetz treten an die Stelle von Instinkt und Begierde. Der Mensch kann auf höherer Stufe zur Tugend und in den Idealzustand des vorgeschichtlichen Naturzustandes zurückkehren.

Rousseau hat die Frage nach der Legitimierung von Herrschaft mit letzter Konsequenz beantwortet und die antimonarchischen und antiständischen Denkmodelle zwingend zu Ende gedacht. Die Wirkung seiner Staatstheorie war revolutionär und entfaltete erstmals in der *Französischen Revolution* ihre ganze Sprengkraft. Seine, Lockes und Montesquieus Theorien beeinflussten die politische Entwicklung in Europa und Nordamerika und trugen wesentlich zur Entstehung von Verfassungen und Menschenrechtserklärungen seit dem 18. Jahrhundert bei (▸ M5, M6).

Jean-Jacques Rousseau (1712-1778): Schriftsteller, Philosoph und Pädagoge aus Genf, der in Paris lebte und arbeitete. In seinen politischen Schriften berief er sich auf die Demokratie der griechischen Polis und das Naturrecht. Er ging von dem Grundsatz der Volkssouveränität aus und machte die „volonté générale", den allgemeinen Willen, zur Richtschnur des politischen Handelns.

Kirchenkritik

Die Aufklärer prüften auch die Glaubenssätze der Kirchen und Religionen am Maßstab der Vernunft. Damit verfehlten sie jedoch das Wesen der Religion, denn Offenbarung lässt sich grundsätzlich nicht mit Logik prüfen. Die Aufklärer indessen ließen nicht gelten, was der Vernunft widersprach, und zogen daraus ihre eigenen Schlussfolgerungen:

1. Sie lehnten den Zwang und den Herrschaftsanspruch der Konfessionskirchen ab. Religion wurde zur Sache des Gewissens, also des Individuums erklärt. Die Erziehung zum Gebrauch der Vernunft würde vermeintlich allen Menschen den Weg weisen, das Gute zu erkennen und zu tun.

---

* Siehe S. 135.

2. Daraus folgte, dass es den Wahrheitsanspruch einzelner Religionen nicht geben konnte. Jeder Mensch und jede Religion hingen nur individuellen religiösen und moralischen Überzeugungen an. Aber die Religionen ließen sich auf den gemeinsamen Kern des Glaubens an einen Gott zurückführen und waren somit gleichwertig. Deshalb, so die Forderung, sollten sich Christen, Juden, Muslime und andere Religionen gegenseitig respektieren. Daraus leitete sich das Gebot der Toleranz ab.
3. Allerdings endete die Toleranz der Aufklärer, wenn es um Glaubenssätze der Offenbarungskirchen ging, vor allem um Höllenstrafen, die Belastung durch die Erbsünde oder die Erlösung durch den Kreuzestod. Das alles galt als vernunftwidrig. Die rationalistische Betrachtung führte konsequent zur Konzeption einer Vernunftreligion oder „natürlichen" Religion, die sich zu folgenden Glaubenssätzen bekannte: zum Dasein Gottes, zur Unsterblichkeit der Seele und zur Pflicht, Gott zu verehren und sich sittlich zu verhalten.
4. Eine verbreitete Konsequenz war der *Deismus*. Man könne zwar die Vollkommenheit Gottes in seiner Schöpfung erkennen, nicht jedoch einen bestimmten Gott oder eine allein wahre Religion. Die Vernunft müsse mithin die Existenz Gottes anerkennen, jedoch jeden Glauben an eine allein gültige Offenbarung zurückweisen.

Die Haskala und die bürgerliche Gleichstellung der Juden

Deutsch-jüdische Philosophen und Aufklärer wie der Dessauer **Moses Mendelssohn** oder Schriftsteller wie **Gotthold Ephraim Lessing** hatten sich bereits vor der Französischen Revolution Gedanken über die gesellschaftliche Integration der Juden gemacht und zur gegenseitigen Achtung und Toleranz von Christen, Juden und Muslimen aufgerufen (→ 1779, *Nathan der Weise*). Den jüdischen Aufklärern um Moses Mendelssohn ging es bei der *Haskala** vor allem um die Modernisierung der jüdischen Gesellschaft. So forderte Mendelssohn die deutschen Juden trotz vorhandener, diskriminierender Gesetze dazu auf, auch sprachlich Teil der deutschen Gesellschaft und Kultur zu werden. Daher verfasste er die meisten seiner Werke auch konsequent in deutscher Sprache. Es sollte jedoch noch fast ein Jahrhundert dauern, bis die Emanzipation der deutschen Juden Wirklichkeit wurde.

In Frankreich hatte die „Erklärung der Menschen- und Bürgerrechte", als Präambel der Verfassung von 1791 vorangestellt, zwar allgemein gültige Vorsätze zur Wahrung dieser Rechte formuliert, aber die große religiöse Minderheit der Juden noch nicht mit den übrigen Bürgern gleichgestellt. Am 27. September 1791 wurde daraufhin ein Gesetz beschlossen, das den 40 000 vor allem im Elsass und in Lothringen lebenden Juden alle bürgerlichen Rechte und zugleich die politische Gleichstellung mit den übrigen Bürgern eröffnete. Die französische Gesetzgebung ging damit über die Toleranzpatente der Österreicher hinaus, die bereits zwischen 1781 und 1789 die bürgerliche (rechtliche und wirtschaftliche) Stellung der Juden verbessert, aber keine politische Gleichstellung eröffnet hatten. In den folgenden französischen Eroberungszügen am Anfang des 19. Jahrhunderts wurde das Gesetz, auch wenn es später teilweise wieder zurückgenommen wurde, zum Ausgangspunkt und Maßstab der Judenemanzipation in einigen europäischen Staaten.**

In den meisten deutschen Staaten erlangten die Juden die vollkommene rechtliche Gleichstellung erst in den 1860er-Jahren. Nach der Reichsgründung im Jahr 1871 wurden sie schließlich zu deutschen Staatsbürgern jüdischen Glaubens.

Moses Mendelssohn (1729-1786): jüdischer Philosoph, geboren in Dessau. Erhielt zunächst eine rabbinische Ausbildung vom Dessauer Rabbiner David Fränkel, mit ihm ging er 1742 nach Berlin. Dort setzte er seine Talmud-Studien fort, studierte autodidaktisch Sprachen und Philosophie und arbeitete als Hauslehrer und Buchhalter einer Seidenmanufaktur, die er später auch leitete. Durch Lessing angeregt, mit dem er seit 1753 befreundet war, verfasste er mehrere Schriften, die unter den deutschen Juden den Gedanken der Aufklärung und Emanzipation verbreiteten. Mendelssohn starb 1786 in Berlin.

Gotthold Ephraim Lessing (1729-1781): Lessing stammte aus einer Pastorenfamilie und wurde als drittes von zwölf Kindern in Kamenz (Sachsen) geboren. Er besuchte die Fürstenschule in Meißen, begann in Leipzig mit dem Studium der Theologie, interessierte sich aber mehr für Medizin, Naturwissenschaften und für die Literatur. Ab 1748 arbeitete er als freier Journalist und Autor in Berlin; 1767 ging er nach Hamburg, um am Aufbau des neu gegründeten Deutschen Nationaltheaters mitzuwirken. Ab 1770 übernahm er die Leitung der berühmten Bibliothek von Wolfenbüttel. Er starb 1781 in Braunschweig.

---

* Haskala: die Aufklärung; aus dem Hebr. „sechel", „Verstand", abgeleitet
** Siehe dazu S. 146.

Gesellschaft und Staat im Zeitalter der Aufklärung

▲ Immanuel Kant.
Porträt von 1768.
Immanuel Kant (1724-1804) war der wohl bedeutendste Philosoph der Aufklärung. Sein Werk markiert den Übergang zur idealistischen Philosophie des 19. Jahrhunderts.

M1 Was ist Aufklärung?

In seinem 1784 erschienenen Aufsatz zur Frage „Was ist Aufklärung?" gibt der Philosoph Immanuel Kant eine wegweisende Antwort:

Aufklärung ist der Ausgang des Menschen aus seiner selbst verschuldeten Unmündigkeit. Unmündigkeit ist das Unvermögen, sich seines Verstandes ohne Leitung eines anderen zu bedienen. Selbstverschuldet ist diese Unmündigkeit, wenn die Ursache derselben nicht am Mangel des Verstandes, sondern der Entschließung und des Mutes liegt, sich seiner ohne Leitung eines anderen zu bedienen. Sapere aude! Habe Mut, dich deines eigenen Verstandes zu bedienen! ist also der Wahlspruch der Aufklärung.
Faulheit und Feigheit sind die Ursachen, warum ein so großer Teil der Menschen, nachdem sie die Natur längst von fremder Leitung freigesprochen (naturaliter majorennes), dennoch gerne zeitlebens unmündig bleiben; und warum es anderen so leicht wird, sich zu deren Vormündern aufzuwerfen. Es ist so bequem, unmündig zu sein. Habe ich ein Buch, das für mich Verstand hat, einen Seelsorger, der für mich Gewissen hat, einen Arzt, der für mich die Diät beurteilt u.s.w., so brauche ich mich ja nicht selbst zu bemühen. Ich habe nicht nötig zu denken, wenn ich nur bezahlen kann; andere werden das verdrießliche Geschäft schon für mich übernehmen. Dass der bei Weitem größte Teil der Menschen (darunter das ganze schöne Geschlecht) den Schritt zur Mündigkeit, außer dem, dass er beschwerlich ist, auch für sehr gefährlich halte: dafür sorgen schon jene Vormünder, die die Oberaufsicht über sie gütigst auf sich genommen haben. Nachdem sie ihr Hausvieh zuerst dumm gemacht haben und sorgfältig verhüteten, dass diese ruhigen Geschöpfe ja keinen Schritt außer dem Gängelwagen, darin sie sie einsperreten, wagen durften, so zeigen sie ihnen nachher die Gefahr, die ihnen droht, wenn sie es versuchen, allein zu gehen. Nun ist diese Gefahr zwar eben so groß nicht, denn sie würden durch einige Mal Fallen wohl endlich gehen lernen; allein ein Beispiel von der Art macht doch schüchtern und schreckt gemeiniglich von allen ferneren Versuchen ab.

Norbert Hinske (Hrsg.), Was ist Aufklärung? Beiträge aus der Berlinischen Monatsschrift, Darmstadt ⁴1990, S. 452f.

1. Erläutern Sie, welche Ursachen Kant für die Unmündigkeit des Menschen verantwortlich macht.
2. Diskutieren Sie, welcher Auftrag für Individuum und Gesellschaft sich aus Kants Feststellungen ableiten lässt.

M2 Über die Regierung

Der 1632 geborene John Locke erlebt als Jugendlicher den englischen Bürgerkrieg, später die Republik und schließlich die Restauration der Monarchie. Als Anhänger des Parlaments flieht er 1683 nach Amsterdam. Nach der „Glorious Revolution" kehrt er 1689 nach England zurück. Ein Jahr später veröffentlicht er seine Schrift „Two Treatises of Government", die einen großen Einfluss auf die späteren Staatstheorien haben sollte:

Das große Ziel, mit welchem die Menschen in eine Gesellschaft eintreten, ist der Genuss ihres Eigentums in Frieden und Sicherheit, und das große Werkzeug und Mittel dazu sind die Gesetze, die in dieser Gesellschaft erlassen worden sind. Das erste und grundlegende positive Gesetz aller Staaten ist daher die Begründung der legislativen Gewalt – so wie das erste und grundlegende natürliche Gesetz, welches selbst über der legislativen Gewalt gelten muss, die Erhaltung der Gesellschaft und (soweit es vereinbar ist mit dem öffentlichen Wohl) jeder einzelnen Person in ihr ist. Diese legislative Gewalt ist nicht nur die höchste Gewalt des Staates, sondern sie liegt auch geheiligt und unabänderlich in jenen Händen, in die die Gemeinschaft sie einmal gelegt hat. [...]
Bei der Schwäche der menschlichen Natur, die stets bereit ist, nach der Macht zu greifen, dürfte es jedoch eine zu große Versuchung darstellen, wenn dieselben Personen, die die Macht haben, Gesetze zu geben, auch die Macht in den Händen hätten, sie zu vollstrecken, wobei sie sich selbst von dem

Gehorsam gegen die Gesetze, die sie erlassen, ausschließen und das Gesetz in seiner Gestaltung wie auch in der Vollstreckung auf ihren eigenen persönlichen Vorteil ausrichten könnten und damit schließlich von den übrigen Gliedern der Gemeinschaft gesonderte Interessen verfolgten, die dem Ziel von Gesellschaft und Regierung zuwiderlaufen. In wohlgeordneten Staatswesen, in denen nach Gebühr das Wohl des Ganzen berücksichtigt wird, wird deshalb die legislative Gewalt in die Hände mehrerer Personen gelegt, welche nach ordnungsgemäßer Versammlung selbst oder mit anderen gemeinsam die Macht haben, Gesetze zu geben, sobald dies aber geschehen ist, wieder auseinandergehen und selbst jenen Gesetzen unterworfen sind, die sie geschaffen haben. [...]

Wann immer deshalb die Gesetzgeber danach trachten, dem Volk sein Eigentum zu nehmen oder zu zerstören oder es als Sklaven in ihre willkürliche Gewalt zu bringen, versetzen sie sich dem Volk gegenüber in den Kriegszustand. Dadurch ist es jeden weiteren Gehorsams entbunden und der gemeinsamen Zuflucht überlassen, die Gott für alle Menschen gegen Macht und Gewalt vorgesehen hat. Wann immer daher die Legislative dieses grundlegende Gesetz der Gesellschaft überschreiten und aus Ehrsucht, Furcht, Torheit oder Verderbtheit den Versuch unternehmen sollte, entweder selbst absolute Gewalt über Leben, Freiheit und Besitz des Volkes an sich zu reißen oder sie in die Hände eines anderen zu legen, verwirkt sie durch einen solchen Vertrauensbruch jene Macht, die das Volk mit weit anderen Zielen in ihre Hände gegeben hatte, und die Macht fällt zurück an das Volk, das dann ein Recht hat, zu seiner ursprünglichen Freiheit zurückzukehren und durch die Errichtung einer neuen Legislative (wie sie ihm selbst am geeignetsten erscheint) für seine eigene Sicherheit und seinen Schutz zu sorgen – denn zu diesem Ziel befinden sie sich in der Gesellschaft.

Was ich hier über die Legislative im Allgemeinen gesagt habe, gilt auch von dem höchsten Träger der Exekutive. Da man in ihn ein zweifaches Vertrauen gesetzt hat, einmal als Teil der Legislative und zum anderen durch die höchste Vollziehung der Gesetze, handelt er beidem zuwider, wenn er sich unterfängt, den eigenen Willen nach Belieben zum Gesetz der Gesellschaft zu erheben.

John Locke, Über die Regierung, herausgegeben von Cornelius Mayer Tasch, Stuttgart 1983, S. 101 ff., 111 und 167 (übersetzt von Dorothee Tidow)

1. *Skizzieren Sie, wie Locke die Gewaltenfrage im Staat löst. Erläutern Sie seine Ansicht.*
2. *Zeigen Sie, welche Grenzen Locke den staatlichen Gewalten setzt. Erarbeiten Sie, wie das Recht des Volkes auf politische Neuordnung im Einzelnen begründet wird.*

M3 Vom Geist der Gesetze

Der Jurist und Schriftsteller Charles-Louis Baron de Secondat de Montesquieu unternimmt von 1729 bis 1731 eine Reise nach England, informiert sich über die dortige Politik und liest John Locke (M2). Das Ergebnis seiner Studien fasst er 1748 in seiner Schrift „De l'esprit des loix" zusammen. Sie erscheint anonym in Genf und wird drei Jahre später in Frankreich verboten:

Es gibt in jedem Staat drei Arten von Vollmacht: die legislative Befugnis, die exekutive Befugnis in Sachen, die vom Völkerrecht abhängen, und die exekutive Befugnis in Sachen, die vom Zivilrecht abhängen. Aufgrund der Ersteren schafft der Herrscher oder Magistrat Gesetze auf Zeit oder für die Dauer, ändert geltende Gesetze oder schafft sie ab. Aufgrund der zweiten stiftet er Frieden oder Krieg, sendet oder empfängt Botschaften, stellt die Sicherheit her, sorgt gegen Einfälle vor. Aufgrund der dritten bestraft er Verbrechen oder sitzt zu Gericht über die Streitfälle der Einzelpersonen. Diese letzte soll richterliche Befugnis heißen, und die andere schlechtweg exekutive Befugnis des Staates. [...]

Sobald in ein und derselben Person oder derselben Beamtenschaft die legislative Befugnis mit der exekutiven verbunden ist, gibt es keine Freiheit. Es wäre nämlich zu befürchten, dass derselbe Monarch oder derselbe Senat tyrannische Gesetze erließe und dann tyrannisch durchführte. Freiheit gibt es auch nicht, wenn die richterliche Befugnis nicht von der legislativen oder der exekutiven Befugnis geschieden wird. Die Macht über Leben und Freiheit der Bürger würde unumschränkt sein, wenn jene mit der legislativen Befugnis gekoppelt wäre, denn der Richter wäre Gesetzgeber. Der Richter hätte die Zwangsgewalt eines Unterdrückers, wenn jene mit der exekutiven Gewalt gekoppelt wäre.

Alles wäre verloren, wenn ein und derselbe Mann beziehungsweise die gleiche Körperschaft entweder der Mächtigsten oder der Adligen oder des Volkes folgende drei Machtvollkommenheiten ausübte: Gesetze erlassen, öffentliche Beschlüsse in die Tat umsetzen, Verbrechen und private Streitfälle aburteilen. [...]

In einem freien Staat soll jeder Mensch, dem man eine freie Seele zugesteht, durch sich selbst regiert werden: Daher müsste das Volk als Gesamtkörper die legislative Befugnis innehaben. Da dies in den großen Staaten unmöglich ist und in den kleinen Staaten vielen Nachteilen unterliegt, ist das Volk genötigt, all das, was es selbst nicht machen kann, durch seine Repräsentanten machen zu lassen. [...]

Die exekutive Befugnis muss in den Händen eines Monarchen liegen, weil in diesem Zweig der Regierung fast durchweg unverzügliches Handeln vonnöten ist, das besser von einem als von mehreren besorgt wird. Was hingegen von der legislativen Befugnis abhängt, wird oft besser von mehreren angeordnet als von einem.

Es gäbe keine Freiheit mehr, wenn es keinen Monarchen gäbe und die exekutive Befugnis einer bestimmten, aus der legislativen Körperschaft ausgesuchten Personenzahl anvertraut wäre, denn die beiden Befugnisse wären somit vereint. Dieselben Personen hätten an der einen und der anderen manchmal teil – und somit könnten sie immer daran teilhaben. Es gäbe keine Freiheit mehr, wenn die legislative Körperschaft eine beachtliche Zeitspanne nicht zusammenberufen worden wäre.

Montesquieu, Vom Geiste der Gesetze, Stuttgart 1984, S. 212 ff., 215 f. und 218 f. (übersetzt von Kurt Weigand)

1. Zeigen Sie, worin nach Montesquieu das Ziel der Staatsverfassung liegen sollte.
2. Beschreiben Sie, welchen Weg er vorschlägt, um dieses Ziel zu erreichen.
3. Erörtern Sie, ob man Montesquieu als den „Retter" oder den „Totengräber" der Monarchie bezeichnen kann.
4. Lesen Sie im Grundgesetz die Artikel 20 (2) und 38 (1). Prüfen Sie, ob sie Ideen Montesquieus enthalten.

M4 Herrschaft und allgemeiner Willen

Einer der einflussreichsten Schriftsteller der Aufklärung ist Jean-Jacques Rousseau. Er veröffentlicht 1762 in Amsterdam sein politisches Hauptwerk „Du contrat social ou principes du droit politique" („Vom Gesellschaftsvertrag oder Prinzipien des Staatsrechtes"). Diese Schrift über die vertragstheoretische Grundlegung der Gesellschaft beginnt mit der Feststellung: „Der Mensch ist frei geboren, und überall liegt er in Ketten." Um ihn daraus zu befreien, schlägt Rousseau vor:

„Finde eine Form des Zusammenschlusses, die mit ihrer ganzen gemeinsamen Kraft die Person und das Vermögen jedes einzelnen Mitglieds verteidigt und schützt und durch die doch jeder, indem er sich mit allen vereinigt, nur sich selbst gehorcht und genauso frei bleibt wie zuvor."

Das ist das grundlegende Problem, dessen Lösung der Gesellschaftsvertrag darstellt. [...]

Wenn man also beim Gesellschaftsvertrag von allem absieht, was nicht zu seinem Wesen gehört, wird man finden, dass er sich auf Folgendes beschränkt: Gemeinsam stellen wir alle, jeder von uns, seine Person und seine ganz Kraft unter die oberste Richtschnur des Gemeinwillens; und wir nehmen, als Körper, jedes Glied als untrennbaren Teil des Ganzen auf.

Dieser Akt des Zusammenschlusses schafft augenblicklich anstelle der Einzelperson jedes Vertragspartners eine sittliche Gesamtkörperschaft, die aus ebenso vielen Gliedern besteht, wie die Versammlung Stimmen hat, und die durch ebendiesen Akt ihre Einheit, ihr gemeinschaftliches Ich, ihr Leben und ihren Willen erhält. Diese öffentliche Person, die so aus dem Zusammenschluss aller zustande kommt, trug früher den Namen Polis, heute trägt sie den der Republik oder der staatlichen Körperschaft, die von ihren Gliedern Staat genannt wird, wenn sie passiv, Souverän, wenn sie aktiv ist, und Macht im Vergleich mit ihresgleichen. Was die Mitglieder betrifft, so tragen sie als Gesamtheit den Namen Volk, als Einzelne nennen sie sich Bürger, sofern sie Teilhaber der Souveränität, und Untertanen, sofern sie den Gesetzen des Staates unterworfen sind. [...] Damit nun aber der Gesellschaftsvertrag keine Leerformel sei, schließt er stillschweigend jene Übereinkunft ein, die allein die anderen ermächtigt, dass, wer immer sich weigert, dem Gemeinwillen zu folgen, von der gesamten Körperschaft dazu gezwungen wird, was nichts anderes heißt, als dass man ihn zwingt, frei zu sein [...].

Aus dem Vorhergehenden folgt, dass der Gemeinwille immer auf [...] das öffentliche Wohl abzielt: woraus allerdings nicht folgt, dass die Beschlüsse des Volkes immer gleiche Richtigkeit haben. Zwar will man immer sein Bestes, aber man sieht es nicht immer. Verdorben wird das Volk niemals, aber oft wird es irregeführt, und nur dann scheint es das Schlechte zu wollen.

Es gibt oft einen beträchtlichen Unterschied zwischen dem Gesamtwillen und dem Gemeinwillen; dieser sieht nur auf das Gemeininteresse, jener auf das Privatinteresse und ist nichts anderes als eine Summe von Sonderwillen: Aber nimm von ebendiesen das Mehr und das Weniger weg, das sich gegenseitig aufhebt, so bleibt als Summe der Unterschiede der Gemeinwille. [...] Um wirklich die Aussage des Gemeinwillens zu bekommen, ist es deshalb wichtig, dass es im Staat keine Teilgesellschaften gibt und dass jeder Bürger nur seine eigene Meinung vertritt.

Jean-Jacques Rousseau, Vom Gesellschaftsvertrag, neu übersetzt und herausgegeben von Hans Brockard, Stuttgart 1977, S. 10, 21 und 30 ff.

1. Prüfen Sie, welchen Nutzen der Gesellschaftsvertrag dem Einzelnen wie der Gesamtheit aller Bürger bringen soll.
2. Arbeiten Sie Rousseaus Menschenbild heraus.
3. Analysieren Sie, wie Rousseau „Souveränität" bestimmt und welche Konsequenzen sich aus dieser Definition für die Verfassung ergeben.
4. Rousseau ist für eine direkte Demokratie. Diskutieren Sie, ob und mit welchen Mitteln diese Position in einem bevölkerungsreichen Staat durchsetzbar ist.
5. Arbeiten Sie Gemeinsamkeiten und Unterschiede der Theorien Lockes, Montesquieus und Rousseaus heraus.

M5 Die französische Menschenrechtserklärung

Am 26. August 1789 verkündet die französische Nationalversammlung die „Erklärung der Menschen- und Bürgerrechte", die der Verfassung von 1791 vorangestellt wird:

Präambel
Da die Vertreter des französischen Volkes, als Nationalversammlung eingesetzt, erwogen haben, dass die Unkenntnis, das Vergessen oder die Verachtung der Menschenrechte
5 die einzigen Ursachen des öffentlichen Unglücks und der Verderbtheit der Regierungen sind, haben sie beschlossen, die natürlichen und unveräußerlichen und heiligen Rechte der Menschen in einer feierlichen Erklärung darzulegen, damit diese Erklärung allen Mitgliedern der Gesellschaft
10 beständig vor Augen ist und sie unablässig an ihre Rechte und Pflichten erinnert; damit die Handlungen der Gesetzgebenden wie der Ausübenden Gewalt in jedem Augenblick mit dem Endzweck jeder politischen Einrichtung verglichen werden können und dadurch mehr geachtet werden; damit
15 die Ansprüche der Bürger, fortan auf einfache und unbestreitbare Grundsätze begründet, sich immer auf die Erhaltung der Verfassung und das Allgemeinwohl richten mögen. Infolgedessen erkennt und erklärt die Nationalversammlung in Gegenwart und unter dem Schutze des Allerhöchsten
20 folgende Menschen- und Bürgerrechte:
Artikel 1: Die Menschen sind und bleiben von Geburt frei und gleich an Rechten. Soziale Unterschiede dürfen nur im gemeinen Nutzen begründet sein.
Artikel 2: Das Ziel jeder politischen Vereinigung ist die Erhal-
25 tung der natürlichen und unveräußerlichen Menschenrechte. Diese Rechte sind Freiheit, Eigentum, Sicherheit und Widerstand gegen Unterdrückung. [...]
Artikel 4: Die Freiheit besteht darin, alles tun zu können, was einem anderen nicht schadet. So hat die Ausübung der na-
30 türlichen Rechte eines jeden Menschen nur die Grenzen, die den anderen Gliedern der Gesellschaft den Genuss der gleichen Rechte sichern. Diese Grenzen können allein durch Gesetz festgelegt werden.
Artikel 5: Nur das Gesetz hat das Recht, Handlungen, die der
35 Gesellschaft schädlich sind, zu verbieten. Alles, was nicht durch Gesetz verboten ist, kann nicht verhindert werden, und niemand kann gezwungen werden zu tun, was es nicht befiehlt.
Artikel 6: Das Gesetz ist der Ausdruck des allgemeinen Wil-
40 lens. Alle Bürger haben das Recht, persönlich oder durch ihre Vertreter an seiner Formung mitzuwirken. Es soll für alle gleich sein, mag es beschützen, mag es bestrafen. Da alle Bürger in seinen Augen gleich sind, sind sie gleicherweise zu allen Würden, Stellungen und Beamtungen nach ihrer Fähig-

▲ **Erklärung der Menschen- und Bürgerrechte.**
Ölgemälde (67 x 56 cm) von 1789/90.
Die beiden Frauengestalten symbolisieren „Frankreich" und das „Gesetz". Dazwischen steht das „Auge der Vernunft", das auf den Text der Menschenrechte sieht. Die beiden Schrifttafeln erinnern an die Darstellung der mosaischen Gesetzestafeln mit den Zehn Geboten. Die rote Mütze ist eine Anspielung auf die Kopfbedeckung der freigelassenen römischen Sklaven. Die Pike steht für die Wehrhaftigkeit des Volkes und das Rutenbündel ist ein Symbol der Römischen Republik.
▪ Interpretieren Sie die Bildelemente im Zusammenhang mit den Menschen- und Bürgerrechten.

45 keit zugelassen ohne einen anderen Unterschied als den ihrer Tugenden und ihrer Talente.
Artikel 7: Jeder Mensch kann nur in den durch das Gesetz bestimmten Fällen und in den Formen, die es vorschreibt, angeklagt, verhaftet und gefangen gehalten werden.
50 *Artikel 8:* Das Gesetz soll nur solche Strafen festsetzen, die offenbar unbedingt notwendig sind. Und niemand kann aufgrund eines Gesetzes bestraft werden, das nicht vor Begehung der Tat erlassen, verkündet und gesetzlich angewandt worden ist. [...]
55 *Artikel 10:* Niemand soll wegen seiner Meinung, selbst religiöser Art, beunruhigt werden, solange ihre Äußerungen nicht die durch das Gesetz festgelegte öffentliche Ordnung stören.

Artikel 11: Die freie Mitteilung der Gedanken und Meinungen ist eines der kostbarsten Menschenrechte. Jeder Bürger kann also frei schreiben, reden, drucken unter Vorbehalt der Verantwortlichkeit für den Missbrauch dieser Freiheit in den durch Gesetz bestimmten Fällen. [...]

Artikel 13: Für den Unterhalt der Streitmacht und für die Kosten der Verwaltung ist eine allgemeine Abgabe unumgänglich. Sie muss gleichermaßen auf alle Bürger unter Berücksichtigung ihrer Vermögensumstände verteilt werden.

Artikel 14: Alle Bürger haben das Recht, selbst oder durch ihre Abgeordneten die Notwendigkeit der öffentlichen Abgabe festzustellen, sie frei zu bewilligen, ihre Verwendung zu überprüfen und ihre Höhe, ihre Veranlagung, ihre Eintreibung und Dauer zu bestimmen. [...]

Artikel 16: Eine Gesellschaft, in der die Verbürgung der Rechte nicht gesichert und die Gewaltenteilung nicht festgelegt ist, hat keine Verfassung.

Artikel 17: Da das Eigentum ein unverletzliches und heiliges Recht ist, kann es niemandem genommen werden, wenn es nicht die gesetzlich festgelegte, öffentliche Notwendigkeit augenscheinlich erfordert und unter der Bedingung einer gerechten und vorherigen Entschädigung.

Ute Gerhard, Menschenrechte – Frauenrechte 1789, in: Viktoria Schmidt-Linsenhof (Hrsg.), Sklavin oder Bürgerin? Französische Revolution und Neue Weiblichkeit, Frankfurt am Main 1989, S. 68-72

1. Bestimmen Sie die Funktion der Einleitung (Präambel) der „Erklärung der Menschen- und Bürgerrechte".
2. Arbeiten Sie aus der Erklärung die bestehenden Missstände heraus. Erläutern Sie, wie diese überwunden werden sollen.

M6 Über die Zulassung der Frauen zum Bürgerrecht

Der aus einer alten Adelsfamilie stammende Mathematiker und Philosoph Jean Antoine de Condorcet verfasst zahlreiche Artikel für die „Encyclopédie", ein Hauptwerk der französischen Aufklärung, das zwischen 1751 und 1772 in 28 Bänden erscheint. 1789 solidarisiert er sich mit den Forderungen des Dritten Standes und beteiligt sich an der Diskussion um die Bürger- und Menschenrechte (M5). 1789 schreibt er im „Journal de la Société":

Die Menschen können sich an die Verletzung ihrer naturgegebenen Rechte so gewöhnen, dass unter denen, die sie verloren haben, keiner daran denkt, sie zurückzufordern, und nicht glaubt, ein Unrecht erlitten zu haben.

Einige dieser Verletzungen sind sogar den Philosophen und Gesetzgebern entgangen, als sie sich mit dem größten Eifer damit befassten, die Grundrechte der einzelnen Glieder des Menschengeschlechts zu etablieren, die sie zur alleinigen Grundlage ihrer politischen Institutionen machten. Haben sie z.B. nicht alle das Gleichheitsprinzip der Rechte verletzt, indem sie ganz einfach die Hälfte des Menschengeschlechts des Rechts beraubten, an der Gesetzgebung teilzunehmen, indem sie die Frauen vom Bürgerrecht ausschlossen?

Gibt es einen stärkeren Beweis für die Macht der Gewohnheit selbst über aufgeklärte Menschen, als denjenigen, dass man sich auf das Gleichheitsprinzip der Rechte da beruft, wo drei oder vierhundert Männer durch ein absurdes Vorurteil dessen beraubt werden, dort jedoch schweigt, wo es sich um zwölf Millionen Frauen handelt? Um zu widerlegen, dass dieser Ausschluss ein Akt der Tyrannei ist, müsste man entweder beweisen, dass die natürlichen Rechte der Frauen nicht unbedingt die gleichen sind wie die der Männer, oder dass sie nicht fähig sind, sie auszuüben. [...]

Da nun die Frauen die gleichen Fähigkeiten aufweisen, haben sie notwendigerweise auch die gleichen Rechte. Entweder hat kein Glied des Menschengeschlechts wirkliche Rechte, oder sie haben alle die gleichen, und derjenige, der gegen das Recht eines anderen stimmt, mag er auch einer anderen Religion, einer anderen Hautfarbe oder dem anderen Geschlecht angehören, hat damit seine Rechte verwirkt. Es dürfte schwer sein zu beweisen, dass Frauen unfähig sind, das Bürgerrecht auszuüben. Warum sollte eine Gruppe von Menschen, weil sie schwanger werden können und sich vorübergehend unwohl fühlen, nicht Rechte ausüben, die man denjenigen niemals vorenthalten würde, die jeden Winter unter Gicht leiden und sich leicht erkälten?

Über die Gleichheit der Rechte aller Männer in unserer neuen Verfassung hat es erhabene Reden und unendlich viele Witzeleien gegeben; aber bis heute hat noch niemand einen einzigen Grund dagegen vorbringen können. Und das liegt sicher weder an mangelndem Talent noch an mangelndem Eifer. Ich möchte glauben, dass es mit der Gleichheit der Rechte zwischen den beiden Geschlechtern genauso sein wird. Es ist einzigartig genug, dass man in vielen Ländern Frauen für unfähig gehalten hat, ein öffentliches Amt zu bekleiden, nicht aber, den Königsthron zu besteigen; dass in Frankreich eine Frau Regentin, aber bis 1776 in Paris nicht Modehändlerin sein konnte.

Hannelore Schröder (Hrsg.), Die Frau ist frei geboren. Texte zur Frauenemanzipation, Bd. 1: 1789-1879, München 1979, S. 55f. und 62f.

1. Analysieren Sie die Ausführungen Condorcets.
2. Erarbeiten Sie politische Forderungen aus seinen Überlegungen.
3. Beurteilen Sie Condorcets Ausführungen aus der Sicht von Frauen.

Der aufgeklärte Absolutismus

Wie passen Absolutismus und Aufklärung zusammen? Diese Frage scheint berechtigt. Denn in der absoluten Monarchie stieg der Herrscher zum alleinigen Inhaber der Souveränität auf, der sich sogar über Gesetze hinwegsetzen durfte. Die Aufklärer hingegen vertraten die Auffassung, dass jede legitime Herrschaft auf dem Vertrag des Herrschers mit den Untertanen beruhe, dass die staatliche Gewalt zu teilen sei und dass alle sich dem Recht zu beugen hätten. Das waren unvereinbare Gegensätze. Dennoch besteht eine Verbindung. Die Herrschaftsform des Absolutismus, wie sie im 17. Jahrhundert entstanden war, wurde nämlich im Lauf des 18. Jahrhunderts durch Reformimpulse aus der Gedankenwelt der Aufklärung verändert. Die absolutistischen Könige oder Fürsten behielten ihre uneingeschränkte Regierungsgewalt, bemühten sich allerdings, für mehr Wohlstand in ihren Staaten zu sorgen. Die Ziele kamen aus dem aufgeklärten Denken, das die Herrscher wie ihre Berater meist schon während der Ausbildung kennenlernten. Sie strebten rationale, also aus der Vernunft begründete Reformen an, in Wirtschaft, Verwaltung, Bildung, in der Justiz und im Militärwesen. Klar erkennbar bildete sich der *aufgeklärte Absolutismus* ab der Mitte des 18. Jahrhunderts aus, vor allem in Brandenburg-Preußen unter König **Friedrich II.** und in Österreich unter Kaiser **Joseph II.** Preußen und Österreich lieferten auch das Vorbild für die kleineren Staaten im Reich und in Italien (▶ M1, M2).

Brandenburg-Preußen Friedrich II. richtete in einer langen Regierungszeit von 1740 bis 1786 sein Augenmerk auf die Verwaltung, das Militär, die Wirtschaft und die Justiz. „Eine gut geleitete Staatsregierung muss ein ebenso festgefügtes System haben wie ein philosophisches Lehrgebäude", notierte er in seinem politischen Vermächtnis 1752. Einerseits betrachtete Friedrich II. sich als den „ersten Diener des Staates", andererseits aber hielt er den Staat für sein Eigentum. Er praktizierte eine herrische, aus seiner Sicht rationale Selbstregierung. Der Staat war für ihn – anders als noch für Ludwig XIV. von Frankreich – eine von der Person des Herrschers gelöste Einheit.

Friedrich II. beließ die Verwaltung Preußens in der strengen Hierarchie, wie er sie 1740 vorgefunden hatte, überwachte sie aber schärfer. Das stehende Heer erweiterte er bis 1780 von 80 000 auf 203 000 Mann (▶ M3). Die Soldaten ließ er rücksichtsloser prügeln und drillen, als dies sonst in Europa üblich war. Sie sollten lernen, sich auf dem Schlachtfeld schneller zu bewegen und zu schießen als ihre Gegner. Der König erreichte sein Ziel; wie so oft war ihm die Effizienz der Mittel wichtiger als ethische Bedenken. Mit Geschick und Glück nutzte er dann auch sein Militärpotenzial, um das Staatsgebiet Preußens erheblich zu vergrößern. Im **Siebenjährigen Krieg** sicherte er den Besitz Schlesiens, das zuvor zu Habsburg-Österreich gehört hatte, 1772 annektierte er das zuvor polnische Westpreußen mit Kulm und Ermland. Friedrich II. gewann diese Gebiete durch einen Angriffskrieg und durch Gewalt. Dennoch beeindruckte er seine Zeitgenossen wie die Nachwelt durch seine Kühnheit und Intelligenz.

Unbestreitbare Fortschritte erzielte er in der Wirtschaftspolitik. Haushaltspläne ermöglichten die bessere Abstimmung von Einnahmen und Ausgaben. Er betrieb einen gezielten Landesausbau, die Trockenlegung von Sumpfgebieten und die Anlage von 900 Dörfern; so konnte er 300 000 Menschen in seinem Staatsgebiet neu ansiedeln, darunter 20 000 Hugenotten aus Frankreich. Seine Verwaltung unterstützte planmäßig den Handel, den Bergbau und das Textilgewerbe, vorwiegend durch den Bau von Straßen und Kanälen.

Friedrich II., der Große (1712-1786): 1740-1786 König von Preußen; nach seinem Regierungsantritt eroberte er Schlesien. Friedrich der Große regierte im Sinne des aufgeklärten Absolutismus, verbesserte Verwaltung, Rechtswesen und Landwirtschaft.

Joseph II. (1741-1790): Kaiser seit 1765; er regierte in den österreichischen Erblanden bis 1780 gemeinsam mit seiner Mutter, Kaiserin Maria Theresia. Sie lehnte seine vom aufgeklärten Absolutismus bestimmte Reformpolitik ab.

Siebenjähriger Krieg (1756-1763): Preußen überfiel 1756 seinen Nachbarn Sachsen. Dies führte zum Krieg auch mit Österreich, Frankreich, Russland, Spanien und Schweden. Dennoch konnte Preußen den Krieg letztendlich gewinnen.

Am stärksten von der Aufklärung bestimmt war die Justizpolitik Friedrichs II. Er verzichtete selbst auf die Ausübung seiner richterlichen Gewalt, vereinheitlichte das Recht im ganzen Land, schaffte die Folter ab und sorgte für eine unabhängige, jedermann zugängliche Rechtsprechung mit gut ausgebildeten Richtern. Preußen war damit dem modernen Rechtsstaat näher gerückt. Das von Juristen in seinem Auftrag ausgearbeitete Gesetzbuch, das *Allgemeine Preußische Landrecht*, konnte erst Jahre nach Friedrichs Tod eingeführt werden, blieb aber bis 1900 in Kraft. Trotz vieler Erlasse erreichte Friedrich II. allerdings wenig zur Verbesserung der Schulen und Universitäten, da er das hierfür benötigte Geld nicht zur Verfügung stellte. Ebenso begünstigte er den Adel allzu einseitig auf Kosten der minderberechtigten Bürger und der unterjochten Bauern.

Österreich Im österreichischen Teil des Habsburgerreiches begann Kaiserin *Maria Theresia** (1717-1780) mit Reformen, die dann ihr Sohn Joseph II. im Geist der Aufklärung im Übermaß vorantrieb. Maria Theresia errichtete um 1750 eine hierarchische Verwaltung mit besser ausgebildeten Beamten. Auch folgte sie dem Beispiel Preußens im Landesausbau und in der Besiedlung von Neuland, entlang der Donau, in Ungarn und im Banat. Dort ließen sich Bauern nieder, die im Westen, vor allem in Südwestdeutschland angeworben wurden.

Joseph II., der zunächst zusammen mit seiner Mutter, ab 1780 allein regierte, setzte zahlreiche Forderungen der Aufklärung um. Er gewährte in einem „*Toleranzpatent*" neben den Katholiken erstmals auch Lutheranern, Calvinisten und orthodoxen Griechen die private Religionsausübung und bürgerliche Rechte. Die Konfessionen waren aber noch nicht völlig gleichgestellt. Großes Aufsehen erregten die Säkularisation von 700 Klöstern und die Aufhebung der Leibeigenschaft. Nicht so weit wie Preußen kam Joseph II. in der Vereinheitlichung des Rechts und der Verbesserung der Rechtsprechung. Als der Kaiser freilich in der Zentralisierung seines Reiches zu weit ging und auch noch überall Deutsch als Amtssprache einführte, überspannte er den Bogen. In den Österreichischen Niederlanden und in Ungarn brachen Revolten aus. Ein großer Teil der Reformen wurde wieder rückgängig gemacht.

▲ Joseph II.
Gemälde des österreichischen Malers Anton von Maron, 1775.

Bildung, Schüler und Studenten Die Bildung des Menschen war für die Aufklärer der Schlüssel zur Besserung der Welt. Sie sprachen gern von „Emporbildung". Darunter verstanden sie eine Erziehung zum Gebrauch des Verstandes und zur Mündigkeit, aber auch die Qualifizierung zu bestimmten Berufen, wie es der Nutzen für die Gesellschaft gebot. Die Qualifizierung interessierte naturgemäß die Fürsten und Politiker unter den Aufklärern. Deren Blick richtete sich auf die Schulen und Universitäten.

Die Elementarschulen waren bis etwa 1750 in einem erbärmlichen Zustand, vor allem auf dem Land, wo die Kinder zum Teil gar nicht, zum Teil unregelmäßig zur Schule gingen. Längst nicht alle lernten Schreiben und Rechnen. In Preußen wie auch sonst unterrichteten Messdiener, Handwerker oder frühere Soldaten, die die Kinder heftig prügelten. Die weiterführenden Schulen hatten ein sehr unterschiedliches Niveau. Die meisten bereiteten nicht wirklich auf die Universität vor. Einige brachten den Schülern wenigstens das Lateinische bei, das immer noch die vorherrschende Bildungssprache war. Die Universitäten verstanden sich seit dem 16. Jahrhundert als Ausbildungsstätten,

---

* Maria Theresia übernahm den Titel im Jahr 1745 nach der Krönung ihres Gatten Franz I. Stephan zum Kaiser. Sie selbst war jedoch keine gekrönte Kaiserin, sondern regierende Erzherzogin von Österreich und Königin von Ungarn und Böhmen.

▶ „Der Unterricht der Kinder um Gottes willen, teils durch das Buch der Natur und Sitten, teils durch das Buch der Religion."
Kupferstich aus Johann Bernhard Basedows „Elementarwerk" von D.N. Chodowiecki, 1774.
In dem von Basedow in Dessau gegründeten Philanthropinum („Pflanzschule") wollten die Lehrer durch möglichst große Anschaulichkeit und mithilfe spielerischer Elemente nicht nur Wissen vermitteln, sondern die Kinder auch charakterlich formen. Gemäß der Vorstellung der Aufklärer, dass alle Menschen dieselben Möglichkeiten haben, wurden Kinder unterschiedlichster Herkunft unterrichtet.

die für den Nachschub der Pfarrer und der rechtskundigen Beamten zu sorgen hatten. Die Studenten hatten demgemäß vor allem Texte aus der Theologie und Rechtswissenschaft auswendig zu lernen.

Die Reformpläne der Aufklärer stellten die Elementarschule voran, die nun alle Heranwachsenden besuchen sollten. Preußen verfügte 1763 die *allgemeine Schulpflicht* für Kinder zwischen fünf und 14 Jahren. Es dauerte freilich fast ein Jahrhundert, bis diese Verfügung wirklich durchgesetzt war. Auch die Lehrer sollten besser werden, wozu Joseph II. in Wien eine eigene „Normalschule" zu ihrer Ausbildung einrichtete (▶ M4). Aber die Lehrer verdienten weiterhin so schlecht, dass sie von Nebenverdiensten leben mussten. So wurden die Reformziele bei den Elementarschulen verfehlt. Nicht ganz so negativ ist die Bilanz für die weiterführenden Schulen und Universitäten. Dort schwand der Einfluss der Pfarrer und Ordensgeistlichen, die konfessionelle Erziehung aber bestand fort. Immerhin trat der Unterricht in Latein und Griechisch zurück zugunsten des Französischen, der Mathematik und der Naturkunde. Die Universitäten reformierten das Studium des Rechts, um die Absolventen besser auf die berufliche Praxis vorzubereiten. Aber im Ganzen bewegte sich noch wenig. Der große Umbruch, der die Struktur der Gymnasien und Universitäten bis heute bestimmt, kam erst ab 1810.

Bildung für Frauen? Den Mädchen und Frauen waren die weiterführenden Bildungswege, vor allem die Universitäten, verschlossen. Das Idealbild des Bildungsbürgertums erwartete, dass Frauen Lesen, Schreiben, Rechnen, Musizieren, Französisch sprechen und Zeichnen beherrschten. Erworben wurden diese Fertigkeiten an katholischen Ordensschulen, vielfach im Privatunterricht durch eigene Lehrer oder die Eltern. *Dorothea Christiana Erxleben* (1715-1762) und *Dorothea Schlözer* (1770-1825), die 1754 bzw. 1787 den Grad eines Doktors der Medizin bzw. der Philosophie erwarben, waren die ersten promovierten Frauen in Deutschland und als solche Ausnahmen. Der Vater Dorothea Schlözers, der Historiker *August Ludwig Schlözer*, sah die Ausbildung seiner Tochter geradezu als Experiment an, um die Befähigung von Frauen zu höherer Bildung zu beweisen. Das vorherrschende Leitbild der guten, untadeligen Mutter hingegen forderte ein anderes Verhalten. Die Frau sollte zwar im intellektuellen wie im seelischen Bereich die Gefährtin des Mannes sein, um so den Familienzusammenhalt zu festigen. Gelehrsamkeit aber war allein Sache des Mannes. Das Ideal der Zeit trennte somit noch zwischen der emotionsbesetzten Privatsphäre als der Welt der Frau und der Erwerbssphäre als der Welt des streitbaren Mannes.

▶ **Friedrich der Große nach dem Siebenjährigen Krieg.**
Ölgemälde (126 x 94,3 cm) von Johann Heinrich Franke, nach 1763. Das Bild wurde in zahlreichen Kopien und Varianten verbreitet und hat die Vorstellung vom „Alten Fritz" bis heute geprägt.

M1 Große Ideale und gute Vorsätze eines Prinzen 1737/38

Der folgende Text, gedacht für eine Flugschrift, wird 1737/38 vom Kronprinzen Friedrich, dem späteren Preußenkönig Friedrich II., verfasst, dann aber nicht veröffentlicht. Er ist ein frühes Zeugnis, wie sehr das politische Denken Friedrichs von der Aufklärungsphilosophie beeinflusst ist:

Nachdem ich das Benehmen der Staatsmänner Europas durchgegangen, das politische System der verschiedenen Höfe nach Maßgabe meiner Einsicht entwickelt und die gefährlichen Folgen des Ehrgeizes gewisser Fürsten gezeigt habe, wage ich die Sonde noch tiefer in die Wunde des politischen Körpers zu führen und das Übel bis in seine Wurzeln zu verfolgen, um seine geheimsten Ursachen zu entdecken. Gelingt es meinen Betrachtungen, das Ohr einiger Herrscher zu finden, so bieten sich ihnen hier Wahrheiten, die sie aus dem Mund ihrer Höflinge und Schmeichler nie vernommen hätten. Ja, vielleicht werden sie erstaunt sein, dass diese Wahrheiten sich neben sie auf den Thron setzen.

Mögen sie denn erfahren, dass ihre falschen Prinzipien die vergiftete Quelle des europäischen Elends sind. In Folgendem liegt der Irrtum der meisten Fürsten: Sie glauben, Gott habe aus besonderer Rücksicht für sie und eigens ihrer Größe, ihrem Glück und Hochmut zuliebe das Gewimmel der Völker geschaffen, deren Wohlfahrt ihnen anvertraut ist, und ihre Untertanen seien nichts weiter als Werkzeuge und Diener ihrer zügellosen Leidenschaften. Sobald das Prinzip, von dem man ausgeht, verkehrt ist, müssen die Folgen unweigerlich immer verhängnisvoller werden. Daher jener unbändige Drang nach falschem Ruhme, jenes glühende Verlangen, alles zu erobern, die harten Auflagen, mit denen das Volk bedrückt wird, die Trägheit der Herrscher, ihr Dünkel, ihre Ungerechtigkeit, ihre Unmenschlichkeit, ihre Tyrannei und alle Laster, die die Menschennatur erniedrigen. Legten die Fürsten diese falschen Ideen ab und gingen auf den Ursprung ihres Amtes zurück, sie sähen, dass ihre Würde, auf die sie so eifersüchtig sind, dass ihre Erhebung nur das Werk der Völker ist, dass die Abertausende, die ihnen anvertraut sind, sich nicht einem Einzigen sklavisch unterwarfen, um ihn mächtiger und furchtgebietender zu machen, dass sie sich vor einem Mitbürger nicht beugten, um Märtyrer seiner Launen und Spielball seiner Einfälle zu sein, sondern dass sie den unter sich erwählten, den sie für den Gerechtesten hielten, um sie zu regieren, den Besten, um ihnen ein Vater zu sein, den Menschlichsten, um Mitleid mit ihrem Missgeschick zu haben und es zu lindern, den Tapfersten, um sie gegen ihre Feinde zu beschirmen, den Weisesten, um sie nicht zur Unzeit in verderbliche, zerstörerische Kriege zu verwickeln, kurz, den rechten Mann, um den Staat zu repräsentieren, den, dessen souveräne Macht eine Stütze für Recht und Gesetz ist und nicht ein Mittel, um ungestraft Verbrechen zu begehen und Tyrannei auszuüben.

Gustav Berthold Volz, Die Werke Friedrichs des Großen, Bd. 1: Denkwürdigkeiten zur Geschichte des Hauses Brandenburg, Berlin 1913, S. 242f.

1. *Arbeiten Sie heraus, welche Gedanken der Aufklärung sich Friedrich als Kronprinz zu eigen gemacht hat.*
2. *Ordnen Sie zu: Welche Rechtfertigung fürstlicher Herrschaft lehnt er ab, welche befürwortet er?*
3. *Welche Formulierungen lassen erkennen, wie er die Rechtmäßigkeit seiner eigenen Herrschaft rechtfertigen würde? Prüfen Sie, ob Friedrichs Vorstellung der Herrschererhebung der Praxis in Brandenburg-Preußen entsprach (und seiner eigenen, bevorstehenden Herrschererhebung entsprechen würde).*

M2 Drei Wege zum modernen Staat

Der Historiker Harm Klueting erkennt 1995 in der Staatenwelt Europas im 18. Jahrhundert drei wichtige Entwicklungstypen:

Am Ende des 18. Jahrhunderts standen so in Europa drei Hauptfaktoren nebeneinander oder einander gegenüber:
– In England mit seinen von kontinentalen Verhältnissen wesentlich verschiedenen politischen und sozialen Struktu-
5 ren, die seit der „Glorious Revolution" von 1688 im Zeichen des Parlamentarismus und des Systems der „Checks and Balances" zwischen König, Lords und Commons standen, kam seit dem Ende des Siebenjährigen Krieges – mit dem Übergang des Textilgewerbes zur Massengüterproduktion in
10 Verbindung mit der Mechanisierung der Arbeitsabläufe durch den Einsatz von Spinnmaschinen und der Anwendung der 1765 erfundenen Dampfmaschine – die Industrielle Revolution zum Durchbruch.
– In Frankreich führten die mangelnde Reformfähigkeit des
15 Regierungssystems und die Konservierung der Steuerprivilegien des Adels in einem lang dauernden Prozess [...] in eine schließlich irreversible Krise des Absolutismus. So mündete in Frankreich die Schwäche des Absolutismus in die politische Revolution.
20 – In der österreichischen Monarchie hingegen scheiterte der theresianisch-josephinische Reformabsolutismus an einem Übermaß an Reformen, an seinem Versuch der Nivellierung der Kräfte der Tradition in Gestalt von Adel und Kirche und somit an seiner Stärke. Gegen diese Stärke erhoben
25 sich – wenn auch im Wesentlichen nur an der Peripherie des Herrschaftsgebietes – revolutionäre Kräfte, die in der ständischen Tradition Alteuropas wurzelten.
Polen und Russland, die italienische Staatenwelt, die iberischen und die skandinavischen Königreiche, die nördlichen
30 Niederlande und die Eidgenossenschaft, die kleineren deutschen Reichsstände und der preußische Staat erscheinen dabei als Übergangs- und Randzonen, Nebenschauplätze oder Sonderformen.

Harm Klueting (Hrsg.), Der Josephinismus. Ausgewählte Quellen zur Geschichte der theresianisch-josephinischen Reformen, Darmstadt 1995, S. 56f.

1. *Unterscheiden Sie die „Revolutionen" und „revolutionären Kräfte", von denen die Rede ist. Ordnen Sie ein: Welche waren umstürzend, welche restaurativ?*

2. *Erläutern Sie mithilfe des darstellenden Teiles, wer von den theresianisch-josephinischen Reformen betroffen war.*

M3 Die europäischen Staaten um 1780

Dem aufgeklärten Absolutismus geht es darum, ein leistungsfähiges Staatswesen zu schaffen. Die Leistungsfähigkeit drückt sich aus in Bevölkerungszahlen, Staatseinkünften und Heeresgrößen. Die nachstehenden Zahlen stammen, was die Staatseinkünfte und Heeresgrößen betrifft, aus zeitgenössischen Quellen. Wo sich die Landesgrenzen zwischen 1700 und 1780 verändert haben, wird für 1700 die Zahl angegeben, die sich mit dem Gebietsumfang von 1780 deckt:

	Bevölkerung (geschätzt 1700)	Bevölkerung (geschätzt 1780)	Staatseinkünfte (Gulden 1780)	Stehendes Heer (Anzahl 1780)
Preußische Monarchie	4,0 Mio.	5,7 Mio.	32,0 Mio.	203 000
Kurpfalz-bayerische Staaten	1,6 Mio.	2,2 Mio.	10,0 Mio.	24 000
Österreichische Monarchie	17,0 Mio.	19,5 Mio.	100,0 Mio.	278 000
Vereinigte Niederlande	1,3 Mio.	2,3 Mio.	23,0 Mio.	36 000
Schweden	1,6 Mio.	3,0 Mio.	6,0 Mio.	46 000
Polen	3,2 Mio.	4,0 Mio.	ca. 3,0 Mio.	15 900
Russland	15,5 Mio.	37,0 Mio.	56,0 Mio.	470 000
Großbritannien u. Irland	9,3 Mio.	11,0 Mio.	112,0 Mio.	58 378
Frankreich	20,0 Mio.	26,0 Mio.	156,0 Mio.	224 000
Spanien	8,2 Mio.	11,0 Mio.	56,0 Mio.	90 000
Osmanisches Reich	–	12,0 Mio.	–	–

Nach: Ilja Mieck, Wirtschaft und Gesellschaft Europas von 1650 bis 1850, in: Wolfram Fischer u. a. (Hrsg.), Handbuch der europäischen Wirtschafts- und Sozialgeschichte, Bd. 4, Stuttgart 1993, S. 1-233, hier S. 49-51, 54

1. *Begründen Sie, warum die Bevölkerungszahlen für das 18. Jahrhundert in der Regel nur unsichere Schätzgrößen sind.*

2. *Unterscheiden Sie Zonen dynamischen und wenig dynamischen Bevölkerungswachstums in Europa. Recherchieren Sie, warum es im 18. Jahrhundert zu einem beschleunigten Bevölkerungswachstum kam.*

3. *Um 1780 lässt sich in Europa von einer Pentarchie sprechen, d. h. von fünf bestimmenden Großmächten: Großbritannien, Frankreich, Preußen, Österreichische Monarchie, Russland. Begründen Sie, inwieweit sich dies in den Zahlen zu Staatseinkünften, Bevölkerung und Heer widerspiegelt.*

M4 Prüfung eines Lehramtskandidaten im Dorf Brodowin/Brandenburg im Jahr 1789

Der Schneider Daniel Höher, Sohn des 74-jährigen Dorfschullehrers in Brodowin, bewirbt sich 1789 um die Nachfolge im Amt seines Vaters. Der zuständige Schulinspektor Vogel führt eine Prüfung durch, bei welcher der Kandidat zu rechnen und einen Brief an den Pfarrer zu schreiben hat. Außerdem muss er schriftlich Fragen zu Religion, Schulwissen und Pädagogik beantworten. In der linken Spalte sind die Fragen aufgelistet, in der rechten die Antworten des Kandidaten. Der Abdruck gibt buchstabengenau die handschriftliche Vorlage wieder:

Vom wem hat die christliche Religion ihre Benennung oder den Nahmen?	Von Christo unsern Heilande
In welchem Lande hat Jesus gelebt?	in Jüdischen Lande
Wie lange ist es her daß Jesus ist geboren worden?	1789 Jahr.
Welches war die Hauptstadt im Jüdischen Lande?	Jerusalem.
In welchen Ort ist Jesus geboren worden?	zu Bethlehem in Jüdischen Lande.
Was hat er auf Erden gethan?	Er hat die Menschen erlöset u. sie recht gelehret.
Was lehret er von Gott? wie sollen die Menschen ihn ansehen und benennen?	Als einen Allmächtigen u. einen abgütigen Gott und Vater.
Was haben leibl. Kinder auf Erden ihrem irdischen Vater zu verdancken	Nächst Gott ihr Dasein (und Versorgung)
Vom wem hat das menschliche Geschlecht den Ursprung	Von Gott.
Was thut Gott an den Menschen	Er gibt ihnen was sie in ihren Leben bedürffen (er sorget für sie)
Was sollen die Menschen dagegen Gott erweisen.	Ihn mit einen frommen und Gottseeligen leben Preisen. (d. i. ihn lieben ehren ihm danckbar und gehorsam seyn) [...]
Wenn und im welchen Fall kan ein Lehrer harte Mittel und Schläge gebrauchen	offenbahren Diebstahl und widersetzung (bey offenbarer Boßheit)
Ist es gut die Kinder in der Schule Knien zu laßen	ist schädlich.
Ist es gut sie auf die Finger zu schlagen oder wie man es nennt Knipschen zu geben	nein.
Was muß ein Lehrer thun noch ehe er straft und harte Mittel gebraucht? Wem soll er vorher von den Boßheiten der Kinder Anzeige thun	Ihren Eltern (und dem Prediger)
Mit weßen Erlaubniß und bewilligung soll also ein Lehrer strafen, oder harte Mittel bey Kindern anwenden	mit Eltern bewilligung. (und des Predigers)
Ist es denn nicht möglich Kinder ohne corperliche Straffen zu erziehen	ja es ist möglich. (nicht leicht) [...]
Woraus besteht unser Erdboden unsere Erdkugel	aus Himmel und Erden. (Waßer und Erde)
Wie viel sind große Welttheile darin der Erdboden eingetheilt wird?	4 nehmlich Africa America Europa und Asia.
In welchem Theile der Welt wohnen wir	in Europa
In welchen Reiche von Europa wohnen wir	Konigreich Preußen (Deutschland)
In welcher Provinz von Deutschland	im Churfürstenthum Brandenburg
Wie muß man Kinder zum Fleiß anhalten, mit Schlägen oder mit Vorstellungen und Ermahnungen	mit Vorstellungen und Ermahnungen
Wenn man Kinder zum Fleiß bringen will was muß man ihnen vorstellen?	Den Nutzen von gut lernen.
Was haben Kinder vor Nutzen davon wenn sie fleißig sind.	Daß sie gute brauchbare Menschen werden.
Was haben sie vor Schaden davon wenn sie faul sind	Daß sie unbrauchbare Menschen werden [...]

Wolfgang Neugebauer (Bearb. und Hrsg.), Schule und Absolutismus in Preußen. Akten zum preußischen Elementarschulwesen bis 1806, Berlin/New York 1992, S. 439–442

1. *Analysieren Sie, inwieweit die Gewichtung der drei Prüfungsbereiche und die Art der Fragen Schlussfolgerungen zulassen, auf welche Qualitäten die Schulbehörde Wert legt.*
2. *Bewerten Sie, welche Kenntnisse der Kandidat für seine Aufgabe mitbringt. Der zuständige Schulinspektor äußerte sich gegenüber der vorgesetzten Behörde positiv.*
3. *Die Fragen lassen pädagogische Leitbilder erkennen, auch die Antworten, die Höher in Kenntnis der Erwartungen gab. Wägen Sie ab, ob das bereits aufgeklärte Leitbilder sind.*

Gegenständliche Quellen und Sachquellen

Gegenständliche Quellen und Sachquellen umgeben uns fast überall. Meist nehmen wir im Alltag gar nicht wahr, dass wir es ständig mit historischen Objekten zu tun haben: mit alten Fotos, Möbeln oder Lampen zu Hause, mit den Kirchen, Denkmälern oder Gebäuden im Ort. Sie geben Zeugnis von einer vergangenen Zeit wie Schriftstücke und Bilder. Aber man kann sie betasten, in die Hand nehmen, sie betreten. Sie ermöglichen Erinnerung mit vielen Sinnen und machen Vergangenheit auch emotional erfahrbar.

Umgang mit gegenständlichen Quellen und Sachquellen

Historische Gegenstände und Sachquellen sind damit in ganz anderer Weise authentisch als im Schulbuch abgedruckte Quellen, aber es ist nicht leicht, aus ihnen unmittelbar historische Informationen zu gewinnen. Die frühen Fotos aus dem Familienalbum geben nur Privates wieder. Über die Möbel und Lampen lässt sich das Alter erfahren – aber welcher Mode geben sie Ausdruck und wie hat sich diese Mode entwickelt? Über viele Kirchen gibt es eine Broschüre, in der wir über die Bauzeit, die Bilder, Altäre und Plastiken nachlesen können – aber welche sozialen und kulturellen Bedingungen bestimmten ihre Geschichte? Ein Denkmal kann man berühren und von allen Seiten betrachten, aber um mehr über seine Bedeutung und Entstehung zu erfahren, brauchen wir oft ebenso Dokumente aus einem Archiv wie für historische Gebäude, ihre Entwicklung und Veränderung, auch wenn deren Tafeln uns das Baujahr, den Bauherrn und Architekten nennen.

Formale Kennzeichen
- Um welchen Gegenstand / welche Sachquelle handelt es sich?
- Wann wurde der Gegenstand / die Sachquelle hergestellt / erbaut / veröffentlicht?
- Welche Besonderheiten lassen sich erkennen?
- Welche Wirkung haben die Umgebung oder der Kontext für die Wirkung des Gegenstands / der Sachquelle?

Entstehungsgeschichte
- Wer hat den Gegenstand / die Sachquelle erbaut / hergestellt / initiiert?
- Welche Beweggründe gab es für die Erstellung bzw. welchem Zweck sollte sie dienen?
- Vor welchem historischen Hintergrund ist der Gegenstand / die Sachquelle entstanden?
- Welche Vorbilder oder alternativen Entwürfe gibt es dafür?

Inhalt und Gestaltung
- An welches Ereignis, an welchen Sachverhalt soll der Gegenstand / die Sachquelle erinnern?
- Wie sind dargestellte Symbole, Formeln und Allegorien zu deuten?

Intention und Wirkung
- An welche Adressaten / Nutzer richtete sich der Gegenstand / die Sachquelle?
- Welche Selbstaussagen von Betrachtern / Nutzern liegen vor?
- Welche Absicht wird mit dem Gegenstand / der Sachquelle verfolgt?

Beurteilung
- Wie lassen sich Form, Gestaltung und Zweck des Gegenstands / der Sachquelle einordnen und bewerten?
- Ist die beabsichtigte Wirkung durch die Gestaltung umgesetzt?
- Welche Wirkung hat der Gegenstand / die Sachquelle auf heutige Betrachter?

Beispiel und Analyse

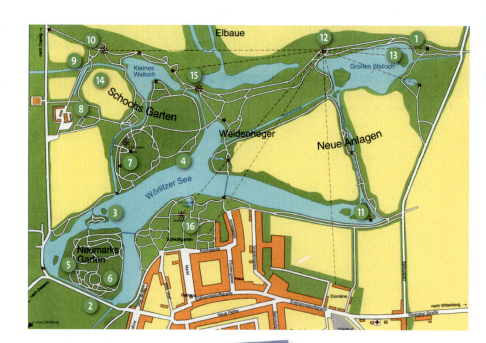

▶ **Plan der Dessau-Wörlitzer Gartenanlage mit den Sehenswürdigkeiten**
1 Wachhaus
2 Galerie
3 Rousseau-Insel
4 Nymphäum
5 Labyrinth
6 Elysium
7 Baumbrücke
8 Floratempel
9 Kettenbrücke
10 Venustempel
11 Stein
12 Pantheon
13 Amaliengrotte
14 Einsiedelei
15 Agnesbrücke
16 Schloss

▲ **Figur der Muschelnymphe am Wörlitzer See.**
Undatiertes Foto.
Gewässer sind ein großer Bestandteil des Wörlitzer Gartenreiches. Besucher können die Anlage in etwa drei Stunden durchwandern, den Garten aber auch mit einer Gondel zu Wasser erkunden.

▶ **Die Synagoge im Wörlitzer Park unweit einer Kirche.**
Foto von 2009.
Die Synagoge ist Ausdruck der Überzeugung Fürst Leopolds III., dass Judentum und Christentum gleichberechtigt nebeneinander bestehen.

Formale Kennzeichen Das Gartenreich Dessau-Wörlitz hat durch sein Vorbild bis heute viele unserer öffentlichen Parkanlagen beeinflusst. Es ist gegenwärtig noch in dem Zustand zu besichtigen, wie es aus dem Geist der Aufklärung heraus entstand. Am 30. November 2000 wurde die 112 Hektar große Parkanlage wegen ihres „außergewöhnlichen universellen Werts" in die Welterbeliste der UNESCO aufgenommen. Sie wurde in der zweiten Hälfte des 18. Jahrhunderts gestaltet.

Entstehungsgeschichte Ihr Schöpfer war der aufgeklärte Fürst Leopold III. Friedrich Franz von Anhalt (1740-1817). Er verwandelte seinen Kleinstaat Anhalt-Dessau mit 30 000 Einwohnern in einen Musterstaat, den er gemäß den wissenschaftlichen Erkenntnissen seiner Zeit reformierte. Die Anregungen hatte er bei Bildungsreisen durch Europa gewonnen. So ließ er auch sein Schloss und den umgebenden Park in einer neuartigen Weise anlegen, die sich vom gewohnten Schloss- und Gartenbau absolutistischer Fürstenstaaten völlig unterschied. Die Anlage folgte einem in England geprägten Stil.

Inhalt und Gestaltung Gegenüber dem überladenen Barock bevorzugte der Fürst die elementaren Formen der griechischen Klassik. Speziell die barocken Gartenbauer schienen ihm wider die Vernunft zu handeln, weil sie die Natur verfälschten. Denn sie zwängten Beete, Hecken und Alleen in strenge geometrische Muster, ebenso die Büsche und Bäume, die als Kugeln oder Kegel geschnitten wurden, und richteten alle Wege und Sichtachsen konzentrisch auf das Schloss im Mittelpunkt aus.
Dagegen präsentierte der Dessau-Wörlitzer Schlossgarten eine der Natur nachempfundene Parklandschaft. Frei wachsende Bäume und Pflanzen aller Art säumten hier die gewundenen Wege und die Vielfalt idyllischer Sichtachsen. Die Gartenanlage gruppierte sich um das Schloss. Die fünf Gartenteile, umgeben von Feldern, Äckern und Wiesen, wurden durch Wasserläufe, Brücken und Wege verbunden. Diese naturnahe Gestaltung verstand die aufgeklärte Gartenkunst zwar als Gegensatz zu den durchgeplanten Barockgärten des Absolutismus. Aber die Naturnähe des Wörlitzer Gartens war gleichfalls komponiert mit genau kalkulierten Baumgruppen, Kanälen und Wällen. Eingestreut wurden fast 60 kleine Bauwerke und Plastiken, darunter Nachbildungen ägyptischer, griechischer und römischer Kunstwerke.

Intention und Wirkung Dem Fürsten und seinem Architekten Friedrich Wilhelm von Erdmannsdorff (1736-1800) kam es darauf an, den Landschaftscharakter und den natürlichen Wuchs der Pflanzen zu belassen. Umliegende Ackerflächen demonstrierten den Dessauer Bauern moderne Anbaumethoden, Anschauung boten auch die Wiesen mit weidenden Kühen und Schafen. Die Brücken über die schmalen Kanäle bildeten berühmte große Brücken nach und verwiesen damit auf die Errungenschaften der Technik. Der Besucher traf und trifft auch auf Pflanzen aus dem Mittelmeerraum, dazu auf Pyramidenpappeln und Koniferen, sodass er an antike Landschaften erinnert wird. Das Schöne sollte mit dem Nützlichen verbunden sein, so war die Leitidee.

Beurteilung In der Begegnung mit der Kunst sah die Aufklärung ein Mittel, die freie Entfaltung der Persönlichkeit zu fördern. Deshalb waren die Gartenanlagen seit ihrer Entstehung für jedermann zugänglich. Sie dienten der Erholung, aber auch der Belehrung über Natur, Technik und Baukunst. Dessau-Wörlitz verkörpert so bis heute die Gewissheit der Aufklärung, dass sich Mensch und Welt gemäß der Vernunft formen lassen. Das UNESCO-Welterbekomitee kam zur prominenten Bewertung: „Das Gartenreich Dessau-Wörlitz ist ein herausragendes Beispiel für die Umsetzung philosophischer Prinzipien der Aufklärung in einer Landschaftsgestaltung, die Kunst, Erziehung und Wirtschaft harmonisch miteinander verbindet."

Friedrich II. (der Große) – ein historisches Vorbild?

Friedrich II. (1712-1786), auch „Friedrich der Große" oder „der Alte Fritz" genannt, ist Generationen von Deutschen bekannt, jedoch weniger durch genaue Kenntnisse der Politik dieses preußischen Königs als durch den Mythos um seine Person, der Friedrich schon zu Lebzeiten umgab. Obwohl Friedrich sich als Machtmensch inszenierte und Angriffskriege führte, war er als König Anhänger der Aufklärung, führte Reformen durch und ließ die Folter verbieten. Trotz der Widersprüchlichkeit seiner Person und seiner Regentschaft wurden Friedrichs Gesicht und seine Gestalt nach seinem Tod zum Markenzeichen; über Jahrhunderte diente Friedrich als identitätsstiftende Person. Selbst als Deutschland nach 1945 in zwei Teile zerfiel, blieb Friedrich in West wie in Ost populär.

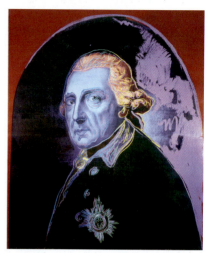

▲ **Friedrich der Große.**
Siebdruck von Andy Warhol, 1986.

Und auch heute ist das Bild Friedrichs II. gegenwärtig: Restaurants tragen seinen Namen und Brauereien bedrucken die Etiketten ihrer Bierflaschen mit seinem Bild, selbst der Popkünstler Andy Warhol erstellte ein Poster. Doch im Gegensatz zur Verklärung des Preußenkönigs in den Souvenirshops der Tourismusindustrie ist das Bild Friedrichs II. in der Geschichtswissenschaft seit jeher hoch umstritten.

M1 „Friedrich hat keine Botschaft"

Adam Krzemiński, Redakteur des polnischen politischen Wochenmagazins „Polityka", nimmt zur Person und Politik Friedrichs II. Stellung. Krzemiński hat bereits mehrere Werke zur deutsch-polnischen Geschichte publiziert:

Ich denke sehr wohl, dass der Angriff auf Schlesien 1740 eine fatale Weichenstellung war. Friedrichs Vater, der „Soldatenkönig", hatte Preußen zu einem Militärstaat ausgebaut, nun zeigte sich, dass es diesem Staat allein um Expansion und Herrschaftssicherung ging. Bis 1914 galt trotz wechselnder Koalitionen immer nur das Prinzip: Entweder die oder wir. Kein Vertrag, kein „ewiger Frieden" war von Bestand. Mit dem preußischen Machtprinzip ist wirklich keine Europäische Union zu machen. Es gingen von Preußen keinerlei Impulse für ein friedliches Miteinander aus. [...]
Großbritanniens Macht (dagegen) basierte auf der Kontrolle von Handelsströmen, nicht primär auf „Erwerbungen" und auf militärischer Gewalt. [...] Es ging ihnen (Großbritannien) aber, mit Ausnahme Irlands, nicht so sehr darum, sich Gebiete einzuverleiben und diese gleichzuschalten. Das Empire entstand durch den militärisch abgesicherten Handel, zum eigenen Nutzen, zugegeben. Doch als maritime Nation handelten die Briten nie nach dem Prinzip „Alles oder nichts". [...] Ich will das nicht verklären, es gab ja auch britische Arroganz und Rassismus gegenüber den Kolonialvölkern. Dennoch entwickelte Großbritannien einen moderaten Umgang mit der eigenen Macht, während Preußen schon unter Friedrich maßlos wurde. Man verdrängt ja gerne, dass dieser „Antimachiavell"[1] bei der Eroberung Schlesiens mit äußerster Härte vorging. Reihenweise „Partisanen" aufknüpfen zu lassen, die zu ihrer Monarchin Maria Theresia standen, war kein Kavaliersdelikt. Oder nehmen Sie die kaltblütige Zerstörung der Barockperle Brieg. Und dann die Vertreibung von 60 000 polnischen „Betteljuden" nach der Annexion Westpreußens 1772. Das war menschenverachtend. Von wegen Rechtsstaat. Die so gerne apostrophierte Liberalität Friedrichs mag es schon gegeben haben – aber nur innerhalb der engen Grenzen des Eigennutzes. [...] Es führt eine Linie von Schlesien zur Verunglimpfung

[1] Unter dem Einfluss der französischen Frühaufklärer verfasste Friedrich II. während seiner Kronprinzenzeit 1739/40 eine Schrift gegen den Florentiner Staatstheoretiker Machiavelli. Dessen 1532 erschienenes Buch „Il principe" (Der Fürst) lehnte Friedrich als „Gebrauchsanweisung" prinzipienloser Tyrannei ab, der er einen aufgeklärten Herrschaftsstil entgegensetzen wollte.

und Liquidierung des polnischen Staates. Anschließend über die Germanisierungspolitik Bismarcks und Wilhelms II. bis hin zum „Zurückschießen" 1939, das Hitler in der Kroll-Oper unter Berufung auf Friedrich rechtfertigte. [...]

Friedrich ist ein historisches Gesamtkunstwerk. Er ist Politiker, Künstler, Intellektueller, Selbstdarsteller. Damit öffnet er sich uns und verschließt sich zugleich. An bestimmte Dinge werden wir wahrscheinlich nie letztgültig rankommen, an die libidinösen² Strukturen dieses Mannes etwa. [...] [Und er war] ein Misanthrop³ und Zyniker. [...] Für einen heutigen EU-Bürger hat Friedrich keine Botschaft, null, *zero*! Eher passt er zu Putins Russland. Diese Vorzeigeliberalität, während seine Beamten auf königliche Anweisung sächsisches und polnisches Geld fälschten und Menschen aus den „erworbenen" Gebieten vertrieben ...

Friedrich der Große Genial? Schwul? Nazi? Zu seinem 300. Geburtstag bewegt Friedrich der Große die Gemüter. Nicht nur in Deutschland: In diesem Gespräch streiten der Historiker Christopher Clark aus Cambridge und sein polnischer Kollege Adam Krzeminski über den Preußenkönig, in: DIE ZEIT vom 24. November 2011, Nr. 48 (http://www.zeit.de/2011/48/Interview-Friedrich/seite-1, Zugriff vom 14. August 2012)

M2 Die Legende Friedrich II.

Christopher Clark, der an der Universität in Cambridge in Großbritannien Geschichte lehrt, bewertet Friedrich II.:

Auch nach seinem Tode blieb der König ein Spiegel, in dem die Nachfahren sich bewundern oder kritisch betrachten konnten. Das Andenken Friedrichs musste sich naturgemäß den Bedürfnissen jener nachkommenden Generationen anpassen, die den König immer wieder neu auferstehen ließen. Die protestantischen Lichtfreunde der 1840er-Jahre ehrten den Friedrich, der geschrieben hatte „In meinen Staaten kann jeder nach seiner Façon selig werden"; die Liberalen der Revolutionsjahre huldigten dem König als „ersten Diener des Staates"; und sogar die Demokraten erinnerten sich dankbar an seine Worte: „Ich bin es müde, über Sclaven zu herrschen." Für die Generale des deutschen Heeres am Vorabend des Ersten Weltkriegs verkörperte Friedrich wiederum die Idee des kühnen Präventivangriffs. Die Friedrich-Filme der Nazizeit ließen den König zum Symbol des völkischen Durchhaltewillens werden. [...]

Und nach 1945 erkannte man im Preußenkönig einerseits die Verkörperung all dessen – Militarismus, Diktatur, Eroberungslust –, was in die „deutsche Katastrophe" geführt habe, und andererseits das Exemplum vermeintlich „preußischer Tugenden" – Fleiß, Sozial- und Rechtsstaatlichkeit, religiöse Toleranz –, auf die es sich noch heute zu besinnen gelte. Möglich war und ist diese Vielfalt von Aktualisierungen nur, weil der König ein so komplexes und damit hermeneutisch¹ offenes Bild bietet: die Traumatisierungen der Kindheit; die „Kronprinzenflucht"; die Eroberungsfeldzüge [...] (wobei man andererseits nicht vergessen darf, dass Preußen unter Friedrich II. weniger Zeit im Kriegszustand verbrachte als irgendeine andere europäische Großmacht); die ambivalente² Sexualität; das unaufhörliche Dichten, Komponieren und Musizieren – und das auf höchstem Niveau; das Bekenntnis zur Toleranz, bei aller Geringschätzung von Katholiken und Juden; der Verzicht auf Deutsch als Umgangssprache; die trotz aller vermeintlichen „Bescheidenheit", doch betont adlige Weltanschauung und Lebensart; der bei allem Einsatz für die Rechtsstaatlichkeit doch zuweilen auffallend autokratische Regierungsstil; die einmalige Vermählung von Philosophie, Machtpolitik, Ästhetik und Kriegskunst. All das bot einen überaus reichen Stoff zum Nachsinnen und zur Legendenbildung. Und die Materie war komplex und interessant genug, um einen Nährboden für immer neue Deutungen zu bieten. [...]

Wir wissen damit auch, dass er uns in den heutigen Zwangslagen nicht weiterhelfen kann. Der Mann, der während des Siebenjährigen Krieges durch seine waghalsige Münzentwertungspolitik die europäischen Nachbarländer an den Rand des Ruins abdrängte, wäre in der heutigen Eurokrise ein schlechter Ratgeber. Wir wollen diesen König also nicht mehr zum Werkzeug gegenwärtiger Politik machen [...]. Präsent ist uns der König zwar noch, aber nicht mehr durch seine Vorbild- oder Abschreckungsfunktion, sondern durch seinen unverkennbaren Stil und durch seine Stimme, überliefert durch seine Musik, durch das bedeutende architektonische Erbe, durch die Hunderte von Briefen, durch die zahllosen Essays und Gedichte, durch die Marginalien und Kommentare, die Zeugnis ablegen von der sehr aktiven und wohlüberlegten Lektüre seiner vielen Lieblingsbücher.

Christopher Clark, Friedrich II.: Festvortrag in Berlin zum 300. Geburtstag, 24. Januar 2012 (http://www.perspectivia.net/content/publikationen/friedrich300-studien/clark_friedrich, Zugriff vom 14. August 2012)

1. *Zeigen Sie anhand von M1 und M2 die Kontroverse mit ihren jeweiligen Begründungen, aber auch Gemeinsamkeiten in der Einschätzung auf.*

2. *Überprüfen Sie die Stellungnahmen M1 und M2 anhand der Informationen im Darstellungstext auf Seite 107f. (Sachurteil).*

3. *Friedrich II. – ein historisches Vorbild? Nehmen Sie Stellung.*

---

² libidinös: triebhaft, wollüstig
³ Misanthrop: Menschenfeind

¹ hermeneutisch: die Hermeneutik (Kunst der Auslegung, Deutung von Schriften, Kunstwerken usw.) betreffend
² ambivalent: zwiespältig

Auf dem Weg zur modernen Demokratie: die Revolutionen des 17., 18. und 19. Jahrhunderts

◄ „The Bloody Massacre ..."
*Kolorierter Kupferstich von dem aus Boston stammenden Silberschmied Paul Revere.
Am 5. März 1770 kam es zu einer Auseinandersetzung zwischen Dockarbeitern und britischen Soldaten. Als diese fünf Menschen töteten, wurde das „Massaker" zum Symbol für koloniale Unterdrückung.*

Englische Revolution und Glorious Revolution	1640-1649	Bürgerkrieg in England; Oliver Cromwell führt die Parlamentarier zum Sieg.
	1649	Hinrichtung König Karls I.; England wird zum „Commonwealth" und damit zur Republik.
	1688/1689	Nach der „Glorious Revolution" legt die „Bill of Rights" das Fundament für eine parlamentarische Monarchie auf ständisch-konstitutioneller Grundlage.
Die Amerikanische Revolution	1776-1783	Dreizehn britische Kolonien in Nordamerika erkämpfen ihre Unabhängigkeit.
	1776	Verkündung der „Virginia Bill of Rights".
	1789	Der Verfassungskonvent verabschiedet die Bundesverfassung der Vereinigten Staaten von Amerika. George Washington wird erster Präsident der USA.
Die Französische Revolution	Juni 1789	Umwandlung der Generalstände in eine Nationalversammlung.
	14.7.1789	Die städtische Volksbewegung zeigt ihre Macht; in Paris wird die Bastille erstürmt.
	1791	Frankreich wird konstitutionelle Monarchie.
	1792	Die Monarchie wird abgeschafft und die Republik eingeführt.
	Juli 1794	Maximilien Robespierre und seine Anhänger werden gestürzt.
	1799	Nach einem Staatsstreich erklärt Napoleon Bonaparte die Revolution für beendet.
Restauration und Vormärz	1814/15	Napoleon muss abtreten. Auf dem Wiener Kongress wird Europa neu geordnet.
	1817	Wartburgfest der deutschen Burschenschaften.
	1830	Mit der Julirevolution und dem Amtsantritt des „Bürgerkönigs" Louis Philippe erlebt die Phase der Restauration in Frankreich ihren Höhepunkt.
	1832	Die nationale und liberale Bewegung organisiert das Hambacher Fest.
Die Revolution von 1848/49	1848	Die deutsche Nationalversammlung tritt am 18. Mai in der Paulskirche zusammen.
	1849	Der preußische König Friedrich Wilhelm IV. lehnt die von der Nationalversammlung angebotene Kaiserwürde ab.
	ab 1850	Zeit der Reaktion: Politische Vereine werden verboten, 1851 hebt der Bundestag die von der Paulskirche verabschiedeten Grundrechte wieder auf.

Einführung

Freiheit, Recht und Nation *„Aus einem kleinen Funken, der in Amerika angezündet wurde, ist eine Flamme emporgestiegen, die sich nicht mehr austilgen lässt. Ohne zu verzehren [...] windet sie ihren Fortschritt von Nation zu Nation und besiegt durch stille Wirkung. Der Mensch findet sich verändert und weiß kaum wie. Er erwirbt eine Kenntnis seiner Rechte, indem er richtig auf seinen Vorteil achtet, und entdeckt endlich, dass die Macht und Stärke des Despotismus bloß in der Furcht besteht, ihm zu widerstehen, und dass ‚um frei zu sein, es genug ist, dass er es sein will'."*

Diese Zeilen verfasste der 1737 in England geborene amerikanische Publizist Thomas Paine um 1790. Sie enthalten die drei Schlüsselbegriffe des Zeitalters der demokratischen Revolutionen: Freiheit, Recht und Nation. Paine leitete aus ihnen das Selbstbestimmungsrecht der Menschen und das Recht der Völker ab, nach eigenen Vorstellungen regiert zu werden. Die Monarchien waren für ihn dem Untergang geweiht. Die Zukunft sollte der demokratischen Republik gehören.

In Amerika erkämpften sich 13 amerikanische Kolonien in dem von 1776 bis 1783 dauernden Krieg die Unabhängigkeit von Großbritannien, nachdem sie lange Zeit ihre weitgehende Selbstbestimmung verteidigt und sich gegen hohe Steuern und andere britische Willkürmaßnahmen gewehrt hatten. Nachdem der Unabhängigkeitskrieg gewonnen und die USA entstanden waren, zog es Paine zurück nach Europa. Dabei musste er feststellen, wie viel schwerer es dort war, republikanische Vorstellungen zu verwirklichen. Während er in England deshalb verfolgt wurde, nahmen ihn die Revolutionäre in Frankreich mit offenen Armen auf. 1789 war dort die alte ständische Ordnung beseitigt und 1791 eine konstitutionelle Monarchie eingeführt worden. Wie wenig die Volksbewegung von den 1789 verkündeten Menschenrechten hielt, musste Paine 1793 selbst erfahren: Wie viele andere wurde er ins Gefängnis geworfen, weil er nicht radikal genug war.

Das Ringen um eine demokratische Grundordnung schuf in Frankreich eine neue politische Kultur, die vorwiegend in den Städten die Massen erreichte. Männer und Frauen aus allen Schichten organisierten sich in politischen Klubs und warben u. a. in Zeitungen, Flugblättern und Reden für ihre Überzeugungen. 1799 erklärte Napoleon Bonaparte, der sich durch einen Staatsstreich an die Spitze des Landes gesetzt hatte, die Französische Revolution für beendet. Bis dahin hatte letztlich nur das wohlhabende Bürgertum seine wirtschaftliche und politische Lage wesentlich verbessern können.

Als der 72-jährige Paine 1809 verarmt und vergessen starb, herrschte Napoleon I. schon fünf Jahre als Kaiser der Franzosen. Nach dem Ende der Revolution hatte er wirtschaftliche und rechtliche Reformen eingeleitet und mit militärischen und diplomatischen Mitteln die Vormachtstellung Frankreichs in Europa durchgesetzt. Dabei war 1806 auch das Heilige Römische Reich Deutscher Nation zerfallen. Die „Befreiungskriege" leiteten das Ende Napoleons ein. Sie brachten zwar den Sieg über die französische Fremdherrschaft, doch die Angst vor Revolutionen blieb – bei den Fürsten und bei den meisten Bürgern.

> ▶ *Lassen sich Gemeinsamkeiten und Unterschiede beim Vergleich der Revolutionen in England, Nordamerika und Frankreich feststellen?*
> ▶ *Wo lagen die Ursachen für die Revolution von 1848/49 und welche Ziele verfolgten ihre Befürworter?*
> ▶ *Warum scheiterte die Revolution von 1848/49? Welche positiven Auswirkungen auf die weitere politische, gesellschaftliche und wirtschaftliche Entwicklung in Deutschland lassen sich dennoch feststellen?*

Der Sieg des ständischen Parlamentarismus in England

Voraussetzungen In England wurde die absolute Stellung des Monarchen im 17. Jahrhundert gleich in mehreren Revolutionen („*Englische Revolution*" 1640-1660 und „*Glorious Revolution*" 1688/89) erschüttert. Dort konkurrierte der König schon länger mit dem Parlament. Parlamente als Vertretungen der Stände, nämlich der Adligen, der Bürger und der Kleriker, waren auch in den absoluten Monarchien nicht ganz verschwunden. Dort hatten sie jedoch oft nur noch formell die Rechte, Steuern zu bewilligen und an der Gesetzgebung mitzuwirken. In England dagegen verteidigten die beiden Kammern des Parlaments, das *House of Lords* (Oberhaus) und das *House of Commons* (Unterhaus), ihre starke Stellung gegenüber dem König. Sie konnten sich auf die **Magna Charta Libertatum** aus dem Jahr 1215 berufen, die der königlichen Willkür Grenzen setzte. Die beiden Kammern sprachen prinzipiell für das ganze Land, vertraten aber tatsächlich die Interessen ihrer Mitglieder, nämlich der Hochadligen (*Lords*), des „gewöhnlichen" Landadels (*Gentry*) und der großen Kaufleute. Sie hatten zwei wichtige Anliegen: zum einen die Begünstigung von Landbesitz und Handel, zum anderen die Bewahrung der Konfession.

Die Wirtschaft in England war weniger durch überkommene Rechts- und Herrschaftsverhältnisse eingeschränkt als auf dem Kontinent. Die Gesetzgebung nach 1550 erhöhte die ohnehin guten Marktchancen, die sich für die englische Gentry in der Landwirtschaft und im Überseehandel ergaben. Das sollte in den Augen des Parlaments so bleiben. Außerdem wünschten der Adel und die Mehrheit im Land das Fortbestehen der 1535 begründeten Kirche von England. Die förmliche Lossagung von Rom hatte dem Adel zwei Drittel des vormaligen englischen Klosterguts eingebracht. Die Erwerbungen standen auf dem Spiel, wenn das Land wieder katholisch wurde. Aber da war noch ein anderes Problem. Von der Kirche Englands lösten sich mehr und mehr die **Puritaner**. Sie verlangten eine radikalere Abkehr von altkirchlich-katholischen Traditionen als die Kirche von England und kritisierten z.B. die unveränderte altkirchliche Organisation mit dem Anspruch der anglikanischen Bischöfe, in der Nachfolge der Apostel zu stehen. Die Mehrheit des Parlaments jedoch verfolgte langfristig das Ziel, die Kirche von England zu erhalten. Die Parlamentarier wollten weder zurück zur katholischen Kirche noch eine Auflösung der gesamtenglischen Bischofskirche.

Mehrheitlich verfolgten Adlige und Bürger also konservative Ziele, nämlich die Wirtschaftsform und die Konfession zu bewahren. Die politischen Entscheidungen traf aber auch in England der König, das Parlament konnte nur reagieren. Seit 1603 herrschte König *Jakob I.* aus der Dynastie der *Stuarts*, die bis dahin in Schottland regiert hatten und nun erstmals England (mit Irland) und Schottland in Personalunion vereinigten. Der Stuartkönig missachtete wiederholt die Rechte des Ober- und Unterhauses. Diese erzwangen daher unter seinem Nachfolger *Karl I.* 1628 die *Petition of Right*, die nachdrücklich das Recht der Steuerbewilligung durch das Parlament bestätigte und willkürliche Verhaftungen verbot.

Bürgerkrieg und Ende Karls I. Der König jedoch fügte sich nicht, sondern erhob eigenmächtig neue Abgaben und baute seine zentrale Verwaltung auf Kosten der Gentry aus, die im Unterhaus stark vertreten war. Außerdem straffte er als Oberhaupt der Kirche von England die Kirchenorganisation, die er nun auch den (calvinistisch-)puritanischen Schotten aufzwingen wollte. Als sich diese erhoben, verweigerte das Unterhaus dem König die Hilfe und verabschiedete 1641 ein Dokument, das die Souveränität dem Parlament übertrug und die hierarchische anglikanische Bischofskirche auflöste.

Magna Charta Libertatum (dt. „Große Urkunde der Freiheiten"): Die Magna Charta von 1215 garantierte unter anderem die Rechte des Adels gegenüber den königlichen Lehnsansprüchen und Steuerforderungen. Der König konnte nur dann Steuern erheben und Gesetze erlassen, wenn das Parlament nach Beratung zustimmte. Dieser Herrschaftsbegrenzungsvertrag wurde im Laufe der Zeit zum Grundstein der englischen Verfassung.

Puritaner: Selbstbezeichnung (lat. puritas: „Reinheit") der Angehörigen einer strenggläubigen protestantischen Glaubensrichtung in England und Schottland, die vor allem durch den Reformator Johann Calvin geprägt wurde. Sie gerieten im 16. Jh. in Konflikt mit der anglikanischen Staatskirche, da sich diese nach ihrer Ansicht nicht weit genug vom Katholizismus gelöst hatte.

▶ **Die Hinrichtung Karls I.**
Ausschnitt aus dem Gemälde eines unbekannten Künstlers, um 1649.
■ Laut Überlieferung war der Schauplatz der Enthauptung durch Soldaten und ein schwarzes Tuch weitgehend abgeschirmt. Begründen Sie, warum der – wahrscheinlich schottische – Maler das Volk in seinem Bild teilhaben ließ.

▲ **Oliver Cromwell (1599-1658).**
Porträt von Peter Lely, 1654.

Darüber brach der Bürgerkrieg aus, der zugleich eine Revolution gegen das Königtum war.

Der traditionell royalistische Adel im Norden und Westen hielt weithin dem König die Treue, während der Osten und Süden mit den Handelsstädten, allen voran London, das Parlament unterstützten. Die Royalisten unterlagen 1645 dem schlagkräftigen Heer der Parlamentarier, das **Oliver Cromwell**, ein Adliger des Unterhauses, organisiert und geführt hatte. Der Sieg jedoch spaltete das mittlerweile puritanisch besetzte Unterhaus in *Presbyterianer* und in *Independenten*. Die Presbyterianer, deren Name vom griechischen „presbýteros", der (Kirchen-)Älteste, abgeleitet ist, wollten den landesweiten Kirchenverband beibehalten. Dagegen lehnten die Independenten (aus engl. independent: „unabhängig") jede überregionale Kirchenorganisation ab; die einzelnen Gemeinden sollten ihre Unabhängigkeit bewahren. Die Minderheit der Independenten, die freilich das Heer auf ihrer Seite hatten, setzte sich durch. Um endgültig auch den König auszuschalten, verurteilten sie Karl I. wegen Tyrannei zum Tod und ließen ihn 1649 hinrichten.

Von der Republik zur Restauration Die Sieger erklärten England 1649 zum „*Commonwealth*" (dt. „Gemeinwohl"), das „durch die Repräsentanten des Volkes im Parlament, ohne König und Oberhaus" regiert wurde. Damit war England Republik, auch wenn der unpopuläre Begriff vermieden wurde; die Republik galt als schlechte Staatsform. Tatsächlich hatten ohnehin Cromwell und die Armee die Macht. Dies kam 1653 in einer Verfassung zum Ausdruck, die Cromwell zum „Lord Protector" und damit faktisch zum Militärdiktator machte. Den Königstitel, den ihm das Parlament 1657 anbot, wies er jedoch zurück. Auch Schottland und Irland wurden in die neue Protektoratsverfassung einbezogen. In der Außenpolitik errang Cromwell zur gleichen Zeit triumphale Siege gegen die Kolonialmächte Holland und Spanien. Sie begründeten die Weltgeltung Englands zur See.

Nach dem Tod Cromwells 1658 übernahm wieder das Parlament die Führung, das unter der Militärdiktatur aber nur geringe Mitbestimmungsrechte hatte. Es zog aus den Bürgerkriegen die Konsequenz, dass das Land einen starken König brauchte. Aber er sollte nun durch ein starkes ständisches Parlament in die Schranken gewiesen werden. Daher wurde der Sohn Karls I. 1660 als *Karl II.* zum neuen König erhoben. Man bezeichnete die Wiedereinsetzung der Stuarts als „Restauration", die „Wiederherstellung" des früheren, durch die Revolution unterbrochenen Zustands. Die Staatskirche stützte weiterhin den König, ließ aber den Puritanern und den Katholiken einen gewissen Freiraum. Dennoch wanderten viele „Dissenters" (dt. „Abweichler"), die nicht der Kirche Englands angehörten, nach Amerika aus. Neuerliche Konflikte zwischen Krone und Parlament hatten 1679 die *Habeas-Corpus-Akte* zur Folge, die Schutz vor willkür-

Oliver Cromwell (1599-1658): englischer Heerführer und puritanischer Staatsmann. 1628 wurde er ins englische Unterhaus gewählt und stieg im Bürgerkrieg zum Organisator des Parlamentsheeres auf. Er betrieb die Hinrichtung König Karls I. und verhinderte damit die Umwandlung Englands in einen absolutistischen Staat. Cromwell glaubte an die göttliche Auserwähltheit Englands und versuchte vergeblich, das Land dauerhaft in eine Republik zu verwandeln.

licher Verhaftung durch königliche Beamten garantierte. Da der katholische Stuartkönig *Jakob II.*, der Bruder Karls II., schließlich eine bedrohlich katholikenfreundliche Politik betrieb, setzte ihn das Parlament 1689 ab.

Die „Glorious Revolution" und die Folgen Die Absetzung war Teil eines Vorgangs der Jahre 1688/89, den die Briten „*Glorious Revolution*" nennen – „glorreich", weil kein Blut vergossen wurde. Was war geschehen? Jakob II. besetzte rechtswidrig hohe Ämter mit Katholiken. Nach der Geburt eines Thronfolgers im Juni 1688 befürchteten Mitglieder des Parlaments eine katholische Dynastie und eine allgemeine Rekatholisierung des Landes. Daher riefen sie den protestantischen *Wilhelm von Oranien*, den Erbstatthalter der Vereinigten Niederlande, zu Hilfe, der im November 1688 mit einer Flotte in England landete und rasch die Sympathie von Armee und Bevölkerung gewann. Jakob II. floh nach Frankreich. Ein neu gewähltes Parlament übertrug nach der Absetzung des Stuartkönigs dem Oranier Wilhelm (III.) die englische Krone.

▲ Die „Bill of Rights" von 1689.
Der ausführliche Titel des „Gesetzes der Rechte" lautet: „An Act Declaring the Rights and Liberties of the Subject and Settling the Succession of the Crown" (Gesetz zur Erklärung der Rechte und Freiheiten der Untertanen und zur Festlegung der Thronfolge).

Ein revolutionärer Umsturz war das nicht, vielmehr der gelungene Versuch, die Ziele der Restauration von 1660 mit einem anderen König und einer anderen Dynastie durchzusetzen. Wie bisher sollte neben dem König ein starkes Parlament stehen. Die Staatskirche bestand unverändert weiter. Diese Ziele entsprachen den Interessen des konservativen grundbesitzenden Adels, der seine politische Macht und die Konfession des Landes absicherte. Die Gentry besetzte regelmäßig mehr als die Hälfte der 500 Sitze des Unterhauses. Im Oberhaus saßen am Ende des 17. Jahrhunderts rund 180 Mitglieder („Lords"), hohe Adlige (*Peers*) und Geistliche, die meist den König unterstützten. Diejenigen, die Handel, Finanzgeschäfte und Gewerbe betrieben, vor allem Bürgerliche, waren jedoch von der Mitsprache nicht ausgeschlossen. Auch blieb die soziale Mobilität zwischen Adel und höherem Bürgertum erhalten, die in England weit höher war als auf dem Kontinent.

Die *„Bill of Rights"*, 1689 vom Parlament zum Gesetz erhoben und vom neuen König Wilhelm III. gebilligt, legte das Fundament für eine *parlamentarische Monarchie auf ständisch-konstitutioneller Grundlage* (▶ M1). Demgemäß beging der König künftig einen Rechtsbruch, wenn er ohne Einwilligung des Parlaments Gesetze aufhob, Steuern einzog und ein stehendes Heer unterhielt. Der König entschied allerdings weiterhin über die Ernennung der Minister, die Einberufung des Parlaments, die Außenpolitik und damit über Krieg und Frieden.

Noch war 1689 die Souveränitätsfrage des *„king in parliament"* nicht entschieden. Hatte der König oder das Parlament die letzte Entscheidungsgewalt? Die Regierungspraxis begünstigte den König. Aber seine Herrschaft beruhte auf einem Vertrag, nicht mehr auf dem Gottesgnadentum. Das Parlament verfügte über die Steuern und das stehende Heer und hatte somit ein stets wirksames Kontrollrecht. Es wurde insbesondere vom Unterhaus ausgeübt, das regelmäßig neu gewählt werden musste, ab 1716 alle sieben Jahre. Nur wer Besitz hatte, durfte wählen. Der Wahl- und Besetzungsmodus änderte sich im 18. Jahrhundert nicht, wodurch der Einfluss des Landadels und der städtischen Unternehmer, aber auch die Stellung des Parlaments gefestigt wurden. Dies trug entscheidend dazu bei, dass sich in der Praxis die eigentliche Regierungsgewalt langfristig vom König zum Parlament hin verlagerte.

▲ Die Landung Wilhelms III. von Oranien in Torbay im Jahre 1688.
Gemälde von Joseph Mallord William Turner, 1832.
Turners Gemälde zeigt den künftigen König vor dessen triumphaler Ankunft in Torbay an der südenglischen Küste.
▪ Erläutern Sie, inwiefern die Stilisierung Wilhelms als „Retter Englands" auf dem Bild zum Ausdruck kommt.

M1 Die „Bill of Rights" vom 23. Oktober 1689

Die „Bill of Rights" wird 1688 von einem neu berufenen Parlament entworfen, im Februar 1689 von König Wilhelm III. und Königin Maria angenommen, im Oktober vom Parlament als Gesetz mit der Bezeichnung verabschiedet: „An Act Declaring the Rights and Liberties of the Subject and Settling the Succession to the Crown":

I. Darauf haben sich die geistlichen und weltlichen Lords und die Gemeinden auf Grund dieser Ladungen und Wahlen heute in einer vollzähligen und freien Vertretung der Nation versammelt und aufs sorgsamste die besten Maßregeln zur
5 Erlangung des vorgenannten Zieles in ernste Erwägung genommen. Sie erklären daher zuerst (so, wie es ihre Vorfahren im gleichen Falle gewöhnlich getan haben) zur Sicherung und Wahrung ihrer alten Rechte und Freiheiten:
1. Die angemaßte Befugnis, kraft königlicher Autorität
10 ohne Zustimmung des Parlaments Gesetze oder die Ausführung von Gesetzen auszusetzen, ist ungesetzlich.
2. Die angemaßte Befugnis, durch königliche Autorität Gesetze oder die Ausführung von Gesetzen aufzuheben, wie sie in der Vergangenheit angemaßt und ausgeübt wurde,
15 ist ungesetzlich.
3. Die Bestallung für die Errichtung des früheren Gerichtshofes der Kommissare für kirchliche Angelegenheiten und alle anderen Bestallungen und Gerichtshöfe gleicher Art sind ungesetzlich und verderblich.
20 4. Die Erhebung von Steuern für den Gebrauch der Krone unter dem Vorwand [königlichen] Vorrechts ohne Bewilligung des Parlaments für längere Zeit und in anderer Weise, als sie bewilligt ist oder werden soll, ist ungesetzlich.
5. Es ist das Recht der Untertanen, an den König Gesuche zu richten. Alle Verhaftungen und Verfolgungen um solcher 25 Petitionen willen sind ungesetzlich.
6. Das Aufstellen und Halten einer stehenden Armee im Königreich in Friedenszeiten, außer mit Zustimmung des Parlaments, ist ungesetzlich.
7. Die protestantischen Untertanen können Waffen zu 30 ihrer Verteidigung führen, wie es ihrem Stand gemäß und von Rechts wegen erlaubt ist.
8. Die Wahl der Mitglieder des Parlaments soll frei sein.
9. Die Freiheit der Rede, der Debatten und des Verfahrens im Parlament soll vor keinem Gerichtshof oder sonst außer- 35 halb des Parlaments verfolgt oder untersucht werden.

Dietmar Willoweit und Ulrike Seif (Hrsg.), Europäische Verfassungsgeschichte, München 2003, S. 238-240

1. *Die Rechte des Königs sind in der „Bill of Rights" nur indirekt ausgedrückt. Wägen Sie seine Rechte und die Rechte des Parlaments gegeneinander ab.*
2. *Vergleichen Sie die Stellung des englischen Königs aufgrund der „Bill of Rights" mit derjenigen Ludwigs XIV. von Frankreich.*

„American Revolution" – ein moderner Staat entsteht

▲ Die „Gründerstaaten" und die koloniale Besitzverteilung in Nordamerika um 1783.

„No taxation without representation!"
Die nordamerikanischen Kolonien besaßen im 18. Jahrhundert innerhalb des British Empire große Bedeutung. Ihre Bevölkerungszahl war von den ersten Siedlungen bis 1770 auf 2,5 Millionen angewachsen. Großbritannien, wie das Königreich nach der Vereinigung Englands und Schottlands ab 1707 genannt wird, zählte damals 6,5 Millionen Einwohner.

Der Einfluss der britischen Krone auf die Einwohner der Kolonien war im Laufe der Zeit immer geringer geworden. Ihr Lebensstandard hatte den des Mutterlandes teilweise übertroffen und sie verwalteten sich weitgehend selbst. Geblieben waren einige wirtschaftliche Zwänge: Die Kolonien durften bestimmte Waren wie Zucker und Tabak nur nach England ausführen, außerdem Produkte aus Europa nur über britische Firmen einführen. Diese Beschränkungen wurden zunehmend als Ärgernis empfunden. Der Verdruss wuchs, als die britische Regierung den Drang der Siedler nach Westen beschränkte und sie gleichzeitig aufforderte, einen Beitrag zur Sanierung des Staatshaushalts zu leisten. Grund für diese Maßnahmen Londons war der *Siebenjährige Krieg* (1756 - 1763), der eng verflochten war mit dem englisch-französischen Konflikt um die Vorherrschaft in Nordamerika (*French and Indian War*, 1754 - 1763). England hatte zwar über Frankreich triumphiert und die Franzosen mussten im *Frieden von Paris* 1763 auf ihren Besitz östlich des Mississippi verzichten. Doch gleichzeitig waren die Staatsschulden so stark angewachsen, dass man in London beschloss, die Bürger der Kolonien an den Kosten des Krieges zu beteiligen. Die britische Regierung hob die Zölle für Zuckerrohrsirup (Melasse), Kaffee, Eisen und Schiffsbauholz an (*Sugar Act*, 1764) und verlangte eine geringfügige – in England seit Langem erhobene – Gebühr für Kaufverträge, Schuldscheine, Testamente und Druckerzeugnisse aller Art wie Zeitungen oder Kalender (*Stamp Act*, 1765). Die Maßnahmen lösten Proteste aus, obwohl die Steuerlast in den Kolonien insgesamt bedeutend niedriger war als im Mutterland (▶ M1). Denn die Steuergesetze waren ohne Mitwirkung der Kolonien zustande gekommen. Diese beanspruchten den Grundsatz „No taxation without representation!" und das Recht auf Selbstbesteuerung. Nach einem Boykott britischer Waren, zu dem über 200 New Yorker Kaufleute im Oktober 1765 aufgerufen hatten, nahm die Regierung in London die Steuererhöhungen zurück. Sie war aber nicht bereit, den Kolonisten das Selbstbesteuerungsrecht zuzugestehen. Aus dem Streit um Abgaben wurde ein Kampf um politische Rechte.

Obwohl die britische Regierung sich um Kompromisse bemühte, wurden weiterhin britische Waren boykottiert. Die Kolonisten waren entrüstet, als 1770 bei einer Demonstration fünf Bostoner Bürger unter den Kugeln britischer Soldaten starben (*Boston Massacre*, siehe Seite 118). Der Protest entlud sich in der *Boston Tea Party* vom 16. Dezember

◀ „Boston Tea Party."
Kolorierter Kupferstich aus der 1789 in London veröffentlichten „History of North America" von W. D. Cooper.
■ *Der Kupferstich weicht an einem wichtigen Punkt von dem überlieferten Geschehen ab. Arbeiten Sie diesen heraus und erläutern Sie die Intention des Künstlers.*

1773. Um keinen Zoll an England zu zahlen, warfen etwa 30 als Indianer verkleidete Bürger Bostons 342 Kisten Tee im Wert von 9 000 Pfund Sterling (heute etwa 1 Mio. Euro) von drei im Hafen liegenden Schiffen ins Wasser. Für die britische Regierung war das eine offene Rebellion. Sie sperrte den Hafen von Boston vorübergehend für den Handel, belastete die Kolonisten mit der verstärkten Einquartierung von Soldaten, löste das gewählte Oberhaus von Massachusetts auf und machte Gemeindeversammlungen von der Genehmigung des königlichen Gouverneurs abhängig. Für die Kolonisten waren das *Intolerable Acts*.

The Revolutionary War ■ Die Konfrontation mit dem Mutterland förderte den Zusammenschluss der Kolonien. Im September 1774 fand der *Erste Kontinentalkongress* (American Continental Congress) in Philadelphia statt. 55 Delegierte aus zwölf Kolonien (die Vertreter Georgias fehlten) sprachen hier ihr Vorgehen gegen London ab. Der Kongress bildete das erste Repräsentativorgan der Vereinigten Kolonien, seine Abgeordneten vereinbarten einen Handelsboykott gegen England. Die Trennung der Kolonien vom Mutterland stand noch nicht zur Diskussion. Erst als der britische König *Georg III.* die „Rebellen" mit Gewalt zu unterwerfen versuchte, widersetzten sich im April 1775 bei Boston einheimische Bürgerwehren (**Milizen**). Aus dem Kampf um Selbstbesteuerungsrechte wurde ein Unabhängigkeitskrieg. Der im Mai 1775 einberufene *Zweite Kontinentalkongress* organisierte den Revolutionary War: Die Milizen wurden in eine reguläre Armee umgeformt. Oberbefehlshaber der Kontinentalarmee wurde der 43-jährige Plantagenbesitzer und Politiker **George Washington** aus Virginia. Mit den Gefechten setzte eine breit angelegte Kampagne der Aufständischen, die sich selbst „Amerikaner" und „Söhne der Freiheit" (Sons of Liberty) nannten, für die Unabhängigkeit ein.

„That all men are by nature equally free and independent …" ■ Nicht auf den Schlachtfeldern, sondern in den Medien, den Kolonialparlamenten und auf dem Zweiten Kontinentalkongress fielen die zukunftsweisenden Entscheidungen. Am Anfang stand die anonym veröffentlichte Flugschrift „**Common Sense**". Sie erschien im Januar 1776 und

Miliz (lat. militia: „Militärdienst"): Bürger- oder Volksarmee, deren Angehörige nur kurzfristig ausgebildet und nur im Kriegsfall einberufen werden

George Washington (1732 - 1799): Plantagenbesitzer, Offizier und Politiker, ab 1775 Befehlshaber der Kontinentalarmee im Amerikanischen Unabhängigkeitskrieg (1775 - 1783), 1787 Vorsitzender des Verfassungskonvents in Philadelphia und von 1789 bis 1797 erster Präsident der USA.

Common Sense: Der Titel „Common Sense" ist mit einem deutschen Begriff nicht zu übersetzen. Er bedeutet zugleich gesunder Menschenverstand, Gemeinsinn, Nüchternheit und praktische Vernunft.

Thomas Paine (1737-1809): englischer Steuereinnehmer, Journalist und Politiker; emigrierte 1774 nach Amerika, wurde Mitherausgeber des Pennsylvanian Magazine und Aktivist im Kampf gegen die Sklaverei; 1776 Veröffentlichung seiner Schrift „Common Sense". Paine gilt als einer der geistigen Gründerväter der USA.

Benjamin Franklin (1706-1790): Schriftsteller, Naturwissenschaftler und Erfinder aus Boston, als Politiker an der Ausarbeitung und Unterzeichnung der Unabhängigkeitserklärung beteiligt, danach mehrere Jahre als Diplomat in Frankreich tätig, in den Jahren 1785-1788 Präsident (Gouverneur) von Pennsylvania

John Adams (1735-1826): Der Jurist kam aus einer puritanischen Familie aus Massachusetts. Er unterstützte die Unabhängigkeitsbewegung und beteiligte sich an der Abfassung der Unabhängigkeitserklärung. Er wurde 1789 Vizepräsident und 1797 zweiter Präsident der Vereinigten Staaten.

Thomas Jefferson (1743-1826): Rechtsanwalt aus Virginia; nach der Unabhängigkeit der Vereinigten Kolonien 1785-1789 amerikanischer Gesandter in Frankreich, 1789-1794 Außenminister und 1801-1809 der dritte Präsident der USA

löste eine breite öffentliche Diskussion aus. In wirkungsvoller Sprache erläuterte ihr Verfasser Thomas Paine das Recht auf Widerstand gegen die korrupte britische Monarchie und forderte die Unabhängigkeit der Kolonien (▶ M2).

Die Kolonien bemühten sich in der Folge gemeinsam und für sich allein, ihrer Unabhängigkeit von England Ausdruck zu verleihen. Dazu erarbeiteten sie eigene Verfassungen. Eine Vorreiterrolle übernahm die am 12. Juni 1776 verkündete *Virginia Bill of Rights*. Sie proklamierte erstmals in der Geschichte den Vorrang der individuellen Freiheitsrechte gegenüber allen Ansprüchen des Staates und schrieb Gewaltenteilung, regelmäßige Wahl der Abgeordneten, Geschworenengerichte und das Recht auf Widerstand fest, allerdings ohne dabei die Rechte der Frauen und der Afroamerikaner zu berücksichtigen (▶ M3, M4). Diese Verfassung beeinflusste die folgende inneramerikanische und europäische Verfassungsentwicklung in ungeahntem Ausmaß.

Von ebenso weitreichender Bedeutung erwies sich die am 4. Juli 1776 verkündete Unabhängigkeitserklärung (*Declaration of Independence*). Sie war u.a. von Benjamin Franklin und John Adams in einem Ausschuss des Kontinentalkongresses diskutiert und von Rechtsanwalt Thomas Jefferson aus Virginia entworfen worden. Sie hielt fest, dass eine rechtmäßige Regierung nur mit Zustimmung der Regierten möglich sei und es die Aufgabe jeder Regierung sei, die „unveräußerlichen" Rechte der „gleich geschaffenen" Menschen, insbesondere das Recht auf „Leben, Freiheit und Streben nach Glück und Zufriedenheit" zu schützen (▶ M5).

▲ **„Washington Crossing the Delaware."**
Ölgemälde (378,5 x 647,7 cm) von Emanuel Gottlieb Leutze, 1850/51.
Leutze erinnert mit dem Historiengemälde an eine Episode des Unabhängigkeitskampfes. Am späten Nachmittag des 25. Dezember 1776 verließ General Washington mit einer Truppe von 3 500 Mann, darunter Sklaven und freie Schwarze, die Westküste von New Jersey, überquerte am folgenden Morgen um etwa vier Uhr den Delaware-Strom und siegte danach über die vor Trenton lagernden britischen Einheiten. Der Sieg entschied den Unabhängigkeitskrieg nicht. Es dauerte noch vier Jahre, bis die Briten bei Yorktown endgültig aufgaben, und weitere zwei Jahre, bis die Unabhängigkeit der USA 1783 im Frieden von Versailles anerkannt wurde.

- Beschreiben Sie den Bildinhalt. Nehmen Sie dafür die erste Seite des Methodenbausteins auf Seite 167 zu Hilfe.
- Erläutern Sie, welchen Stellenwert Leutze dem dargestellten Ereignis gibt. Berücksichtigen Sie dabei auch die Darstellung (siehe Seite 125f.).
- Beurteilen Sie, inwieweit Historiengemälde dazu geeignet sind, ein eigenes Geschichtsverständnis zu entwickeln.

Ein freier, souveräner und unabhängiger Staat

Ihre Freiheit erstritten sich die Kolonisten in einem fast acht Jahre dauernden Krieg. Sie kämpften dabei nicht nur gegen die Engländer und die etwa 30 000 Söldner, die diese aus den deutschen Kleinstaaten angeheuert hatten, sondern auch gegen etwa ein Drittel der eigenen Bevölkerung, die weiterhin zur britischen Krone hielt. Diese „Königstreuen" (Loyalisten) wurden von den Revolutionären sozial ausgeschlossen, beraubt, eingesperrt und auch getötet. Mehr als 100 000 Loyalisten flohen damals ins Exil, davon die Hälfte in das heutige Kanada.

Militärisch entscheidend war die Unterstützung durch das absolutistische Frankreich. Es unterstützte die aufständischen Amerikaner gegen den Rivalen England. Im *Frieden von Versailles* 1783 musste die englische Krone die Unabhängigkeit der 13 Vereinigten Kolonien als „freie, souveräne, unabhängige Staaten" anerkennen und ihnen das Gebiet zwischen den Appalachen und dem Mississippi überlassen.

Als die britischen Truppen abzogen, verließen auch die letzten noch verbliebenen 7 000 königstreuen Soldaten das Land. Sie fanden in Kanada oder Großbritannien eine neue Heimat. Anders als später im revolutionären Frankreich spielten Anhänger der Monarchie in der nordamerikanischen Politik keine Rolle mehr.

▲ **Wappen der USA.**
Die Vorderseite des noch heute verwendeten großen Wappens ist im Wesentlichen seit der ersten, 1782 vom Kongress verabschiedeten Fassung unverändert geblieben: Über dem Weißkopfseeadler prangen 13 Sterne und auf seiner Brust trägt er ein Schild in den amerikanischen Farben. Im Schnabel hält der Adler ein Spruchband mit dem Motto: „E Pluribus Unum": „Aus Vielen (wird, werde oder wurde) Eines". Mit den Krallen umfasst das Wappentier links einen Olivenzweig und rechts Pfeile.

- Analysieren Sie die Symbolik des Wappens.
- Interpretieren Sie es vor dem Hintergrund seiner Entstehungszeit.

„We the People of the United States ..."?

Mit dem Ende der äußeren Bedrohung war der Zusammenhalt der United States of America immer noch gefährdet. Die Last der Kriegskosten und eine beginnende Wirtschaftskrise bereiteten große Schwierigkeiten, die der Kongress mangels Befugnissen nicht lösen konnte. Die Lösung der Probleme fanden 55 Delegierte aus zwölf Staaten (Rhode Island fehlte), die am 25. Mai 1787 in Philadelphia zusammengekommen waren. Sie überarbeiteten die 1781 ratifizierten Konföderationsartikel, nach denen die 13 souveränen Kolonien einen losen Staatenbund bildeten. Hinter verschlossenen Türen einigten sich die Delegierten unter dem Vorsitz von Washington auf einen föderativen Staatenbund mit einer republikanischen Verfassung. Dieser Entwurf der Verfassungsväter (*Founding Fathers*) wurde am 17. September 1787 einstimmig beschlossen. Die Bundesverfassung nahm den Einzelstaaten von ihrer Souveränität nur so viel, wie der Staatenbund brauchte, um den Handel im Innern zu ordnen und die Nation nach außen wirkungsvoll zu vertreten und zu schützen. Sie schuf dazu ein System der Gewaltenteilung und wechselseitigen Kontrollen (*checks and balances*). Weder der Kongress mit seinen beiden gewählten Kammern (Senat und Abgeordnetenhaus) noch der vom Volk indirekt zu wählende Präsident waren damit in der Lage, allein die absolute Gewalt auszuüben. Die Regelung des Wahlrechts blieb den Einzelstaaten weitgehend überlassen. Frauen, Sklaven und Indianer hatten kein Recht zu wählen, zudem schloss das **Zensuswahlrecht** überall den größten Teil der Bevölkerung von den Wahlen aus.

Zensuswahlrecht: Wahlsystem, bei dem das Wahlrecht an den Nachweis von Besitz, Einkommen oder Steuerleistung (Zensus) gebunden ist. Das allgemeine Männerwahlrecht wurde in den USA 1830 eingeführt.

Die Grundrechte

In der Ratifizierungsdiskussion bildeten sich zwei politische Lager: Die *Föderalisten*, hinter denen Handel und Gewerbe standen, wollten einen einheitlichen Wirtschaftsraum und deshalb eine starke Bundesgewalt. Demgegenüber misstrauten die *Anti-Föderalisten* jedem staatlichen Zentralismus und forderten für die Einzelstaaten mehr Rechte. Bis 1788 hatten die meisten Staaten die Bundesverfassung angenommen, und im Februar 1789 wurde George Washington zum ersten Präsidenten der Vereinigten Staaten von Amerika gewählt. Nachdem auch in Frankreich am 26. August 1789 eine „Erklärung der Menschen- und Bürgerrechte" veröffentlicht worden war, verabschiedete der Erste Kongress im Herbst 1789 eine Grundrechteerklärung

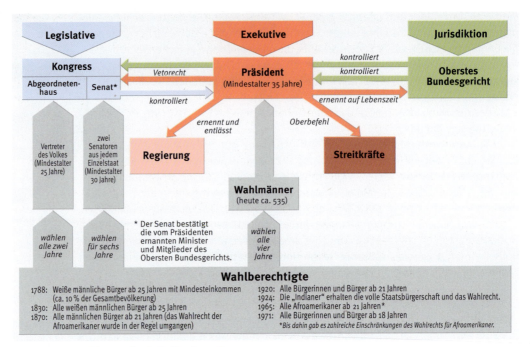

▲ Die amerikanische Bundesverfassung.
■ Erklären Sie anhand des Schaubildes den Grundsatz der „checks and balances".

Verfassungsstaat: Schriftliche Verfassungen (Konstitutionen) sind die rechtliche Grundordnung der Staaten, die insbesondere die Rechte des Einzelnen und der verschiedenen staatlichen Gewalten (Exekutive, Legislative und Judikative) normieren. Verfassungen werden in der Regel von einer Nationalversammlung ausgearbeitet und verabschiedet, in autoritären Systemen aber vom jeweiligen Herrscher (oder einer Partei) erlassen.

Nationalstaat: Seit der nordamerikanischen Unabhängigkeitserklärung (1776) und der Französischen Revolution (1789) gehen die Anhänger des Liberalismus davon aus, dass die Angehörigen einer Nation das Recht haben, in einem eigenen Staat (Nationalstaat) zu leben. Der Nationalismus, der eine Nation erst definiert und bewusst macht, dient zur Legitimation von Herrschaft in einem solchen Nationalstaat.

(*Bill of Rights*) in Form von zehn Verfassungszusätzen (*amendments*). Sie wurden Ende 1791 in die Bundesverfassung aufgenommen. Zu diesen Grundrechten zählen u. a. Religions- und Meinungsfreiheit, das Recht auf Waffenbesitz, der Schutz vor willkürlicher Hausdurchsuchung oder Verhaftung und der Schutz vor grausamen Strafen (Folter). Die Stellung der Frau in Politik und Gesellschaft sowie das Problem der Sklaverei blieben noch unberücksichtigt, obwohl entsprechende Forderungen bereits bestanden.

Die Annahme der Verfassung und die Bildung der ersten Bundesregierung schlossen eine außerordentliche Entwicklung ab. Menschen unterschiedlicher sozialer Herkunft hatten gemeinsam gegen den Herrschaftsanspruch eines Königs gekämpft und einen unabhängigen, republikanischen Staat gegründet.

Bedeutung Die Amerikanische Revolution hat also nicht ein Herrschaftssystem oder eine Gesellschaftsstruktur umgestürzt wie etwa die Französische Revolution, die den Feudalismus und die Ständeordnung beseitigte.* Die Kolonisten in Amerika stellten Fragen nach dem Verhältnis zwischen Regierung und Bürger, nach dem Nutzen staatlicher Einrichtungen und den Grenzen obrigkeitlicher Maßnahmen. Ihre Revolution hat dadurch den modernen Prinzipien der Volkssouveränität**, dem **Verfassungsstaat** sowie dem **Nationalstaat**gedanken und den Menschenrechten zum Durchbruch verholfen. Das politische Selbstverständnis der Menschen hatte sich im Unabhängigkeitskrieg gegen England radikal verändert. Aus Untertanen der britischen Krone waren politisch verantwortliche Bürger geworden, die ihren Staat nach eigenen Überlegungen schufen. Hierin liegt die wegweisende Bedeutung der Amerikanischen Revolution.

* Siehe S. 134 ff.
** Siehe S. 135.

M1 The Stamp Act Resolutions

Im April 1765 erreicht das „Stempelsteuergesetz" die Kolonien. Eine breite Protestwelle entsteht. In den Parlamenten der Kolonien wird das Stempelsteuergesetz verurteilt. Abgeordnete von neun Kolonien treffen sich illegal in New York und beschließen am 19. Oktober 1765:

- Es ist für die Freiheit eines Volkes unabdingbar und das unbezweifelte Recht von Engländern, dass ihnen keine Steuern auferlegt werden ohne ihre Zustimmung, die sie persönlich oder durch ihre Abgeordneten erteilt haben.
- Das Volk dieser Kolonien ist im Unterhaus von Großbritannien nicht vertreten und kann es wegen der geografischen Gegebenheiten auch nicht sein.
- Die einzigen Vertreter des Volkes dieser Kolonien sind Personen, die von ihm selbst gewählt worden sind. Keine Steuern sind ihm jemals in verfassungsmäßiger Weise auferlegt worden und können ihm in Zukunft auferlegt werden, außer durch seine jeweiligen Legislativen.
- Da alle Bewilligungen für die Krone freiwillige Gaben des Volkes sind, ist es unvernünftig und unvereinbar mit den Grundsätzen und dem Geist der britischen Verfassung, dass das Volk Großbritanniens Seiner Majestät das Eigentum der Bewohner der Kolonien übereignet. [...]
- Dass die Stempelsteuerakte, die den Einwohnern dieser Kolonien Steuern auferlegt [...], offenbar den Umsturz der Rechte und Freiheiten der Kolonisten erstreben. [...]
- Dass die Zölle, die durch verschiedene frühere Parlamentsbeschlüsse verhängt wurden, extrem belastend und kränkend sind; wegen der Verknappung des Hartgeldes ist ihre Bezahlung absolut nicht zu verwirklichen.
- Da die Gewinne aus dem Handelsverkehr der Kolonien letztlich in Großbritannien zusammenfließen und sie ihrerseits die Fabrikate bezahlen, die sie nur von dort beziehen dürfen, so leisten sie dadurch praktisch einen sehr großen Beitrag zu allen Geldbewilligungen, die der Krone dort gewährt werden.
- Dass die durch verschiedene Parlamentsbeschlüsse kürzlich auferlegten Handelsbeschränkungen diesen Kolonien die Möglichkeit nehmen, die Fabrikate Großbritanniens zu kaufen.
- Dass Wachstum, Wohlergehen und Glück dieser Kolonien vom vollen und freien Genuss ihrer Rechte und Freiheiten, sowie von einem gegenseitig freundschaftlichen und gewinnbringenden Verkehr mit Großbritannien abhängen.

Willi Paul Adams und Angela Meurer Adams (Hrsg.), Die Amerikanische Revolution in Augenzeugenberichten, München 1976, S. 51, und Fritz Wagner, USA. Geburt und Aufstieg der neuen Welt. Geschichte in Zeitdokumenten 1607-1865, München 1947, S. 44 f.

1. *Beschreiben Sie die Argumentation des Stempelsteuerkongresses.*
2. *Erläutern Sie den Zusammenhang von Wirtschaft und Politik.*
3. *Nehmen Sie aus der Sicht des britischen Parlamentes Stellung zu den Vorwürfen und leiten Sie mögliche Reaktionen daraus ab.*

M2 Thomas Paine: Common Sense

Im Januar 1776 veröffentlicht Thomas Paine anonym die Streitschrift „Common Sense". Sie wird der erste politische Bestseller Amerikas und erreicht innerhalb von drei Monaten eine Auflage von 120 000 Exemplaren. Paine schreibt:

Über die Monarchie und die Erbfolge
Da alle Menschen nach der Ordnung der Schöpfung ursprünglich gleich waren, kann diese Gleichheit nur durch spätere Ereignisse zerstört worden sein [...], ohne dass man dabei auf solch harte und böse klingende Begriffe wie Unterdrückung und Habgier zurückgreifen muss. [...] Aber es gibt noch eine andere und wichtigere Unterscheidung, die auf keinen wahrhaft natürlichen oder religiösen Grund zurückgeführt werden kann, nämlich die Unterscheidung der Menschen in Könige und Untertanen. Die Natur unterscheidet nur nach männlich und weiblich, der Himmel nach gut und böse [...].
Kurz gesagt: Monarchie und Erbfolge (und dies nicht nur in diesem oder jenem Königreich) haben nichts anderes bewirkt, als die Welt in Schutt und Asche zu legen. Es ist eine Regierungsform, gegen die das Wort Gottes Zeugnis ablegt und die mit Blut befleckt ist. [...]

Gedanken über den gegenwärtigen Stand der Sache Amerikas
Unsere Pläne zielen auf den Handel, und dieser wird, wenn er ordentlich betrieben wird, uns den Frieden und die Freundschaft mit ganz Europa sichern; denn es liegt im Interesse ganz Europas, Amerika als Freihafen zu haben. [...] Da ganz Europa der Absatzmarkt für unseren Handel ist, sollten wir keine parteiische Verbindung mit einem Teil davon eingehen. Es liegt im wahren Interesse Amerikas, sich aus europäischen Streitigkeiten herauszuhalten, was es niemals tun kann, solange es durch die Abhängigkeit von Großbritannien zum Zugewicht in der Waagschale der britischen Politik wird. [...] Alles, was wahr und naturgemäß ist, spricht für die Trennung. Das Blut der Getöteten, die klagende Stimme der Natur schreien: ES IST ZEIT SICH ZU TRENNEN. [...]
Um die Sache auf einen Punkt zu bringen: Ist die Macht, die eifersüchtig auf unseren Reichtum ist, geeignet, uns zu regie-

„Common Sense."
Titelblatt der Originalausgabe von 1776.

ren? Wer auch immer auf diese Frage mit Nein antwortet, ist
ein Unabhängiger [independent], denn Unabhängigkeit bedeutet nichts anderes, als dass entweder wir unsere eigenen Gesetze machen werden, oder der König, der größte Feind, den dieser Kontinent hat oder haben kann, uns sagen wird: Es soll keine anderen Gesetze geben als solche, die mir gefallen. Aber wo bleibt, sagen einige, der König von Amerika? Ich sage dir, mein Freund, er regiert oben im Himmel und richtet keine Gemetzel unter der Menschheit an so wie der königliche Unmensch aus Großbritannien. [...] Eine eigene Regierung ist unser natürliches Recht; und wenn man ernsthaft über die Vergänglichkeit menschlicher Dinge nachdenkt, wird man zur Überzeugung kommen, dass es sehr viel sicherer und weiser ist, uns gelassen und überlegt eine eigene Verfassung zu schaffen, solange wir noch die Möglichkeit dazu haben, als ihre Entstehung der Zeit und dem Zufall anzuvertrauen.

Thomas Paine, Common Sense, übersetzt und herausgegeben von Lothar Meinzer, Stuttgart 1982, S. 16, 27, 36 f., 45 und 52 f.

1. Beschreiben Sie Paines Haltung zur Monarchie.
2. Erläutern Sie, wie Paine das Verhältnis zwischen den Kolonien und England sieht.
3. Vergleichen Sie Paines Argumentation mit der Rechtsauffassung der Verfasser des Stempelsteuerprotestes (M1, Seite 129).
4. Erörtern Sie Pro und Kontra der verfassungsrechtlichen Prinzipien für ein unabhängiges Amerika.

M3 Politische Rechte für Frauen?

An dem Widerstand gegen die Briten beteiligen sich viele Frauen. Sie organisieren sich in Geheimbünden („Töchter der Freiheit"), boykottieren britische Waren und fordern ihre Mitbürgerinnen auf, Kleider selbst herzustellen und nur amerikanische Waren zu kaufen. Einige Frauen unterstützen den politischen Kampf mit Zeitungsartikeln, andere helfen und kämpfen im Unabhängigkeitskrieg. Darüber hinaus versuchen manche, ihre Ehemänner von der Gleichberechtigung der Geschlechter zu überzeugen. Abigail Adams schreibt am 31. März 1776 ihrem Mann John Adams:

Ich sehne mich nach der Nachricht, dass Ihr die Unabhängigkeit erklärt habt. Und, nebenbei, in dem neuen Gesetzbuch, das Ihr – meiner Meinung nach – notwendig machen müsst, solltet Ihr – wie ich wünsche – an die Frauen denken und sie großzügiger und günstiger behandeln als eure Vorfahren es taten. Gebt keine solche unbegrenzte Macht mehr in die Hände der Ehemänner. Erinnert euch, dass alle Männer Tyrannen wären, wenn sie könnten. Wenn den Frauen keine besondere Sorge und Berücksichtigung zuteil wird, sind wir entschlossen, einen Aufruhr zu schüren. Wir werden uns nicht durch irgendwelche Gesetze gebunden fühlen, bei denen wir kein Stimm- oder Vertretungsrecht haben.
Dass euer Geschlecht von Natur aus tyrannisch ist, ist als Wahrheit so völlig bewiesen, dass es keine Erörterung mehr erlaubt. Aber die von euch, die glücklich sein wollen, geben freiwillig das strenge Anrecht des Herrn auf zugunsten des sanfteren und teureren als Freund. Warum dann nehmt Ihr es nicht aus der Macht der Bösen und Zügellosen, ohne Strafe mit uns grausam und entwürdigend umzugehen? Männer von Verstand verabscheuen in allen Zeiten solche Sitten, die uns nur als die Mägde eures Geschlechtes behandeln. Betrachtet uns also als von der Vorsehung unter euren Schutz gestellt. Und in Nachahmung des höchsten Wesens macht von dieser Gewalt nur zu unserem Glück Gebrauch.

▶ **Abigail Adams.**
Porträt von Mather Brown, 1785.
Abigail Adams (1744-1818) kam aus einer angesehenen Familie aus Massachusetts und war an philosophischen und politischen Fragen sehr interessiert. 1766 heiratete sie John Adams (siehe Seite 126). Ihr Rat beeinflusste dessen Politik und Karriere maßgeblich.

John Adams antwortet am 14. April 1776:

Was dein außerordentliches Gesetzbuch betrifft, da kann ich nur lachen. Man hat uns erzählt, dass unser Kampf (gegen England) die Bande der Obrigkeit überall gelockert habe, dass Kinder und Lehrlinge ungehorsam würden, dass Schulen und Universitäten aufgewühlt würden, dass Indianer ihre Wächter missachteten und Neger unverschämt gegen ihre Herren würden. Aber dein Brief war der erste Hinweis, dass noch ein anderer Klüngel – zahlreicher und mächtiger als alle anderen – zur Unzufriedenheit herangezüchtet wird. Das ist ein ziemlich grobes Kompliment, aber du bist so frech, dass ich es nicht ausstreichen werde.
Verlass dich drauf, wir wissen etwas Besseres, als unsere männlichen Einrichtungen außer Kraft zu setzen. Obwohl sie in voller Rechtskraft stehen, sind sie – wie dir bekannt – wenig mehr als Theorie. Wir wagen es nicht, unsere Gewalt auszuüben. Wir sind verpflichtet, fair und sanft vorzugehen: Und in der Praxis – du weißt es – sind wir die Untergebenen.

Gerold Niemetz (Hrsg.), Vernachlässigte Fragen der Geschichtsdidaktik, Hannover 1992, S. 96

1. Geben Sie die Argumente von Abigail Adams wieder.
2. Ordnen Sie den Briefwechsel in die zeitgenössische Situation ein.
3. Beurteilen Sie die Antwort von John Adams.
4. Entwickeln Sie Argumente für eine Fortsetzung des Streites zwischen dem Ehepaar Adams.

M4 Virginia Bill of Rights

Am 15. Mai 1776 fordert der Zweite Kontinentalkongress die zur Trennung von Großbritannien bereiten Kolonien auf, sich eigene Verfassungen zu geben. Die Verfassunggebende Versammlung von Virginia stellt am 12. Juni 1776 ihrer „Constitution" eine Rechteerklärung voran, die für alle späteren Grundrechtserklärungen vorbildlich ist:

Abschnitt 1: Alle Menschen sind von Natur aus in gleicher Weise frei und unabhängig und besitzen bestimmte angeborene Rechte, welche sie ihrer Nachkommenschaft durch keinen Vertrag rauben oder entziehen können, wenn sie eine staatliche Verbindung eingehen, und zwar den Genuss des Lebens und der Freiheit, die Mittel zum Erwerb und Besitz von Eigentum und das Erstreben und Erlangen von Glück und Sicherheit.
Abschnitt 2: Alle Macht ruht im Volke und leitet sich folglich von ihm her; die Beamten sind nur seine Bevollmächtigten und Diener und ihm jederzeit verantwortlich.
Abschnitt 3: Eine Regierung ist oder sollte zum allgemeinen Wohle, zum Schutze und zur Sicherheit des Volkes, der Nation oder Allgemeinheit eingesetzt sein; von all den verschiedenen Arten und Formen der Regierung ist diejenige die beste, die imstande ist, den höchsten Grad von Glück und Sicherheit hervorzubringen [...]; die Mehrheit eines Gemeinwesens hat ein unzweifelhaftes, unveräußerliches und unverletzliches Recht, eine Regierung zu verändern oder abzuschaffen, wenn sie diesen Zwecken unangemessen oder entgegengesetzt befunden wird, und zwar so, wie es dem Allgemeinwohl am dienlichsten erscheint. [...]
Abschnitt 5: Die gesetzgebende und ausführende Gewalt des Staates sollen von der richterlichen getrennt und unterschieden sein; [...].
Abschnitt 6: Die Wahlen der Abgeordneten, die als Volksvertreter in der Versammlung dienen, sollen frei sein; alle Männer, die ihr dauerndes Interesse und ihre Anhänglichkeit an die Allgemeinheit erwiesen haben, besitzen das Stimmrecht. Ihnen kann ihr Eigentum nicht zu öffentlichen Zwecken besteuert oder genommen werden ohne ihre eigene Einwilli-

gung oder die ihrer so gewählten Abgeordneten, noch können sie durch irgendein Gesetz gebunden werden, dem sie nicht in gleicher Weise um des öffentlichen Wohles willen zugestimmt haben. [...]

Abschnitt 8: Bei allen schweren oder kriminellen Anklagen hat jedermann ein Recht, Grund und Art seiner Anklage zu erfahren, den Anklägern und Zeugen gegenübergestellt zu werden, Entlastungszeugen herbeizurufen und eine rasche Untersuchung durch einen unparteiischen Gerichtshof von zwölf Männern seiner Nachbarschaft zu verlangen, ohne deren einmütige Zustimmung er nicht als schuldig befunden werden kann; auch kann er nicht gezwungen werden, gegen sich selbst auszusagen; niemand kann seiner Freiheit beraubt werden außer durch Landesgesetz oder das Urteil von seinesgleichen. [...]

Abschnitt 12: Die Freiheit der Presse ist eines der starken Bollwerke der Freiheit und kann nur durch despotische Regierungen beschränkt werden. [...]

Abschnitt 16: Die Religion oder die Ehrfurcht, die wir unserem Schöpfer schulden, und die Art, wie wir sie erfüllen, können nur durch Vernunft und Überzeugung bestimmt sein und nicht durch Zwang oder Gewalt; daher sind alle Menschen gleicherweise zur freien Religionsausübung berechtigt, entsprechend der Stimme ihres Gewissens; es ist die gemeinsame Pflicht aller, christliche Nachsicht, Liebe und Barmherzigkeit aneinander zu üben.

Günther Franz (Hrsg.), Staatsverfassungen, München ³1975, S. 7, 9 und 11

1. *Arbeiten Sie die Grundprinzipien der Erklärung heraus. Welche sind für eine Demokratie unverzichtbar?*
2. *Nehmen Sie Stellung zu der Aussage, dass diejenige Regierung „die beste" sei, „die imstande ist, den höchsten Grad von Glück und Sicherheit hervorzubringen".*

M5 Declaration of Independence

Der Zweite Kontinentalkongress beschließt am 2. Juli 1776, dass die 13 Vereinigten Kolonien freie und unabhängige Staaten sind. In der am 4. Juli 1776 vom Kongress gebilligten Unabhängigkeitserklärung der „Vereinigten Staaten von Amerika" heißt es:

Wenn es im Laufe der Menschheitsgeschichte für ein Volk notwendig wird, die politischen Bande zu lösen, die es mit einem anderen Volke verbunden haben, und unter den Mächten der Erde den selbstständigen und gleichberechtigten Rang einzunehmen, zu dem natürliches und göttliches Gesetz es berechtigen, so erfordert geziemende Achtung vor den Ansichten der Menschen, dass es die Gründe darlegt, die es zur Absonderung bewegen.

Folgende Wahrheiten bedürfen für uns keines Beweises: Dass alle Menschen gleich geschaffen sind; dass sie von ihrem Schöpfer mit gewissen unveräußerlichen Rechten ausgestattet sind, dass dazu Leben, Freiheit und das Streben nach Glück gehören, dass zur Sicherung dieser Rechte Regierungen unter den Menschen eingesetzt sind, die ihre rechtmäßige Autorität aus der Zustimmung der Regierten herleiten; dass, wenn immer irgendeine Regierungsform diesen Zielen abträglich wird, das Volk berechtigt ist, sie zu ändern oder abzuschaffen und eine neue Regierung einzusetzen und diese auf solchen Prinzipien zu errichten und ihre Gewalten solchermaßen zu organisieren, wie es ihm zur Gewährleistung seiner Sicherheit und seines Glücks am ratsamsten erscheint.

Die Vernunft gebietet freilich, dass seit Langem bestehende Regierungen nicht aus geringfügigen und flüchtigen Anlässen geändert werden sollten; und dementsprechend hat alle Erfahrung gezeigt, dass die Menschen eher geneigt sind zu leiden, solange die Missstände erduldbar sind, als sich durch Beseitigung altgewohnter Formen Recht zu verschaffen. Aber wenn eine lange Reihe von Missbräuchen und Übergriffen, die ausnahmslos das gleiche Ziel verfolgen, die Absicht deutlich werden lässt, das Volk unumschränktem Despotismus zu unterwerfen, so ist es sein Recht wie auch seine Pflicht, eine solche Regierung zu beseitigen und durch neue schützende Einrichtungen für seine künftige Sicherheit Vorsorge zu treffen. [...]

Die Regierungszeit des jetzigen Königs von Großbritannien ist voll wiederholt begangenen Unrechts und ständiger Übergriffe, die alle unmittelbar auf die Errichtung einer unumschränkten Tyrannei über unsere Staaten abzielen.

Es folgt eine Auflistung von 18 Beschwerden; darunter:

Er hat es abgelehnt, andere Gesetze zugunsten großer Bevölkerungskreise zu verabschieden, wenn diese Menschen nicht auf das Recht der Vertretung in der Legislative verzichten wollten, ein Recht, das ihnen unschätzbar wichtig ist und nur Tyrannen schrecken kann. [...]

Er hat wiederholt Volksvertretungen aufgelöst, weil sie mit männlicher Festigkeit seinen Eingriffen in die Rechte des Volkes entgegengetreten sind. [...]

Er hat Richter in Bezug auf ihre Amtsdauer, die Höhe und den Zahlungsmodus ihrer Gehälter von seinem Willen allein abhängig gemacht.

Er hat eine Unzahl neuer Behörden eingerichtet und Schwärme von Beamten hierher geschickt, um unser Volk zu belästigen und seine Substanz aufzuzehren.

Er hat in Friedenszeiten bei uns ohne die Zustimmung der gesetzgebenden Körperschaften stehende Heere unterhalten.

▶ „Declaration of Independence, July 4th, 1776."
Historiengemälde von John Trumbull, 1787.
Thomas Jefferson (vgl. Seite 126) überreicht dem Präsidenten des Zweiten Kontinentalkongresses die Unabhängigkeitserklärung. Links von ihm (im braunen Anzug) John Adams, rechts Benjamin Franklin.

Er hat danach gestrebt, das Militär von der Zivilgewalt unabhängig zu machen und es ihr überzuordnen.
Er hat sich mit anderen zusammengetan, um uns einer Form der Rechtsprechung zu unterwerfen, die unserer Verfassung fremd und von unseren Gesetzen nicht anerkannt war; und er hat seine Zustimmung zu ihren angemaßten gesetzgeberischen Handlungen erteilt [...].
Er hat seinen Herrschaftsanspruch hier aufgegeben, indem er uns als außerhalb seines Schutzes stehend erklärte und Krieg gegen uns führte.
Er hat unsere Meere geplündert, unsere Küsten verwüstet, unsere Städte niedergebrannt und unsere Mitbürger getötet. Er schafft zum gegenwärtigen Zeitpunkt große Heere fremder Söldner heran, um das Werk des Todes, der Verwüstung und der Tyrannei zu vollenden, das er bereits mit solcher Grausamkeit und Heimtücke begonnen hat, wie sie in den barbarischsten Zeiten kaum ihresgleichen finden, und die des Oberhauptes einer zivilisierten Nation gänzlich unwürdig sind. [...]
Er hat Erhebungen in unserer Mitte angeschürt und sich bemüht, auf die Bewohner unserer Grenze zur Wildnis hin die erbarmungslosen indianischen Wilden zu hetzen, deren Kriegführung bekanntlich darin besteht, alles ohne Rücksicht auf Alter, Geschlecht oder Zustand niederzumachen. [...]
Daher tun wir, die in gemeinsamem Kongress versammelten Vertreter der Vereinigten Staaten von Amerika, unter Anrufung des obersten Weltenrichters als Zeugen für die Rechtschaffenheit unserer Absichten, im Namen und Auftrag des wohlmeinenden Volkes unserer Kolonien feierlich kund zu wissen, dass diese Vereinigten Kolonien freie und unabhängige Staaten sind und rechtens sein sollen; dass sie von jeglicher Treuepflicht gegen die britische Krone entbunden sind, und dass jede politische Verbindung zwischen ihnen und dem Staate Großbritannien vollständig gelöst ist und sein soll; und dass sie als freie und unabhängige Staaten das uneingeschränkte Recht haben, Krieg zu führen, Frieden zu schließen, Bündnisse einzugehen, Handel zu treiben und alle sonstigen Handlungen vorzunehmen und Tätigkeiten auszuüben, zu denen unabhängige Staaten rechtens befugt sind.

Udo Sautter, Die Vereinigten Staaten. Daten, Fakten, Dokumente, Tübingen/Basel 2000, S. 148 und 150

1. *Analysieren Sie den Aufbau der Unabhängigkeitserklärung. Arbeiten Sie die Aussagen der einzelnen Abschnitte heraus.*
2. *Ordnen Sie die Unabhängigkeitserklärung in einen historischen Zusammenhang ein und beurteilen Sie, welche politischen Funktionen sie hatte.*
3. *Weisen Sie die Einflüsse Paines (siehe M2, Seite 129 f.) auf die Unabhängigkeitserklärung nach.*
4. *Erörtern Sie die Wirkung der Erklärung in der amerikanischen Bevölkerung und bei ausländischen Regierungen.*
5. *Beurteilen Sie, welche politische Bedeutung die Erklärung über den aktuellen Anlass hinaus hatte.*

Die Französische Revolution

Das „vormoderne" Frankreich Die Ideen der Englischen und Amerikanischen Revolution wurden auch nach Frankreich exportiert und trafen nicht nur bei Intellektuellen, sondern auch beim „gemeinen Volk" auf Interesse. In der Zeit nach Ludwig XIV., der 1715 gestorben war, wurden die inneren Schwächen des absolutistischen Modells deutlich. Seine Nachfolger verfügten nicht mehr über die Autorität und Kompetenz, die der „Sonnenkönig" noch besessen hatte. Die krisenhafte finanzielle Lage des Staates spitzte sich zu, einen immer größeren Teil der Staatseinnahmen verschlangen die Tilgungen und Zinszahlungen für die Kredite.

„Absolut" war die Herrschaft des Monarchen also nicht. Verschiedene Personengruppen und Institutionen hatten in unterschiedlichem Maß Anteil an der Herrschaft in Frankreich. Manche Provinzen hatten Privilegien und Sonderrechte, so Vergünstigungen für ständische Gruppen und Unternehmen. Es gab vor der Revolution Binnenzölle, die in verschiedene Kassen flossen, ohnehin regional unterschiedliche Gesetze, Maße und Gewichte. Auch das Steuersystem war kompliziert, in verschiedenen Regionen galten ganz unterschiedliche Tarife. Gegen die vom Adel beherrschten *Parlements* (so hießen in Frankreich die regionalen Gerichtshöfe), die königliche Maßnahmen blockieren konnten, war eine zentralistische Politik kaum möglich. Die ständischen Zwischengewalten schränkten also die Macht des Monarchen erheblich ein. Das vorrevolutionäre Frankreich war noch kein einheitlicher Nationalstaat moderner Prägung, sondern eher ein Verbund unterschiedlicher Teilherrschaften unter einer Krone.

Die gesellschaftliche Verteilung von politischem Einfluss und der Erfüllung von Pflichten war in Frankreich noch vormodern. Die Gesellschaft war in drei Stände gegliedert. Klerus und Adel, die beiden obersten Stände, bildeten nur einen winzigen Bevölkerungsanteil, verfügten aber über gewaltigen Landbesitz und Macht. Diese beiden Stände waren von Steuern befreit, im Gegensatz zum Dritten Stand, den Bauern und Bürgern, die von politischer Einflussnahme weitgehend ausgeschlossen waren.

Die Einberufung der Generalstände König *Ludwig XVI.* (1754 - 1793), der seit 1774 regierte, war bei den Franzosen durchaus beliebt, galt aber als schwacher Monarch, der an Regierungsaufgaben wenig interessiert war. Seine Frau *Marie Antoinette* (1755 - 1793) verspielte ihr Ansehen in der Bevölkerung durch Arroganz, Eitelkeit und Prunksucht. Um die Finanzkrise zu lösen, wurden verschiedene Modelle entwickelt, die auch eine Steuerpflicht der ersten beiden Stände vorsahen. Diese Vorschläge scheiterten allesamt am hartnäckigen Widerstand des Adels. Im Jahr 1787 entschied der König schließlich widerwillig, die **Generalstände** (*États Généraux*) einzuberufen, die zum letzten Mal im Jahr 1614 getagt hatten. Sie sollten über eine Steuerreform beraten.

Die Einberufung dieses Gremiums war – auch wenn es nur beratende Funktion hatte – ein politisches Ereignis von höchster politischer Bedeutung. Der König gab einen Teil seines Anspruchs auf Alleinregierung preis. In ganz Frankreich wählten die Stände in getrennten Abstimmungen Vertreter aus ihrer Mitte. Wahlrecht im Dritten Stand hatte jeder männlicher Franzose über 25 Jahre, der Steuern entrichtete.

Der Wahlkampf politisierte die Bevölkerung. Begriffe wie *Freiheit*, *Gleichheit*, *Glück*, *Souveränität* und *Repräsentation*, die schon zuvor den amerikanischen Unabhängigkeitskampf geprägt hatten, wurden zu Schlagwörtern. Die Position der **Patrioten** fand ihren programmatischen Ausdruck in einer im Januar 1789 von dem dreißigjährigen

▲ „Man muss hoffen, dass dieses Spiel bald vorbei ist."
Figurengruppe aus einer Radierung (19 x 14 cm) eines unbekannten Künstlers von 1789. Das Bild fand als Flugblatt weite Verbreitung. Auf dem Taschentuch der unteren Figur sind vermerkt: „Salz- und Tabaksteuern, Grundsteuer, Zehnt, Frondienst, Militärdienst", auf dem Säbel steht „gerötet von Blut", auf dem Stock „mit Tränen getränkt".

- Beschreiben Sie die drei Figuren des Bildes und ordnen Sie sie den Ständen zu.
- Welche Missstände werden angeprangert?

Generalstände (frz. états généraux): Versammlung von Repräsentanten der drei Stände Klerus (Erster Stand), Adel (Zweiter Stand) und Bürgertum (Dritter Stand). Sie wurden erstmals 1302 vom König einberufen, zuletzt 1614, meist um über Steuern zu beraten. Erst 1789 wurden sie zur Lösung einer Finanz- und Staatskrise wieder einberufen.

Patrioten: Vaterlandsfreunde; hier die Ständevertreter, die gegen die Privilegien des Klerus und Adels kämpften

Abbé Sieyès veröffentlichten Flugschrift mit dem Titel „Was ist der Dritte Stand?" (▶ M1). Im Zusammenhang mit der Wahl hatten die Menschen auch die Gelegenheit, ihre politischen und sozialen Anliegen in Beschwerdehefte, die *Cahiers de doléances*, eintragen zu lassen. Sie sind erstrangige Quellen für die sozialen Verhältnisse und Konflikte im Ancien Régime und vermitteln Einblicke in Probleme, die der Bevölkerung Frankreichs auf den Nägeln brannten. Die Monarchie stand bei dieser ersten modernen Volksbefragung nicht zur Diskussion.

Unter den Generalständen, die am 5. Mai 1789 zusammengekommen waren, verfügten der Erste und Zweite Stand über jeweils 300, der Dritte Stand über 600 Abgeordnete. Abgestimmt wurde nach Ständen und nicht nach Köpfen. Jeder Stand verfügte nur über eine Stimme. Klerus und Adel erwarteten, eine weitere Schwächung der absolutistischen Monarchie durchsetzen zu können. Mit ihrer Zweidrittelmehrheit konnten sie Forderungen des Dritten Standes abwehren, einen Teil der Steuerlast zu übernehmen. Aber bereits die Zusammensetzung der Delegierten war eine Überraschung: Im Ersten Stand wurden nicht, wie erwartet, Bischöfe und Äbte, sondern ganz überwiegend einfache Priester gewählt. Auch im Zweiten Stand musste der hohe Adel dem niederen weichen. Daher gab es sowohl im Klerus wie im Adel Abgeordnete, denen die Nöte der einfachen Bevölkerung nicht gleichgültig waren und die in Opposition zu ihren Standesgenossen standen. Der Dritte Stand war fast ausschließlich durch Vertreter des städtischen Bürgertums repräsentiert. Es überwogen mit Abstand bürgerliche Rechtsanwälte.

Die Revolution der Deputierten Nach ergebnislosen Debatten über eine Änderung des Stimmengewichtes in den Generalständen vollzogen Abgeordnete des Dritten Standes einen revolutionären Akt. Sie erklärten sich am 17. Juni 1789 zur *Nationalversammlung* (*Assemblée Nationale*) und beanspruchten für sich, die gesamte französische Nation zu vertreten. 149 Kleriker und zwei Adlige schlossen sich ihnen an. Rousseaus Lehre von der Volkssouveränität aufgreifend, verkündete Sieyès, „dass es der Versammlung – und nur ihr – zukommt, den Gesamtwillen der Nation auszudrücken und zu vertreten; zwischen dem Thron und dieser Versammlung kann kein Veto, keine Macht des Einspruchs stehen".

Das war revolutionär! Die an Stand und Auftrag ihrer Wähler gebundenen Deputierten (*imperatives Mandat*) hatten sich eigenmächtig (souverän) zu Abgeordneten der gesamten Nation erklärt, die nur noch dem Allgemeinwillen (*Volonté générale*) dienen wollten. Damit hatte der Dritte Stand nicht nur den ersten Schritt vom politisch unmündigen Untertanen zum mitbestimmenden Staatsbürger (*Citoyen*) vollzogen, sondern darüber hinaus die Nation als politische Gemeinschaft rechtsgleicher Bürger gefordert. In ihr sollte es keine rechtlichen Unterschiede der drei Stände mehr geben. Als die Krone daraufhin kurzfristig den Versammlungsraum der Deputierten des Dritten Standes schloss, zogen die reformbereiten Abgeordneten aller drei Stände in eine nahe gelegene Sporthalle und beteuerten am 20. Juni in einer improvisierten Erklärung, dem *Ballhausschwur*, „niemals auseinanderzugehen und sich überall zu versammeln, wo es die Umstände gebieten sollten, so lange, bis die Verfassung des Königreiches ausgearbeitet ist und auf festen Grundlagen ruht". Angesichts der Entschlossenheit der Deputierten gab der König sein alleiniges Recht preis, Ständeversammlungen einzuberufen, zu vertagen oder aufzulösen. Feierlich erklärte sich daraufhin am 9. Juli 1789 die Mehrheit der Abgeordneten zur *Verfassunggebenden Nationalversammlung* (*Assemblée Nationale Constituante*). Sie teilten von da an ihre Souveränität mit derjenigen des Königs. Der Monarch herrschte nicht mehr absolut.

Emmanuel Joseph Sieyès (1748-1836): Angehöriger des Klerus und Politiker. Er war einer der einflussreichsten Wortführer des Dritten Standes, wurde Abgeordneter des Nationalkonvents und unterstützte 1799 als Mitglied der Regierung den Staatsstreich Napoleons.

Ancien Régime: Mit dem Begriff Ancien Régime (frühere Herrschaftsform) wird die feudale Herrschafts- und Gesellschaftsordnung vor der Französischen Revolution von 1789 bezeichnet.

Volkssouveränität: Das Volk ist Träger der Staatsgewalt; es übt sie aus durch Wahlen, Abstimmungen und Organe, die von ihm beauftragt sind.

◀ „Die Erstürmung der Bastille."
Ölgemälde von Charles Thévenin, 1793.
Die Festung war Ende des 14. Jahrhunderts zur Verteidigung gegen die Engländer erbaut und später zum Staatsgefängnis gemacht worden. Sie hatte 1,5 Meter dicke Mauern und acht ungleich hohe Rundtürme, der höchste maß 22 Meter.
Die im Bild gezeigte blau-weiß-rote Trikolore (lat. tricolor: „dreifarbig") ist eine Kombination aus den Farben der Stadt Paris und dem weißen Lilienbanner der Monarchie. Offiziell wurde die Trikolore erst 1794 zur Nationalflagge erklärt.
- Das Gemälde deutet den Sturm auf die Bastille als nationales Ereignis. Erklären Sie die Aussage.
- Von dem Bild gibt es auch eine Fassung, die statt der Trikolore eine weiße Fahne zeigt. Überlegen Sie, inwiefern sich damit die Bildaussage verändert.

Der 14. Juli 1789 und die städtische Volksrevolution

Mit der Genehmigung der Verfassunggebenden Nationalversammlung (Konstituante) wollten sich Ludwig XVI. und seine Berater an die Spitze der Bewegung setzen, um so die Entwicklung bestimmen zu können. Da aber gleichzeitig eine neue reformfeindliche Regierung einberufen und Truppen zusammengezogen wurden, befürchtete die Bevölkerung in Paris eine politische Wende. Soziale Probleme verschärften die Lage. Die Brotpreise hatten einen schwindelerregenden Höhepunkt erreicht. Überall in Paris wurden Volksreden gehalten und Demonstrationen durchgeführt. Am Vormittag des 14. Juli 1789 entwendeten aufgebrachte Bürger aus den Arsenalen der Stadt Waffen, und Tausende marschierten nun zum Pariser Staatsgefängnis, zur *Bastille*, wo Schießpulver und Munition gelagert waren. Der Zug bestand vorwiegend aus **Sansculotten**, kleinen städtischen Handwerkern, Händlern, Wirten und Tagelöhnern. Die Verteidiger der Bastille wurden überwältigt, Pulver und Blei erbeutet und einige Gefangene befreit. Eine **Nationalgarde** unter *Marie-Joseph Lafayette* (1757-1834), der schon an der Amerikanischen Revolution beteiligt war, übernahm nun die militärische Macht in Paris.

Umsturz der Macht- und Eigentumsverhältnisse

In vielen Regionen Frankreichs erhoben sich nun die Bauern gegen ihre Herren. Die Nationalversammlung beschloss daher in einer stürmischen Nachtsitzung vom 4./5. August 1789 die völlige Beseitigung der **Feudalordnung**: Die Leibeigenschaft und die grundherrliche Gerichtsbarkeit wurden abgeschafft und die Bauern sollten sich von ihren Abgaben und Diensten gegenüber den Grundherren freikaufen können. Hierzu war allerdings nur eine kleine Zahl von Bauern in der Lage. Abgeschafft wurden ferner die Steuerprivilegien des Ersten und Zweiten Standes, die Käuflichkeit der Ämter und die Zünfte.

In einem zweiten Schritt wurde am 26. August 1789 die *Erklärung der Menschen- und Bürgerrechte* verabschiedet. Marquis de Lafayette hatte der Nationalversammlung am 11. Juli den Entwurf der Erklärung vorgelegt. Sie sollte Teil der zu erarbeitenden Verfassung werden und verkündete nach dem Vorbild der Virginia Bill of Rights von 1776 die wirkungsmächtigsten Prinzipien der Französischen Revolution von 1789: die

Sansculotten (franz. sans-culotte: „ohne Kniebundhosen"): revolutionäre Stadtbewohner, die von ihrer körperlichen Arbeit lebten. Kennzeichen der Sansculotten waren die rote Jakobinermütze, die Pike und das brüderliche Du.

Nationalgarde: im Juli 1789 in Paris entstandene Bürgerwehr; ihre Mitglieder kamen aus dem Bürgertum. Sie bestand mit Unterbrechungen bis 1871.

Feudalordnung (lat. feudum: „Lehen"): Herrschaftsform in überwiegend agrarischen Gesellschaften, die auf Grundbesitz beruht, den ein Lehnsmann (Vasall) von einem Lehnsherrn erhält. Der Feudalismus prägte die Wirtschafts- und Gesellschaftsordnung der meisten Länder im Mittelalter und in der Frühen Neuzeit.

Freiheit des Individuums (*Liberté*), die Gleichheit der Bürger (*Egalité*) sowie, weniger deutlich und wirksam, die Brüderlichkeit (*Fraternité*) aller Menschen. Die „Charta der modernen Demokratie" (*François Furet*) hatte jedoch auch Lücken. So löste sie die noch schwache Forderung nach der Gleichberechtigung der Geschlechter nicht ein.

Von zentraler Bedeutung während der Verfassungsberatungen war die Frage, welche Kompetenzen dem Monarchen künftig zugestanden werden sollten. Seine Exekutivgewalt wurde nicht infrage gestellt, aber in der Gesetzgebung räumte die Mehrheit der Deputierten dem König nur noch ein aufschiebendes Einspruchsrecht (*suspensives Veto*) ein, mit dem er Gesetze zwar nicht generell verhindern, aber für vier Jahre blockieren konnte. Trotz dieser Zugeständnisse wollte der König die Verfassung zunächst nicht anerkennen.

Während man in Versailles politisch nicht vorankam, hungerten viele Einwohner von Paris. Mit der Bemerkung „Die Männer trödeln, die Männer sind feige, jetzt nehmen wir die Sache in die Hand" zogen am 5. Oktober 1789 etwa 6 000 Frauen nach Versailles, um gegen die Not zu demonstrieren; ihnen folgten rund 20 000 Nationalgardisten. Im Verlauf des Protestes erkannte Ludwig XVI. die von der Verfassunggebenden Nationalversammlung erarbeiteten Verfassungsartikel an, auch die Menschenrechtserklärung. Um ihn besser kontrollieren zu können, wurde der König gezwungen, mit seiner Familie in die Hauptstadt zu ziehen; die Abgeordneten folgten ihm. Paris wurde Zentrum der Macht.

▲ **Olympe de Gouges.**
Pastellminiatur von 1785. Die 1748 geborene Schriftstellerin verfasste 1791 die „Erklärung der Rechte der Frau und Bürgerin". Frauen übernahmen im revolutionären Alltag eine wichtige Rolle. Sie demonstrierten gegen Missstände, entsandten Deputationen und meldeten sich mit Petitionen und Streitschriften zu Wort. Einige organisierten sich auch in eigenen Klubs, die allerdings im Oktober 1793 verboten wurden. Später stellten Frauen auch eigene freiwillige Regimenter für den Kampf gegen die Feinde der Revolution auf. Trotzdem wurden ihre Forderungen, sie in Ausbildung, Beruf, Ehe und Familie besserzustellen, kaum berücksichtigt. Darüber hinaus blieben sie weiterhin ohne Wahlrecht und wurden von der Mitarbeit in Kommunen und im Parlament ausgeschlossen. Es kam auch zu verbalen Diskriminierungen in der Presse. Einige Frauen wurden ins Gefängnis geworfen, andere starben auf dem Schafott. Auch Olympe de Gouges ereilte dieses Schicksal, sie wurde am 3. November 1793 hingerichtet.

Die Arbeit der Konstituante ■ Die Revolution lähmte Handel und Gewerbe. Der Staat nahm kaum noch Steuern ein. Zur Sanierung des Staatshaushaltes beschlossen die Abgeordneten auf Vorschlag des 35-jährigen Bischofs von Autun, *Charles Maurice Talleyrand*, die Verstaatlichung der Kirchengüter. Orden und Klöster wurden aufgelöst. Die Versteigerung der kirchlichen Güter begann. Die Nationalisierung der Kirchengüter hatte die staatliche Kirchenverfassung zur Folge. Der Staat übernahm die sozialen Aufgaben des Klerus, wie Schulen, die Kranken- und Armenpflege, und machte aus Bischöfen und Geistlichen vom Volk wählbare Staatsdiener.

Eine weitere spektakuläre Entscheidung der Abgeordneten war die Abschaffung des erblichen Adels am 19. Juni 1790. Bei den folgenden Bemühungen, Staat und Wirtschaft neu zu ordnen, konnten die Abgeordneten zum Teil auf die im Ancien Régime begonnenen Reformen zurückgreifen. Die nun durchgeführten Verwaltungs-, Justiz-, Finanz-, Steuer- und Gemeindereformen griffen ineinander und wurden parallel zu einer Neueinteilung des Landes in 83 etwa gleich große Verwaltungsbezirke (*Départements*) vollzogen. Die Binnenzölle fielen und die Berufs- und Gewerbefreiheit wurde eingeführt. Ganz im Sinn der neuen Wirtschaftsordnung wurde aber auch den Handwerkern und Arbeitern das Recht auf Vereinigung und Streik im Juni 1791 genommen; die Regelung blieb bis 1864 bzw. 1884 bestehen.

Frankreich wird konstitutionelle Monarchie ■ Durch einen Fluchtversuch ins Ausland, der am 20. Juni 1791 scheiterte, verlor Ludwig XVI. seine Glaubwürdigkeit und sein Ansehen – bei den Deputierten und in der Bevölkerung. Die Mehrheit der Abgeordneten wollte dennoch die Revolution beenden, um endlich wieder zu stabilen Verhältnissen zurückzukehren. Am 14. September 1791 musste Ludwig XVI. einen Eid auf die von der Konstituante verabschiedete Verfassung ablegen. Aus Frankreich war eine **konstitutionelle Monarchie** geworden. Der König stand nicht mehr „über dem Gesetz", sondern regierte „nur durch dieses", wie es die Verfassung bestimmte.

Konstitutionelle Monarchie: Regierungsform, in der die absolute Macht des Monarchen durch eine Verfassung gesetzlich begrenzt wird. Ein König steht zwar weiterhin an der Spitze des Staates, an der Gesetzgebung aber wirkt ein Parlament mit.

▲ „Unité – Indivisibilité – De La République. Liberté – Égalité – Fraternité Ou La Mort."
Plakat (61,5 x 45 cm), Herbst 1793.
Der Anschlag zeigt die Trikolore, die Jakobinermütze mit Kokarde, ein mit Eichenkranz eingefasstes Motto und ein Rutenbündel (lat. fasces); das altrömische Abzeichen symbolisiert die staatliche Strafgewalt über Leben und Tod. Plakatanschläge wie diese waren Teil einer neuen politischen Kultur, die sich während der Revolution entwickelt hatte. Sie drückte sich in unzähligen öffentlichen Versammlungen, Reden, Demonstrationen, zahlreichen – oft nur kurzlebigen, aber zum Teil auflagenstarken – Zeitungen, Plakaten, Bildern und Grafiken aus. Einen besonderen Stellenwert hatten die großartig inszenierten Revolutionsfeiern, die an den solidarischen Aufbruch und die gemeinsamen Ziele erinnerten. Theater, Dichtung, Musik, Malerei wurden ebenfalls vom Revolutionsverlauf beeinflusst oder versuchten ihrerseits, die Massen zu beeinflussen.
■ Erläutern Sie die „Botschaft" des Plakates.

Filmtipp:
Leb wohl, meine Königin!
Regie: Benoît Jacquot, 2011

Die Konstitution, der die Menschenrechte vorangestellt wurden, änderte nichts an der Rechtsungleichheit zwischen Männern und Frauen. Die Gleichheit der Bürger fand zudem im Zensus- und Männerwahlrecht ihre Grenzen (▶ M2, M3). Die Bevölkerung wurde in politisch berechtigte (steuerzahlende) Aktivbürger (*Citoyens actifs*) und schutzbefohlene Passivbürger (*Citoyens passifs*) eingeteilt. Das Wahlrecht war indirekt. Von den 4,3 Millionen Aktivbürgern erfüllten nur etwa 45 000 die Voraussetzungen, als Wahlmann kandidieren zu können. Die Wahlmänner konnten dann aber grundsätzlich jeden Aktivbürger zum Abgeordneten wählen.

Herausbildung politischer Gruppen

Die neue *Gesetzgebende Nationalversammlung* (*Assemblée Nationale Législative*) trat am 1. Oktober 1791 zusammen. Von den 745 Deputierten bildeten 345 die politische Mitte. In den Gruppierungen, die sich in der Nationalversammlung nach und nach herausbildeten, zeigen sich die neuen Machtverhältnisse. Die Grenzen verliefen dabei nicht mehr entlang der Standeszugehörigkeit, sondern zwischen den sozialen Schichten mit ihren unterschiedlichen Interessen.

Die *Feuillants* vertraten in der Nationalversammlung die konstitutionelle Monarchie, verteidigten die Interessen der traditionellen Eliten und wollten das Ancien Régime geringfügig reformieren. Das Großbürgertum setzte sich ebenfalls für die konstitutionelle Monarchie und für ein Zensuswahlrecht ein. Die *Girondisten*, benannt nach ihren Wortführern, die aus dem Département Gironde kamen, vertraten die Interessen des gehobenen Bürgertums, das beanspruchte, die gesamte Nation zu repräsentieren. Sie wollten die Errungenschaften der Verfassung schützen und waren daher für einen Krieg gegen die Invasionsarmeen (s. u.), die die Revolution rückgängig machen und die alte absolutistische Ordnung wiederherstellen wollten.

Die *Jakobiner* vertraten die Interessen des Kleinbürgertums. Sie trieben die Revolution vor allem nach 1791/92 maßgeblich voran, als Frankreich durch Invasionsarmeen bedroht wurde, die das Ancien Régime restaurieren wollten. In der Phase der Krise und Radikalisierung der Revolution waren sie verantwortlich dafür, dass die Revolution in eine *Terrorherrschaft* umschlug. Die Führer der Jakobiner wurden in der letzten Phase der Revolution durch bürgerliche Kräfte liquidiert. Anschließend etablierte sich in der Phase des *Direktoriums* (1794 ff.) wieder eine großbürgerliche Herrschaft.

Die Revolution in Gefahr

Im Innern wie nach außen war die Lage in Frankreich 1791/92 alles andere als stabil. Die städtische Volksbewegung war enttäuscht. Die Revolution hatte den Massen weder das Wahlrecht noch bessere Lebensverhältnisse gebracht. Viele Adlige waren emigriert und hetzten bei ihren europäischen Standesgenossen gegen die Revolution. Österreich und Preußen drohten offen mit Gewalt gegen die Revolution, was in Frankreich als ungeheure Provokation empfunden wurde. Im Frühjahr 1792 erklärte die Nationalversammlung Preußen und Österreich den Krieg, obwohl die Truppen noch völlig unorganisiert waren. Eine Armee europäischer Staaten rückte unter dem Herzog von Braunschweig in Frankreich ein. Zugleich verschlechterte sich die Lebensmittelversorgung, in einigen französischen Regionen erhoben sich die Königstreuen gegen die Staatsgewalt. In dieser angespannten Situation stürmten am 10. August 1792 bewaffnete Volksmassen das königliche Stadtschloss in Paris, die *Tuilerien*. Der König wurde gefangengesetzt und im Januar 1793 wegen Verrats an der Revolution durch die *Guillotine* hingerichtet, später auch Königin Marie Antoinette. Das Ausland reagierte entsetzt. Frankreich war in die zweite, radikale Phase der Revolution eingetreten. Die konstitutionelle Monarchie war gescheitert.

Nach dem Sturm auf die Tuilerien ordnete die Gesetzgebende Versammlung die Einberufung eines *Nationalkonvents* (*Convention Nationale*) an. Er wurde Anfang September 1792 von allen Männern über 21 Jahren gewählt. Der Nationalkonvent erarbeitete eine neue Verfassung, die Frankreich zur demokratischen Republik erklärte. Tatsächlich trat sie nie in Kraft, stattdessen übertrug der Konvent einem „*Wohlfahrtsausschuss*" (*Comité de salut public*) die Regierungsgeschäfte. Um dem militärischen Druck der ausländischen Armeen standhalten zu können, wurde erstmals die allgemeine Wehrpflicht (*Levée en masse*) eingeführt. Das Volksheer konnte die Interventionstruppen zurückdrängen und grenznahe ausländische Regionen erobern.

Der „große Terror" und das amtliche Ende der Revolution In dieser Situation entwickelte sich die Diktatur des Wohlfahrtsausschusses unter **Maximilien Robespierre**. Er stand seit Juli 1793 an der Spitze des Gremiums. Um der wirtschaftlichen Krisen im Land und der militärischen Bedrohung Herr zu werden, griff der Wohlfahrtsausschuss zu Zwangsmaßnahmen bis hin zu Einschüchterung, Folter und Mord politischer Gegner. In dieser Schreckenszeit wurden etwa 50 000 tatsächliche und vermeintliche Feinde der Revolution durch die Guillotine hingerichtet. Robespierre war der Überzeugung, dass die „revolutionäre Tugend" durch Terror geschützt und gefestigt werde (▶ M4). Nach über einem Jahr Schreckensherrschaft kippte im Nationalkonvent allerdings die Stimmung. Robespierre wurde der Tyrannei bezichtigt, im Juli 1794 von der Parlamentsmehrheit gestürzt und bald darauf selbst ohne Gerichtsverfahren zusammen mit 105 seiner engsten Anhänger ohne Prozess hingerichtet.

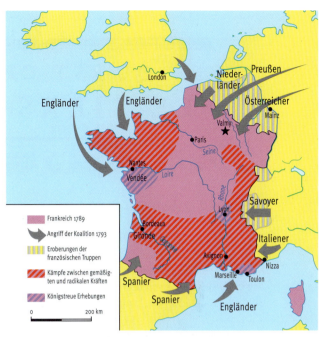

▲ **Die belagerte Republik im Sommer 1793.**
Auseinandersetzungen zwischen den Regierungstruppen und ausländischen Armeen oder gegenrevolutionären Gruppen. In diesen Kämpfen fielen hunderttausende Menschen. Allein der Bürgerkrieg zwischen der königlich-katholisch gesinnten Landbevölkerung und den republikanischen Revolutionstruppen in der Vendée von 1793 bis 1796 führte in einigen Gemeinden zu einem Bevölkerungsverlust von 25 bis 35 Prozent.

Nach der Terrorherrschaft übernahm ein fünfköpfiges Direktorium die Macht. Im August 1795 verabschiedete der Nationalkonvent eine neue Verfassung, es war die dritte seit 1791 (▶ M5). Mit ihr wurde das Zensuswahlrecht wieder eingeführt. Hungerrevolten wurden in der Folgezeit weiterhin mit Gewalt niedergeschlagen, insgesamt setzte eine restaurative Phase ein. Gestützt wurde das Direktorium durch die Armee und einen jungen General, der Frankreich in den Revolutionskriegen sehr erfolgreich gedient hatte: **Napoleon Bonaparte**. Er stürzte die Regierung schließlich am 9. November 1799 und brach den Widerstand des Parlaments mit Waffengewalt.

Das vermögende Bürgertum wurde damit letztlich zum Gewinner der Revolution. Es hatte von der Veräußerung der Nationalgüter am stärksten profitiert und den Adel endgültig aus wichtigen Positionen in Verwaltung und Militär verdrängt. Die städtischen Unterschichten und die kleinen Bauern, aber auch die Frauen, gehörten zu den Verlierern. Ihre soziale und politische Lage hatte sich nicht wesentlich verbessert.

Napoleon sollte im folgenden Jahrzehnt fast ganz Europa erobern. Seine verheerenden Kriegszüge, in deren Verlauf bis 1815 etwa fünf Millionen Menschen (Soldaten und Zivilisten) umkamen, gestalteten den Kontinent völlig um. Sie lösten in vielen Staaten weitreichende Reformen aus, die als politische und soziale Reaktionen auf die Französische Revolution interpretiert werden können.

Maximilien Robespierre (1758 - 1794): Rechtsanwalt, seit 1789 Mitglied der Nationalversammlung; sicherte sich seit 1793 eine fast unumschränkte Machtstellung. Die Verschärfung seiner Terrormaßnahmen führte schließlich zu seinem Sturz.

Napoleon Bonaparte (1769 - 1821): geboren auf Korsika, General, Oberbefehlshaber in Italien, ab 1799 Erster Konsul, ab 1804 „Kaiser der Franzosen", starb in der Verbannung auf der Atlantikinsel St. Helena

Überschrift des ersten Kapitels der Schrift „Was ist der Dritte Stand?" von Emmanuel Joseph Sieyès.

M1 „Qu'est-ce que le tiers-état?"

Der katholische Geistliche Emmanuel Joseph Sieyès, genannt Abbé Sieyès, verfasst Ende 1788 die Schrift „Qu'est-ce que le tiers-état?". Sie wird kurze Zeit später anonym veröffentlicht, erreicht eine Auflage von über 30 000 Exemplaren und wird damit zur maßgeblichen „Kampfschrift" des Dritten Standes:

Der Plan dieser Schrift ist ganz einfach. Wir haben uns drei Fragen vorzulegen.
1. Was ist der Dritte Stand? ALLES.
2. Was ist er bis jetzt in der politischen Ordnung gewesen? NICHTS.
3. Was verlangt er? ETWAS ZU SEIN. [...]

Also, was ist der Dritte Stand? Alles, aber ein gefesseltes und unterdrücktes Alles. Was wäre er ohne den privilegierten Stand? Alles, aber ein freies und blühendes Alles. Nichts kann ohne ihn gehen; alles ginge unendlich besser ohne die anderen. [...]

Was ist eine Nation? Eine Körperschaft von Gesellschaftern, die unter einem *gemeinschaftlichen* Gesetz leben und durch dieselbe *gesetzgebende Versammlung* repräsentiert werden usw. [...]

Der Dritte Stand umfasst also alles, was zur Nation gehört; und alles, was nicht der Dritte Stand ist, kann sich nicht als Bestandteil der Nation ansehen. Was also ist der Dritte Stand? ALLES. [...]

Unter dem Dritten Stand muss man die Gesamtheit der Bürger verstehen, die dem Stand der gewöhnlichen Leute (*l'ordre commun*) angehören. Alles, was durch das Gesetz privilegiert ist, einerlei auf welche Weise, tritt aus der gemeinschaftlichen Ordnung heraus, macht eine Ausnahme für das gemeinschaftliche Gesetz und gehört folglich nicht zum Dritten Stand. [...]

Der Dritte Stand hat bis zur Stunde keine wahren Vertreter auf den Generalständen gehabt. Er hat also keinerlei politische Rechte. [...]

Was verlangt der Dritte Stand? Etwas zu werden. [...]

Man kann die wirklichen Forderungen des Dritten Standes nur nach den authentischen Beschwerden beurteilen, welche die großen Stadtgemeinden (*municipalités*) des Königreichs an die Regierung gerichtet haben. Was sieht man da? Dass das Volk etwas sein will, und zwar nur das Wenigste, was es sein kann. [...] Es will haben 1. echte Vertreter auf den Generalständen, das heißt Abgeordnete, die aus seinem Stand kommen und die fähig sind, die Interpreten seines Willens und die Verteidiger seiner Interessen zu sein. Was nützt es ihm, an den Generalständen teilzunehmen, wenn das dem seinen entgegengesetzte Interesse dort dominiert? [...] Es verlangt weiter 2. eine Zahl von Vertretern, die derjenigen ebenbürtig ist, welche die beiden anderen Stände zusammen besitzen. Diese Gleichheit der Vertretung wäre indessen völlig illusorisch, wenn jede Kammer eine eigene Stimme besäße. Der Dritte Stand verlangt deshalb 3., dass die Stimmen nach Köpfen und nicht nach Ständen gezählt werden. [...]

Ich bitte zu beachten, welch gewaltiger Unterschied zwischen der Versammlung des Dritten Standes und den Versammlungen der beiden anderen Stände besteht. Ersterer vertritt fünfundzwanzig Millionen Menschen und berät über die Interessen der Nation. Die beiden letzteren haben, sollten sie zusammentreten, nur die Vollmacht von ungefähr zweihunderttausend Einzelpersonen und denken nur an ihre Vorrechte. Man wird sagen, der Dritte Stand allein könne keine „Generalstände" bilden. Nun, umso besser, dann wird er eben eine „Nationalversammlung" bilden!

Eberhard Schmitt und Rolf Reichardt (Hrsg.), Emmanuel Joseph Sieyès. Politische Schriften 1788 - 1790, München/Wien ²1981, S. 119, 123 - 125, 127, 130, 131 und 180

1. Erklären Sie, was die Ausführungen von Sieyès zu einer „Kampfschrift" macht.

2. Erarbeiten Sie eine Definition des Begriffes „Nation" aus dem Artikel.

3. Arbeiten Sie die Argumente Sieyès' dafür heraus, dass nur der Dritte Stand die Nation vertreten könne.

M2 Für und wider das Zensuswahlrecht

a) Der Parlamentsadvokat Orry de Mauperthuy schreibt am 4. Dezember 1789 in der „Chronique de Paris":

Trotzdem gibt es eine Klasse von Menschen und Mitbrüdern, die infolge der schlechten Gestaltung unserer Gesellschaften zur Vertretung der Nation nicht berufen werden können. Das sind die heutigen Proletarier. Nicht weil sie arm und bloß sind, sondern weil sie nicht einmal die Sprache unserer Gesetze verstehen. Überdies ist ihre Ausschließung nicht ewig, sondern nur ganz vorübergehend. Vielleicht wird sie ihren Wetteifer anstacheln, unseren Beistand herauszufordern. In wenigen Jahren werden sie an unserer Seite sitzen, und wie man es in einigen Schweizer Kantonen sieht, wird ein Hirt, ein Bauer von der Donau oder vom Rhein, der würdige Vertreter seines Volkes sein. Noch besser wäre es (wenn hieraus der sterbenden, aber noch nicht toten Aristokratie kein Beistand erwüchse), sich lediglich auf das Vertrauen der Wähler zu verlassen. Das ist der einzige unverletzliche Grundsatz [...].

b) Am 20. April 1791 hält der 31-jährige Abgeordnete Maximilien Robespierre[1] aus dem nordfranzösischen Arras in dem im April 1790 gegründeten „Club des Cordeliers"[2] eine Rede über das Zensuswahlrecht. Sie wird gedruckt und findet so große Verbreitung:

Alle Menschen, die in Frankreich „geboren und wohnhaft" sind, sind Mitglieder jener politischen Gemeinschaft, die man die französische Nation nennt; das heißt, sie sind französische Bürger. Sie sind es von Natur aus und durch die allem voranstehenden Grundsätze der Menschenrechte. Die Rechte, die an diesen Titel geknüpft sind, hängen weder von dem Vermögen ab, das jeder von ihnen besitzt, noch von der Höhe der Steuer, die ihm auferlegt wird, denn es ist nicht die Steuer, die uns zu Bürgern macht. Die Eigenschaft, Bürger zu sein, verpflichtet nur, zu den gemeinsamen Ausgaben des Staates beizutragen, und zwar je nach den Möglichkeiten des Einzelnen. Gewiss, Sie können den Bürgern Gesetze geben, aber sie als Bürger ignorieren, das können Sie nicht.

▶ **Maximilien Robespierre.** *Anonymes französisches Gemälde (60 x 49 cm), um 1790.*

Die Anhänger des Systems, das ich hier angreife, haben diese Wahrheit selbst gespürt, denn sie haben es nicht gewagt, denjenigen, die sie zur politischen Enterbung verurteilten, die Eigenschaft des Bürgers einfach zu bestreiten, sondern sie haben sich darauf beschränkt, den Grundsatz der Gleichheit, den sie notwendigerweise voraussetzen, durch die Unterscheidung von aktiven und passiven Bürgern zu umgehen. Sie haben sich darauf verlassen, dass die Menschen mit Worten leicht zu regieren sind, und so haben sie uns hinters Licht zu führen versucht, indem sie die offensichtlichste Vergewaltigung der Menschenrechte in diesen neuartigen Begriff gekleidet haben. [...]

Das Volk verlangt nur das Notwendige, es will nur Gerechtigkeit und Ruhe; die Reichen dagegen erheben auf alles ihren Anspruch, sie wollen überall an Einfluss gewinnen und alles beherrschen. Der Missbrauch ist das Werk und Wirkungsfeld der Reichen; sie sind die Geißel des Volkes: Das Interesse des Volkes ist das Allgemeininteresse, das Interesse der Reichen ist das Einzelinteresse; und Sie wollen das Volk machtlos und die Reichen allmächtig machen! [...]

Ach! Wer könnte also den Gedanken ertragen, das Volk seiner Rechte beraubt zu sehen durch eben die Revolution, die nur durch den Mut des Volkes und die liebevolle und großmütige Anhänglichkeit, mit der es seine Repräsentanten verteidigt hat, möglich gewesen ist! Verdanken Sie denn den reichen und den großen Leuten diesen ruhmreichen Aufstand, der Frankreich und auch Sie gerettet hat?

---

[1] Siehe S. 139.
[2] Club des Cordeliers: Klubs wie der Jakobinerklub und der Club des Cordeliers wurden während der Französischen Revolution zum Sammelpunkt politisch interessierter Bürger und Mandatsträger. Mitglieder waren zumeist Akademiker und Angehörige des Besitzbürgertums. Im Club des Cordeliers sammelte sich die kleinbürgerliche städtische Volksbewegung (Sansculotten). In den Klubs wurde einerseits die Arbeit von Deputierten und Stadtverordneten diskutiert und vorbereitet, andererseits wurden von hier aus Petitionen und Demonstrationen in Gang gebracht.

Erster Text: François-Alphonse Aulard, Politische Geschichte der französischen Revolution: Entstehung und Entwicklung der Demokratie und der Republik 1789-1804. Bd. 1, Verdeutschg. von Friedrich von Oppeln-Bronikowski, München 1924, S. 56 f.
Zweiter Text: Maximilien Robespierre, Ausgewählte Texte, Hamburg ²1989, S. 40 f. und 48 ff. (übersetzt von Manfred Unruh, stark gekürzt)

1. *Arbeiten Sie die unterschiedlichen Positionen zum Zensuswahlrecht heraus und nehmen Sie Stellung.*
2. *Erläutern Sie, worauf sich Robespierre in seiner Argumentation stützt.*

M3 Die Verfassung der konstitutionellen Monarchie von 1791

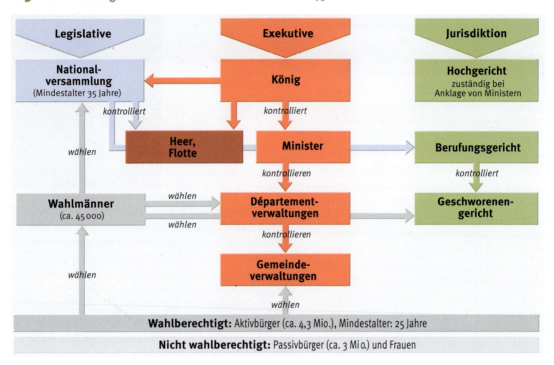

Vergleichen Sie mit der amerikanischen Bundesverfassung (Seite 128).

M4 Terror per Gesetz

Die Zeit des „Großen Terrors" beginnt mit dem vom Nationalkonvent am 17. September 1793 beschlossenen „Gesetz über die Verdächtigen":

Artikel 1. Unmittelbar nach Verkündung des vorliegenden Dekrets sind alle verdächtigen Personen, die sich auf dem Gebiet der Republik noch in Freiheit befinden, in Haft zu nehmen.
Artikel 2. Als Verdächtige gelten: 1. alle, die sich durch ihr Verhalten, ihre Beziehungen oder ihre in Wort oder Schrift geäußerten Ansichten als Anhänger der Tyrannei, des Föderalismus[1] und als Feinde der Freiheit erwiesen haben; 2. alle, die sich nicht auf die durch das Gesetz vom 21. März dieses Jahres vorgeschriebene Weise über die Mittel ihrer Existenz und die Erfüllung ihrer Bürgerpflichten ausweisen können[2]; 3. alle, denen die Beglaubigung der Staatsbürgertreue verweigert worden ist; 4. durch den Nationalkonvent oder seine Kommissare von ihren Ämtern suspendierte oder abgesetzte und nicht wieder eingesetzte öffentliche Beamte, namentlich diejenigen, die kraft des Gesetzes vom 12. August dieses Jahres abgesetzt worden sind oder noch abgesetzt werden müssen; 5. jene unter den ehemaligen Adligen, ob Männer, Frauen, Väter, Mütter, Söhne oder Töchter, Brüder oder Schwestern wie auch Bevollmächtigte von Emigranten, die nicht beständig ihre Verbundenheit mit der Revolution kundgetan haben; 6. alle, die in dem Zeitraum zwischen dem 1. Juli 1789 und der Verkündung des Gesetzes vom 8. April 1792 emigriert sind, auch wenn sie in der von diesem Gesetz bestimmten Frist oder davor nach Frankreich zurückgekehrt sein sollten.

Walter Markov, Revolution im Zeugenstand. Frankreich 1789-1799, Bd. 2: Gesprochenes und Geschriebenes, Leipzig ²1986, S. 499f.

Nehmen Sie zu dem Gesetz Stellung. Beachten Sie, dass der Nationalkonvent damit das Gewaltmonopol des Staates zurückgewinnen wollte.

---
[1] Als Parteigänger des Föderalismus galten alle, die die Einheit der Republik und den zentralen Führungsanspruch der Regierungsausschüsse infrage stellten.
[2] Dieser Artikel ist gegen die Spekulanten gerichtet.

M5 Staatsform und Wahlrecht von 1789 bis 1795

Zwischen 1789 und 1799 werden in Frankreich vier Verfassungen verabschiedet. Sie alle dokumentieren unterschiedliche Stadien der Revolution und sind Ausdruck eines intensiven Erfahrungs- und Lernprozesses. Die Festlegung der Regierungsform und die Wahlrechtsbestimmungen zeigen die Spannbreite der Bemühungen auf, die Ausübung und die Beteiligung der Bevölkerung an der Macht zu regeln:

	Ancien Régime (Wahlordnung von 1789)	Verfassung von 1791	Verfassung von 1793 (trat nicht in Kraft)	Verfassung von 1795
Regierungsform	absolutistische Monarchie	konstitutionelle Monarchie	Republik	Republik
Staatsoberhaupt	König	König	–	5 Direktoren
Vertretungssystem	Generalstände (beratende Funktion) 1. Stand: ca. 300 Vertreter 2. Stand: ca. 300 Vertreter 3. Stand: ca. 600 Vertreter	Nationalversammlung für 2 Jahre (etwa 745 Vertreter aus 83 Départements)	Nationalrepräsentation für 1 Jahr (je 1 Abgeordneter auf 40 000 Einwohner, 749 Abgeordnete, zuzüglich 28 aus den Kolonien)	– Rat der Alten (250 Mitglieder) – Rat der Fünfhundert (beide Räte wurden alljährlich zu einem Drittel erneuert)
Wahlverfahren	nach Ständen	indirekt	direkt	indirekt
Wahlberechtigung (in den Urversammlungen)	– Männer (beim Adel auch Frauen) – 25 Jahre – Eintragung in die Steuerliste	– Männer – 25 Jahre – fester Wohnsitz seit einem Jahr – weder Tagelöhner noch Dienstleute – Steuerleistung im Wert von 3 Arbeitstagen – Mitglied der Nationalgarde – Bürgereid	– Männer – 21 Jahre – ein Jahr in Frankreich	– Männer – 21 Jahre – ein Jahr in Frankreich und/oder (ehemaliger) Soldat – Jungwähler sollten lesen und schreiben können und einer qualifizierten Arbeit nachgehen
Voraussetzungen, um als Wahlmann bestellt zu werden Eigentum/Einkommen im Wert von – in Städten über 6000 Einwohner – in Städten unter 6000 Einwohner – auf dem Land	–	– aktives Bürgerrecht – 25 Jahre – 200 Arbeitstagen – 100–150 Arbeitstagen – ca. 150 Arbeitstagen	–	– aktives Bürgerrecht – 25 Jahre – 100 Arbeitstagen – 150 Arbeitstagen – 150–200 Arbeitstagen
Zahl der Wahlmänner	–	etwa 45 000	–	etwa 30 000
Voraussetzungen, um als Abgeordneter gewählt zu werden	–	aktives Bürgerrecht	aktives Bürgerrecht	Rat der Fünfhundert: – 30 Jahre – fester Wohnsitz seit 10 Jahren Rat der Alten: – 40 Jahre – fester Wohnsitz seit 15 Jahren

1. Erläutern Sie die in den Verfassungen aufgeführten Begriffe und Stichwörter.
2. Bestimmen Sie die gesellschaftlichen Interessen, die in den Verfassungen ihren Niederschlag gefunden haben.

Deutschland im Schatten Napoleons

Die Französische Revolution – Auftakt zum 19. Jahrhundert Ab 1789 wurde das europäische Gesellschaftssystem in seinen Grundfesten erschüttert. Mit der Revolution wandelte sich das absolutistische Frankreich zunächst in eine konstitutionelle Monarchie (1789-1791) und danach in eine Republik (1791-1793). In der Schreckenszeit des „Terreur" (1793-1794) ging die Revolution in eine Diktatur über, die mit der Hinrichtung Maximilien Robespierres beendet wurde. Obwohl das regierende Direktorium danach eine gemäßigte Politik verfolgte, konnte sich die angeschlagene Wirtschaft Frankreichs nicht von ihrer Krise erholen.

Wie die Regierungen vor ihm, suchte auch das Direktorium durch eine expansive und kriegerische Außenpolitik einen Ausgleich für die Rückschläge im Innern zu schaffen. Beseelt vom Glauben an die Revolution, kämpften französische Volksheere gegen die stehenden Heere der traditionellen Mächte Europas (*Erster Koalitionskrieg* von 1793 bis 1797 gegen England, Österreich und Preußen). Das gesamte linksrheinische Gebiet wurde erobert, und der Rhein sollte fortan die „natürliche Grenze" Frankreichs bilden. Auch in Italien entstanden nach erfolgreichen Feldzügen zahlreiche Tochterrepubliken. Auf Dauer konnte die innenpolitische Misere jedoch allein mit Eroberungspolitik nicht überbrückt werden. Das angeschlagene Direktorium verlor seine Macht, als General Napoleon Bonaparte die Regierung am 9. November 1799 stürzte und den Widerstand des Parlaments mit Waffengewalt brach. Ein Kollegium von drei Konsuln trat an die Stelle der alten Regierung. Bonaparte wurde *Erster Konsul* und ließ sich seine Stellung vom Volk bestätigen. Von über drei Millionen Stimmen wurden nur 1562 gegen ihn abgegeben – bei allerdings vier Millionen Enthaltungen. Danach erklärte er die Revolution für „amtlich beendet".

▲ Napoleon I. Bonaparte im Krönungsornat.
Gemälde von François Gérard, 1805.

Die innere Befriedung Frankreichs Napoleon nutzte die Sehnsucht der Bürger nach Ruhe, um in Frankreich eine straffe innere Ordnung herzustellen. Die Verfassung, die er im Dezember 1799 vorlegte, sicherte ihm das alleinige Recht der Gesetzesinitiative. Sie „diente weniger der Machtkontrolle als der Machterhaltung" (*Dieter Grimm*).

Napoleon bemühte sich um einen Ausgleich zwischen den von der Revolution aufgerissenen Fronten. Er hob die diskriminierenden Gesetze gegen den Adel auf und erkannte in einem *Konkordat** den katholischen Glauben wieder als Religion an. Der *Code civil* von 1804, das „erste Gesetzbuch eines ständefreien Staates" (*Hans-Ulrich Wehler*), sicherte dem Bürgertum persönliche Freiheit, Gleichheit vor dem Gesetz, Gewissensfreiheit, Gewerbefreiheit und Trennung von Staat und Kirche zu. Alle religiösen Bekenntnisse – also auch der jüdische Glauben – wurden rechtlich anerkannt und die Zivilehe beibehalten. Dagegen wurde das 1792 liberalisierte Scheidungsrecht zum Nachteil der Frauen wieder erschwert und die nach jahrelanger Diskussion 1794 abgeschaffte Sklaverei in den Kolonien wieder akzeptiert. Das einsetzende Wirtschaftswachstum verdeckte nur oberflächlich, dass politische Errungenschaften der Revolution wie das allgemeine Wahlrecht, Gewaltenteilung, Presse- und Versammlungsfreiheit unter Napoleon unterdrückt wurden.

Ende 1804 krönte Napoleon sich selbst zum „Kaiser der Franzosen" und führte die erbliche Kaiserwürde für seine Familie ein. Per Plebiszit ließ er sich dies von den Franzosen bestätigen. Frankreich war wieder Monarchie.

---

* Konkordat: völkerrechtlicher Vertrag zur Regelung kirchlich-staatlicher Angelegenheiten

Napoleon und das Ende des Heiligen Römischen Reiches Schon vor seiner Krönung zum Kaiser war sich Napoleon bewusst, dass seine aus der Revolution entstandene Herrschaft eine Provokation für die europäischen Monarchien war. Sicher konnte er sich nur fühlen, wenn er die bisherigen Fürsten entweder besiegte oder in seine Abhängigkeit zwang. Der 1799 ausgebrochene *Zweite Koalitionskrieg*, zu dem England die Großmächte Russland, Österreich, Portugal und die Türkei angestachelt hatte, gab ihm dazu Gelegenheit. Im *Frieden von Lunéville* 1801 konnte er seine Eroberungen sichern. Dazu gehörte das gesamte linke Rheinufer.

Preußen und Österreich hatten es schon 1795/97 – während sie mit der Teilung Polens beschäftigt waren – preisgegeben und festgelegt, dass die betroffenen weltlichen Reichsfürsten für ihre linksrheinischen Verluste mit rechtsrheinischen Gebieten entschädigt werden sollten. Die Grundlagen für diese Entschädigungen erarbeitete ein Ausschuss des Regensburger Reichstages. Das Ergebnis war der *Reichsdeputationshauptschluss*. Ihn musste 1803 das Oberhaupt des Heiligen Römischen Reiches Deutscher Nation, Kaiser **Franz II.**, anerkennen. Die Schlüsselbegriffe des Reichsdeputationshauptschlusses lauteten *Säkularisation* und *Mediatisierung*. Säkularisation bedeutete die Herrschaftsübernahme in kirchlichen Territorien durch weltliche Fürsten, Mediatisierung die Unterstellung bisher reichsunmittelbarer Stände wie Ritter und Reichsstädte unter die Landeshoheit eines anderen weltlichen Reichsstandes. Alles in allem blieben von knapp 300 selbstständigen Reichsständen noch 41 Flächen- und Stadtstaaten übrig. Die großen Gewinner waren die Herrscher von Preußen, Bayern, Baden und Württemberg. Sie konnten ihre Territorien zum Teil beträchtlich vergrößern.

▲ **Kaiser Franz II.**
Gemälde von Joseph Kreutzinger, 1805.

Franz II. (1768-1835): Herrscher aus dem Hause Habsburg. Er war von 1792 bis 1806 Kaiser des Heiligen Römischen Reiches Deutscher Nation, nahm aber 1804 auch den Titel eines Kaisers von Österreich an.

Nach Frankreichs Sieg über England, Österreich und Russland in der *Dreikaiserschlacht von Austerlitz* und dem *Frieden von Preßburg* 1805 begann Napoleon I., seine Vorherrschaft in Europa auszubauen. Ein Mittel dazu war, die Macht der kleineren süddeutschen Fürsten im Heiligen Römischen Reich zu stärken. Sie nahmen Napoleons Unterstützung an, um ihre vollständige Souveränität gegenüber dem Reich zu erreichen und Standeserhöhungen durchzusetzen. Anfang 1806 wurden Bayern und Württemberg Königreiche und Baden Großherzogtum. Im Juli desselben Jahres sagten sich dann 16 Staaten unter dem Protektorat* Napoleons vom Reich los und bildeten den *Rheinbund*. Das war das Ende des alten und ehrwürdigen Heiligen Römischen Reiches Deutscher Nation.

Napoleons Fernziel Preußen hatte den Zerfall des Reiches zunächst als neutraler Beobachter verfolgt, war aber dann an der Seite Russlands in den Krieg gegen Frankreich getreten. Seine Armee wurde jedoch bei Jena und Auerstedt Ende 1806 vernichtend geschlagen. König *Friedrich Wilhelm III.* von Preußen (1770-1840) musste im *Frieden von Tilsit* 1807 akzeptieren, dass Napoleon alle westlich der Elbe gelegenen preußischen Gebiete übernahm und mit anderen norddeutschen Staaten zum *Königreich Westfalen* zusammenfügte. Preußen verlor außerdem seine Erwerbungen aus den drei polnischen Teilungen. Sie wurden Teil des neu gegründeten Großherzogtums Warschau. Das „Grand Empire" stand auf dem Höhepunkt seiner Macht und Napoleon begann, sein Fernziel umzusetzen: ein politisch, wirtschaftlich und rechtlich einheitliches Europa unter französischer Hegemonie.

---

* Protektorat: Schutzherrschaft

Reformen: Modernisierung zwischen Pragmatismus und Zwang Napoleon organisierte das linksrheinische Gebiet nach französischem Muster. Es sollte für immer bei Frankreich verbleiben. Als Modell für die Rheinbundstaaten war das neue Königreich Westfalen gedacht. Es erhielt Ende 1807 eine Verfassung nach französischem Vorbild. Darüber hinaus wurden eine zentralistische Verwaltung und der Code civil eingeführt.

Der Machtsicherung und -erhaltung dienten auch die nun einsetzenden Reformen in den Rheinbundstaaten. Denn um die neu gewonnenen Herrschaftsgebiete zu integrieren und die leeren Staatskassen zu füllen, modernisierten die Fürsten ihre Staaten. Sie schufen einheitliche Wirtschaftsgebiete, zentralisierten die Verwaltung und änderten die Rechtsordnung zum Teil nach dem Vorbild des Code civil. Adel und Klerus verloren dabei Ämter- und Steuerprivilegien, doch die Fürsten schafften die ständische Gesellschaftsordnung nicht vollständig ab.

Unter anderen Voraussetzungen gingen die Reformer in Preußen ans Werk. Riesige Gebietsverluste, erdrückende Tributzahlungen an Frankreich und der Wunsch, bald wieder zum Kreis der Großmächte zu gehören, zwangen die preußische Regierung zu einer Mobilisierung aller Kräfte. *Karl Freiherr vom und zum Stein*, von 1804 bis 1807 Finanz- und Wirtschaftsminister und von Oktober 1807 bis November 1808 Regierungschef, sowie sein Nachfolger, *Karl August Freiherr von Hardenberg*, setzten sich für einen effizienteren Staat und den Abbau ständischer Privilegien ein (▶ M1). Eingeleitet wurden die preußischen Reformen durch das Oktoberedikt im Jahr 1807 und die Einführung der Gewerbefreiheit 1810. Um die „Landeskinder" zu selbstverantwortlich handelnden Bürgern zu erziehen, schuf Stein 1808 außerdem eine *Städteordnung*. Sie brachte den größeren Gemeinden mehr *Selbstverwaltung*. Dem militärischen Wiederaufstieg Preußens sollte die *Heeresreform* dienen. Das aus Söldnern und zwangsweise verpflichteten Untertanen zusammengesetzte Militär wurde in ein *Volksheer* umgewandelt. Konsequenterweise fiel dabei das Adelsmonopol für Offiziersstellen. Im *Emanzipationsedikt* von 1812 wurden den Juden die staatsbürgerlichen Rechte gewährt; höhere Ämter in Justiz, Verwaltung und Militär blieben ihnen jedoch verwehrt. Ein wichtiges Versprechen des preußischen Königs blieb aber unerfüllt: die Verkündung einer Konstitution, also einer Verfassung, die den Bürgern Grundrechte und ein Parlament zubilligte.

Gegen Napoleon Die alten europäischen Großmächte wollten sich auf Dauer nicht von Frankreich unterdrücken lassen (▶ M2). Nachdem die „Grande Armee" 1812 in Russland eine halbe Million Menschen verloren hatte, beschloss der russische Zar *Alexander*, den Kampf zur „Befreiung" Europas fortzusetzen. Doch erst als der preußische General *Ludwig Yorck von Wartenburg* ohne Zustimmung seines Königs Ende 1812 in der *Konvention von Tauroggen* den Russen den Weg nach Ostpreußen freigab, folgte Friedrich Wilhelm III. dem Signal zum *Befreiungskrieg*. Preußen erklärte Frankreich den Krieg. Österreich begann den Kampf erst, nachdem Russland und Preußen dem Vielvölkerstaat die Wiederherstellung der vorrevolutionären Ordnung zugesichert hatten.

Die Rheinbundstaaten kämpften zunächst noch auf französischer Seite. Nach und nach wechselten sie aber das Bündnis und schlossen sich der preußisch-österreichischen Seite an. Die Entscheidung fiel in der *Völkerschlacht bei Leipzig* im Oktober 1813. Napoleon wurde geschlagen, zum Rückzug gezwungen und nach der Eroberung von Paris auf die Insel Elba verbannt. Ein Jahr später, im März 1815, riss er noch einmal die Herrschaft an sich. In der *Schlacht bei Waterloo* wurde er dann endgültig geschlagen. Europa musste neu geordnet werden.

Oktoberedikt: Befreiung der Bauern aus ihrer Abhängigkeit und ihrer rechtlichen Bindung an den Grundherrn. Das von den Bauern bestellte Land und die Hofstellen konnten nun gegen Ablösezahlungen in ihr Eigentum übergehen. Bauern und Landarbeiter verließen ihren Grund und Boden und zogen in die Städte, da sie die Ablösesummen nicht aufbringen konnten. Auf diese Weise standen sie als Arbeitskräfte für die Industrialisierung zur Verfügung. Bis zur Mitte des 19. Jahrhunderts war die Bauernbefreiung fast überall in Deutschland abgeschlossen.

Gewerbefreiheit: Aufgrund dieser Maßnahme konnte nun prinzipiell jeder das Gewerbe seiner Wahl ausüben und über den Standort, die Größe seines Betriebes und die Produktion selbst bestimmen. Die Zünfte verloren ihre Kontrollfunktion. In der Folge wuchs die Zahl der Handwerksbetriebe. Allerdings mussten aufgrund der Konkurrenz viele Betriebe bald wieder schließen.

Deutschland im Schatten Napoleons

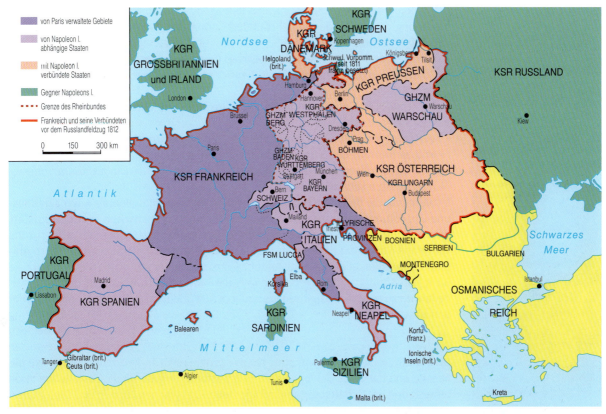

▲ Europa um 1812.

Anfänge der liberalen und nationalen Bewegung in den deutschen Staaten Die Bestimmung des Menschen als eines freien, vernunftgeleiteten, selbstverantwortlich handelnden Individuums geht auf die europäische Aufklärung zurück. Sie bildet die Grundlage des Denkens und Handelns für die im 18. Jahrhundert entwickelte liberale* und nationale Bewegung. Die Amerikanische und die Französische Revolution sowie die aus der napoleonischen Fremdherrschaft entstandenen Krisen stärkten die Bewegung. Speziell in Deutschland kamen weitere Triebkräfte hinzu:

- Da war zunächst das wachsende Bewusstsein, einer deutschen Kulturnation anzugehören. Den Gedanken, dass ein Volk durch Sprache, Religion und Tradition ein bestimmtes Nationalbewusstsein besitzt, hatte *Johann Gottfried Herder* (1744-1803) in seiner „Abhandlung über den Ursprung der Sprache" von 1772 entwickelt. Theologen, Schriftsteller, Historiker, Philosophen und andere Intellektuelle trugen dazu bei, dass diese Gedanken weiterentwickelt, diskutiert und publiziert wurden.
- Der Kampf gegen die Fremdherrschaft sowie die inneren Reformen schufen bei den Eliten das Bewusstsein gemeinsamer Aufgaben und schließlich gemeinsam errungener Erfolge. Dabei mobilisierten die Befreiungskriege nicht die Massen, wie es später dargestellt wurde. Die meisten Soldaten mussten zum Kriegsdienst gegen die französischen Truppen gezwungen werden.
- Schließlich stärkte der Aufstieg des Bürgertums die Bewegung. Die Bürger gaben sich nicht mehr mit der ständischen Ordnung und der politischen Unmündigkeit zufrieden. Die von den Fürsten eingeleiteten Modernisierungen begünstigten rechtlich und wirtschaftlich die Bürger.

---

* liberal (von lat. liberalis): freiheitlich, eines freien Mannes würdig

Die Ziele der liberalen und nationalen Bewegung Obwohl die deutsche Nationalbewegung zu Beginn des 19. Jahrhunderts nur wenige Anhänger zählte, erhob sie wirkungsmächtige Forderungen:
- An die Stelle der deutschen Einzelstaaten sollte nach dem Vorbild des französischen Zentralismus oder des amerikanischen Föderalismus die staatliche Einheit der Nation treten.
- Die ständische Gesellschaftsordnung sollte durch eine Gesellschaft freier und gleicher Bürger ersetzt werden.
- Verfassungen sollten die Menschenrechte, die Gewaltenteilung und die politische Mitbestimmung der Bürger durch gewählte Vertreter gewähren.
- Die Wirtschaft sollte sich ohne Zunftschranken und über die Landesgrenzen hinweg frei entfalten können.

Insofern war die deutsche Nationalbewegung anfangs eine „liberale Emanzipations- und Oppositionsideologie, die sich gegen die spätabsolutistischen Territorialstaaten, gegen die Vorrechte des Adels, gegen das Gottesgnadentum richtete, aber für die souveräne Nation, für die allgemeine Staatsbürgergesellschaft, auch für die harmonische Kooperation aller Nationalstaaten" (Hans-Ulrich Wehler) stritt. Dies hinderte sie nicht, von Anfang an die eigene Herkunft (lat.: *natio*) überzubewerten, den Nationalgedanken zu einer Art religiösen Idee zu machen und feindselig gegen andere Nationen zu sein (▶ M3).

▲ **Fürst Klemens von Metternich.**
Gemälde von Sir Thomas Lawrence, 1820–1825.

Klemens Wenzel Fürst von Metternich (1773–1859): 1809–1821 österreichischer Staats- und Außenminister, 1821–1848 Staatskanzler. Er bemühte sich um die Erhaltung der 1815 hergestellten Herrschaftsordnung und kämpfte gegen liberale und nationale Bewegungen. Bei Ausbruch der Revolution in Wien wurde er 1848 gestürzt.

Heilige Allianz: Das Bündnis gegen nationale und liberale Bestrebungen betonte das Gottesgnadentum als Grundlage einer legitimen Herrschaft.

Die Neuordnung Europas auf dem Wiener Kongress Für die Fürsten bedeutete die liberale und nationale Bewegung eine Herausforderung, da sie die bestehende Staatenwelt und Herrschaftsordnung infrage stellte. Das war den Fürsten und Diplomaten bewusst, die sich 1814/15 in Wien versammelten, um das von Napoleon zerstörte Gleichgewicht der europäischen Großmächte wiederherzustellen. Das Recht der Völker, über sich selbst zu bestimmen, lehnten sie ab, die Verkündung von Verfassungen schlossen sie aber nicht aus. Eine legitime, d. h. rechtmäßige Staatsgewalt konnte ihrer Ansicht nach in Europa nicht wie in den USA vom Volk ausgehen, sondern allein von den alten Herrscherhäusern (*Dynastien*).

Eifrigster Anwalt der *Restauration*, der Wiederherstellung der politischen Zustände, wie sie vor der Französischen Revolution bestanden hatten, wurde der österreichische Verhandlungsführer Fürst **Klemens von Metternich**. Allerdings dachte auch er nicht daran, die Säkularisation und Mediatisierung rückgängig zu machen. Das Heilige Römische Reich Deutscher Nation sollte nicht wiederhergestellt werden. Stattdessen einigte man sich in Wien darauf, in der Mitte Europas nur einen lockeren Staatenbund von 34 souveränen Fürsten und vier freien Städten (Lübeck, Hamburg, Bremen und Frankfurt am Main) zu gründen: den *Deutschen Bund*. Er sollte die innere und äußere Sicherheit der Mitgliedstaaten gewährleisten und das Gleichgewicht der europäischen Großmächte sichern.

In Wien hatte man damit die Revolution beendet und eine europäische Friedensordnung geschaffen, die künftigen Wandel nicht ausschließen sollte, jedoch nur, wenn die Regierungen ihn akzeptierten. Die Monarchen Russlands, Österreichs und Preußens verpflichteten sich dazu im Herbst 1815 zu einer **Heiligen Allianz**. Brüderlich wollte man alle revolutionären Veränderungen abwehren. Aus der Kriegsallianz der Sieger war ein Bollwerk gegen innere und äußere Reformen geworden. Außer dem englischen König, dem türkischen Sultan und dem Papst traten alle Regenten Europas der Heiligen Allianz bei.

M1 „Revolution von oben"

In der „Rigaer Denkschrift" (12. September 1807) skizziert der auf Befehl Napoleons entlassene preußische Staatsminister Karl August Fürst von Hardenberg dem König von Preußen die Grundlagen einer Reorganisation des Staates:

Die Französische Revolution, wovon die gegenwärtigen Kriege die Fortsetzung sind, gab den Franzosen unter Blutvergießen und Stürmen einen ganz neuen Schwung. Alle schlafenden Kräfte wurden geweckt, das Elende und Schwa-
5 che, veraltete Vorurteile und Gebrechen wurden – freilich zugleich mit manchem Guten – zerstört. Die Benachbarten und Überwundenen wurden mit dem Strome fortgerissen. [...]
Der Wahn, dass man der Revolution am sichersten durch
10 Festhalten am Alten und durch strenge Verfolgung der durch solche geltend gemachten Grundsätze entgegenstreben könne, hat besonders dazu beigetragen, die Revolution zu befördern und derselben eine stets wachsende Ausdehnung zu geben. Die Gewalt dieser Grundsätze ist so groß, sie sind
15 so allgemein anerkannt und verbreitet, dass der Staat, der sie nicht annimmt, entweder seinem Untergange oder der erzwungenen Annahme derselben entgegensehen muss. [...]
Also eine Revolution im guten Sinn, gerade hinführend zu dem großen Zwecke der Veredelung der Menschheit, durch
20 Weisheit der Regierung und nicht durch gewaltsame Impulsion[1] von innen oder außen, – das ist unser Ziel, unser leitendes Prinzip. Demokratische Grundsätze in einer monarchischen Regierung: Dieses scheint mir die angemessene Form für den gegenwärtigen Zeitgeist.[2] Die reine Demokratie müs-
25 sen wir noch dem Jahre 2440 überlassen[3], wenn sie anders je für den Menschen gemacht ist. [...]
Man schrecke ja nicht zurück vor dem, was er[4] als Hauptgrundsatz fordert, möglichste Freiheit und Gleichheit. – Nicht die regellose, mit Recht verschriene: die die blutigen
30 Ungeheuer der Französischen Revolution zum Deckmantel ihrer Verbrechen brauchten oder mit fanatischer Wut statt der wahren, *im gebildeten gesellschaftlichen Zustande möglichen*, ergriffen, sondern *nur diese* nach weisen Gesetzen eines monarchischen Staats, die die natürliche Freiheit und Gleichheit der Staatsbürger nicht mehr beschränken, als es
35 die Stufe ihrer Kultur und ihr eigenes Wohl erfordern. [...]
Die Nation mit der Staatsverwaltung in nähere Verhältnisse zu bringen, sie mehr damit bekannt zu machen und dafür zu interessieren, ist allerdings heilsam und nötig. Die Idee einer
40 Nationalrepräsentation, so wie sie von dem Herrn von Altenstein[4] gefasst ist, ohne Abbruch der monarchischen Verfassung, ist schön und zweckmäßig. Der Begriff gefährlicher Nationalversammlungen passt nicht auf sie. Durch die Amalgamierung[5] der Repräsentanten mit den einzelnen Verwal-
45 tungsbehörden wird sie den Nutzen gewähren, ohne den Nachteil zu haben. Sie soll keinen besonderen konstitutiven Körper, keine eigene Behörde bilden. [...]
[...]
Dass man dem Provinzialcharakter nicht Gewalt antun und
50 aus Sucht, alles in eine Form, besonders in eine nicht passende, zu zwingen, nicht überall alle Einrichtungen und Vorschriften auf gleiche Weise geltend machen müsse, damit bin ich vollkommen einverstanden. Doch scheint es mir weise, dem Ganzen einen einzigen Nationalcharakter aufzu-
55 prägen und nach und nach, jenen Maximen unbeschadet, dahin zu arbeiten, welches auch ohne Zwang geschehen kann. Die Verwaltung nach Provinzen würde ich diesemnach nicht beibehalten, die Verwaltungsdepartements nach den natürlichen Verhältnissen abteilen und benennen und einem
60 jeden eine Kammer vorsetzen. Der ganze Staat heiße künftig *Preußen*. [...]

Walter Demel und Uwe Puschner (Hrsg.), Von der Französischen Revolution bis zum Wiener Kongreß 1789-1815, Stuttgart 1995, S. 87 f., 89 f. und 92 f.

1. *Arbeiten Sie die Haltung Hardenbergs gegenüber der Französischen Revolution heraus.*

2. *Nennen Sie wesentliche Aspekte, die nach Hardenberg für eine Reorganisation des Staates zu beachten wären.*

---

[1] Impulsion: Anstoß, Anregung
[2] Offenbar nach dem Philosophen Immanuel Kant (1724-1804), der mit Blick auf die Französische Revolution sagte: „Autokratisch herrschen und dabei doch republikanisch [...] regieren, ist das, was ein Volk mit seiner Verfassung zufrieden macht."
[3] Anspielung auf den utopischen Roman von L. S. Mercier (1740-1814), L'an 2440. Rêve s'il en fût jamais.
[4] Hardenberg bezieht sich hier auf Überlegungen seines Mitarbeiters Karl Freiherr vom Stein zum Altenstein.
[5] Amalgamierung: enge Verbindung

M2 „... das muss alle Deutsche fest und brüderlich vereinen"

In einer zuerst anonym als Einzeldruck Ende Januar 1813 veröffentlichten Flugschrift ruft der Historiker und patriotische Dichter Ernst Moritz Arndt zur Erhebung gegen Napoleon I. und dessen Verbündete auf:

Ihr habt das blutige und unerbittliche Ungeheuer gesehen und gefühlt, welches in seinem stolzen Wahn und Übermut sich nichts Kleineres angemaßt hatte, als alle Länder zu bezwingen, alle Throne zu schänden, alle Völker zu erniedri-
5 gen und endlich in satanischer Einsamkeit über einen verworfenen Haufen von Sklaven zu herrschen. [...] Seine Schmeichler und Knechte posaunten es über die Welt aus: der Unbezwingliche, der Unbesiegliche, der Weltbefreier, der Zeitverjünger, der Einzige, der Unvergleichliche komme, sich
10 und Europa an dem treulosen Beherrscher der Russen zu rächen, und den Osten unseres Weltteils gleich dem Westen zu beglücken und zu befreien. Diese Stimmen der Nichtswürdigen krächzten fern und nah alle Buben und Knechte nach; die Matten und Feigen glaubten und zitterten; selbst
15 manche Gute und Wackere wollten fast verzweifeln; nur wenige ehrenfeste und herzhafte Seelen hofften und vertrauten, denn ihnen war in dem schmutzigen Strom der Zeit die Zuversicht auf Gott und das Licht der Geschichte nicht untergegangen. [...]
20 Eine neue Zeit wird beginnen, eine große und herrliche deutsche Zeit, wenn jede lebendigste Kraft, jedes glühendste Herz, jede freudigste Tugend und jede reinste Gesinnung, wenn die ganze Liebe und Treue des deutschen Volkes in den großen Kampf gesetzt wird. Hass gegen die Fremden, Hass
25 gegen die Franzosen, gegen ihren Tand, ihre Eitelkeit, ihre Lüderlichkeit, ihre Sprache, ihre Sitten, ja brennender Hass gegen alles, was nur von ihnen kommt, das muss alle Deutsche fest und brüderlich vereinen und deutsche Tapferkeit, deutsche Freiheit, deutsche Zucht, deutsche Ehre und Ge-
30 rechtigkeit oben schweben lassen, und wieder in die alte Würde und Herrlichkeit stellen, wodurch unsre Väter vor den meisten Völkern der Erde leuchteten.

Hans-Bernd Spies (Hrsg.), Die Erhebung gegen Napoleon 1806-1814/15, Darmstadt 1981, S. 224f. und 227f.

> Arbeiten Sie die ideologischen Vorstellungen heraus, mit denen sich Arndt an die Öffentlichkeit wendet. Nehmen Sie dazu Stellung.

M3 Individuum und Staat, Volk und Menschheit

1814 schreibt der Jenaer Historiker Heinrich Luden, der vor und nach den „Befreiungskriegen" einen großen Einfluss auf die Studenten ausübt, in einem Aufsatz:

Überall, wo Menschen mit einiger Bildung zusammen leben, da leben sie in einem Staate; und überall zeigt sich bei jedem Menschen in Sprache, Geist und Art eine gewisse Eigentümlichkeit, die ihn von allen andern Menschen sondert, die er aber mit einer gewissen Anzahl gemein hat: Mit diesen 5 macht er ein *Volk* aus. [...]
Staat und Volk nämlich fallen, im historischen Zusammenhange des Lebens, bald dergestalt zusammen, dass das *Volk* in einem bürgerlichen Vereine nach eigenen Gesetzen lebt oder einen besonderen Staat ausmacht; bald aber sind sie 10 getrennt, und die Kreise schneiden sich auf mannigfache Weise, sei es, dass in einem Volke mehrere Staaten sind, sei es, dass ein Staat mehrere Völker umfasst, sei es endlich, dass Völkerteile, in bürgerlicher Rücksicht, hierhin geworfen sind und dorthin. Aber immer und überall streben Staat und Volk, 15 man möchte sagen, mit liebevoller Sehnsucht zueinander, um sich einander zu halten oder zu gewinnen, wie wenn sie ohne einander nicht sein möchten, wie wenn sie beide nur in Einheit gedeihen könnten! Sind Staat und Volk eins: so ist der höchste Wunsch und das heiligste Streben der Menschen, 20 diese Einheit zu bewahren; sind sie getrennt: so ist, wenn nicht immer der Wunsch, doch gewiss das Streben da, diese Einheit zu erringen: Die Volksgenossen suchen sich in einem Staat zu vereinen, die Bürger eines Staates suchen ein Volk zu werden [...]. 25
Ruhiges Gedeihen aber, fester Friede, kräftige Bildung und allgemeines Glück wird nur da gefunden, wo die Einheit von Volk und Staat erreicht ist, und diese Erreichung scheint von gewissen Naturgrenzen abzuhängen, von Höhen und Tiefen, von Meeren und Wüsten, welche entweder das Volk um- 30 schließen oder den Staat.

Hartwig Brandt (Hrsg.), Restauration und Frühliberalismus 1814-1840, Darmstadt 1979, S. 96 f.

1. Kommentieren Sie die von Luden gemachte Behauptung, dass „Staat und Volk" zusammenstreben.

2. Problematisieren Sie die genannten Kriterien für die Einheit von Staat und Volk vor dem Hintergrund der bestehenden Grenzen in Europa um 1814. Nennen Sie in dem Zusammenhang Beispiele für Staaten, in denen damals mehrere Völker lebten.

Der restaurative Staat und seine Gegenkräfte

Das Wartburgfest – Blick zurück nach vorn Der erste spektakuläre Auftritt der nationalen und liberalen Bewegung in den deutschen Staaten war das Wartburgfest von 1817. Organisiert hatten es die national gesinnten Burschenschaften, die allmählich die landsmannschaftlichen Studentenverbindungen nach dem Vorbild der 1815 in Jena gegründeten Ur-Burschenschaft ablösten (▶ M1). Materiell vom Landesherrn, Großherzog *Karl August von Sachsen-Weimar-Eisenach*, unterstützt, feierten am 18./19. Oktober 1817 etwa 500 (meist evangelische) Studenten aus deutschen Universitäten das Gedenken an die Völkerschlacht bei Leipzig und das 300-jährige Reformationsjubiläum in einem Fest auf der Wartburg bei Eisenach. Rückblickend beschworen sie die militärische Befreiung des Vaterlandes und die geistig-religiöse Befreiung durch die Reformation, um daraus die zukunftsweisenden Forderungen nach nationaler Einheit und Freiheit abzuleiten. Am Ende der Feier wurden auf dem Wartenberg symbolisch mehrere Bücher „undeutscher" Gesinnung (darunter der französische Code civil) sowie Symbole der alten Ordnung (darunter ein österreichischer Korporalstock und ein preußischer Ulanenschnürleib) verbrannt. Frankreich, Habsburg-Österreich und Preußen waren Feind- und Gegenbilder des nationalen Aufbruchs.

▲ **Verbrennungsszene auf dem Wartburgfest.**
Kolorierter Stahlstich von 1817 (Ausschnitt).

Wirkungen und Reaktionen Während das Fest bei dem liberal und national eingestellten Bürgertum eine wohlwollende Aufnahme fand, empfand es der preußische König als offene Aufforderung zum Aufstand. In Preußen wurden Teilnehmer verhört und verfolgt, im Dezember 1817 schließlich die Burschenschaften verboten. Trotzdem konnte am 18. Oktober 1818 in Jena die *Allgemeine deutsche Burschenschaft* gegründet werden. Ihr Symbol wurde die rot-schwarz-rote Fahne mit einem goldenen Eichenzweig. Als Wahlspruch nahmen die Studenten die Worte „Ehre, Freiheit, Vaterland".

Vom Herbst 1818 an planten die Regierungen bundesweite Maßnahmen gegen die Opposition. Gründe für das Vorgehen gegen die liberale und nationale Bewegung bot dann ein politisch motiviertes Attentat. Am 23. März 1819 wurde in Mannheim der populäre Lustspieldichter und Berater des russischen Zaren, *Karl August von Kotzebue*, von dem 23-jährigen Theologiestudenten und Burschenschafter *Karl Ludwig Sand* aus Wunsiedel (Franken) erstochen.

Die Karlsbader Beschlüsse Im August 1819 trafen sich im böhmischen Karlsbad Minister aus zehn Bundesstaaten. Unter der Leitung Metternichs verfassten sie Beschlüsse gegen die nationale und liberale Bewegung, die als Bundesgesetze in Kraft gesetzt wurden. Das „Bundes-Universitätsgesetz" stellte Professoren, Studenten und den Lehrbetrieb unter Staatsaufsicht. Die Burschenschaften wurden verboten und ihre Anhänger mit Berufsverboten bedroht. Das „Bundes-Pressgesetz" führte die Vorzensur ein und das „Bundes-Untersuchungsgesetz" schuf eine bundesweit arbeitende Ermittlungsbehörde, die alle politischen Bewegungen beobachtete und verfolgte (▶ M2).

Kritische Professoren, Studenten, Beamte und Schriftsteller wurden als *Demagogen** denunziert, verfolgt und inhaftiert. Die Burschenschaften lösten sich auf oder gingen in den Untergrund. Die erste Welle von Intellektuellen wanderte aus. Auf Jahre hinaus kam die nationale und liberale Bewegung zum Erliegen.

Die Julirevolution von 1830 in Frankreich und ihre Wirkung Auch Frankreich erlebte nach 1815 eine Phase der Restauration. Sie fand 1830 ihren Höhepunkt, als der französische König *Karl X.*, ein jüngerer Bruder des 1793 guillotinierten Ludwig XVI., die Pressefreiheit faktisch aufhob und das Wahlrecht zugunsten der Großgrundbesitzer einschränkte. Im Juli 1830 vertrieben ihn Pariser Bürger, Arbeiter und Studenten und hoben den „Bürgerkönig" *Louis Philippe* auf den Thron.

Louis Philippe (1773-1850): Er war ein Nachfahre Ludwigs XIV. und zählte zur bürgerfreundlichen Opposition; der „Bürgerkönig" regierte seit 1830 und förderte die Wirtschaft, vernachlässigte jedoch die sozialen Probleme.

Die Julirevolution beeinflusste die politische Entwicklung in mehreren europäischen Staaten. Sie führte u.a. zur Einführung einer liberalen Verfassung in Belgien, zu Befreiungskämpfen gegen die zaristische Herrschaft in Kongress-Polen, zu Aufständen gegen die habsburgische Regierung in Mittelitalien und zu Parlaments- und Verfassungsreformen in England. Auch in den deutschen Staaten erhoben sich nach 1830 Bürger gegen absolutistisch regierende Fürsten. In Kurhessen, Sachsen, Braunschweig und Hannover konnten neue oder verbesserte Verfassungen durchgesetzt werden. In Baden erreichte die Opposition ein liberaleres Presserecht und eine neue Gemeindeordnung. Nur die Situation in den beiden verfassungslosen Großmächten, in Preußen und Österreich, änderte sich nicht. Dort wurden die lokalen Unruhen militärisch erstickt.

Das Hambacher Fest – Volksfest und Volksprotest Höhepunkt der deutschen Oppositionsbewegung wurde das *Hambacher Fest* im Mai 1832. Männer und Frauen „jedes Standes" und aus allen „deutschen Stämmen" waren durch die Presse zum „Nationalfest der Deutschen" eingeladen worden. Etwa 30 000 Menschen aus allen Schichten, der größte Teil aus der Umgebung von Neustadt an der Haardt, aber auch Delegationen aus anderen Ländern des Deutschen Bundes, dazu Exil-Polen und Franzosen, feierten an der Hambacher Schlossruine ein Volksfest. Redner nutzten die Gelegenheit, gegen die bestehenden politischen und sozialen Verhältnisse zu protestieren und die Willkürherrschaft der Fürsten anzuklagen. Sie forderten Volkssouveränität, Pressefreiheit und einen freiheitlichen deutschen Einheitsstaat (▶ M3).

Das Hambacher Fest war nicht das einzige liberale Volksfest im Jahr 1832. Etwa dreißig ähnliche Kundgebungen fanden im Deutschen Bund statt. Aber keine fand ein so großes Echo wie das Hambacher Fest. Die bayerische Regierung rief alarmiert den Belagerungszustand in der Pfalz aus und verhaftete die Hauptredner und Organisatoren. Für Metternich lieferten die Ereignisse den Grund, noch radikaler gegen die nationale und liberale Bewegung vorzugehen (▶ M4). Schon am 5. Juli folgte ein Bundesmaßgesetz zur „Erhaltung der Sicherheit und Ordnung" (*Die „Zehn Artikel"*), das die Presse- und Versammlungsfreiheit weiter einschränkte. Doch den Behörden gelang es nicht mehr, die Opposition vollständig zu unterdrücken.

▲ **Schwarz-rot-goldene Kokarde.** *Um 1832. Durchmesser 4 cm.*

* Demagoge: Volksaufwiegler, Volksverführer

Sieben mutige Professoren

Kein Monarch hatte es gewagt, offen gegen eine einmal erlassene Verfassung zu verstoßen. Jedoch erklärte König *Ernst August* von Hannover, der die Regierungsgeschäfte nach dem Tod seines Bruders 1837 übernommen hatte, die 1833 eingeführte Verfassung einseitig für ungültig. Die gesamtdeutsche Öffentlichkeit reagierte empört. Sieben Göttinger Professoren fanden den Mut, dagegen schriftlich zu protestieren: der Staatsrechtler *Wilhelm Albrecht* (1800-1876), die Historiker *Friedrich Christoph Dahlmann* (1785-1863) und *Georg Gottfried Gervinus* (1805-1871), die Sprach- und Kulturforscher *Jacob Grimm* (1785-1863) und *Wilhelm Grimm* (1786-1859), der Orientalist *Heinrich Ewald* (1803-1875) und der Physiker *Wilhelm Weber* (1804-1891). Diese „Göttinger Sieben" sahen in der Handlung des Fürsten einen Rechtsbruch und fühlten sich weiterhin an ihren auf die Verfassung geleisteten Eid gebunden. Ernst August fasste den Protest als Widerstand gegen die Staatsgewalt auf und enthob die sieben Universitätslehrer ihres Amtes.

Die Maßnahme erregte alle bürgerlichen Schichten in allen deutschen Staaten. Drei Jahre später berief der preußische König **Friedrich Wilhelm IV.** drei der „Göttinger Sieben" an preußische Universitäten. Obwohl er damit die liberale Bewegung stärkte, ließ er zugleich keinen Zweifel daran, dass er von einer Verfassung nichts hielt.

▲ **Das Landesdenkmal „Die Göttinger Sieben" in Hannover von Floriano Bodini.**
Foto von 2007.
Niedersächsische Landtagsabgeordnete regten 1993 einen internationalen Wettbewerb für die „Errichtung eines Denkmals für Zivilcourage" an. Eine Jury entschied sich einstimmig für den Entwurf von Floriano Bodini. Im Mittelpunkt des Bronzedenkmals steht das sechs Meter hohe, halb geöffnete Portal. Vor dem Tor stehen drei Personen, rechts davon ein Student, hinter dem Portal (hier verdeckt) stehen vier weitere Figuren sowie (auf dem Pferd) König Ernst August.

Friedrich Wilhelm IV.
(1795-1861): preußischer König von 1840 bis 1858

Soziale Unruhen und politische Orientierungen

Politische Brisanz erhielt die liberale und nationale Bewegung durch die zunehmenden sozialen Probleme der 1840er-Jahre. Das Bevölkerungswachstum hatte zu Beschäftigungs- und Ernährungskrisen sowie zu verbreitetem Massenelend geführt. Die Berichterstattung über den Aufstand der schlesischen Weber von 1844 machte die Not der armen Bevölkerung erstmals allgemein bekannt. Unternehmer und Staat fanden sich auf der Anklagebank (▶ M5). Die Agrar- und Gewerbekrise von 1846/47 ließ die Zahl der sozialen und politischen Unruhen steigen und verunsicherte die Regierungen.

Ende der 1840er-Jahre schlossen sich immer mehr Menschen trotz Zensur und Versammlungsverboten politisch zusammen, zum Teil über die Landesgrenzen hinweg. Dabei entwickelten sich vier politische Ausrichtungen: *Konservatismus*, *Liberalismus*, *demokratischer Radikalismus* und *Sozialismus*. Abgesehen von den konservativen Kräften war allen ein Anliegen gemeinsam: die nationale Einheit. In anderen Fragen gingen die Meinungen schon vor 1848 weit auseinander. Während die Liberalen beispielsweise zwischen konstitutioneller Monarchie und Republik schwankten und das Wahlrecht vom Vermögen abhängig machen wollten, plädierten die radikalen Demokraten und Sozialisten für eine Republik mit einem allgemeinen und gleichen Wahlrecht.

M1 Die Grundsätze der Burschenschaften von 1817

Die Grundsätze der Burschenschaften enthalten neben nationalen und patriotischen Zielen auch wirtschaftliche, konstitutionelle und soziale Forderungen. Der Katalog dieser „Grundsätze" entspricht in vielen Punkten liberalen Forderungen, die bis zur Revolution von 1848/49 durchgängig erhoben worden sind:

11. [...] Es muss der freieste Verkehr zwischen ihnen [den deutschen Staaten] stattfinden, und hier muss nicht unterdrückt werden, was dort entstanden ist, hier nicht befeindet, was dort begünstigt wurde. [...]

Das Verbot oder die Erschwerung des Auswanderns von einem deutschen Lande ins andere, Mauten, Zölle und Handelssperren zwischen deutschen Ländern, Verschiedenheiten in *Maß, Gewicht, Münze* (ihrem Gehalt nach und ihrer Bestimmung): Alle diese Dinge schaden der Ehre Deutschlands bei den Fremden, sind in sich selbst verderblich für den Geist unsers Volks, quälen den Einzelnen und bringen ihn zu Verlust und Schaden.

12. Die Sehnsucht nach Kaiser und Reich ist ungeschwächt in der Brust jedes frommen und ehrlichen deutschen Mannes und Jünglings [...].

15. Die *Fürstenwürde* ist das Erhabenste auf Erden und darum für das Heiligste zu ehren und zu achten [...].

16. Der Wille des Fürsten ist nicht das Gesetz des Volkes, sondern das Gesetz des Volkes soll der Wille des Fürsten sein.

17. *Ungerecht* ist im bürgerlichen Leben nur das, was gegen das Gesetz ist. Gegen das Gesetz kann der Fürst niemals etwas tun wollen. Geschieht etwas gegen das Gesetz, so geschieht es von den *Ministern* und andern Beamteten: Diese sind dafür *verantwortlich*, wenn sie auch im Namen des Fürsten gehandelt haben. [...]

19. Freiheit und Gleichheit ist das Höchste, wonach wir zu streben haben, und wonach zu streben kein frommer und ehrlicher deutscher Mann jemals aufhören kann. Aber es gibt keine Freiheit als in dem Gesetz und durch das Gesetz, und *keine Gleichheit* als mit dem Gesetz und *vor dem Gesetz.* Wo kein Gesetz ist, da ist keine Freiheit, sondern Herrschaft, Willkür, Despotismus. Wo kein Gesetz ist, da ist keine Gleichheit, sondern Gewalt, Unterwerfung, Sklaverei.

20. Gesetze sind keine Verordnungen und Vorschriften; Gesetze müssen von denen ausgehen oder angenommen werden, welche nach denselben leben sollen, und wo ein Fürst ist, die Bestätigung des Fürsten erhalten. Alle Gesetze haben die Freiheit der Person und die *Sicherheit des Eigentums* zum Gegenstande. Ein freier Mann kann nur gerichtet werden nach Satzungen, die er selbst als richtig und notwendig anerkannt hat. [...]

24. [...] Der 13te Artikel[1] kann keinen andern Sinn haben, als dass das deutsche Volk durch frei *gewählte*, und aus seiner Mitte frei gewählte *Vertreter* unter der *Sanktion der deutschen Fürsten* seine Verhältnisse ordnen, die *Gesetze beschließen, die Abgaben bewilligen* soll. [...]

29. [...] Der Mensch ist nur frei, wenn er auch Mittel hat, sich selbst nach eigenen Zwecken zu bestimmen. An solchen Mitteln ist die Welt für alle Menschen reich genug.

Hermann Haupt (Hrsg.), Quellen und Darstellungen zur Geschichte der Burschenschaft und der deutschen Einheitsbewegung, Bd. IV, Heidelberg 1913, S. 119 ff.

1. Fassen Sie jeweils konstitutionelle, wirtschaftliche und soziale Forderungen zusammen.

2. In die „Grundsätze" sind unterschiedliche Ideen und Denkhaltungen eingeflossen. Arbeiten Sie diese heraus und prüfen Sie, ob sich daraus Widersprüche ergeben.

M2 Aus der Geschichte der Presse- und Meinungsfreiheit von 1815 bis 1835

Presse- und Meinungsfreiheit sind Kennzeichen politischer Verhältnisse. Wie sie sich entwickelten, zeigt die Zusammenstellung:

Art. 18. Die Bundesversammlung wird sich bei ihrer ersten Zusammenkunft mit Abfassung gleichförmiger Verfügungen über die Pressfreiheit [...] beschäftigen.

Deutsche Bundesakte vom 8. Juni 1815

Das Recht, in freier Rede und Schrift seine Meinung über öffentliche Angelegenheiten zu äußern, ist ein unveräußerliches Recht jedes Staatsbürgers, das ihm unter allen Umständen zustehen muss. [...] Wo Rede und Schrift nicht frei sind, da ist überhaupt keine Freiheit, da herrscht nicht das Gesetz, sondern die Willkür. [...] Über den Missbrauch der Freiheit in Rede und Schrift kann kein Buchstabe entscheiden und kein gewöhnlicher Staatsdiener, sondern nur ein Geschworenengericht, das aus gelehrten, unabhängigen und vaterländisch gesinnten Männern besteht und öffentlich vor dem Volk seine Sitzungen hält, seine Gründe entwickelt, seinen Ausspruch tut.

Grundsätze der Burschenschaft vom Ende des Jahres 1817

§ 1. So lange als der gegenwärtige Beschluss in Kraft bleiben wird, dürfen Schriften, die in der Form täglicher Blätter oder heftweise erscheinen, desgleichen solche, die nicht über 20

---

[1] Gemeint ist die Deutsche Bundesakte. Sie war die Verfassung des 1815 gegründeten Deutschen Bundes.

Bogen¹ im Druck stark sind, in keinem deutschen Bundesstaate ohne Vorwissen und vorgängige Genehmigung der Landesbehörden zum Druck befördert werden.

Bundes-Pressgesetz vom 20. September 1819 (Karlsbader Beschlüsse)

Art. 1. Keine in einem nicht zum Deutschen Bunde gehörigen Staate in Deutscher Sprache im Druck erscheinende Zeit- oder nicht über zwanzig Bogen betragende sonstige Druckschrift politischen Inhalts darf in einem Bundesstaate, ohne vorgängige Genehmhaltung der Regierung desselben, zugelassen und ausgegeben werden: Gegen die Übertreter dieses Verbots ist eben so, wie gegen die Verbreiter verbotener Druckschriften zu verfahren.

Bundesmaßnahme zur Erhaltung der Sicherheit und Ordnung vom 5. Juli 1832 (Die „Zehn Artikel")

Art. 29. Von den Nachteilen einer übermäßigen Anzahl politischer Tagblätter überzeugt, werden die Regierungen auf eine allmählich herbeizuführende Verminderung solcher Blätter, soweit dies ohne Kränkung erworbener Rechte tunlich ist, Bedacht nehmen.

Art. 30. Kraft der ihnen zustehenden oberpolizeilichen Aufsicht werden die Regierungen die Herausgabe neuer politischer Tagblätter ohne die vorgängige Erwirkung einer diesfälligen Konzession nicht gestatten.

Die Geheimen Wiener Beschlüsse vom 12. Juni 1834 (Die „Sechzig Artikel")

Nachdem sich in Deutschland in neuerer Zeit, und zuletzt unter der Benennung „das junge Deutschland"² oder „die junge Literatur", eine literarische Schule gebildet hat, deren Bemühungen unverhohlen dahin gehen, in belletristischen, für alle Klassen von Lesern zugänglichen Schriften die christliche Religion auf die frechste Weise anzugreifen, die bestehenden sozialen Verhältnisse herabzuwürdigen und alle Zucht und Sittlichkeit zu zerstören: so hat die deutsche Bundesversammlung – in Erwägung, dass es dringend notwendig sei, diesen verderblichen, die Grundpfeiler aller gesetzlichen Ordnung untergrabenden Bestrebungen durch Zusammenwirken aller Bundesregierungen sofort Einhalt zu tun [...], sich zu nachstehenden Bestimmungen vereinigt.

Bundesbeschluss vom 10. Dezember 1835 (Verbot der Schriften des Jungen Deutschland)

Ernst Rudolf Huber (Hrsg.), Dokumente zur deutschen Verfassungsgeschichte, Bd. 1: Deutsche Verfassungsdokumente 1803-1850, Stuttgart ³1978, S. 90, 102, 134, 142 und 151

¹ Ein Druckbogen umfasst 16 Buchseiten.
² Die Bezeichnung stammt aus Ludwig Wienbargs „Ästhetischen Feldzügen" von 1834.

1. *Erläutern Sie, warum gerade die Pressefreiheit Gegenstand besonders intensiver Konflikte war.*
2. *Informieren Sie sich, wie in unserem Grundgesetz Meinungs- und Pressefreiheit geregelt sind, und begründen Sie die unterschiedliche Haltung.*

M3 „Vaterland – Freiheit – ja! ein freies deutsches Vaterland ..."

Der Journalist Philipp Jacob Siebenpfeiffer, ein zwangspensionierter bayerischer Beamter, verkündet am 27. Mai 1832 auf dem Hambacher Fest:

Vaterland – Freiheit – ja! ein freies deutsches Vaterland – dies der Sinn des heutigen Festes, dies die Worte, deren Donnerschall durch alle deutschen Gemarken drang, den Verräthern der deutschen Nationalsache die Knochen erschütternd, die Patrioten aber anfeuernd und stählend zur Ausdauer im heiligen Kampfe, „im Kampf zur Abschüttelung innerer und äußerer Gewalt". [...]
Und es wird kommen der Tag, der Tag des edelsten Siegstolzes, wo der Deutsche vom Alpengebirg und der Nordsee, vom Rhein, der Donau und Elbe den Bruder im Bruder umarmt, wo die Zollstöcke und die Schlagbäume, wo alle Hoheitszeichen der Trennung und Hemmung und Bedrückung verschwinden, sammt den Constitütionchen, die man etlichen mürrischen Kindern der großen Familie als Spielzeug verlieh; wo freie Straßen und freie Ströme den freien Umschwung aller Nationalkräfte und Säfte bezeugen; wo die Fürsten die bunten Hermeline feudalistischer Gottstatthalterschaft mit der männlichen Toga deutscher Nationalwürde vertauschen, und der Beamte, der Krieger, statt mit der Bedientenjacke des Herrn und Meisters, mit der Volksbinde sich schmückt; wo nicht 34 Städte und Städtlein, von 34 Höfen das Almosen empfangend, um den Preis hündischer Unterwerfung, sondern wo alle Städte, frei emporblühend aus eigenem Saft, um den Preis patriotischer Gesinnung, patriotischer That ringen; wo jeder Stamm, im Innern frei und selbstständig, zu bürgerlicher Freiheit sich entwickelt, und ein starkes, selbstgewobenes Bruderband alle umschließt zu politischer Einheit und Kraft; wo die deutsche Flagge, statt Tribut an Barbaren zu bringen, die Erzeugnisse unseres Gewerbfleißes in fremde Weltheile geleitet, und nicht mehr unschuldige Patrioten für das Henkerbeil auffängt, sondern allen freien Völkern den Bruderkuss bringt. Es wird kommen der Tag, wo deutsche Knaben, statt durch todte Spielereien mit todten Sprachen sich abzustumpfen, und die Jünglinge, statt auf mittelalterlichen Hochschulen durch Gelage, schnöde Tändelei und Klopffechterei zu verkrüppeln, durch lebendigen Nationalunter-

▲ Zug auf das Hambacher Schloss am 27. Mai 1832.
Kolorierte Federlithografie von 1832.

richt und würdige Leibesübung sich zu deutschen Männern heranbilden und zu jenem Vaterlandssinn sich stählen, von dem alle politische Tugend, alle Großthat ausströmt; wo das
40 deutsche Weib, nicht mehr die dienstpflichtige Magd des herrschenden Mannes, sondern die freie Genossin des freien Bürgers, unsern Söhnen und Töchtern schon als stammelnden Säuglingen die Freiheit einflößt, und im Samen des erziehenden Wortes den Sinn ächten Bürgerthums nährt; und
45 wo die deutsche Jungfrau den Jüngling als den würdigsten erkennt, der am reinsten für das Vaterland erglüht; wo, abschüttelnd das Joch des Gewissens, der Priester Trug und den eigenen Irrwahn, der Deutsche zu seinem Schöpfer die unverfälschte Sprache des Kindes zum Vater redet; wo der Bürger
50 nicht in höriger Unterthänigkeit den Launen des Herrschers und seiner knechtischen Diener, sondern dem Gesetze gehorcht, und auf den Tafeln des Gesetzes den eigenen Willen liest, und im Richter den freierwählten Mann seines Vertrauens erblickt; wo die Wissenschaft das Nationalleben befruch-
55 tet und die würdige Kunst als dessen Blüte glänzt. [...]
Wir selbst wollen, wir selbst müssen vollenden das Werk, und, ich ahne, bald, bald muß es geschehen, soll die deutsche, soll die europäische Freiheit nicht erdrosselt werden von den Mörderhänden der Aristokraten. [...]
60 Es lebe das freie, das einige Deutschland!
Hoch leben die Polen, der Deutschen Verbündete!
Hoch leben die Franken¹, der Deutschen Brüder, die unsere Nationalität und Selbstständigkeit achten!

¹ Franken: Franzosen

Hoch lebe jedes Volk, das seine Ketten bricht und mit uns den Bund der Freiheit schwört!
65 Vaterland – Volkshoheit – Völkerbund hoch!

Das Nationalfest der Deutschen zu Hambach, unter Mitwirkung eines Redaktions-Ausschusses beschrieben von J. G. A. Wirth, Erstes Heft, Neustadt 1981 (Nachdruck der Originalausgabe von 1832), S. 33, 37-39, 40 und 41

1. *Formulieren Sie aus der Rede Siebenpfeiffers ein politisches Programm.*
2. *Nehmen Sie zu den nationalen Vorstellungen Siebenpfeiffers Stellung.*

M4 „So weit sind die Dinge in Deutschland gekommen!"

Der österreichische Staatskanzler Metternich schreibt über das Hambacher Fest in einem Brief vom 10. Juni 1832 an den konservativen Berater des preußischen Königs, Fürst Wilhelm Ludwig Georg von Wittgenstein:

Wir leben in einer Zeit, in der alles zur Umtriebs-Sache wird. [...] Parteien, welche bestimmte Zwecke verfolgen, erblinden über Pflicht und Klugheit. *Der Zweck heiligt die Mittel*, ist die deutsche Universitätslehre, und sie trägt heute ihre Früchte in den herangereiften Burschen der früheren Zeit. [...]
5 Sie haben sicher Bericht über die Hambacher Geschichte en détail erhalten. So weit sind die Dinge in Deutschland gekommen!
Ich gestehe aufrichtig, dass ich mir aus dem Ergebnisse nichts mache, oder vielmehr, dass mir dasselbe manche gute
10 Seite darbietet. Mir sind die Dinge, welche offen vorliegen, stets lieber als die verkappten. Was der Liberalismus will, was er ist, wohin er zielt und wohin er die Staaten, die sich ihm hingeben, unaufhaltbar stößt, hieran kann wohl heute keiner, der Auge, Ohren und einen Sinn hat, mehr zweifeln. Vor sol-
15 chen Beweisen muss die *Doktrine*¹ verstummen.
Mit Volksrepräsentationen im modernen Sinne, mit der Pressefreiheit und politischen Vereinen muss jeder Staat zugrunde gehen, der monarchische wie die Republik. Nur Anarchie ist möglich; dagegen mögen die *Gelehrten* am
20 Schreibtische protestieren, so viel sie auch immer wollen. Am Ende der Gelehrsamkeit steht das Zuschlagen, und kommt es einmal hierzu, so ist der, der in geschlossenen Reihen zuschlägt, der Gelehrteste.
Wir werden in Deutschland zum Zuschlagen kommen, das
25 Böseste im lieben Vaterlande sind die Regierungen: vortrefflich zum Betrogenwerden, aber sehr schlecht, um sich und

¹ Doktrine: Theorie, Lehre

anderen zu helfen! Wenn man heute in Bayern noch glaubt, das Regieren zu verstehen, so sind die Leute incurabel[2].

Veit Valentin, Das Hambacher Nationalfest, Berlin 1932, S. 144f.

1. *Charakterisieren Sie die Haltung des österreichischen Kanzlers. Arbeiten Sie heraus, wie Metternich Parteien im Allgemeinen und Liberalismus sowie liberale Forderungen im Besonderen beurteilt.*

2. *Messen Sie den Brief Metternichs auch an der jüngsten Entwicklung der deutschen Geschichte. Erörtern Sie, worin Ihrer Ansicht nach auf Dauer die Vorteile einer freiheitlichen Ordnung liegen.*

M5 Über den Aufstand der schlesischen Weber

Der aus Schlesien stammende Journalist Wilhelm Wolff berichtet im „Deutschen Bürgerbuch für 1845" über die Weber-Revolte vom Juni 1844:

Eine Schar Weber erschien in Nieder-Peterswaldau und zog auf ihrem Marsche alle Weber aus den Wohnungen rechts und links an sich. Alsdann begaben sie sich nach dem wenig entfernten Kapellenberge und ordneten sich paarweise und
5 rückten so auf das neue Zwanziger'sche Wohngebäude[1] los. Sie forderten höheren Lohn und – ein Geschenk! Mit Spott und Drohen schlug man's ihnen ab. Nun dauerte es nicht lange, so stürmte die Masse ins Haus, erbrach alle Kammern, Gewölbe, Böden und Keller und zertrümmerte alles von den
10 prächtigen Spiegelfenstern, Trumeaus[2], Lüstern, Öfen, Porzellan, Möbeln bis auf die Treppengeländer herab, zerriss die Bücher, Wechsel und Papiere, drang in das zweite Wohngebäude, in die Remisen, ins Trockenhaus, zur Mange, ins Packhaus und stürzte die Waren und Vorräte zu den Fenstern
15 hinaus, wo sie zerrissen, zerstückt und mit Füßen getreten oder, in Nachahmung des Leipziger Messgeschäfts, an die Umstehenden verteilt wurden. Zwanziger flüchtete sich mit seiner Familie in Todesangst nach Reichenbach. [...]
[Am folgenden Tag griffen preußische Truppen ein.]
20 Infolge dreier Gewehrsalven blieben sofort 11 Menschen tot. Blut und Gehirn spritzte weit hin. Einem Manne trat das Gehirn über dem Auge heraus. Eine Frau, die 200 Schritte entfernt an der Türe ihres Hauses stand, sank regungslos nieder. Einem Manne war die eine Seite des Kopfes hinweg-
25 gerissen. Die blutige Hirnschale lag entfernt von ihm. Eine Mutter von 6 Kindern starb denselben Abend an mehreren Schusswunden. Ein Mädchen, das in die Strickstunde ging,

[2] incurabel: unheilbar
[1] Zwanziger und Söhne: Fabrikantenfamilie in Peterswaldau
[2] Trumeau: Wandspiegel an einem Pfeiler

sank von Kugeln getroffen zu Boden. Eine Frau, die ihren Mann stürzen sah, ging auf den Boden und erhängte sich. Ein Knabe von 8 Jahren wurde durchs Knie geschossen. Bis jetzt 30 sind überhaupt 24 schwer und tödlich Verwundete, außer den obigen 11 Toten, bekanntgeworden. Wie viele ihre Wunden verheimlichen, lässt sich vielleicht später erfahren. Nach den ersten Salven herrschte einige Sekunden eine Totenstille. Aber der Anblick des Blutes um und neben ihnen, das Stöh- 35 nen und Röcheln der im Verscheiden Begriffenen, der Jammer der Blessierten trieb die mutigsten unter den Webern zum Widerstande. [...]
Die Kunde von dem Aufstande der Weber verbreitete sich mit Blitzesschnelle in der Provinz. Zwar den hiesigen Zeitun- 40 gen wurde sogar eine ganz kurze Notiz vom Zensor gestrichen, und später nach langen Konferenzen einiger Mitglieder der Regierung ein kleiner offizieller Artikel eingerückt. Desto geschäftiger war die Fama. Die übertriebensten Gerüchte fanden gläubige Aufnahme. Was über Organisa- 45 tion, Zahl und Bewaffnung gefabelt ward, ist erstaunlich. Um so begieriger griff jeder nach den Zeitungen. Sie aber sprachen über alles, nur über das nicht, was alle Gemüter in Bewegung setzte. Und doch war die Teilnahme für die Weber in den arbeitenden Volksklassen allgemein, unter den höhern 50 Klassen nicht unbedeutend, hier jedoch vonseiten der Reichen und Kapitalisten weit überwogen durch Opposition, Hass und – Furcht. Nach Versicherungen glaubhafter Leute war das ganze Gebirge bereit, „wenn nur erst die Weber kämen", sich ihnen anzuschließen. Ich selbst hörte gerade an 55 den Tagen vom 7. Juni ab auf einer kleinen Reise überall die entschiedenste Sprache auf Dörfern und in der Stadt, dass die Weber Recht hätten und dass es nur alle so machen sollten, dann würde es schon ganz anders werden. Gegen die reichen Fabrikanten, gegen den Adel und die Gutsbesitzer, gegen die 60 Reichen und Vornehmen überhaupt, hörte ich die drohendsten Äußerungen.

Lutz Kroneberg und Rolf Schloesser (Hrsg.), Weber-Revolte 1844. Der schlesische Weberaufstand im Spiegel der zeitgenössischen Publizistik und Literatur. Eine Anthologie, Köln 1979, S. 255, 257 f. und 260

1. *Informieren Sie sich über den politischen Standort des Verfassers. Welche Bedeutung mag seiner politischen Einstellung bei der Darstellung der Ereignisse zukommen? Belegen Sie Ihre Aussagen an Textstellen.*

2. *Erörtern Sie die Bedeutung von Gerüchten über Ereignisse. Beachten Sie dabei die Sicht der Weber, der Unternehmer und der Regierung.*

3. *Die Weber-Revolte von 1844 hat in der zeitgenössischen Dichtung sowie in der späteren Literatur und bildenden Kunst einen starken Widerhall gefunden. Suchen Sie Beispiele und präsentieren Sie diese in Ihrem Kurs.*

Die Revolution von 1848/49

Ziele und Träger der Märzrevolution Im Februar 1848 erfasste eine Revolutionswelle Europa. In den deutschen Staaten formierte sich der Protest zunächst in den Städten. Auf einer von Demokraten organisierten Versammlung in Mannheim (am 27. Februar 1848), an der mehrere tausend Menschen teilnahmen, wurde eine Petition formuliert. Die darin enthaltenen Forderungen wollten die fürstliche Macht beschränken und mehr Mitbestimmung der Bürger sowie die Schaffung eines Nationalstaates sichern (▶ M1). In ihrem Aufbegehren gegen den Obrigkeitsstaat konnten die Bürger vor allem in den größeren Städten auch die Unzufriedenheit der städtischen Unterschichten für sich nutzen. Diese litten unter der wirtschaftlichen Not. Nach den Ernteausfällen in den Jahren 1845/46 verschärfte eine Wirtschaftskrise, die den Verlust zahlreicher Arbeitsplätze zur Folge hatte, Armut und Hunger der unteren Schichten. Große Unzufriedenheit herrschte auch unter den Handwerksgesellen, denen statt des erhofften Aufstiegs zum Meister oft der Abstieg zum Lohnarbeiter drohte. Sie standen in den vordersten Reihen der Märzrevolutionäre.

Die Dorfbewohner erhoben sich vor allem in Gebieten, in denen die Bauern nach wie vor adligen Grundherren Dienste und Abgaben leisten mussten, so in den südwestlichen Staaten des Deutschen Bundes.

Radikale oder gemäßigte Revolution? Angesichts der Bauernunruhen und der gewaltbereiten städtischen Massen gaben die meisten Fürsten 1848 überraschend schnell nach und setzten reformbereite Regierungen ein. In Wien und Berlin kam es zu Barrikadenkämpfen mit regulären Truppen, aber auch hier konnte sich die Volksbewegung durchsetzen. Das Zurückweichen der alten Gewalten wurde begeistert gefeiert. Zugleich sorgten die neu aufgestellten Bürgerwehren dafür, dass Eigentum und Vermögen unangetastet blieben. Die Sorge vor einer Gefährdung der bürgerlichen Gesellschaftsordnung durch die gewaltbereiten Massen war weit verbreitet. Genährt wurden solche Ängste durch das erste Auftreten einer Arbeiterbewegung, die tief greifende soziale Veränderungen forderte.

▶ **Volksunruhen in Deutschland 1816 - 1847.**
Nach: Richard Tilly, Kapital, Staat und sozialer Protest in der deutschen Industrialisierung, Göttingen 1980, S. 154 (gekürzt)

Unter „Unruhen" versteht der Historiker Richard Tilly „kollektive Ruhestörung mit physischer Gewaltanwendung". Als Quelle benutzte er ausgewählte Zeitungen, insbesondere die „Augsburger Zeitung".
■ Skizzieren Sie die Entwicklung des Protestverhaltens.

	1816 - 1829	1830 - 1839	1840 - 1847	Summe
Studenten, Universität[1]	13	13	5	31
Religion[2]	9	20	17	46
Politik[3]	4	72	33	109
sozioökonomisch[4]	3	28	103	134
Summe	29	133	158	320

[1] Studenten waren entweder Hauptakteure, oder Studenten- und Universitätsangelegenheiten waren Gegenstand des Konfliktes.
[2] gemäß Begründung Gegenstand des Konfliktes
[3] Der Protest war gegen den Staat mit seinen Organen gerichtet, um politische Änderungen durchzusetzen (Auswechseln eines Staatsbeamten, Forderung nach einem neuen Gesetz).
[4] gewalttätige Streiks, Brotkrawalle, Maschinenstürmerei, massenhaftes gesetzwidriges Betreten von Wäldern und Feldern, Steueraufruhr und Tumulte, insgesamt alle Unruhen aufgrund wirtschaftlicher Not

▶ **„Die Grundrechte des deutschen Volkes."**
Farblithografie von Adolf Schrödter, 1848.
Germania führt ihre Kinder Gerechtigkeit und Freiheit an der Hand und schreitet über den Drachen als Symbol für die Willkürherrschaft.
- *Erklären Sie, woran die Personifikationen für Freiheit und Gerechtigkeit zu erkennen sind.*
- *Die Gestaltung des Bildes lehnt sich an Vorbilder an. Nennen Sie diese. Welche Bedeutung wird den Grundrechten dadurch beigemessen?*

Die meisten Wortführer der Revolution versuchten ihre Ziele auf dem Wege der Verständigung mit den reformbereiten alten Gewalten zu erreichen. Sie begnügten sich mit Zugeständnissen im Sinn der Märzforderungen und wollten die revolutionäre Bewegung früh in legale, aber parlamentarische Bahnen lenken. Vor den Thronen selbst sollte die Revolution ohnehin Halt machen. Die radikalen badischen Demokraten *Friedrich Karl Hecker* und *Gustav Struve* versuchten im April 1848 jedoch, die Entwicklung im Sinn einer grundsätzlichen Systemveränderung weiter voranzutreiben. Sie organisierten einen bewaffneten Volksaufstand, um die Fürsten in Deutschland abzusetzen und eine Republik zu gründen. Aber ihre **Freischaren** wurden schon nach acht Tagen besiegt.

Dagegen billigten die Regierungen der Einzelstaaten den Zusammentritt einer deutschen „Nationalversammlung". Bei den Wahlen vom 1. Mai 1848 gab es noch keine Parteien, gewählt wurden vor allem Angehörige des Bildungsbürgertums. Die Formierung von Fraktionen in der Nationalversammlung (▶ M2) ist eine Wurzel des modernen Parteiwesens. Die Volksvertreter tagten im Gebäude der Frankfurter Paulskirche. Von ihnen fühlten sich die meisten der liberalen Mitte zugehörig, die linken Demokraten waren im Parlament zahlenmäßig geringer vertreten, ebenso die konservative Rechte.

Freischar: militärische Formation, die sich auf Veranlassung einzelner Persönlichkeiten, d.h. ohne staatliche oder verfassungsmäßige Ermächtigung, gebildet hat

Ringen um den Nationalstaat Es dauerte bis zum März 1849, bis die Nationalversammlung in der Paulskirche nach langen kontroversen Debatten zum ersten Mal in der deutschen Geschichte ein vom Volk ausgehendes Verfassungswerk beschloss. Es regelte drei wesentliche Bereiche:
- Die Garantie von **Grundrechten** sollte Einschränkungen der Freiheit vorbeugen. Festgelegt wurden u.a. die Presse- und Meinungsfreiheit, die Freiheit von Forschung und Lehre, das Recht auf Versammlung und auf die Gründung politischer Vereinigungen sowie das Petitionsrecht jedes Staatsbürgers. Gleichheitsrechte sollten zunächst garantieren, dass öffentliche Ämter nur nach Befähigung vergeben wurden. Damit waren aber auch die Stände aufgehoben und alle Vorrechte, vor allem des Adels, beseitigt. Aufgehoben waren auch die Gutsuntertänigkeit und die Hörigkeit der Bauern. Unter dem Druck der Sozialen Frage wurde von der demokratischen Linken ein Recht auf Arbeit gefordert. Die Mehrheit der Abgeordneten schreckte jedoch davor zurück. Sie befürchtete eine Überforderung des Staates.

 ▲ Kleindeutsche Lösung.  ▲ Großdeutsche Lösung.  ▲ Großösterreichische Lösung.

- Die Entscheidung über die Grenzen des neuen **Nationalstaates** war zugleich eine Entscheidung über die Zukunft Österreichs. Die im Herbst 1848 von der Nationalversammlung beschlossene „großdeutsche Lösung" hätte nur das deutschsprachige Österreich in das Deutsche Reich aufgenommen. Damit allerdings wären die übrigen Gebiete des Vielvölkerstaates nur noch in der Person des Herrschers (Personalunion) verbunden geblieben, was von Wien abgelehnt wurde. Umgekehrt erschien den Anhängern der Nationalstaatsidee die österreichische Forderung vom Frühjahr 1849, das gesamte Habsburgerreich in einen föderativ organisierten deutschen Staatenbund einzugliedern, unannehmbar. Daraufhin stimmte eine Mehrheit der Abgeordneten der „kleindeutschen Lösung" zu und nahm damit die Trennung von den Deutsch-Österreichern hin.
- Die Mehrheit der Nationalversammlung wünschte sich eine **konstitutionelle Monarchie** als Staatsform für das künftige Reich. Die Kaiserwürde sollte erblich sein, um einen möglichen Wechsel im Herrscherhaus zu vermeiden. Der Vorrangstellung Preußens entsprechend wählten die Abgeordneten den Preußenkönig Friedrich Wilhelm IV. zum ersten „Kaiser der Deutschen". Damit sollte das vorgesehene Erbkaisertum der preußischen Hohenzollern seine Legitimation einer Entscheidung der souveränen Nation verdanken.

Endlich eine Verfassung? Das Werk der Nationalversammlung war ein Kompromiss. Er berücksichtigte unitarische und föderalistische, monarchische und demokratische Bestrebungen.

Wieso wurden die Verfassungsbestimmungen von 1849 nicht verwirklicht? Ein Jahr nach dem Schock der Märzereignisse hatten sich die alten Kräfte, vor allem die Großmächte Preußen und Österreich, wieder konsolidiert. Weil das Gros der Beamten in Verwaltung und Justiz sich loyal verhielt und die Armeen ein Instrument in den Händen ihrer Landesherren blieben, aber auch, weil die fürstlichen Regierungen zu Reformen bereit waren, kam es zu keiner entscheidenden Schwächung der Dynastien in den Ländern. Zudem spalteten die unterschiedlichen Ziele der gemäßigten Liberalen und der Demokraten bald nach den ersten Erfolgen das Lager der Revolutionäre.

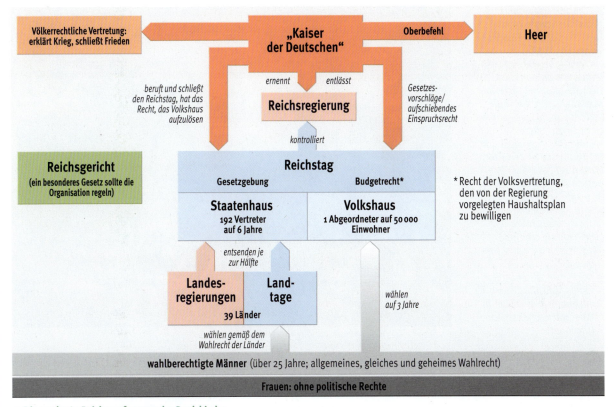

▲ Die geplante Reichsverfassung der Paulskirche.
▪ Bestimmen Sie Rechte und Einflussmöglichkeiten von Kaiser, Landesregierungen und Volk.

Zwar erkannten 28 deutsche Staaten im April 1849 die Reichsverfassung an. Aber Wien und Berlin sowie die Königreiche Bayern, Hannover und Sachsen beharrten darauf, dass nur eine mit den fürstlichen Regierungen vereinbarte Verfassung Gültigkeit beanspruchen könne. So überraschte es nicht, dass der preußische König Friedrich Wilhelm IV. – überzeugt vom monarchischen Gottesgnadentum – am 3. April 1849 die Kaiserkrone aus den Händen des Volkes zurückwies (▶ M3). Der durch die gewählten Vertreter des deutschen Volkes vereinbarte und rechtlich konstruierte deutsche Nationalstaat wurde nicht verwirklicht.

Als sich schon die Niederlage der Revolutionsbewegung abzeichnete, leisteten Intellektuelle, Handwerker und Arbeiter noch einmal Widerstand. In mehreren revolutionären Zentren (Sachsen, Pfalz, Baden) flammten im April und Mai 1849 letzte Volkserhebungen auf, in denen sich politische mit sozialen Zielen mischten. In Baden stellten sich in der sogenannten „Reichsverfassungskampagne" Armee und Verwaltung auf die Seite der Revolutionsregierung. Mithilfe preußischer Truppen wurde der Aufstand jedoch niedergeschlagen. Die Aufständischen fielen Massenerschießungen oder Standgerichten zum Opfer, mussten sich vor Gericht verantworten oder ins Exil gehen.

Inzwischen hatte auch die Nationalversammlung zu bestehen aufgehört. Viele Regierungen hatten die Abgeordneten zurückbeordert. Nur noch ein „Rumpfparlament" linker Abgeordneter tagte zunächst in Stuttgart weiter, wurde aber am 18. Juni 1849 durch Militär auseinandergejagt.

▶ „Die universale demokratische und soziale Republik."
Farblithografie von Frédéric Sorrieu, um 1848.
Ein Festzug bewegt sich von rechts nach links an einer Freiheitsstatue mit Fackel und Menschenrechtstafel vorbei. Im Vordergrund liegen zerbrochene Herrschaftszeichen. Der Himmel wird von Engels- und Märtyrergestalten bevölkert, die sich auf den Erlöser (Messias) im Zentrum der oberen Bildhälfte zubewegen.
- Bestimmen Sie die Herkunft der Teilnehmer. Welchen Bevölkerungsschichten gehören sie an, woher kommen sie?
- Das Bild gilt als eine frühe sinnbildliche Darstellung der internationalen Solidarität. Was spricht für diese Deutung?

Das Erbe der 1848er-Bewegung Als der Gesandtenkongress des Deutschen Bundes im September 1850 wieder zusammentrat, konnte es scheinen, als sei nichts geschehen. Es begann die Zeit der *Reaktion*. In den Bundesstaaten wurden viele Zugeständnisse rückgängig gemacht, fast alle politischen Vereine wurden verboten. 1851 hob der Bundestag die von der Paulskirche verabschiedeten Grundrechte wieder auf.

Der überall durchgesetzte Verfassungsstaat wurde – abgesehen von Österreich – in keinem Staat des Deutschen Bundes wieder beseitigt. Die Vorzensur von Zeitungen und Büchern, die jede Veröffentlichung einer amtlichen Prüfung unterzog, blieb aufgehoben. In der Rechtspflege gab es wichtige Fortschritte und auch gesellschaftspolitisch wurden neue Weichen gestellt. Dazu gehörten die Befreiung der Bauern aus den grundherrlichen Abhängigkeiten, das Ende der adligen Patrimonialgerichtsbarkeit, überhaupt das Ende der rechtlichen Sonderstellung des Adels.

Die Ereignisse von 1848/49 weckten das politische Bewusstsein breiter Bevölkerungsschichten (▶ M4). Die Deutschen hatten sich als politisch Aktive erlebt. Vertreter des fortschrittlichen Bürgertums wandten sich allerdings nach dem Scheitern des Versuchs, Einheit und Freiheit aus eigener Kraft zu erreichen, resigniert von ihren politischen Idealen ab. Sie konzentrierten sich auf ihr wirtschaftliches und berufliches Fortkommen. Der gelungene Verfassungsentwurf eines föderalistisch angelegten, nationalen Rechtsstaates mit einer starken Volksvertretung, wie ihn die Paulskirche 1849 vorgesehen hatte, blieb trotz seines Scheiterns immer im politischen Gedächtnis der Deutschen. Nicht wenige Artikel wurden auch 1870/71, bei der Reichsgründung „von oben", von den fürstlichen Regierungen berücksichtigt. Ein Leitbild war der Entwurf von 1848 für die verfassunggebenden Versammlungen 1919 und 1948/49.

M1 Die Mannheimer „Märzforderungen"[1]

Die Mannheimer Bevölkerung ist die erste, die auf die Ereignisse in Frankreich reagiert: Am 27. Februar 1848, wenige Tage nach dem Sturz des französischen Königs, kommen ca. 2500 Menschen zu einer Volksversammlung zusammen, um über die Abfassung einer Petition zu beraten. In dem Aufruf zur Versammlung heißt es:

Das französische Volk hat Ludwig Philipp abgesetzt[2], hat das Joch der Tyrannei gebrochen. Die Schweizer haben das Jesuiten-Regiment gestürzt und den Sonderbund gesprengt.[3] Die Italiener haben freie Verfassungen kräftig sich errungen. Sol-
5 len wir Deutschen allein unter dem Joche der Knechtschaft verbleiben? Der entscheidende Augenblick ist gekommen. Der Tag der Freiheit ist angebrochen. Vorwärts! ist der Ruf der Zeit. Die Not des Volkes muss ein Ende nehmen. Unser Wahlspruch sei:
10 Wohlstand, Bildung und Freiheit für alle Klassen des Volkes! Überall in Deutschlands Gauen, in Stadt und Land mögen die Männer der Tat zusammentreten, beschließen und vollziehen, was dem Volke nottut, die ewigen Rechte des Volkes sollen und müssen jetzt zur Wahrheit werden.
15 In diesem Geiste haben viele Bürger und Einwohner Mannheims die beifolgende Petition beschlossen und unterzeichnet, welche sie in großer Anzahl Mittwoch, den 1. März, der Zweiten Kammer[4] der Landstände überbringen werden. Wir hoffen und erwarten, dass ähnliche Schritte in allen Teilen
20 des Vaterlandes vorbereitet und sogleich ausgeführt werden. Es gilt jetzt, den Augenblick zu ergreifen. Zweiunddreißig Jahre lang haben wir fruchtlos gehofft. Jetzt gilt es zu fordern und unsern Forderungen Nachdruck zu geben.
Wo drei deutsche Männer im Geiste der Freiheit beisammen
25 sind, mögen sie einen Stützpunkt der Zukunft Deutschlands bilden!
                                                                    Das Comité
Verbreiten Sie diesen Aufruf und die Petition unverzüglich in Ihren Nachbarorten!

---
[1] Der Aufruf wurde auch „Mannheimer Petition" genannt.
[2] Der französische König Louis Philippe (1773 - 1850) wurde wegen seiner Weigerung, das Wahlrecht auszudehnen, zur Abdankung gezwungen.
[3] Zur Abwehr liberaler Ideen hatten sich 1845 einige katholisch-konservative Kantone der Schweiz zum „Sonderbund" zusammengeschlossen. Im Sonderbund-Krieg von 1847 konnten sich die freisinnig-liberalen Kantone militärisch gegen den Sonderbund behaupten; dieser wurde aufgelöst und eine neue föderative Bundesverfassung mit weitreichenden bürgerlichen und politischen Rechten eingeführt.
[4] Im Gegensatz zur Ersten Kammer, die aus ernannten Vertretern des Adels bestand, saßen in der Zweiten Kammer gewählte Abgeordnete.

Die Versammlung verabschiedet die folgende Petition, die öffentlich zur Unterschrift ausgelegt und am 1. März 1848 dem Präsidenten der badischen Abgeordnetenkammer überbracht wird:

Hohe Zweite Kammer!
30 Eine ungeheure Revolution hat Frankreich umgestaltet. Vielleicht in wenigen Tagen stehen französische Heere an unseren Grenzmarken, während Russland die seinigen im Norden zusammenzieht. Ein Gedanke durchzuckt Europa. Das alte System wankt und zerfällt in Trümmer. Allerorten haben die
35 Völker mit kräftiger Hand die Rechte sich selbst genommen, welche ihre Machthaber ihnen vorenthielten. Deutschland darf nicht länger zusehen, wie es mit Füßen getreten wird. Das deutsche Volk hat das Recht zu verlangen:
Wohlstand, Bildung und Freiheit für alle Klassen der Gesell-
40 schaft, ohne Unterschied der Geburt und des Standes.
Die Zeit ist vorüber, die Mittel zu diesen Zwecken lange zu beraten. Was das Volk will, hat es durch seine gesetzlichen Vertreter, durch die Presse und durch Petitionen deutlich genug ausgesprochen. Aus der großen Zahl von Maßregeln,
45 durch deren Ergreifung allein das deutsche Volk gerettet werden kann, heben wir hervor:
1) Volksbewaffnung mit freien Wahlen der Offiziere
2) Unbedingte Pressefreiheit
3) Schwurgerichte nach dem Vorbilde Englands
50 4) Sofortige Herstellung eines deutschen Parlaments
Diese vier Forderungen sind so dringend, dass mit deren Erfüllung nicht länger gezögert werden kann und darf. Vertreter des Volks! Wir verlangen von Euch, dass Ihr diese Forderungen zu ungesäumter Erfüllung bringet. Wir stehen
55 für dieselben mit Gut und Blut ein und mit uns, davon sind wir durchdrungen, das ganze deutsche Volk.

Karl Obermann, Flugblätter der Revolution. Eine Flugblattsammlung zur Geschichte der Revolution von 1848/49 in Deutschland, Berlin 1970, S. 54 f.

---

1. *Erschließen Sie aus den Forderungen die politischen und sozialen Verhältnisse in Deutschland vor Ausbruch der Revolution von 1848.*

2. *Erklären Sie, warum die Petition die Volksbewaffnung fordert. Informieren Sie sich über den Zusammenhang von Volksbewaffnung und Befreiungskriegen (1813 - 1815).*

M2 Zusammensetzung der Nationalversammlung

Bei einer Gesamtzahl von 812 Abgeordneten (einschließlich der zeitweilig einberufenen Stellvertreter) beteiligen sich in der Regel zwischen 400 und 540 Volksvertreter an den Abstimmungen. Sie lassen sich den folgenden Berufsgruppen zuordnen:

Höhere Beamte, Landräte	115	Geistliche	39	Landwirte (Großgrundbesitzer und 3 Bauern)	46
Mittlere Beamte	37	Rechtsanwälte, Advokaten	106	Handwerker insgesamt	4
Bürgermeister, Kommunalbeamte	21	Ärzte	23	Promovierte ohne Berufsangabe	35
Richter, Staatsanwälte	110	Schriftsteller, Journalisten	20	Sonstige Berufe	3
Offiziere	18	**Freiberufliche Intelligenz insgesamt**	**149**	Nicht ermittelt	44
Diplomaten	11	Großkaufleute, Kaufleute	35		**812**
Hochschullehrer (49), Gymnasiallehrer	94	Fabrikanten	14		
Sonstige Lehrer	30	Verleger, Buchhändler	7		
Staatsdiener insgesamt	**436**	**Wirtschaftsbürgertum insgesamt**	**56**		

Die Anteile der Fraktionen in der Frankfurter Paulskirche im Oktober 1848:

Donnersberg	Deutscher Hof	Westendhall	Württemberger Hof	Augsburger Hof	Landsberg	Casino	Café Milani	bei keiner Fraktion
7%	8%	7%	6%	7%	6%	21%	6%	32%
„Linke" demokratisch		„linkes Zentrum" parlamentarisch-liberal		„rechtes Zentrum" konstitutionell-liberal			„Rechte" konservativ	

Die Fraktionen wiesen in ihrer sozialen Zusammensetzung gewisse Regelmäßigkeiten auf, die – von rechts bis links besehen – eine wachsende Distanz zu den bestehenden Verfassungen in Deutschland und zum Staatsdienst anzeigten. Auf
5 der Rechten und im rechten Zentrum [...] häuften sich höhere Staatsbeamte, Richter und Hochschullehrer; hinzu kamen adlige Grundbesitzer und Großkaufleute; freie Berufe fanden sich hier seltener, im „Casino" etwa nur zu 10 %. Im linken Zentrum („Württemberger Hof" bis „Westendhall") hielten
10 sich freie Berufe und Angehörige der Mittelschichten einerseits, Grundbesitzer, Großkaufleute und höhere Beamte andererseits die Waage. Auf der Linken dominierte mit 40 % im „Deutschen Hof" und 50 % im „Donnersberg" die freiberufliche Intelligenz; zudem fand sich hier mit 30 % ein beträchtlicher Anteil von Abgeordneten der unteren Mittelklasse.
15

Wolfram Siemann, Die deutsche Revolution von 1848/49, Frankfurt am Main ⁵1993, S. 126 und 130

1. Die Paulskirche wird gerne als „Professorenparlament" charakterisiert. Prüfen Sie, ob diese Bezeichnung angemessen ist. Welche Auffälligkeiten ergeben sich bei einer Analyse einzelner Fraktionen der Paulskirche?
2. Benennen Sie Berufs- oder Gesellschaftsgruppen, die Ihnen unterrepräsentiert erscheinen.

M3 Die Ablehnung der Kaiserkrone

Am 3. April 1849 bietet eine Paulskirchenabordnung dem preußischen König Friedrich Wilhelm IV. die Kaiserwürde an. Der König hat sich mit dieser Frage bereits im Dezember 1848 in einem Brief an den preußischen Gesandten in London, Freiherrn von Bunsen, beschäftigt:

Ich will weder der Fürsten Zustimmung zu der Wahl noch die Krone. Verstehen Sie die markierten Worte? [...] Die Krone ist erstlich keine Krone. Die Krone, die ein Hohenzoller nehmen dürfte, wenn die Umstände es möglich machen könnten, ist
5 keine, die eine, wenn auch mit fürstlicher Zustimmung eingesetzte, aber in die revolutionäre Saat geschossene Versammlung macht, [...] sondern eine, die den Stempel Gottes trägt, die den, dem sie aufgesetzt wird, nach der heiligen Ölung „von Gottes Gnaden" macht, weil und wie sie mehr
10 denn 34 Fürsten zu Königen der Deutschen von Gottes Gnaden gemacht und den letzten immer der alten Reihe gesellt. Die Krone, die die Ottonen, die Hohenstaufen, die Habsburger getragen, kann natürlich ein Hohenzoller tragen; sie ehrt ihn überschwänglich mit tausendjährigem Glanze. Die aber,
15 die Sie – leider – meinen, verunehrt überschwänglich mit ihrem Ludergeruch der Revolution von 1848, der albernsten,

dümmsten, schlechtesten, wenn auch gottlob nicht der bösesten dieses Jahrhunderts. Einen solchen imaginären Reif, aus Dreck und Letten[1] gebacken, soll ein legitimer König von Gottes Gnaden, und nun gar der König von Preußen sich geben lassen, der den Segen hat, wenn auch nicht die älteste, doch die edelste Krone, die niemand gestohlen ist, zu tragen. [...] Ich sage es Ihnen rund heraus: Soll die tausendjährige Krone deutscher Nation, die 42 Jahre geruht hat, wieder einmal vergeben werden, so bin ich es und meinesgleichen, die sie vergeben werden; und wehe dem, der sich anmaßt, was ihm nicht zukommt.

Aus der Erwiderung Friedrich Wilhelms IV. an die Abordnung der Nationalversammlung vom 3. April 1849:

Ich bin bereit, durch die Tat zu beweisen, dass die Männer sich nicht geirrt haben, welche ihre Zuversicht auf Meine Hingebung, auf Meine Treue, auf Meine Liebe zum gemeinsamen deutschen Vaterlande stützen.
Aber, Meine Herren, Ich würde Ihr Vertrauen nicht rechtfertigen, Ich würde dem Sinne des deutschen Volkes nicht entsprechen, Ich würde Deutschlands Einheit nicht aufrichten, wollte Ich, mit Verletzung heiliger Rechte und Meiner früheren ausdrücklichen und feierlichen Versicherungen, ohne das freie Einverständnis der gekrönten Häupter, der Fürsten und freien Städte Deutschlands, eine Entschließung fassen, welche für sie und für die von ihnen regierten deutschen Stämme die entschiedensten Folgen haben muss.
An den Regierungen der einzelnen deutschen Staaten wird es daher jetzt sein, in gemeinsamer Beratung zu prüfen, ob die Verfassung dem Einzelnen wie dem Ganzen frommt, ob die Mir zugedachten Rechte Mich in den Stand setzen würden, mit starker Hand, wie ein solcher Beruf es von Mir fordert, die Geschicke des großen deutschen Vaterlandes zu leiten und die Hoffnungen seiner Völker zu erfüllen.
Dessen möge Deutschland aber gewiss sein, und das, Meine Herren, verkündigen Sie in allen seinen Gauen: Bedarf es des preußischen Schildes und Schwertes gegen äußere oder innere Feinde, so werde Ich auch ohne Ruf nicht fehlen. Ich werde dann getrost den Weg Meines Hauses und Meines Volkes gehen, den Weg der deutschen Ehre und Treue!

Ernst Rudolf Huber (Hrsg.), Dokumente zur deutschen Verfassungsgeschichte, Bd. 1: Deutsche Verfassungsdokumente 1803-1850, Stuttgart ³1978, S. 402 f. und 405 f.

▲ „Wat heulst'n kleener Hampelmann?"
Lithografie von Ferdinand Schröder, April 1849 (beschnitten). Die Borussia, Sinnbild der Preußen, fragt Heinrich von Gagern, der im Dezember 1848 zum Reichsministerpräsidenten bestimmt worden war: „Wat heulst'n kleener Hampelmann?" – „Ick habe Ihr'n Kleenen 'ne Krone jeschnitzt, nu will er se nich!" Rechts spielt der „Kleene" mit dem Berliner Bären.

1. Vergleichen Sie beide Äußerungen des Königs und erläutern Sie vor dem Hintergrund des Briefes an Bunsen doppeldeutige Formulierungen in der offiziellen Ablehnung.

2. Diskutieren Sie, welche Bestimmungen der Reichsverfassung von 1849 (siehe Seite 161) Ihrer Ansicht nach dem preußischen König Anlass zu der Frage gegeben haben könnten, „ob die Mir zugedachten Rechte Mich in den Stand setzen würden, mit starker Hand [...] die Geschicke des großen deutschen Vaterlandes zu leiten".

---
[1] Letten: anderes Wort für Lehm

M4 Mentalitätswandel

Der Historiker Hartwig Brandt geht in einem Kapitel über „Die Revolution als Epochenwende" auf Umbrüche in der Mentalität des deutschen Bürgertums ein:

Die Revolution von 1848/49 war eine bürgerliche Revolution – bei allen Beimischungen und Sonderlagen, die es fraglos gab. Es war das Bildungsbürgertum, welches in ihr dominierte, nicht nur im liberalen Lager, wo dies als plausibel erscheint, sondern auch bei Republikanern und Radikalen. Nur in Polen und Ungarn war es der Adel, welcher die Entwicklung vorantrieb.

Das „Bürgerliche" der Revolution trat in einer Mentalität hervor, die vor allem durch den Liberalismus geprägt wurde. Eine Denkweise, die vorindustriell, aber fortschrittsgläubig-optimistisch zugleich war. Sie verwarf den Klassengedanken und propagierte die allgemeine Bürgergesellschaft – ohne Ansehen von sozialem Rang und wirtschaftlicher Potenz. Aber sie pflegte das Eigentum [...] als Sakrament ihrer Lehre, als Unterpfand aller bürgerlichen und politischen Rechte.

Solche Vorstellungen, die aus dem Vormärz überkommen waren, zeigten sich auch in der Revolution noch weitverbreitet. Ja, sie erklären erst manche Eigenheiten ihrer Entwicklung. So lebte die Überzeugung fort, dass allein schon der Gedanke die Politik zu bewegen vermöge. Eine Mitgift vergangener Jahre, die sich in den Anfängen des Umbruchs zu bestätigen schien. Dass Staatsspitzen und Regierungen im Frühjahr 1848 die Macht ohne Widerstand preisgaben, dass diese, wie man sagte, gleichsam „auf der Straße lag": dies erschien als eine Bestätigung dessen, was die Philosophie des Vormärz gelehrt hatte. So verstanden, war die Revolution, wie sie im Weiteren ihren Verlauf nahm, ein fortgesetzter Prozess politischer Ernüchterung.

Aber auch darin schien sich die hochgestimmte Vorstellung von Politik zunächst zu bestätigen, dass auf die hermetischen Verhältnisse des Vormärz eine Zeit der öffentlichen Diskussionen, des politischen Biwak[s][1] folgte, der Versammlungen, der Vereine, der Demonstrationen, der politischen Teilhabe bis in die Unterschichten hinab – wie übrigens auch der Frauen, die in der Revolution erstmals öffentlich-politisch hervortraten. „Wer sich des regen Treibens in den Jahren 1848 und 1849 erinnert, der könnte in der That der Meinung werden, er sei unter ein anderes Geschlecht versetzt, wenn er mit ansieht, wie lau und flau es am Vorabend einer neuen Abgeordnetenwahl zugeht. Es sind die Straßenecken und Hausthüren sicher vor Plakaten, auf den öffentlichen Plätzen und in den Wirtschaftslokalen findet man keine Volksredner mehr, und wenn der Gemeinderath eine öffentliche Sitzung ankündigt, so kann man beinah darauf rechnen, daß außer den amtlich Vorgerufenen kein Mensch erscheint." So schrieb die „Schwäbische Chronik" 1851. Erst aus der Rückschau wurde den Zeitgenossen das Drängende, das Fieberhafte, das Oszillierende der Revolutionszeitläufe bewusst.

So begannen die fünfziger Jahre als ein Dezennium[2] der politischen Illusionierung. Vielerorts kehrten vorrevolutionäre Gewohnheiten und Institutionen zurück. Aber die Mentalität war nicht mehr die des Vormärz. Es fehlte die Erwartungshaltung, es fehlte die Gewissheit von der Veränderungskraft des Gedankens. Vormärz und Revolution waren die letzten Ausläufer dessen, was die Aufklärung in die Welt gesetzt hatte. Die postrevolutionäre Mentalität war also eine andere. Sie ließ sich von den Verhältnissen leiten, passte sich ihnen an. Sie wollte „realistisch" sein, wie die neue Vokabel hieß. Politisch: Sie richtete ihren Blick auf die Macht – nicht nur die etablierte von Bürokratie und Militär, sondern auch auf die virtuelle in der Gesellschaft. Rochaus Buchtitel von 1853 („Grundsätze der Realpolitik")[3] gab der Epoche das Stichwort. Der Wandel ging freilich darüber hinaus. Die Politik selbst hatte ihren Rang als Gegenstand des höchsten Interesses verloren. Der Bürger zog sich ins private Leben zurück, ein zweites Biedermeier kündigte sich an. Zum anderen galt die Aufmerksamkeit nun zuvorderst anderen Disziplinen und Dingen, jenen, welche mit „Realien" zu schaffen hatten: Technik, Naturwissenschaften, Ökonomie. Die voranschreitende Industrialisierung, der wirtschaftliche „Take-Off", in dem die materiellen Tendenzen zusammenschossen, beanspruchte das höchste Interesse. Die Industrie wiederum, die Liaison von Technik und Ökonomie, förderte das Prinzip des Massenhaften, auch dies eine Zeittendenz: Massenquartiere, Massenproduktion, Massenkonsum. Auch die Politik erfuhr, durch die Ausweitung des Wahlrechts, einen Zug in diese Richtung. Der klassischen Politik, noch vom Individualitätsgedanken geprägt, war eine solche Entwicklung fremd. 1848 hatte sie ihren letzten historischen Auftritt.

Hartwig Brandt, Europa 1815-1850. Reaktion – Konstitution – Revolution, Stuttgart 2002, S. 212 f.

1. *Vor, während und nach der Revolution: Fassen Sie angesprochene Ähnlichkeiten und Unterschiede in den Denk- und Verhaltensweisen des deutschen Bürgertums thesenartig zusammen.*

2. *Erläutern Sie, wo Ihnen in Ihrem persönlichen Umfeld deutliche Mentalitätsunterschiede begegnen.*

[1] Biwak: Truppenlager unter freiem Himmel oder in Zelten
[2] Dezennium (lat.): Jahrzehnt
[3] August Ludwig von Rochau (1810-1873) führte mit seinem Buch den Begriff „Realpolitik" in die politische Diskussion ein.

Methoden-Baustein: Historiengemälde analysieren und interpretieren

Historienbilder als „Geschichtsbilder"

Historiengemälde „erzählen" Geschichte. Es gibt sie seit der Antike. Die Gattung beschränkt sich nicht auf Malerei, sondern umfasst auch Mosaike, Kupferstiche oder Reliefs. Besonders beliebt waren Historienbilder im 19. Jahrhundert, als sie auf bedeutende Ereignisse, Personen, Leistungen und Traditionen der nationalen Geschichte aufmerksam machten. Sie trugen so zur Identifikation der Öffentlichkeit mit dem eigenen Volk bei.

Historiengemälde analysieren und interpretieren

Historienbilder sind Kunstwerke. Die Künstler bemühen sich, historische Sachverhalte darzustellen und zu deuten – die „historische Realität" bilden sie nicht ab. Das gilt unabhängig vom zeitlichen Abstand zum dargestellten Geschehen. Sie verherrlichen, rechtfertigen oder kritisieren vergangene Ereignisse. Oft sind Historienbilder öffentliche oder private Auftragsarbeiten. Sie sagen dann immer auch etwas über die Vorstellungen der Auftraggeber aus.
Die Analyse und Interpretation erfordert daher nicht nur Kenntnisse über die dargestellte Zeit, sondern auch über die Entstehungszeit des Bildes, den Künstler und seinen Auftraggeber.

Formale Kennzeichen
- Wer ist der Künstler / die Künstlerin?
- Wann und wo ist das Kunstwerk entstanden?
- Stammt der „Bildtitel" vom Künstler oder wurde er von anderer Seite zugefügt?
- Um welche Kunstgattung (Gemälde, Holzstich, Kupferstich, Fresko, Relief etc.) und welches Format (z. B. Monumentalgemälde) handelt es sich?

Bildinhalt
- Wen oder was zeigt das Kunstwerk?
- Welche Komposition (Bildaufbau, Figuren etc.) liegt dem Bild zugrunde?
- Welche Perspektive (Vogel-, Zentralperspektive etc.) hat der Künstler gewählt?
- Wie ist die Farbgebung (hell, dunkel, kontrastreich etc.) und die Lichtführung (konzentriert oder gleichmäßig)?
- Welche Symbole und Sinnbilder (Allegorien) werden verwendet?

Historischer Kontext
- Aus welchem Anlass ist das Bild entstanden?
- An welches Ereignis, an welchen Sachverhalt oder an welche Person wird erinnert?
- Handelt es sich um eine realistische und/oder oder allegorische (sinnbildliche) Darstellung?
- Inwiefern haben die politischen, religiösen oder sozialen Verhältnisse der Entstehungszeit das Kunstwerk beeinflusst?

Intention und Wirkung
- Was ist über die Haltung des Künstlers und der Auftraggeber bekannt?
- An wen richtet sich das Kunstwerk?
- Welche Absichten verfolgten Künstler bzw. Auftraggeber?
- Welche Wirkungen erzielte das Bild bei zeitgenössischen, welche bei heutigen Betrachtern?

Bewertung und Fazit
- Wie lassen sich Aussage und Wirkung des Gemäldes bewerten?
- Gibt es weitere Quellen zum Bildthema, mit denen sich das Kunstwerk vergleichen lässt?

Beispiel und Analyse

Nicht identifizierbare Porträts

Deutschlandfahne: Zeichen für die Einheit Deutschlands

Aufgebrachte Menschenmenge auf einem Marktplatz: Teilnehmer der Reichsverfassungskampagne (Mai 1849)

Brunnenfigur St. Georg mit Lanze und Deutschlandfahne: der Drachentöter St. Georg als Sinnbild für den Kampf gegen das Böse

Männer, einer davon mit Deutschlandfahne: Fürsprecher und Anführer der Reichsverfassungskampagne

„Arbeiter vor dem Magistrat." Ölgemälde (154,5 x 224,5 cm) von Johann Peter Hasenclever, 1848/50.

Gruppe von sechs Arbeitern: überbringen dem Magistrat eine Petition mit Forderung nach Arbeit, selbstbewusstes Auftreten, einer der Arbeiter versucht, den Forderungen mit einem Fingerzeig auf den Aufstand draußen Nachdruck zu verleihen

Stufe: Hindernis, trennt beide Gruppen (Arbeiter und Bürgertum) voneinander

Magistrat: größere und mächtigere Gruppe, die Ratsherren wirken angestrengt, verlegen, verängstigt und beinahe hilflos

Magistratsmitglied: versucht, das Fenster zu schließen, um das „Draußen" auszuschließen und die angespannte Atmosphäre im Raum zu beruhigen

Lichteinfall: verteilt sich auf Arbeiter und Magistrat, ist besonders stark auf die Petition, auf den Tisch und die Arbeit des Magistrats gerichtet – der erhellende Blick auf die realen Nöte der Arbeiter soll die Stadträte zu Erkenntnissen führen

Büste und Porträt: zeigen den noch immer absolutistisch regierenden Monarchen Wilhelm IV. (oben) und den liberalen Reichsverweser Erzherzog Johann von Österreich (unten)

Ritterrüstung: Zeichen für das veraltete, feudale System

Formale Kennzeichen Das 154,5 x 224,5 cm große Gemälde entstand in den Jahren 1848 bis 1850 und ist heute in Besitz der Stiftung museum kunst palast in Düsseldorf. Geschaffen hat es Johann Peter Hasenclever (1810-1853), einer der herausragenden Künstler der Düsseldorfer Malschule. Geboren in Remscheid, ging Hasenclever 1828 an die Düsseldorfer Kunstakademie. Als im März 1848 die Revolution ausbrach, wurde Hasenclever Zugführer in der 8. Kompanie der Düsseldorfer Bürgerwehr. Im August 1848 begründete er mit anderen Künstlern den Verein „Malkasten". In diesen Tagen entstanden erste Skizzen seines Hauptwerkes „Arbeiter vor dem Stadtrath".

Bildinhalt Die Szene spielt in einem altehrwürdigen Ratssaal im Rokoko-Stil. Eine Gruppe von sechs Arbeitern wendet sich dort mit einer Petition an den Magistrat, der sich gerade in einer Sitzung befindet. Der Anführer der Arbeiter hält den Ratsherren die Petition herausfordernd entgegen. Eine Stufe trennt die beiden Gruppen voneinander. Vor dem Fenster tobt die Revolution. Einer der Arbeiter zeigt nach draußen, ein Magistratsmitglied versucht, das Fenster zu schließen. Das Licht fällt zum Teil auf die Arbeiter in der zweiten Reihe, aber auch auf den Tisch und vor allem auf die Petition und auf die Ratsherren im Vordergrund. An bzw. vor der Wand befinden sich einige Porträts, die Deutschlandfahne, eine Ritterrüstung sowie ein Bild und eine Büste.

Historischer Kontext Das Gemälde ist die letzte Version eines Bildes, das in unterschiedlichen Fassungen (und unter unterschiedlichen Titeln) existiert. Vermutlich greift der Künstler in „Arbeiter vor dem Magistrat" zwei konkrete historische Ereignisse auf: Einerseits die mit der „Reichsverfassungskampagne" verbundenen Aufstände im Frühjahr 1849 und andererseits den Protest von 600 Düsseldorfer Arbeitern, die im Oktober 1849 aus Sparzwang aus einem öffentlich finanzierten Arbeitsprogramm entlassen worden waren. Daraufhin kam es in Düsseldorf zu Kundgebungen und Demonstrationen. Am 9. Oktober 1849 zogen schließlich 200 Arbeiter vor das Rathaus und entsandten eine Deputation an den Gemeindevorstand. In Vertretung für alle Betroffenen überbrachten einige Arbeiter dem Magistrat eine Petition mit ihrer „Bitte um Arbeit", die die Entlassung der 600 Arbeiter rückgängig machen sollte. Hasenclever hat diesen sozialen Konflikt in seinem Gemälde verarbeitet.

Intention und Wirkung Als politisch interessierter Künstler hinterließen die Ereignisse des Revolutionsjahres 1848 auch bei Hasenclever einen bleibenden Eindruck. Es ist umstritten, ob es ihm bei diesem Bild allein um die Darstellung eines historischen Ereignisses ging oder ob er auch die Klassengegensätze der Zeit zeigen und sich damit auf die Seite der Arbeiter stellen wollte. Zweifellos erhält „Arbeiter vor dem Magistrat" eine politische Botschaft. Allein die Gegenüberstellung der Gruppen „Arbeiter", die als selbstbewusst und aktiv handelnde Personen präsentiert werden, und einer eher zögerlichen und verängstigten „bürgerlichen Obrigkeit" in revolutionärer Zeit war hochbrisant. Hasenclever wurde dafür von seinen Zeitgenossen hohe Anerkennung und Bewunderung zuteil. Mit seinem Gemälde hatte er nicht zuletzt das Proletariat als entscheidende politische Kraft in die Kunst eingeführt.

Bewertung und Fazit Hasenclever beendete das Gemälde „Arbeiter vor dem Magistrat" erst 1850, also nach der Revolution und in der Zeit der Reaktion. Es gehörte viel Mut dazu, das Bild 1850 in einer Ausstellung in Berlin zu zeigen, waren doch dort kurz zuvor einige Männer für ihre Beteiligung an der Revolution von Gerichten hart bestraft worden. Denn das Gemälde scheint die Geschichte der Revolution selbst zu erzählen: so wie Arbeiterschaft und Bürgertum diesem Ereignis eher unvorbereitet gegenüberstanden und keinen gemeinsamen Weg finden konnten, sich gegen die Träger der absoluten Monarchie durchzusetzen, so zeigt der Künstler das Versagen beider Gruppen, die Ratlosigkeit, mit der Situation umzugehen, und letztendlich auch ihr Scheitern.

1848/49 – ein Scheitern der Revolution?

Den Trägern der Revolution von 1848/49 gelang es nicht, die Macht der Fürsten in den deutschen Staaten zu brechen. Die Durchsetzung der Demokratie schlug fehl. Doch ist diese Revolution deshalb auch gescheitert? Hatte dieser Misserfolg weitreichende Folgen auf die politische Entwicklung in Deutschland bis zu den Katastrophen des 20. Jahrhunderts, weil sich demokratische Traditionen nur eingeschränkt entwickeln konnten? Oder leitete die Revolution von 1848/49 trotz Misserfolgs einen demokratischen Wandel ein und ist daher eine erfolgreiche Episode in der deutschen Geschichte? In der deutschen Öffentlichkeit wie in der Geschichtswissenschaft wird diese Frage kontrovers diskutiert.

M1 Auf den zweiten Blick erfolgreich

Die an der Universität Innsbruck in Österreich tätige Historikerin Eva Maria Werner widerspricht einer lange vertretenen Ansicht zu den Ergebnissen der Revolution von 1848/49:

Mit dem Sieg der reaktionären Kräfte schien die deutsche Revolution von 1848/49 gescheitert. [...] Eine traurige Bilanz also? Nicht mehr als eine Episode in der deutschen Geschichte? War nach der Revolution alles wie vor der Revolu-
5 tion: So scheint es allenfalls auf den ersten Blick. Der zweite Blick hingegen offenbart die Errungenschaften der Revolution, die von Dauer waren, auch in der Epoche der Reaktion und darüber hinaus. Hierunter fällt zunächst einmal die sogenannte „Bauernbefreiung". Durch die Beseitigung von
10 Feudallasten und ständischen Vorrechten wurde ein entscheidender Schritt in Richtung einer Gesellschaft gleicher Staatsbürger gemacht. Für einige Staaten, darunter vor allem Preußen, endete mit der Revolution zudem für immer das absolutistische Zeitalter. Insgesamt lässt sich festhalten,
15 dass der Reformstau, der bis 1848 die wirtschaftliche und politische Entwicklung in den Staaten des Deutschen Bundes massiv behindert hatte, beseitigt worden war. [...]
Schließlich blieb auch die Arbeit der Paulskirche nicht folgenlos: Sie diente der Konturierung des künftigen deutschen
20 Nationalstaates. Auch wenn jener aus der Perspektive von 1848/49 keineswegs eine eindeutige Form hatte, wurde 1870/71 das kleindeutsche Modell als konstitutionelle Monarchie unter preußischer Führung tatsächlich verwirklicht. Vor allem jedoch hatte die Nationalversammlung ein Verfas-
25 sungswerk geschaffen, das durch seinen Grundrechtskatalog für spätere Generationen – sei es am Anfang der Weimarer Republik oder auch noch der Bundesrepublik Deutschland – Vorbildcharakter hatte.
Langfristig gesehen vielleicht am bedeutendsten waren die
30 Folgen der Kommunikationsrevolution: Nicht nur ein neues Informationsniveau war erreicht worden, das nie wieder auf den vormärzlichen Stand zurückfiel, sondern es war auch eine breite politische Öffentlichkeit entstanden. Die öffentliche Meinung hatte damit an Gewicht gewonnen, und Politik
35 war nicht mehr nur eine Sache bessergestellter gesellschaftlicher Schichten. [...]
Dies alles macht deutlich, dass es problematisch ist, die Revolution von 1848/49 aus der Perspektive des Scheiterns zu betrachten, wie es die Forschung lange getan hat. Der Kampf
40 der Revolutionäre hatte tief greifende politische und gesellschaftliche Umwälzungen zur Folge, welche über dem kläglichen Ende der Nationalversammlung oder der Niederschlagung der Aufstände in den Einzelstaaten nicht übersehen werden sollten. Die Revolution von 1848/49 wirkte in den
45 Staaten des Deutschen Bundes auf vielfältige Weise fort.

Eva Maria Werner, Kleine Geschichte der deutschen Revolution von 1848/49, Wien/Köln/Weimar 2009, S. 150-153

M2 Tragische Entwicklungen

a) Der bis 2007 an der Humboldt-Universität in Berlin lehrende Historiker Heinrich August Winkler sieht langfristige Folgen durch das Scheitern der Revolution. In einem Aufsatz aus dem Jahr 1998 nennt er einige zentrale Thesen, die er später in seiner monumentalen Studie „Der lange Weg nach Westen" noch eingehend ausführen wird:

Von den beiden großen Zielen von 1848 wurde eines, die nationale Einheit, 1871 durch Bismarck verwirklicht, das andere, die politische Freiheit im Sinne einer parlamentarisch regierten Verfassung, erst im Gefolge der militärischen Niederlage im Ersten Weltkrieg. [...] Doch die freiheitlichen Kräfte im
5 deutschen Bürgertum waren 1918 längst nicht mehr so stark wie 1848, und sie wurden im Verlauf der vierzehn Jahre der Weimarer Republik immer schwächer. Am Ende kommen wir wohl auch bei der Betrachtung der Revolution von 1848 um den vielmissbrauchten Begriff der Tragik nicht herum.
10

[Der Historiker] Stadelmann hat in seinem [...] 1946, ein Jahr nach dem Zusammenbruch der nationalsozialistischen Herrschaft, verfassten [...] Aufsatz das „Scheitern der 48er-Bewegung" verhängnisvoll für die politische Entwicklung der Deutschen genannt und dieses Urteil mit einer Metapher zu begründen versucht: „Das Gift einer unausgetragenen, verschleppten Krise kreist von 1850 ab im Körper des deutschen Volkes. Es war die typische Krankheit des ‚Landes ohne Revolution'." Das Scheitern der Revolution von 1848 hat die Wirkungen gehabt, die Stadelmann beschreibt: Es ist einer der Gründe für die Schwäche der freiheitlichen Traditionen im Deutschland des 20. Jahrhunderts oder, um denselben Sachverhalt anders auszudrücken, die obrigkeitliche Verformung großer Teile des deutschen Bürgertums oder, noch schärfer, die Brechung des liberalen Selbstbewusstseins. Und doch greift Stadelmanns Verdikt[1] zu kurz. Denn wenn wir ernst nehmen, was die wirklichen (und nicht nur widerwilligen) Revolutionäre von 1848 wollten, müssen wir auch nach den Kosten des denkbaren Erfolgs dieser Revolution fragen. Ohne einen großen europäischen Krieg wäre dieser Erfolg schwerlich zu sichern gewesen. Wollen wir die gemäßigten Liberalen dafür tadeln, dass sie, bei allen ausufernden Visionen von künftiger deutscher Hegemonie, vor dieser Konsequenz zurückschreckten?

b) In seinem Werk „Der lange Weg nach Westen" heißt es im Jahr 2000 zum gleichen Thema:

Gescheitert war die Revolution vor allem an einer politischen Überforderung des deutschen Liberalismus: Es erwies sich als unmöglich, Einheit und Freiheit zur gleichen Zeit zu verwirklichen. In den alten Nationalstaaten des europäischen Westens, in Frankreich und England zumal, war die nationale Vereinheitlichung über Jahrhunderte hinweg das Werk von Königen und Ständeversammlungen gewesen; wer mehr Freiheit wollte, fand den staatlichen Rahmen schon vor, in dem die Veränderungen erfolgen sollten. In Deutschland musste der staatliche Rahmen für das Vorhaben der Liberalen und Demokraten erst noch hergestellt werden. Die Liberalen im engeren Sinn waren sich durchaus bewusst, dass sie, während sie am staatlichen Rahmen des neuen Deutschland arbeiteten, die Machtmittel der größeren deutschen Staaten mit Preußen an der Spitze benötigten, um das Werk der nationalen Einigung nach außen, gegen andere Mächte, abzusichern. Schon deswegen (und nicht nur, weil sie die soziale Revolution fürchteten) verbot sich aus ihrer Sicht eine Politik der Konfrontation mit den alten Gewalten – eine Politik, wie die Linke sie befürwortete und betrieb. Die Linke hatte recht

▲ „1848. Die halbe Revolution."
Titelblatt der Wochenzeitschrift „Der Spiegel", Nr. 7 vom 9. Februar 1998.

mit ihrer Behauptung, dass die Kräfte des alten Regimes dank der Verständigungsbereitschaft der gemäßigten Liberalen von den Erschütterungen des März 1848 sich rasch wieder hatten erholen können. Aber eine Lösung des Problems, wie Deutschland zur selben Zeit frei und ein Staat werden sollte, hatten die Demokraten und Sozialisten nicht anzubieten. Der linke Ruf nach dem ganz Europa erfassenden Befreiungskrieg der Völker war ein Ausdruck deutschen intellektuellen Wunschdenkens, bar jeder Rücksicht auf die tatsächlichen Kräfteverhältnisse in den einzelnen Gesellschaften wie zwischen den Staaten und folglich blind für die menschlichen Kosten der eigenen Desperadopolitik. Wäre der Krieg ausgebrochen, den die äußerste Linke forderte, hätte die Gegenrevolution wohl in viel größerem Umfang und auf sehr viel blutigere Weise gesiegt, als es zwischen dem Herbst 1848 und dem Spätjahr 1850 geschah.

Erster Text: Heinrich August Winkler, Der überforderte Liberalismus. Zum Ort der Revolution 1848/49 in der deutschen Geschichte, in: Wolfgang Hardtwig (Hrsg.), Revolution in Deutschland und Europa 1848/49, Göttingen 1998, S. 203
Zweiter Text: Heinrich August Winkler, Der lange Weg nach Westen. Deutsche Geschichte 1806 - 1933, München 2000, S. 108 f.

1. *Zeigen Sie anhand von M1 und M2 die Kontroverse mit ihren jeweiligen Begründungen, aber auch Gemeinsamkeiten in der Einschätzung auf.*
2. *Überprüfen Sie die Stellungnahmen M1 und M2 anhand der Informationen im Darstellungstext auf Seite 158 bis 162 (Sachurteil).*
3. *1848/49 – ein Scheitern der Revolution? Nehmen Sie Stellung.*

[1] Verdikt: Entscheidung, Urteil

Erinnern

Die Revolution von 1848/49 im Spiegel der Geschichtskultur

Unterdrückte Erinnerung in den 1850er-Jahren Nach der Niederschlagung der Revolution von 1848/49 kristallisierte sich der Berliner *Friedhof der Märzgefallenen* als der zentrale Ort der Erinnerung an den Kampf für Freiheit und Demokratie heraus. Vor allem die Berliner Arbeiter, Handwerker und Gesellen gedachten hier der Revolution von 1848 und ihrer Forderungen. Die Preußische Staatsregierung und der Berliner Polizeipräsident *Karl Ludwig von Hinkeldey* versuchten dagegen seit 1850 mit allen Mitteln, die Erinnerung an die Revolution zu unterdrücken. Der Friedhof selbst wurde zunächst unzugänglich gemacht, dann ab 1856 gesperrt, und schließlich sollten die dort begrabenen Barrikadenkämpfer auf andere Friedhöfe umgebettet werden. Die Berliner Stadtverordnetenversammlung und Angehörige der Bestatteten verhinderten dies jedoch. Sie wollten diesen Ort der Erinnerung an die Revolution erhalten.

Schon wenige Tage nach den Kämpfen vom März 1848 hatte die Stadtverordnetenversammlung gefordert, den toten Barrikadenkämpfern zwei Denkmäler zu errichten, eines davon im Berliner Volkspark Friedrichshain, das andere in der Mitte Berlins. Die Bevölkerung wurde aufgefordert, Vorschläge einzureichen. Die Ideen reichten von der Darstellung eines monumentalen Löwen oder einer Pyramide bis zu einer Kugel, in der die Toten der Kämpfe aufgebahrt werden sollten. Einem weiteren Vorschlag zufolge sollte die Göttin des Lichts und der Freiheit, Libertas, auf einem Elefanten reitend dargestellt werden. Man dachte daran, sie auf dem Alexanderplatz in Berlin aufzustellen. Das in der Öffentlichkeit dafür gesammelte Geld von 2 658 Talern und 26 Silbergroschen wurde jedoch im April 1854 von der Obrigkeit beschlagnahmt.

▲ **Die Invalidensäule in Berlin-Mitte.**
Stahlstich von Georg Michael Kurz nach einer Fotografie von J. Rabe, um 1860.
Im Jahr 1854 wurde zum Andenken an die in der Revolution gefallenen königstreuen Soldaten die 38 Meter hohe Invalidensäule eingeweiht. Der Adler auf deren Spitze hatte eine Spannbreite von fast acht Metern. Die Säule überstand den Zweiten Weltkrieg, wurde aber 1948 auf Antrag der Berliner SED-Fraktion abgerissen.

August Bebel (1840-1913): Mitglied des deutschen Reichstags, ab 1892 Vorsitzender der SPD

Berliner Magistrat: Regierung und Stadtverwaltung Berlins

Oppositionelle Erinnerung – „1848" im Deutschen Reich (1871-1918) Seit den 1860er-Jahren wurde das jährliche Revolutionsgedenken am 18. März zu einer politischen Demonstration vor allem der Arbeiterbewegung. Die Erinnerung an die Revolution von 1848 wurde dabei stets mit den jeweiligen tagespolitischen Forderungen und dem demokratischen Protest gegen den Obrigkeitsstaat des Kaiserreiches verbunden (▶ M1). Die preußische Polizei kontrollierte die Texte auf den Schleifen der Kränze, notierte diese oder schnitt die Schleifen ab – eine sehr unmittelbare Form der „Beschneidung" der Meinungsfreiheit (▶ M2 - M5).

Aus Anlass des 50. Jahrestages der Märzrevolution kam es im Deutschen Reichstag am 18. März 1898 zum Schlagabtausch zwischen den Parteien. Der konservative Abgeordnete *Bernhard von Puttkamer-Plauth* bewertete die Revolution von 1848 als „arge Verirrung", die dem preußischen und deutschen Volk geschadet habe. Der Sozialdemokrat *August Bebel* widersprach energisch und warf dem Bürgertum vor, dass es die Revolution vor Angriffen nicht in Schutz nehme.

Zur Halbjahrhundertfeier beschloss die Berliner Stadtverordnetenversammlung im Dezember 1897, den Friedhof der Märzgefallenen sanieren zu lassen. Außerdem sollte ein neues Portal den Eingang schmücken. Der Berliner Polizeipräsident verweigerte jedoch die Baugenehmigung, weil dieses Bauwerk, eine „Ehrung der Märzgefallenen, mithin eine politische Demonstration zur Verherrlichung der Revolution" sei. Die Stadtverordneten des Berliner Parlaments forderten außerdem ein Denkmal. Dieses wurde vom *Berliner Magistrat* abgelehnt. Erst im Mai 1900 kam es zu einer Instandsetzung des Friedhofs, ohne das Portal und auch ohne den Bau eines Denkmals.

Verschmähte Erinnerung – Gedenken seit der Weimarer Republik

Die Arbeiterbewegung stellte sich auch nach der *Novemberrevolution* von 1918 in die Tradition der Märzrevolution. So wurden im November und Dezember 1918 insgesamt 33 Opfer der Revolution, Arbeiter, aufständische Soldaten und Matrosen, auf dem Friedhof der Märzgefallenen beigesetzt. Der Sozialist **Karl Liebknecht** hielt dabei eine Grabrede.

Als 1919 mit der *Weimarer Republik* die erste deutsche Republik begründet wurde, diente die von der Paulskirche verabschiedete Verfassung von 1849 als Vorbild für die Weimarer Reichsverfassung. Die zahlreichen Unruhen in den Anfangsjahren der Weimarer Republik belasteten das 75-jährige Jubiläum der Revolution im Jahr 1923 jedoch erheblich. Zudem zerrütteten die Inflation von 1923 und später die Weltwirtschaftskrise das Vertrauen in die Demokratie. Im „Dritten Reich" hatten die Nationalsozialisten nur mehr Verachtung für die Revolution von 1848/49 übrig. Einzig aus Anlass der Einverleibung Österreichs in das Deutsche Reich 1938 („Anschluss") bezog sich *Adolf Hitler* auf die Märzrevolution. Er sah sich als Vollstrecker des großdeutschen Konzepts von 1848.

Karl Liebknecht (1871 - 1919): Mitglied des Reichstags und der SPD, im Ersten Weltkrieg inhaftiert, 1918/1919 Mitbegründer der KPD, im Januar 1919 von Freikorps ermordet

Konkurrenz der Erinnerung in den zwei deutschen Staaten (1948 - 1990)

Wenige Jahre nach dem Ende der nationalsozialistischen Diktatur, nach dem Zweiten Weltkrieg und dem Holocaust war der Bezug auf die Märzrevolution von 1848/49 in Deutschland von besonderer Bedeutung: Für einen politischen und gesellschaftlichen Neubeginn sollte an die demokratischen Traditionen aus der Zeit vor der NS-Diktatur und dem Kaiserreich angeknüpft werden. Das zeigte sich besonders im 100. Gedenkjahr der Revolution.

In deutschen Städten und Ländern wurde im Jahr 1948 auf vielfältige Art und Weise an die Revolution erinnert. Dabei wurden in Ost und West unterschiedliche Akzente gesetzt (▶ M6, M7). Diese gegensätzlichen Erinnerungskonzepte deuteten die kommende Teilung Deutschlands symbolisch an. Die zentrale Feier in den Westzonen fand am 18. Mai in der Frankfurter Paulskirche statt, in Berlin dagegen wurde am

◀ **Friedhofsansicht mit Sarkophagen (links), Gedenkstein (Mitte) und Rotem Matrosen (rechts).**
*Foto vom März 1978 aus dem Bezirksmuseum Friedrichshain-Kreuzberg von Berlin.
Die Gestaltung des Friedhofs mit den Sarkophagen und der Statue des Roten Matrosen wurde in den Jahren 1957 bis 1961 vorgenommen.*

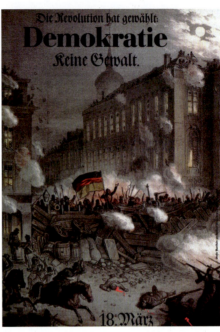

◀ Plakat „Demokratie. Keine Gewalt" von Manfred Butzmann, 1990.
Aus Anlass der Volkskammerwahl am 18. März 1990 entwickelte der Ostberliner Künstler Manfred Butzmann dieses Plakat mit dem Motiv der Berliner Barrikade vom Alexanderplatz vom 18. März 1848. Er gab damit seiner Hoffnung auf eine „friedliche Revolution" in der DDR bildhaften Ausdruck.

▲ Plakat der Aktion 18. März aus dem Jahr 1978.
Das Plakat der Bürgerinitiative Aktion 18. März forderte einen gesamtdeutschen Feiertag am 18. März in der Bundesrepublik und in der DDR. Damit sollten die Forderungen von 1848, Freiheit und Einheit, auf symbolische Art und Weise bekräftigt werden.

Ernst Zinna (1830–1848): Schlosserlehrling in Berlin, 1848 getöteter Barrikadenkämpfer

Tipp:
1848 – geteiltes Erbe (Stimmen des 20. Jahrhunderts), Berlin: Deutsches Historisches Museum 1998 (CD mit Tonaufnahmen aus dem Jahr 1948)

18. März gefeiert. Mit diesen beiden Daten und Traditionslinien waren die unterschiedlichen Schwerpunkte markiert, mit denen in der Folge in der Bundesrepublik wie in der DDR an die Revolution von 1848 erinnert wurde. Der Westen berief sich mit dem Datum und dem Ort der Feier auf die Eröffnung der Nationalversammlung am 18. Mai 1848 in der Frankfurter Paulskirche und damit auf die Tradition des Parlamentarismus. In Berlin wie in der Sowjetischen Besatzungszone (SBZ) bezog man sich auf den Beginn der Barrikadenkämpfe am 18. März 1848 in der preußischen Hauptstadt und damit auf den Volksaufstand. So galt in der DDR **Ernst Zinna** als Vorbild für die Jugend. Schulen erhielten seinen Namen, der Magistrat von Ostberlin stiftete einen Ernst-Zinna-Preis für junge Erfinder und Künstler und an seinem Wohnort in Berlin wurden zwei Gedenktafeln angebracht (▶ M8).

Welche große Bedeutung die Hundertjahrfeier 1948 in Berlin hatte, kann man auch an dem politischen und finanziellen Aufwand erkennen. Insgesamt wurden 500 000 Reichsmark zur Verfügung gestellt. Familien, deren Kinder im März 1948 geboren waren, erhielten ebenso 100 Reichsmark wie über 80-Jährige. Am 18. März 1948 wurde der Beschluss gefasst, die Deutsche Hochschule für Politik wieder zu gründen. Literatur- und Bildhauerpreise wurden ausgelobt. Mehrere Ausstellungen und viele Publikationen informierten über das demokratische Erbe. Die Schulen wurden angewiesen, im Unterricht auf die Revolution von 1848 einzugehen. Der 18. März 1948 war in Berlin wie auch in der SBZ arbeitsfreier Feiertag. Auf dem Friedhof der Märzgefallenen fand mit einer offiziellen Feier des Berliner Magistrats und der Stadtverordnetenversammlung (Parlament) die Enthüllung eines Gedenksteins für die Opfer der Revolutionen von 1848 und 1918 statt. Während die SED im Berliner Ostsektor einen großen Demonstrationszug vom Gendarmenmarkt in Berlins Mitte zum Friedhof der Märzgefallenen im Volkspark Friedrichshain organisierte, führten SPD, CDU und LDP auf dem Platz der Republik im britischen Sektor vor dem Deutschen Reichstag eine große Kundgebung durch.

In der Bundesrepublik betonte man in den folgenden Jahrzehnten die Erinnerung an den Beginn der parlamentarischen Demokratie und vernachlässigte den Barrikadenkampf. In der DDR dagegen spielte die Erinnerung an das Parlament keine Rolle und der Kampf auf den Berliner Straßen wurde gewürdigt. Dieser unterschiedliche Bezug auf die Vergangenheit zeigt die jeweilige Bedeutung von 1848 für die Gegenwart. Die zwei Interpretationen von 1848 lassen die zunehmende Spaltung der Stadt erkennen so wie die Ereignisse in Berlin 1948 selbst die Spaltung des Landes vorwegnehmen. Der Volksaufstand und die Nationalversammlung gehören jedoch zusammen. Ohne den Barrikadenkampf wäre diese nicht einberufen worden. Und ohne das Frankfurter Parlament hätte die Revolution auf Dauer keine demokratische Legitimität gehabt.

Einigendes Erinnern nach 1990 Aus Anlass des 125. Jubiläums der Revolution von 1848 vergab der damalige Bundespräsident Gustav Heinemann im Jahr 1973 einen Preis für die „Schuljugend zum Verständnis deutscher Freiheitsbewegungen" mit dem Thema „Deutsche Revolution 1848/49". Aus diesem Preis entstand dann in der Folge der Schülerwettbewerb Deutsche Geschichte des Bundespräsidenten. Im Jahr darauf wurde die auf Heinemanns Initiative gegründete **„Erinnerungsstätte für die Freiheitsbewegungen in der deutschen Geschichte"** in Rastatt eröffnet. Sie sollte vor allem an den Badischen Aufstand von 1849 erinnern.

Seit den NS-Prozessen zu Beginn der 1960er-Jahre, den Studentenunruhen 1967/68 und seit der Ausstrahlung der amerikanischen TV-Serie „Holocaust" im bundesdeutschen Fernsehen im Jahr 1979 rückten die nationalsozialistische Diktatur und der Völkermord an den Juden, Sinti und Roma und Slawen immer mehr ins Zentrum der öffentlichen Aufmerksamkeit. Die Konzentration des Erinnerns auf die Diktaturgeschichte in Deutschland erfuhr nach 1989/90 einen weiteren Schub durch die breit angelegte historische und politische Aufarbeitung der SED-Diktatur. Dadurch gerieten die Auseinandersetzung mit der Revolution von 1848/49 und damit auch die Erinnerung an die Geschichte der freiheitlichen Traditionen in Deutschland mehr und mehr in den Hintergrund der öffentlichen Wahrnehmung. Erst 1998, aus Anlass des 150. Gedenkjahres, widmete sich in Frankfurt am Main eine große Ausstellung der Märzrevolution. Diese folgte dem in der Bundesrepublik bis dahin üblichen Erinnerungskonzept, das vor allem die historische Tradition des Parlamentarismus pflegte (▶ M9).

In Westberlin dagegen hielt die überparteiliche Bürgerinitiative *„Aktion 18. März"* schon seit den späten 1970er-Jahren die Erinnerung an die Märzrevolution und die Barrikadenkämpfe wach. Schon vor der friedlichen Revolution von 1989 legte sie Kränze auf dem Friedhof der Märzgefallenen im Friedrichshain nieder, seit 1990 organisiert sie dort jährlich am 18. März Gedenkfeiern. Auf ihre Initiative hin wurde der Berliner „Platz vor dem Brandenburger Tor" umbenannt in „Platz des 18. März" – dies sowohl in Erinnerung an die Märzrevolution als auch an die ersten freien Volkskammerwahlen in der DDR vom 18. März 1990. Außerdem wurden zwölf Berliner Barrikadenstandorte mit Gedenktafeln markiert. Das Abgeordnetenhaus von Berlin griff zudem einen Vorschlag der „Aktion 18. März" auf und stellte im Bundesrat den Antrag, den 18. März zum Nationalen Gedenktag zu erklären (▶ M10, M11). Der in Friedrichshain ansässige Paul Singer Verein wiederum gab den Anstoß, auf dem Friedhof der Märzgefallenen eine Nationale Gedenkstätte zur Erinnerung an die Märzrevolution von 1848 zu etablieren. Im Rahmen dieses Projektes wurde am 29. Mai 2011 die neue Ausstellung „Am Grundstein der Demokratie" im Volkspark Friedrichshain eröffnet.

Das Ziel all dieser geschichtspolitischen Initiativen ist eine Rückbesinnung auf die Demokratiegeschichte in Deutschland und ihre Aufwertung in der öffentlichen Erinnerung. Einbezogen sind dabei erstmals auch jene Traditionen, die ein demokratisches Leben nicht allein auf das Parlament und die Gesetzgebung der Legislative beschränkt sehen wollen.

▲ **Blick in die neue Ausstellung zur Berliner Märzrevolution.**
Foto von 2012.
Die Ausstellung befindet sich in einem Pavillon, der aus drei Seecontainern besteht, die für diesen Zweck zusammengefügt und umgebaut wurden. Der Pavillon befindet sich vor dem Friedhof der Märzgefallenen. Auf dem Friedhof selbst gibt es rund um den Gedenkstein, der 1948 gesetzt wurde, zusätzlich eine Außenausstellung. Auf der Ausstellungsrotunde mit einem Durchmesser von 22 Metern wird die bewegende Geschichte des Friedhofes erzählt, der, so die Ausstellungsmacher, „immer wieder Ort politischer Auseinandersetzungen und Gegenstand gestalterischer Überformungen war".

Gustav Heinemann (1899-1974): 1966 bis 1969 Bundesminister der Justiz, 1969 bis 1974 Bundespräsident

Erinnerungsstätte für die Freiheitsbewegungen in der deutschen Geschichte: Dauerausstellung über die Revolution von 1848/49 und den Kampf um Freiheit, Demokratie und Einheit sowie über die Freiheitsbewegung in der DDR von 1949 bis 1989; vgl. http://www.bundesarchiv.de/erinnerungsstaette

M1 „Gedenktage des Proletariats. Der 18. März 1848"

Georg Herwegh (1817-1875), ein sozialrevolutionärer Dichter, der sich 1848 am Aufstand in Baden beteiligt hat, veröffentlicht zwei Jahre vor seinem Tod das folgende Gedicht:

Achtzehnhundert vierzig und acht,
Als im Lenze das Eis gekracht,
Tage des Februar, Tage des Märzen,
Waren es nicht Proletarierherzen,
5 Die voll Hoffnung zuerst erwacht
Achtzehnhundert vierzig und acht?

Achtzehnhundert vierzig und acht,
Als Du Dich lange genug bedacht,
Mutter Germania, glücklich verpreußte,
10 Waren es nicht Proletarierfäuste,
Die sich ans Werk der Befreiung gemacht
Achtzehnhundert vierzig und acht?

Achtzehnhundert vierzig und acht,
Als Du geruht von der nächtlichen Schlacht,
15 waren es nicht Proletarierleichen,
Die Du, Berlin, vor den zitternden, bleichen
Barhaupt grüßenden Zäsar gebracht
Achtzehnhundert vierzig und acht?

Achtzehnhundert siebzig und drei,
20 Reich der Reichen, da stehst Du, juchhei!
Aber wir Armen, verkauft und verrathen,
Denken der Proletarierthaten –
Noch sind nicht a l l e Märze vorbei,
Achtzehnhundert siebzig und drei.

Georg Herwegh, Der Achtzehnte März 1848, in: Der Sozialdemokrat. Zentralorgan der deutschen Sozialdemokratie, 13. März 1881, S. 1

1. Informieren Sie sich über Leben und Werk des Dichters und analysieren Sie anschließend das Gedicht von Georg Herwegh.
2. Arbeiten Sie Herweghs Interpretation der Revolution von 1848 heraus.
3. Wahlaufgabe: Schreiben Sie selbst ein Gedicht oder ein Lied über die Revolution von 1848.

M2 Besucher der Gräber der Berliner Märzgefallenen auf dem Friedhof der Märzgefallenen in Berlin-Friedrichshain

Jahr	Zahl der Besucher	Zahl der niedergelegten Kränze	Zahl der polizeilich abgetrennten Kranzschleifen
1903	10035	153	28
1904	9268	137	27
1905	7250	131	14
1906	15500	212	2
1907	7100	205	28
1908	11895	226	44
1909	14500	198	11
1910	22700	346	52
1911	10500	276	17
1912	8100	274	9
1913	7000	253	60
1914	7200	230	52
1915	3750	39	2
1916	2220	39	2
1917	2810	45	1
1918	2280	32	1

Nach: Dieter Groh, Negative Integration und revolutionärer Attentismus, Frankfurt am Main 1973, S. 154 (Angaben 1903-1910); Ralph-Jürgen Lischke, Statistik, in: Der Friedhof der Märzgefallenen, herausgegeben von Paul Singer e.V., Kreuzberg Museum, Stiftung Historische Kirchhöfe und Friedhöfe in Berlin-Brandenburg, Berlin 2008, S. 24 (Angaben 1911-1918)

1. Analysieren Sie die Entwicklung der Besucherzahlen auf dem Friedhof der Märzgefallenen zwischen 1903 und 1918. Beachten Sie dabei auch die Relation zur Zahl der niedergelegten Kränze.
2. Stellen Sie Vermutungen über die Gründe der unterschiedlichen Besucherzahlen an.

M3 „Aufreizende Aufschriften"

In einem Bericht der Berliner Polizei über den Besuch des Friedhofs der Märzgefallenen 1910 heißt es:

Es wurden 346 Kränze niedergelegt. In der Hauptsache waren dieselben mit roten Schleifen und Inschriften versehen, welche auf das Wahlrecht Bezug hatten. Von Anarchisten wurde eine größere Anzahl Kränze niedergelegt, ebenso auch von
5 Demokraten. Wegen aufreizender Aufschriften mussten bei aller Milde 52 Schleifen abgetrennt werden. Diese Maßnahmen stießen bei den Beteiligten nirgends auf Widerspruch. Nach Schluss der Begräbnisstätte verlief sich zunächst das Publikum sehr ruhig. Nur auf dem Landsberger Platz sam-
10 melte sich eine größere Menschenmenge, insbesondere [...] die namentlich vor dem Grundstück, wo die Berittenen untergebracht waren, Aufstellung nahmen. Nachdem über eine Stunde mit der größten Nachsicht und nach Zurückziehung alle Mannschaften dem Publikum Zeit zur Zerstreuung gege-
15 ben worden war, musste schließlich der Platz mehrmals mit Fußmannschaften von Ansammlungen von je 3-4000 Personen, die durch Schreien und Hochrufe etc. Unfug verübten, geräumt werden. Wegen Nichtbefolgung und groben Unfugs sind 6 Personen sistiert worden. [...] Ausländer waren in die-
20 sem Jahr weniger zu bemerken als in den Vorjahren.

Zitiert nach: Der Friedhof der Märzgefallenen, a.a.O., S. 25

M4 Texte auf Kranzschleifen

a) Kranzschleife der Firma Dr. Paul Mayer, 1903:

Ein Fluch dem König, dem König der Reichen,
Den unser Elende nicht konnte erweichen,
Der den letzten Groschen von uns erpresst,
Und uns wie Hunde erschießen lässt –
5 wir weben, wir weben!

b) Kranzschleife gespendet durch die Redaktion der Zeitung „Vorwärts", dem Zentralorgan der Sozialdemokraten, 1908:

Der Freiheit droht mit Blut und Eisen
der stolzen Unterdrücker Wuth.
Wir aber woll'n sie dennoch preisen
Und das mit unerschrockenem Mut.
10 Denn seit der Schöpfung allen Weisen
Galt Freiheit als ein edles Gut (Gewerkschaften Berlins)

Den ersten Wahlrechtskämpfern (Redaktion Vorwärts)

Erster Text zitiert nach: Lothar Gall (Hrsg.), 1848: Aufbruch zur Freiheit, Berlin 1998, S. 170
Zweiter Text zitiert nach: Vorwärts, 19. März 1908

M5 „Beschneidung" der Meinungsfreiheit

▲ Kontrolle der Kranzschleifen auf dem Friedhof der Märzgefallenen durch die Polizei.
Fotografie von Willy Römer vom 18. März 1914.

1. Fassen Sie die Geschichte der Kundgebungen am 18. März zu Beginn des 20. Jahrhunderts zusammen (M2 - M5).
2. Arbeiten Sie dabei die politischen Positionen und Forderungen der Kundgebungsteilnehmer heraus.
3. Beurteilen Sie das Vorgehen der Berliner Polizei.
4. Wahlaufgabe: Recherchieren Sie (im Internet) über die Einschränkungen der Meinungsfreiheit und über Zensur heute.

M6 „Berlin hat sich für die Einheit entschieden [...] Hunderttausende gegen die Frankfurter Spalter"

In der Berliner Zeitung aus Berlin (Ost) heißt es am 20. März 1948 anlässlich der Feiern zum 100-jährigen Jubiläum der Märzrevolution:

In der Geschichte des Kampfes um die Wiederherstellung der demokratischen Einheit Deutschlands wird der 18. März 1848 für alle Zeiten einen Ehren- und Ruhmesplatz einnehmen. An diesem Tage hat das Volk von Berlin eine große Tat vollbracht:
5 Es hat vor Deutschland und vor der ganzen Welt mit überwältigender Einmütigkeit manifestiert, dass unser Volk die von den fremden Imperialisten und ihren einheimischen Helfern vollzogene Spaltung nie und nimmer anerkennen wird und dass die erdrückende Mehrheit des deutschen Volkes, wenn

ihm nur die Freiheit gewährt wird, seinem Willen Ausdruck zu geben, auf der Seite der nationalen Einheit steht.

An diesem 18. März waren die Straßen von Berlin überfüllt von unabsehbaren Menschenmassen [...] um den historischen Weg zum Friedrichshain anzutreten, den im März 1848 der Trauerzug [...] gegangen war. Über den Köpfen der Marschierenden flatterten die alten Kampffahnen, das Schwarz-Rot-Gold der 48er-Demokraten und das Rot der sozialistischen Arbeiterkolonnen [...]. Wilhelm Pieck[1] führte aus: Vor hundert Jahren habe es an einer einheitlichen und zielklaren Führung gefehlt, damals wie heute stemmen sich die reaktionären Kräfte gegen die Ziele des Volkes: Pieck wandte sich gegen die deutschen Politiker, die sich von fremden Mächten ihr Handeln vorschreiben ließen und damit zu Dienern des Kapitalismus und der Reaktion würden. Das deutsche Volk werde, so sagte Wilhelm Pieck am Ende seiner Rede, auch trotz aller Verbote den Weg zur deutschen Einheit finden.

Berlin hat sich für die Einheit entschieden, in: Berliner Zeitung, 20. März 1948

1. *Die zentralen Ziele der Revolution 1848/49 waren eine freiheitliche Verfassung und die nationale Einheit Deutschlands. Analysieren Sie, ob für den Autor dieses Artikels Freiheit oder Einheit im Vordergrund steht.*

2. *1848 waren der Adel und die Anhänger der Monarchie die Feinde der Revolution. Arbeiten Sie heraus, welche Feinde des deutschen Volkes der Autor im Jahr 1948 sieht.*

M7 „Freiheit [ist] das höchste aller Güter"

Ansprache von Ernst Reuter[1] im „RIAS", dem Rundfunk im amerikanischen Sektor, zur 100. Wiederkehr des 18. März 1848:

Nichts tut uns heute, am 18. März 1948, so not, wie wirkliche Besinnung, wirkliches Rechenschaftsablegen über unsere Vergangenheit und klare Erkenntnis, dass in den Fehlern, die wir gemacht haben, der Schlüssel zum Verständnis liegt, warum es so kommen musste. Geschichte bedeutet immer Besinnung und Überprüfung. Jede Generation muss sich um ihr Verständnis neu bemühen. Heute noch haben wir das Vermächtnis der Toten noch nicht erfüllt, zu deren Gedächtnis wir die Kränze auf ihren Friedhof niederlegen. Noch ist Europa nicht ein Kontinent freier in Frieden zusammenarbeitender und lebender Völker. Noch ist unsere eigene innere Freiheit nicht gesichert. Das Gespenst der Tyrannei, der Unfreiheit und der grausamen Unterdrückung geht mehr denn je in Europa um, und in unserer eigenen Stadt wissen wir zur Genüge, welche finsteren Mächte am Werke sind, um uns für immer in die Nacht der Unfreiheit zu stürzen.

Jeder Berliner kennt die Mächte, die am Werke sind, unsere Freiheit abzuwürgen, um uns endgültig zu Knechten und Sklaven zu machen. Jeder Berliner aber hat nun langsam gelernt, dass die Freiheit, für die die Toten des 18. März gefallen sind, das Höchste aller Güter ist [...].

Ernst Reuter, Schriften, Reden, Bd. 3, Berlin 1974, S. 336 f.

1. *Vergleichen Sie den Zeitungsbericht aus Berlin (Ost) und die Ansprache Ernst Reuters aus Berlin (West).*

2. *Stellen Sie dar, welche unterschiedlichen Lehren die Autoren im Jahr 1948 aus der historischen Erfahrung von 1848 ziehen.*

M8 Erinnerung an 1848 in der DDR

▲ **Ernst Zinna und Heinrich Glasewaldt auf der Barrikade in Berlin an der Ecke Friedrich- und Jägerstraße, nach einem Motiv von Theodor Hosemann.** *Briefmarke DDR, 1983.*

M9 150 Jahre Paulskirchenverfassung

▲ **150 Jahre Paulskirchenverfassung (Eröffnungssitzung der Nationalversammlung in Frankfurt am Main am 18. Mai 1848).** *Briefmarke Bundesrepublik Deutschland, 1998.*

1. *Vergleichen Sie die beiden Darstellungen und arbeiten Sie heraus, auf welche Traditionen sie sich jeweils beziehen.*

2. *Diskutieren Sie die unterschiedlichen Erinnerungskonzepte und nehmen Sie begründet Stellung.*

3. *Wahlaufgabe: Entwerfen Sie ein Motiv für eine Erinnerungsbriefmarke an die Revolution von 1848/49.*

---

[1] Wilhelm Pieck (1876-1960): 1946-1960 Vorsitzender der SED (neben Otto Grotewohl), 1949-1960 Präsident der DDR

[1] Ernst Reuter (1889-1953): sozialdemokratischer Politiker, 1931 zum Oberbürgermeister von Magdeburg und 1947 zum Oberbürgermeister von Berlin gewählt, 1935 bis 1945 im Exil (Großbritannien, Türkei)

M10 Am Grundstein der Demokratie

In seinen einleitenden Worten zur 15. Bundesversammlung[1] am 18. März 2012 schlägt Bundestagspräsident Norbert Lammert vor, den 18. März in der deutschen Erinnerungskultur mehr zu würdigen:

Wenn wir uns in Deutschland auf die revolutionären Ursprünge unserer Demokratie berufen, reicht der historische Blick meist kaum weiter zurück als bis zur verfassunggebenden Nationalversammlung, die erstmals am 18. Mai 1848 in
5 Frankfurt zusammentrat. Dabei gibt es natürlich eine Vorgeschichte: Der Barrikadenkampf, der am 18. März 1848 in Berlin begann, war ein gewaltiger, auch gewalttätiger Schritt auf dem Weg zur Demokratie in Deutschland.
Die deutsche Geschichte weckt bis heute noch häufig mehr
10 ein Bedürfnis nach Distanz denn dem Wunsch nach Identifikation. Die deutsche Geschichte hat aber weder 1933 begonnen, noch war sie 1945 zu Ende. Und so wichtig eine systematische, gründliche und dauerhafte Beschäftigung mit der entsetzlichsten Verirrung in der deutschen Geschichte ist, so
15 unbegründet und verhängnisvoll ist jeder noch so gut gemeinte Versuch, die Nationalgeschichte unseres Landes auf diese Periode reduzieren zu wollen. Ein angemessenes und würdiges Gedenken an die deutschen Freiheitstraditionen ist nicht nur für einen ehrlichen Umgang mit der eigenen Ge-
20 schichte unverzichtbar, sondern auch konstitutiv für das Selbstverständnis der Nation und ihre demokratische Traditionsbildung. Das nationale Gedächtnis lässt sich in einer demokratisch und damit pluralistisch verfassten Gesellschaft natürlich weder amtlich formulieren noch durch eine Behörde
25 regeln; die Erinnerungskultur eines Landes muss wachsen. Der Staat kann aber Zeichen setzen. Deshalb spricht manches dafür, den 18. März zu einem nationalen Gedenktag in unserem Land zu machen. Der 18. März zählt zu den deutschen Schicksalstagen, an denen sich die deutsche Ge-
30 schichte verdichtet hat. Mit diesem Datum verbinden sich außerdem die ersten freien Wahlen zur DDR-Volkskammer. Am 18. März 1990 erfüllte sich eine der zentralen Forderungen nach Freiheit, für die zuvor in Ostdeutschland Hunderttausende auf die Straßen gegangen waren. Diese friedliche
35 Revolution führte unter gänzlich veränderten Bedingungen zu Ende, was auf den Berliner Barrikaden am 18. März 1848 begonnen hatte: das über ein Jahrhundert andauernde Ringen um Einigkeit und Recht und Freiheit.

Norbert Lammert, Am Grundstein der Demokratie, in: Frankfurter Allgemeine Sonntagszeitung vom 4. März 2012, Nr. 9, S. 11

[1] Bundesversammlung: Verfassungsorgan der Bundesrepublik Deutschland. Sie hat die alleinige Aufgabe, den Bundespräsidenten zu wählen.

1. *Benennen Sie den Vorschlag Norbert Lammerts und fassen Sie seine Argumente zusammen.*
2. *Analysieren Sie die Interpretation der deutschen Geschichte durch den Bundestagspräsidenten.*
3. *Nehmen Sie Stellung zu der Frage, ob der Staat Interpretationen der Geschichte vorgeben soll oder ob die Interpretation der Vergangenheit Sache eines jeden Einzelnen sein sollte.*

M11 Aber bitte nicht Preußen ...

Der Historiker Dieter Langewiesche lehnt in einem Interview mit einer Tageszeitung den Vorschlag eines nationalen Gedenktages am 18. März ab:

„Ich halte nichts von dem Vorschlag. Man kann nicht ein vor allem preußisches Datum zu einem Gedenktag für ganz Deutschland machen." Zwar sei der Gedanke, den Geburtstag der deutschen Demokratie auf das Jahr 1848 zu legen, nicht falsch. „Damals wurde erstmals versucht, einen ge-
5 samtdeutschen Nationalstaat mit einer liberaldemokratischen Verfassung zu schaffen." Aber die Berliner Ereignisse vom 18. März seien für einen gesamtdeutschen Gedenktag – wenn man einen solchen denn wolle – nicht geeignet. [...] Für Langewiesche wären dagegen zwei andere 48er-Tage als
10 Gedenkdatum vorstellbar: zum einen der 18. Mai, als die Frankfurter Nationalversammlung in der Frankfurter Paulskirche zusammentrat, zum anderen der 27. Dezember, als dieses Parlament die Grundrechte verabschiedete. Für den 18. Mai spricht nach Ansicht des Geschichtsprofessors, dass
15 er „das Hoffnungsdatum der Liberalen und Demokraten" gewesen sei. Für den Dezembertag spreche, dass mit dem in der Paulskirche verabschiedeten Grundrechtekatalog „etwas Markantes geschaffen wurde, auf das man bei späteren Staatsgründungen zurückgriff. Sowohl die Weimarer Ver-
20 fassung als auch das Grundgesetz der Bundesrepublik sind diesen Grundrechten von 1848 verpflichtet."

Albert Funk, Aber bitte nicht Preußen ... Berlin will den 18. März zum Demokratie-Tag erklären. Die Länder blockieren, in: Der Tagesspiegel, 15. Juli 2008

1. *Nehmen Sie Stellung zur Position des Historikers Dieter Langewiesche.*
2. *Bewerten Sie in einer Pro- und Kontra-Diskussion die Vorschläge von Lammert (vgl. M10) und Langewiesche in einem Vergleich mit anderen Vorschlägen, durch Gedenktage an historische Ereignisse zu erinnern (z. B. an den 17. Juni 1953, den 3. Oktober 1990 oder an den 9. November 1918, 1923, 1938, 1989).*

Geschichte vor Ort

Am Grundstein der Demokratie: der Friedhof der Märzgefallenen in Berlin als außerschulischer Lernort

Ort der namenlosen Barrikadenkämpfer Am 22. März wurden die Opfer der Barrikadenkämpfe der Märzrevolution von 1848 auf dem Friedhof der Märzgefallenen im Berliner Volkspark Friedrichshain bestattet. Insgesamt entstanden 255 individuelle Grabstätten. Die Namen der Opfer sind bekannt, ihre Biografien zumeist jedoch nicht. Der Friedhof ist deswegen ein Ort der „namenlosen" Barrikadenkämpfer.

Ziel politischer Demonstrationen Seit den 1860er-Jahren legten vor allem Vertreter der Arbeiterbewegung, aber auch die fortschrittlichen Teile des Bürgertums jährlich am 18. März Kränze an den Gräbern im Friedrichshain nieder. Dieses Gedenken war auch immer eine politische Kundgebung. An diesen nahmen jährlich nahezu über 10 000 Menschen teil. Die preußische Obrigkeit überwachte die Veranstaltungen und versuchte, politische Forderungen zu unterdrücken.

Grabstätte der Toten der Novemberrevolution von 1918 Im November und Dezember 1918 wurden auf dem Friedhof der Märzgefallenen 33 Opfer der Novemberrevolution beigesetzt. Vertreter der Arbeiterbewegung, darunter auch Karl Liebknecht, sprachen die Trauerreden. Aus Anlass des 40. Jahrestages der Novemberrevolution wurde die Grabstelle zwischen 1957 und 1961 im Sinn des DDR-Geschichtsbildes umgestaltet. Sarkophage mit Zitaten von Karl Liebknecht und Walter Ulbricht wurden errichtet. 1961 wurde die Bronzeskulptur des „Roten Matrosen" eingeweiht.

Bürgerschaftliches Engagement Bürgerschaftliches Engagement hält heute die Erinnerung an die Märzrevolution und damit einen wichtigen Teil der deutschen Demokratiegeschichte wach. Im Jahr 2011 wurde eine provisorische Ausstellung eröffnet. In der Zukunft soll der Friedhof der Märzgefallenen eine nationale Gedenkstätte zur Pflege der deutschen Demokratiegeschichte werden.

Internettipps
- http://friedhof-der-maerzgefallenen.de
- http://www.maerzrevolution.de

Literaturtipps
- Lothar Gall (Hrsg.), 1848. Aufbruch zur Freiheit, Berlin 1998
- Rüdiger Hachtmann, Berlin 1848. Eine Politik- und Gesellschaftsgeschichte der Revolution, Bonn 1997
- Christoph Hamann und Volker Schröder (Hrsg.), Demokratische Tradition und revolutionärer Geist. Erinnern an 1848 in Berlin, Freiburg 2010
- Claudia Klemm, Erinnert – umstritten – gefeiert. Die Revolution von 1848/49 in der deutschen Gedenkkultur, Göttingen 2007

Vor dem Besuch
- Informieren Sie sich über den Friedhof der Märzgefallenen (Internet).

Während des Besuches
- Gruppenarbeit: Informieren Sie sich vor Ort über die Geschichte der Märzrevolution (Container), die Geschichte des Erinnerns an die Märzrevolution (Rotunde) und über die Biografien der gefallenen Barrikadenkämpfer (Hörstationen).
- Analysieren und beurteilen Sie die unterschiedliche Art und Weise der Gestaltung des Erinnerns an die Märzrevolution von 1848 und an die Novemberrevolution von 1918.

Nach dem Besuch
- Entwickeln Sie ein Konzept, mit welcher Fragestellung und wie Sie den Friedhof der Märzgefallenen im Rahmen einer Präsentation vorstellen können.
- Entwickeln Sie Ideen, wie der Ort und die Ausstellung zukünftig gestaltet sein sollten, um junge Menschen für die Demokratiegeschichte zu interessieren.
- Nehmen Sie Stellung zu der Frage, ob die Öffentlichkeit in Deutschland eher an die Demokratiegeschichte oder die Diktaturgeschichte des Landes erinnern soll.

Am Grundstein der Demokratie: der Friedhof der Märzgefallenen in Berlin als außerschulischer Lernort

M1 Das Portal

Die Berliner Stadtverordnetenversammlung hat im Dezember 1897 beschlossen, den Friedhof angemessen zu sanieren. Dafür soll auch ein Portal gebaut werden. Der Berliner Polizeipräsident lehnt aber eine Baugenehmigung ab, weil das Bauwerk „eine Ehrung der Märzgefallenen, mithin eine politische Demonstration zur Verherrlichung der Revolution" sei.

▲ „Ein Projekt, das die Zustimmung des Herrn Polizeipräsidenten finden wird."
Die Karikatur wurde zusammen mit der hier aufgeführten Bildlegende im Umfeld des 50-jährigen Jubiläums der 1848er-Revolution im Jahr 1898 veröffentlicht.

1. Beschreiben Sie die Karikatur.
2. Begründen Sie, welche Absicht der Bildautor damit verbunden hat.
3. Nehmen Sie begründet Stellung: Sind Denkmäler wichtig für eine Erinnerung an historisch bedeutsame Ereignisse oder Personen? Oder sollte man Steuergelder besser für anderes ausgeben?

M2 Der Friedhof der Märzgefallenen als Versammlungsort

▲ Kundgebung von Thälmann-Pionieren auf dem Friedhof der Märzgefallenen.
Foto vom 18. März 1958.

1. Beschreiben Sie die Fotografie.
2. Recherchieren Sie (arbeitsteilig) im Internet zu folgenden Begriffen/Namen:
   • Kampfgruppe der Arbeiterklasse (Betriebskampfgruppe)
   • Pionierorganisation Ernst Thälmann
   • Ernst Wildangel (vgl. Fahne)
3. Charakterisieren Sie mit den so gewonnenen Kenntnissen zusammenfassend die Kundgebung vom März 1958.
4. Vergleichen Sie diese mit Gedenkfeiern heute.

▲ „Der König überall."
Ölgemälde (105 x 182 cm) von Robert Warthmüller, 1886.
Das Gemälde zeigt Friedrich II. beim Besichtigen der Kartoffelernte.
- Beachten Sie den Zeitpunkt, zu dem das auf dieser Seite abgebildete Gemälde Warthmüllers entstand. Die Sorge Friedrichs II. um das öffentliche Wohl war ein bevorzugtes Thema der preußischen Geschichtsschreibung und Historienmalerei nach 1871, auch das preußische Königshaus schätzte diese Darstellungen. Wie ist der Titel „Der König überall" zu verstehen?
- Beschreiben Sie die Szene und erörtern Sie die Wirkung auf den Betrachter.

1. Prüfen und erläutern Sie, worauf die Könige und Fürsten in der absoluten Monarchie ihre Machtausübung stützen konnten.

2. Definieren Sie den Begriff „aufgeklärter Absolutismus" und erörtern Sie seine Widersprüchlichkeit.

3. Erläutern Sie, worin die Aufklärer den Zweck des Staates sahen und wie sie seine Macht begrenzen wollten.

4. Warthmüllers Darstellung des Königs Friedrich II. war immer auch als Abbildung in Schulbüchern beliebt. Diskutieren Sie, welches der gängigsten Attribute für Friedrich II. das Bild suggeriert: Zeigt es ihn als Landesvater, Lehrmeister, Autokraten (Selbstherrscher) oder Despoten? Analysieren Sie, welcher Bereich der Politik in den Vordergrund tritt.

5. Der Historiker Gerhard Ritter urteilte, die Wirtschaftspolitik Friedrichs II. habe der „Verbesserung der Armee", aber auch den „humanitären Idealen des Wohlfahrtsstaates" gedient. Der König kümmerte sich tatsächlich persönlich darum, dass die Kartoffel von den Bauern akzeptiert und angebaut wurde. Überprüfen Sie, inwiefern sich daraus ableiten lässt, dass er als aufgeklärter Fürst handelte.

6. Erklären Sie die Zusammensetzung und die Rechte des ständischen Parlaments in England und wägen Sie seine politischen Interessen ab.

7. Stellen Sie in einer Übersicht die Träger und die Ziele der revolutionären Bewegungen in den Vereinigten Kolonien, in Frankreich und den deutschen Staaten zusammen. Nennen Sie die zentralen Konflikte, die die einzelnen Revolutionen kennzeichnen.

8. Vergleichen Sie Ursachen, Verlauf und Akteure der Revolution von 1848/49 mit denen der Amerikanischen und Französischen Revolution. Berücksichtigen Sie dabei besonders die Vorstellungen von Freiheit, Recht und Nation.

9. Die Amerikanische Revolution wurde als eine „Verfassungsrevolution" bezeichnet. Nehmen Sie dazu Stellung. Inwiefern trifft diese Bezeichnung auch auf die Französische und Deutsche Revolution zu?

10. Untersuchen Sie die Legitimationsgrundlagen des amerikanischen Kontinentalkongresses, der Französischen Verfassunggebenden Nationalversammlung (Konstituante) und der Frankfurter Nationalversammlung. Welche Versammlung kam „revolutionär" zustande?

11. Suchen Sie in Gruppenarbeit Informationen über die Rolle der Frauen in den Revolutionen. Stellen Sie die Ergebnisse in Kurzvorträgen vor.

Literaturtipps

Willi Paul Adams, Die USA vor 1900 (Oldenbourg Grundriss der Geschichte, Bd. 28), München ²2009

Thomas Babington Macaulay, Geschichte Englands seit der Thronbesteigung Jacobs II., Paderborn 2012

Tillmann Bendikowski, Friedrich der Große, München 2011

Oliver Bernier, Ludwig XIV.: Die Biografie. Aus dem Amerikanischen von Manfred Allié, Düsseldorf 2003

Heinz Duchhardt, Barock und Aufklärung. Das Zeitalter des Absolutismus, München ⁴2007

Susanne Lachenicht, Die Französische Revolution, Darmstadt 2012

Charlotte A. Lerg, Die Amerikanische Revolution, Tübingen/Basel 2010

Michael Maurer, Kleine Geschichte Englands, Stuttgart 2007

Frank Lorenz Müller, Die Revolution von 1848/49, Darmstadt ⁴2012

Helmut Reinalter (Hrsg.), Lexikon zum Aufgeklärten Absolutismus in Europa: Herrscher – Denker – Sachbegriffe, Wien 2006

Barbara Stollberg-Rilinger, Die Aufklärung: Europa im 18. Jahrhundert, Stuttgart ²2011

Hans-Ulrich Thamer, Die Französische Revolution, München ³2009

Günter Vogler, Absolutistische Herrschaft und ständische Gesellschaft. Reich und Territorien von 1648 bis 1790, Stuttgart 2001

Internettipps

http://www.assemblee-nationale.fr/deutsch/index.asp

http://www.dhm.de/lemo/html/rueckblick/18_Maerz_1848/index.html

http://www.historicum.net/de/themen/franzoesische-revolution

http://www.historicum.net/themen/restauration-und-vormaerz

http://www.online.uni-marburg.de/kant/kant/Kant.htm

http://www.preussen-chronik.de

http://www.uni-muenster.de/FNZ-Online/recht/staatlichkeit/gliederung.htm
(Staatlichkeit im Zeitalter des Absolutismus)

http://www.zlb.de/projekte/1848

◀ **Das Schloss Charlottenburg im gleichnamigen Berliner Bezirk.** *Foto von 2012. Im späten 17. Jahrhundert als Sommerresidenz für Sophie Charlotte von Hannover errichtet, die spätere erste Königin in Preußen, nutzte es König Friedrich II. als repräsentativen Wohnsitz, bevor er seine Residenz Mitte des 18. Jahrhunderts nach Sanssouci verlegte.*

◀ **Schloss Sanssouci in Potsdam.** *Foto von Rainer Gaertner. Die „Organisation für Erziehung, Wissenschaft und Kultur der Vereinten Nationen" (UNESCO) hat 1972 in Stockholm eine vereinbarung (Konvention) zum Schutz des Kultur- und Naturerbes der Welt beschlossen; sie trat 1975 in Kraft. Das Schloss Sanssouci (franz. sans souci: „ohne Sorge") wurde 1990 zum „Weltkulturerbe" erklärt und in die von der UNESCO geführte Liste aufgenommem. Friedrich der Große ließ die Sommerresidenz zum Teil nach eigenen Entwürfen durch Georg Wenzeslaus von Knobelsdorff erbauen (1745 - 1747). Hier fand er auch seine letzte Ruhestätte (http://www.spsg.de).*

Die hervorgehobenen Seitenzahlen verweisen auf die Begriffserläuterungen.

Adams, Abigail 130 f.
Adams, John **126**, 130 f., 133
Aischylos 20
Albrecht, Wilhelm 153
Alexander der Große 8, 22
Alexander von Russland 146
Anno II. 55
Antonius 36, 40
Appian 39 f.
Aristophanes 20, 24
Aristoteles 9, **11**-14, 22 f., 96
Arndt, Ernst Moritz 150
Augustus → Octavian

Ballof, Rolf 67
Bebel, August **172**
Bismarck, Otto von 117
Bleicken, Jochen 25
Bodin, Jean 84, 92, **98**
Boockmann, Hartmut 71
Brandt, Hartwig 166
Buck, Thomas Martin 71

Caesar 8, **36**
Cicero 14, 38
Clark, Christopher 117
Colbert, Jean-Baptiste 88, **89** f., 95
Condorcet, Jean Antoine de 106
Crassus 36
Crichton, Michael 74
Cromwell, Oliver 118, **121**

Dahlheim, Werner 24
Dahlmann, Friedrich Christoph 153
David, Jacques Louis 11
Descartes, René **96**

Eco, Umberto 69
Ennen, Edith 65
Ephialtes 8, **17**
Epikur 13
Erdmannsdorff, Friedrich Wilhelm von 115
Ernst August von Hannover 153
Erxleben, Dorothea Christiana 109
Euripides 20
Ewald, Heinrich 153

Follet, Ken 69
Franklin, Benjamin **126**, 133
Franz II. von Österreich **145**
Fried, Johannes 45, 71
Friedrich I. Barbarossa 44, 56, 60, 75 f.
Friedrich I. von Köln 56
Friedrich II. von Staufen 44
Friedrich II., der Große, von Preußen 84, **107** f., 110, 116 f., 182 f.
Friedrich III. 56
Friedrich Wilhelm III. von Preußen 145 f.

Friedrich Wilhelm IV. von Preußen 118, **153**, 160 f., 164 f.
Fuhrmann, Horst 71
Furet, François 137

Gagern, Heinrich von 165
Galilei, Galileo 96 f.
Georg III. von England 125
Gervinus, Georg Gottfried 153
Gisze, Georg 51
Glasewaldt, Heinrich 178
Goetz, Hans-Werner 71
Gouges, Olyme de 137
Gracchus, Tiberius und Gaius 35, 39
Grimm, Dieter 144
Grimm, Wilhelm und Jacob 153
Groebner, Valentin 68, 73 f.

Hannibal 33
Hardenberg, Karl August Freiherr von 146, 149
Hasenclever, Johann Peter 168 f.
Hecker, Friedrich Karl 159
Heinemann, Gustav **175**
Heinsberg, Philipp von 56
Hekataios von Milet **12**
Henning, Friedrich-Wilhelm 47
Herbers, Klaus 75
Herder, Johann Gottfried 147
Herodot 19
Herwegh, Georg 176
Hinkeldey, Karl Ludwig von 172
Hitler, Adolf 173
Hobbes, Thomas 84, **98** f.
Hoffmann, Ludwig 28
Homer 10

Jakob I. von England 120
Jakob II. von England 122
Jaspers, Karl 14
Jefferson, Thomas **126**, 133
Johann I. von England 62
Joseph II. von Österreich 84, **107**-109

Kant, Immanuel 84, 96, 102
Karl August von Sachsen-Weimar-Eisenach 151
Karl I. von England 118, 120 f.
Karl II. von England 121 f.
Karl X. von Frankreich 152
Kepler, Johannes 84, **97**
Kerner, Max 75
Kleisthenes 8 f., **16**-18, 27
Klueting, Harm 111
Koberger, Anton 44
Konrad von Hochstaden 56, 61
Konrad von Zähringen 44, 53, 55
Kotzebue, Karl August von 151
Krzemiński, Adam 116
Kuchler, Christian 69

Lafayette, Marie-Joseph 136
Lammert, Norbert 179
Lampert von Hersfeld 59
Langewiesche, Dieter 179
Leopold III. Friedrich Franz von Anhalt 114 f.
Lepidus 36, 40
Lessing, Gotthold Ephraim **101**
Liebknecht, Karl **173**, 180
Locke, John 84, **99** f., 102 f.
Louis Philippe 118, **152**, 163
Luden, Heinrich 150
Ludwig XIV. von Frankreich 84, **86**-95, 107, 134
Ludwig XVI. von Frankreich 134, 136-138, 152
Ludwig der Fromme 55
Lukrez 13
Lundt, Bea 74
Lykurg 15

Maria Theresia von Habsburg 108, 116
Marie Antoinette von Habsburg 134, 138
Marius 35
Marti, Urs 27
Mauperthuy, Orry de 141
Meier, Christian 27
Mendelssohn, Moses **101**
Messel, Alfred 28
Metternich, Klemens von **148**, 151 f., 156 f.
Molière, Jean-Baptiste 88
Montesquieu, Charles de 84, **99** f., 103 f.

Napoleon I. Bonaparte 118 f., **139**, 144-146, 148-150
Newton, Isaac 84, **97**
North Whitehead, Alfred 12

Octavian 8, **36**, 40
Oexle, Otto Gerhard 67, 72

Paine, Thomas 119, **126**, 129 f.
Peisistrator 16
Perikles 8, **17**-19, 21, 24
Peter I., der Große, von Russland **91**
Philipp II. von Makedonien 8, 22
Pieck, Wilhelm 178
Platon 9, **10**, 12, 20
Plutarch 37, 39
Polybios 37
Pompeius 36
Protagoras 11
Puttkamer-Plauth, Bernhard von 172

Raffael 13
Reuter, Ernst 178
Rexroth, Frank 72
Rigaud, Hyacinthe 87

Robespierre, Maximilien 118, **139**, 141, 144
Romulus 30
Rousseau, Jean-Jacques 84, **100**, 104, 135
Rückert, Friedrich 76

Saint-Simon, Louis von 92f.
Sand, Karl Ludwig 151
Schedel, Hartmann 44
Schlözer, August Ludwig 109
Schlözer, Dorothea 109
Schneider-Ferber, Karin 74
Schuller, Wolfgang 26
Schultz, Uwe 94
Schulze, Gerhard 70
Scipio 33
Scott, Ridley 69
Siebenpfeiffer, Philipp Jacob 155f.
Sieyès, Emmanuel Joseph **135**, 140
Smith, Adam 95
Sokrates 9, **10** - 12, 20
Solon 8f., **12**, 15f., 23
Sophokles 20
Spiegel, Gabrielle M. 79
Stehkämper, Hugo 56
Stein, Karl Freiherr vom und zum 146
Struve, Gustav 159
Sulla 8, 35f., 39f.

Tacitus 45
Talleyrand, Charles Maurice 137
Thales von Milet **10**
Themistokles **17**
Thukydides 20, 24
Tilmann, Christina 29

Uitz, Erika 64
Ulbricht, Walter 180

Voltmer, Ernst 72

Warhol, Andy 116
Washington, George 118, **125** - 127
Weber, Wilhelm 153
Wehler, Hans-Ulrich 144, 148
Wehrli, Max 79
Werner, Eva Maria 170
Wilhelm I. 76
Wilhelm II. 29, 117
Wilhelm von Oranien, Wilhelm III. von England 122f.
Winkler, Heinrich August 170f.
Wittgenstein, Wilhelm Ludwig Georg von 156
Wolff, Wilhelm 157
Woolfolk Cross, Donna 69
Workman, Leslie J. 68
Wortmann, Sönke 69

Yorck von Wartenburg, Ludwig 146

Zinna, Ernst **174**, 178

A

Absolutismus 82, 84-96, 98f., 107, 111, 115, 120, 127, 134f., 138, 143, 152, 168, 170
Académie royale des sciences 88
Ackerbürger 47f.
Adel 8f., 15-19, 26, 30-34, 45, 58, 85-88, 90-93, 111, 120-122, 134f., 137-139, 144, 146, 148, 158f., 162, 166
Ädil 31, 42f.
Agrar- und Gewerbekrise von 1846/47 153
Agrarreform 35, 39
Akademie 11
Akademien der Wissenschaften 97
Akropolis 19f., 24
Aktivbürger 138, 141f., 143
Akzise 57
Allgemein deutsche Burschenschaft 151
Allgemeine Schulpflicht 109
Allgemeine Wehrpflicht 139
Allgemeines Preußisches Landrecht 108
Allmende 90
Alterität 66
Amendments 128
Amerikanische Revolution 22, 82, 118f., 124-134, 136, 147
Ancien Régime 135, 137f., 143
Annuität 31
Anschluss Österreichs 173
Anti-Föderalisten 127
Antike 6-43, 45f., 66f., 74, 85, 100
Arbeiterbewegung 172f., 180
Arbeitsteilung 46, 48, 89
Archont 15f., 23
Areopag 15f., 17
Aristokratie 8f., 12, 15f., 30-32, 37, 141
Athen 8-10, 15-27
Aufgeklärter Absolutismus 82, 107-112
Aufklärung 67, 82, 84f., 96-112, 115f., 147
Augsburger Religionsfrieden 85

B

Ballhausschwur 135
Barrikadenkämpfe 158, 172, 174f., 178-180
Bastillesturm 118, 136
Bauernbefreiung 162, 170
Befreiungskriege 119, 146f., 150
Berliner Magistrat 172, 174
Bevölkerungswachstum 44, 46f., 153
Bill of Rights 118, 122f., 128
Binnenzölle 89, 134, 137
Bischof 55f., 59f., 135, 137
Boston Massacre 118, 124
Boston Tea Party 124f.
Boulé 18
British Empire 124
Buchdruck 45
Bundesgenossen 34
Bürgerkämpfe 58-60, 65
Bürgerkrieg 8, 15, 36, 40, 88, 118, 120f.
Bürgermeister 56f., 61-63
Bürgerrecht 19, 26, 30, 34, 42f., 45, 47f., 64f., 106, 143
Bürgerwehr 125, 158
Bürokratie 88, 166
Burschenschaft 118, 151f., 154

C

Cahiers de doléances 135
Calvinisten 90, 108, 120
Canal du Midi 89
Checks and balances 111, 127
Christentum 9, 45f., 101, 114
Christianisierung 46
Citoyen 135, 138
Civitas 46f., 52
Club des Cordeliers 141
Code civil 144, 146, 151
Colbertismus 89
Common Sense 125f., 129f.
Commonwealth 118, 121
Cursus honorum 31f.

D

DDR 174, 180
Deismus 101
Delisch-Attischer Seebund 8, 21f.
Demagogen 18, 27, 152
Demokratie, Demokratisierung 8f., 12, 14, 16-27, 30, 37, 58, 82, 85f., 100, 119, 149, 160, 170, 172-175, 179f.
Départements 137f., 142f.
Deutscher Bund 148, 152, 158, 162, 170
Diadochen 22
Diäten 18, 21
Diktatur, Diktator 8, 31, 35f., 39f., 42f., 121, 139, 144, 173, 175
Direktorium 138f., 144
Doppelschlacht von Jena und Auerstedt 145
Dreikaiserschlacht von Austerlitz 145
Dreißigjähriger Krieg 85
Dritter Stand 134f., 140
Dynastien 148, 160

E

Edikt von Nantes 90
Ekklesía 17-19
Emanzipationsedikt 146
Englische Revolution 118, 120, 134
Enzyklopädie 98, 106
Ephoren 15
Epoche 30, 45, 66-70, 82, 96
Epochen der römischen Geschichte 30
Epochenimagination 69
Epochentrias 66
Erinnerungsstätte für die Freiheitsbewegungen in der deutschen Geschichte 175
Erklärung der Menschen- und Bürgerrechte 136f.
Eschatologie 66
Eskapismus 68
Etrusker 30

F

Familia 30
Fernhandel 49-51, 54
Feudalordnung 136
Feuillants 138
Föderalismus 127, 142, 148, 160, 162
Folter 116, 128, 139
Forum Romanum 32
Founding Fathers 127
Fraktion 159, 164
Französische Revolution 22, 25, 82, 100f., 118f., 128, 134-144, 147-149
Französisch-Spanischer Krieg 87
Frauen 9, 19, 24-27, 40, 42f., 48f., 53, 64f., 106, 109, 126-128, 130f., 137, 139, 144
Freischaren 159
French and Indian War 124
Frieden von Lunéville 145
Frieden von Paris 124
Frieden von Preßburg 145
Frieden von Tilsit 145
Frieden von Versailles 127
Friedhof der Märzgefallenen 172-177, 180f.
Frondienst 47

G

Gaffel 58, 62f.
Geistliche 45, 47, 56, 79, 85f., 90f., 109, 120, 122, 134f., 137f., 146
Geldwirtschaft 15, 49, 55
Generalstände 94, 118, 134f., 140, 143
Genossenschaft 48, 51, 56, 61
Gentry 120, 122
Geometrie 11f., 87
Germania 159
Gerusia 15
Geschichtsbewusstsein 69
Geschichtskultur 69, 172
Geschworenengericht 31, 126, 142
Gesellschaftsvertrag 98-100, 104
Gewaltenteilung 84f., 96, 99f., 103, 106, 126f., 131, 144, 148
Gewerbefreiheit 137, 144, 146
Girondisten 138
Gleichgewichtspolitik 148
Glorious Revolution 22, 84, 99, 111, 118, 120, 122
Gottesgnadentum 86, 122, 148, 161, 164f.
Göttinger Sieben 153
Gracchische Reformen 35, 39
Gravitationstheorie 84, 97
Griechenland 6-29
Großer Schied 56, 61f.
Grundherrschaft 47, 49, 90, 136, 146, 158, 162
Grundrechte 99, 106, 118, 127f., 131f., 146, 159, 162, 170, 179
Guillotine 138f.
Gymnasium 109

Sachregister

Habeas-Corpus-Akte 121
Hambacher Fest 118, 152, 155 f.
Handelsgesellschaft 48, 51
Hanse 44, 51
Hansetag 51
Haskala 101
Heeresreform 35, 89, 146
Heeresversammlung 32
Hegemonie 8, 21, 34, 86 f., 145, 171
Heilige Allianz 148
Heiliges Römisches Reich Deutscher Nation 85, 119, 145, 148
Hellenismus 22, 33
Heroen 10
Holocaust 173, 175
Homo novus 33, 38
Hoplit 15-17, 19, 21, 26, 30, 32
Hörige 47, 159
Hugenotten 90, 107
Humanismus 45, 66 f., 74

Ilias 10
Imperatives Mandat 135
Imperium Romanum 9, 33
Independent 121
Industrialisierung 47, 82
Industrielle Revolution 111
Intendant 88, 90
Intolerable Acts 125
Isonomie 8 f., 17, 26

Jakobiner 138
Juden 47 f., 51, 101, 114, 117, 144, 146, 175
Judenemanzipation 101, 146
Julirevolution 118, 152

Kaisertum Napoleons 144 f.
Karlsbader Beschlüsse 151 f., 155
Karthago 33
Katholische Kirche, Katholiken 90, 108 f., 117, 120-122, 144
Kaufmannshanse 51
Kirche von England 120-122
Kirchenspaltung 85
Kleiderordnung 58
Klerus → Geistliche
Klientelwesen 30, 32, 35 f.
Kloster 45, 79, 108, 120, 137
Koalitionskriege 144 f.
Koiné 22
Kokarde 152
Kollektives Gedächtnis 67
Kolonien, Kolonisation 15, 118 f., 124-129, 133
Komödie 20, 88
Konfession 85, 100, 108 f., 120-122
Königreich Westfalen 145 f.
Konkordat 144
Konservatismus 153
Konstituante 135-137, 142

Konstitutionelle Monarchie 82, 84, 118 f., 137 f., 143 f., 153, 160, 170
Konsul 31 f., 34 f., 37-40, 42 f., 144
Kontinentalkongress 125, 131-133
Konvention von Tauroggen 146
Kugelgestalt der Erde 12
Kuriatkomitien 42 f.
Kyffhäusersage 75 f.

Landesausbau 107 f.
Languedoc 90
Latein 66, 79, 108 f.
Legislative 138 f.
Legitimation, Legitimität 84, 100, 175
Leibeigenschaft 108, 136
Lesegesellschaft 98
Lex Claudia 34
Lex Hortensia 32
Liberalismus 153
Live Action Role Playing (LARP) 68
Living History 68
Loyalisten 127
Lutheraner 108

Magistratur 31 f., 34, 42 f.
Magna Charta libertatum 62, 120
Makedonien 8, 22, 27
Manufaktur 89, 95
Markt, Marktort 44, 49 f., 53 f.
Märzforderungen 158 f., 163
Märzrevolution 158, 160, 172-177, 180
Mathematik 11, 96 f.
Mediatisierung 145, 148
Mediävalismus 68, 70
Mediävistik 67 f., 71-73
Meliores 56
Menschenrechte 84 f., 96, 100 f., 105 f., 119, 127 f., 136-138, 141, 148
Merkantilismus 84, 89, 95
Messe 49 f., 54
Metöken 19, 27
Militärkolonie 34
Miliz 125
Mittelalter 6 f., 9, 12, 44-79
Mittelalterbilder 67
Mittelalterinszenierung 68
Mittelaltermarkt 68
Mittelalterrezeption 68
Monarchie 8 f., 12, 15, 22, 27, 30, 37
Mythos, Mythen 9 f., 13, 67, 70, 73, 75 f., 116

Nathan der Weise 101
Nationale und liberale Bewegung 67, 118, 147 f., 151-157
Nationalgarde 136 f., 143
Nationalkonvent 139, 142
Nationalsozialismus 173, 175
Nationalstaat 75, 82, 128, 134, 148, 158-161, 170 f., 179

Nationalversammlung 105, 118, 135, 140, 143, 149, 159-161, 164 f., 170, 174 f., 178 f.
Naturrecht 86
Neuzeit 45, 49, 58, 64-67, 71, 74, 82
Nobilität 32-36, 38
Novemberrevolution 173, 180

Oberhaus (House of Lords) 120-122
Odyssee 10
Oikos 15
Oktoberedikt 146
Oktoberrevolution in Russland 22
Oligarchie 12, 27
Optimaten 35
Ostrakismos 17 f.

Paidagogos 20
Parlament 82, 85 f., 99 f., 121-123, 129, 139, 144, 146, 152, 159, 163, 170, 174 f., 179
Parlamentarische Demokratie 22, 86, 174
Parlamentarische Monarchie 118, 122
Parlamentarismus 120-123, 174 f.
Parlements 134
Parteien 159
Passivbürger 138, 141 f.
Past-history-Differenz 67
Pater familias 30
Patrimonialgerichtsbarkeit 162
Patrioten 134
Patrizier, Patriziat 8, 30, 32, 47 f., 57 f.
Paulskirche 118, 159, 161 f., 164, 170, 173 f., 178 f.
Peers 122
Peloponnesischer Bund 21
Peloponnesischer Krieg 8, 21
Perserkriege 8, 17, 21
Persien, Perserreich 8 f., 17, 21 f.
Personalunion 160
Pest 44, 46, 48
Pfalz 46
Phalanx 15, 32
Philosophen 9-14, 84, 96 f., 102, 147
Phylen 17 f.
Piräushafen 19, 21
Plebejer 8, 30, 32
Plebiszit 32
Pogrom 48
Polens Teilungen 145
Polis 8 f., 12, 15-27, 100
Politie 12
Popularen 35
Popularklage 16
Prätor 31 f., 34, 37, 42 f.
Presbyterianer 121
Pressefreiheit 106, 132, 144, 151-155, 159, 162 f.
Preußische Reformen 146, 149
Prinzipat 8, 36
Privilegien 32, 51, 53, 55 f., 86, 134, 146, 170

Proletarier 35, 141, 176
Promagistrat 34
Proskriptionen 35 f.
Protestanten 122 f.
Provinz 31, 34
Prytanie 18
Publicani 34, 38
Punische Kriege 33
Puritaner 120 f.

Quästor 31, 42

Radikalismus 153
Rat der 400 16
Rat der 500 18
Rationalismus 84 f., 96-98, 101, 107
Reaktion 118, 162, 170
Rechtsstaatlichkeit 85, 108, 116 f., 162
Reenactment 68
Reformation 85, 151
Reformen 35, 39, 84, 88 f., 107, 111, 116, 139, 146, 149, 160, 170
Reichsdeputationshauptschluss 145
Reichsstadt 55-60, 145
Reichsstände 111, 145
Reichstag 145, 161, 172-174
Reichsverfassungskampagne 161, 168 f.
Reiteroberst 31, 42 f.
Religiöse Toleranz 101, 108, 117
Renaissance 66 f., 70, 85, 96
Republik 8 f., 30-43, 118 f., 121, 139, 142-144, 153, 159
Restauration 118, 121 f., 139, 148, 151-153
Revolutionen von 1848/49 82, 118, 154, 158-181
Rheinbund 145 f.
Ritterstand 34 f., 38, 145
Rom, Römisches Reich 6, 14, 30-43
Romantik 67, 75

Säkularisation 108, 145, 148
Sansculotten 136
Scheffel 16, 19
Scheidungsrecht 144
Scherbengericht → Ostrakismos
Schlacht bei Cannae 33
Schlacht bei Marathon 17
Schlacht bei Salamis 8, 17
Schlacht bei Zama 33
Schlacht von Waterloo 146
Schuldknechtschaft 32
Seeschlacht bei Aktium 36
Selbstbestimmungsrecht der Völker 119, 148
Selbstverwaltung 15, 57, 146
Senat 9, 30-32, 36-38, 42 f., 127
Siebenjähriger Krieg 107, 110 f., 117, 124
Sklaven, Sklaverei 9, 15, 19 f., 27, 30, 34 f., 42 f., 127 f., 144

Söhne der Freiheit 125
Söldner 127, 133, 146
Souveränität 34, 84-87, 91 f., 100, 104, 107, 120, 122, 127, 134 f., 145, 148
Sowjetische Besatzungszone (SBZ) 174
Soziale Frage 159
Sozialismus 153
Sparta 8, 15 f., 21 f., 24
Spezialisierung 49
Staatenbund 127, 160
Städteordnung 146
Stamp Act 124, 129
Ständekämpfe 8, 32
Ständewesen, -ordnung, -gesellschaft 45, 64, 84-86, 92, 119 f., 128, 134 f., 140, 146-148, 159, 170
Stehendes Heer 85 f., 89, 107, 122, 132, 144
Stoiker 14
Stratege 17 f.
Streik 137
Stuarts 120-122
Subsistenzwirtschaft 15
Sugar Act 124

Tauschhandel 49
Territorialstaaten 148
Terrorherrschaft 138 f., 142, 144
Theten 17, 19
Timokratie 16
Toleranzpatent 108
Tragödie 20
Tribut 21
Triere 17, 21
Trikolore 136, 138
Trittyen 17
Triumvirat 36
Tuilerien 138 f.
Tyrannis 12, 16, 21, 23, 39

Unabhängigkeitserklärung 126, 132 f.
Unabhängigkeitskrieg 118 f., 125 f., 128, 130, 134
Universität 45, 49, 70, 108 f., 151, 153
Unterhaus (House of Commons) 120-122, 129

Verbundbrief 58, 62
Verfassung 9, 12, 14, 17 f., 26, 31, 37, 41-43, 57, 62 f., 84 f., 99-101, 105 f., 118, 121, 126-129, 135-139, 142-144, 146, 148 f., 152 f., 159-162, 165, 173, 178
Verfassungsstaat 128
Versailler Vertrag 94
Versailles 86-88, 91 f., 94, 137
Vetorecht 35 f., 135, 137
Virginia Bill of Rights 118, 126, 131, 136
Völkerschlacht bei Leipzig 146, 151
Volksgericht 12, 16-18

Volksheer 146
Volkssouveränität 84 f., 100, 128, 135, 152
Volkstribun 32, 35-37, 42 f.
Volksversammlung 16-19, 26 f., 30-32, 35, 38, 42 f.
Volonté générale 135, 141
Vorherrschaft, Vormachtstellung 8, 21, 33 f., 87, 119, 124, 145, 160, 171
Vormärz 118, 166
Vorsokratiker 10

Wartburgfest 118, 151
Weberaufstand in Schlesien 153, 157
Weberschlacht in Köln 44, 57 f.
Weimarer Republik 173
Weltwirtschaftskrise 173
Wiener Kongress 118, 148
Wohlfahrtsausschuss 139

Zehnt 90
Zensor 32, 42
Zensur 151, 153, 162
Zensuswahlrecht 127, 138 f., 141
Zenturiatkomitien 31 f., 42
Zeremoniell 87 f.
Zivilehe 144
Zunft, Zunftkämpfe 48, 57 f., 63 f., 136, 146, 148
Zweiter Weltkrieg 28, 173
Zwischenkönig (interrex) 31, 39, 42 f.
Zwölf-Tafel-Gesetz 8, 32

Bildnachweis

akg-images, Berlin – S. 6/7, 7, 17, 20, 35, 36, 47, 55, 65, 81, 82/83, 83 (2), 84, 88, 94, 137, 123, 126, 141, 145, 151, 182; - / Erich Lessing – S. 90; - / Visioars – S. 144
Aktion 18. März, Berlin – S. 174
Bayerische Staatsbibliothek, München – S. 78
Bezirksmuseum Friedrichshain-Kreuzberg, Berlin – S. 173
Bildarchiv Preußischer Kulturbesitz, Berlin – S. 23, 49, 162, 172; - / Gemäldegalerie, SMB / Jörg Peters – S. 8, 51; - / Herman Buresch – S. 97, 148;
Bridgeman Art, Berlin – S. 86, 134
Thomas Martin Buck, Freiburg – S. 68
Manfred Butzmann, Potsdam-Bornim – S. 174
Cinetext / Archiv, Frankfurt – S. 68; - / Constantin Film, Frankfurt – S. 69
Der Spiegel, Hamburg – S. 171
Hans Detlefsen, Chemnitz – S. 178
Deutsche Post AG, Bonn – S. 178
Deutsches Historisches Museum, Berlin – S. 100, 177
dpa Picture-Alliance / ©epa Bildfunk / Edi Engeler, Frankfurt – S. 70; - / ©Jerry Tavin / Everett Collection – S. 131; - / akg-images / Erich Lessing – Umschlag; - / akg-images – S. 13, 40; - / Bildagentur Huber / Szyszka – S. 76; - / Stephanie Pilick – S. 81
Doreen Eschinger, Bamberg – S. 22, 29, 67, 114, 175, 183
Germanisches Nationalmuseum, Nürnberg – S. 44
Getty Images, München – S. 11, 98; - / Imagno – S. 108; - / Universal Images Group / Hulton Fine Art – S. 54
Graphische Sammlung, München – S. 99, 100
M. Halford, Laughton, Essex – S. 91
Historisches Museum der Pfalz, Speyer – S. 156
Historisches Museum, Hannover – S. 153
Historisches Museum, Neu Ruppin – Umschlag
Karfunkel-Verlag, Osterburken – S. 73
Kunstmuseum im Ehrenhof, Düsseldorf – S. 168
Martin-von-Wagner-Museum, Würzburg – S. 20
Musée Carnavalet, Paris – S. 105, 136, 138
Musée National de Versailles et de Trianon, Château de Versailles, Paris – S. 87
Musée National du Louvre, Paris – S. 89
Museum of Art Gallery, Birmingham – S. 121
National Gallery of Scotland, Edinburg – S. 121
Nationalmuseum, Beirut – S. 12
Österreichisches Staatsarchiv, Wien – S. 152
Quellen zur Geschichte der Stadt Köln, Band 1: Antike und Mittelalter. Von den Anfängen bis 1396/97, hrsg. im Auftrag Wolfgang Rosen und Lars Wirtler mit Dorothee Reker-Wunsch und Stefan Wunsch, J. P. Bachem Verlag, Köln 1999 – S. 56
Ritter Donalds Schwafelrunde, Minnesang und Entenlyrik, Egmont Ehapa Verlag GmbH, Berlin, S. 95 – S. 73
Sammlung Onnosch, Berlin – S. 116
Schiller Nationalmuseum, Marbach – S. 102
Staatliche Antikensammlung, München – S. 19
Staatliche Schlösser und Garten, Schloss Sanssouci, Potsdam – S. 183
Stadtarchiv, Butzbach – S. 159
The National Archives, Kew, Richmond, Surrey – S. 122
Tourist Information, Soest – S. 80
Ullstein-Bild, Berlin – S. 181; - / imagebroker.net / Jochen Tack, Berlin – S. 114
Universitäts-Bibliothek, Würzburg – S. 96
Verwaltung der Staatlichen Schlösser und Gärten, Schloss Charlottenburg, Berlin – S. 110
www.wikipedia.org / James Steakley – S. 53
www.wikipedia.org / U.S. Government – S. 127
Yale University Art Gallery, New Haven – S. 133
Zoonar / Andiline, Hamburg – S. 63

Methoden wissenschaftlichen Arbeitens

Fachliteratur finden und nachweisen
Recherchieren und Ausleihen in der Bibliothek

- Um sich für ein Referat einen Überblick über ein Thema zu verschaffen oder es einzugrenzen, eignen sich Lexika und Nachschlagewerke als erste Informationsquellen. Für die gründliche Erarbeitung eines Themas benötigen Sie Fachliteratur.
- Angaben zu Fachbüchern spezieller Themen finden sich im Literaturverzeichnis von Handbüchern und Überblicksdarstellungen, im Internet und im Katalog der Bibliothek.
- In der Bibliothek sind Bücher alphabetisch in einem Verfasser- und in einem Sachkatalog aufgelistet und über eine Signatur, eine Folge von Zahlen und Buchstaben, im Karteikarten- oder Computersystem der Bibliothek für ein leichtes Auffinden genau verzeichnet.
- Bücher, die nicht in der örtlichen Bibliothek vorrätig sind, können über die Fernleihe aus anderen Bibliotheken entliehen werden. Über die Online-Kataloge können Titel nach Schlagworten oder dem Namen des Autors gesucht und direkt an die Ausgabestelle der Bibliothek bestellt werden.

Literatur auswerten und belegen

- Finden Sie zu einem Thema mehr Bücher, als Sie auswerten können, müssen Sie eine Auswahl treffen. Prüfen Sie anhand des Inhaltsverzeichnisses, der Einführung und/oder der Zusammenfassung sowie des Registers, ob das Buch ergiebig sein könnte. Benutzen Sie im Zweifel das Neueste.
- Weisen Sie jedes Buch, das Sie für Ihr Referat benutzt haben, am Schluss des Textes nach. Notieren Sie sich daher bei der Vorarbeit die Titel der Bücher. Aussagen, die Sie wörtlich oder indirekt zitieren, belegen Sie zusätzlich mit Seitenangaben. So kann jeder Leser nachlesen und überprüfen, woher und von wem die Aussagen stammen.
Beispiel für eine korrekte Literaturangabe:

Quellenarbeit in Archiven
Vorbereitung und Recherche

- Für die Recherche zu regional- und lokalgeschichtlichen Themen bieten sich Archive an. Dort werden Urkunden, Pläne, Karten, Zeitungen, Briefe, Tagebücher, Fotos sowie Akten mit anderen Unterlagen von Behörden, Firmen, Vereinen und Privatleuten aufbewahrt.
- Vor der Arbeit im Archiv sollten Sie sich genau über das Thema informieren, die zu erarbeitenden Aspekte festlegen und Fragen formulieren.
- Inzwischen werden viele Archivstücke elektronisch erfasst und in Datenbanken archiviert. Auf den Internetseiten der Archive können Sie sich über den Bestand informieren, digital vorliegende Dokumente einsehen oder die Signatur der Akten heraussuchen.

Material erfassen, ordnen und auswerten

- Haben Sie geeignetes Material gefunden, notieren Sie sich die genaue Fundstelle. Eine Ausleihe ist nicht üblich. Erfassen Sie das Material sicherheitshalber vor Ort (handschriftlich, per Laptop oder Scanner).
- Nach der Rückkehr aus dem Archiv müssen Sie das gesammelte Material sichten und ordnen, bevor Sie es zu einer Darstellung verarbeiten können.

☑ Zuverlässige Angaben bieten die Web-Sites von Bibliotheken, Museen, Universitäten und Gedenkstätten.	**Im Internet recherchieren**
☑ Wenn Sie über Suchmaschinen recherchieren, sollten Sie das Thema eng eingrenzen. Empfehlenswert ist die kombinierte Suche, indem Sie mehrere durch (+) oder (and) verbundene Schlagworte eines Themas in das Suchfeld eingeben (Beispiel: Industrialisierung+Bayern). Optimieren Sie die Recherche mit der „Erweiterten Suche".	*Umgang mit Suchmaschinen*
☑ Mit der Eingabe „Linkliste + THEMA" (THEMA = Suchbegriff) finden Sie Internetseiten zu speziellen Themen.	
☑ Einen Überblick über die Angebote eines speziellen Themenfeldes geben Cluster-Suchmaschinen. Sie suchen übergeordnete Begriffe auf Web-Sites als Schlagworte und bieten dafür Unterverzeichnisse an.	
☑ Testen Sie die Zuverlässigkeit der Web-Site sorgfältig nach folgenden Kriterien: • Wer sind die Autoren, wer hat die Seite ins Netz gestellt (E-Mail-Adresse)? • Wie aktuell sind die Informationen? Wann war das letzte Update? • Gibt es Literatur- oder Quellennachweise? • Finden sich direkte Verknüpfungen (Links) zu anderen Web-Sites desselben Themas?	*Kritischer Umgang mit Web-Sites*
☑ Internetangebote lassen sich letztlich nur durch kritisches Vergleichen beurteilen. Kontrollieren Sie wichtige Aussagen mit Lexika und Fachbüchern.	
☑ Web-Sites müssen Sie wie Zitate aus Büchern nachweisen. Angegeben werden die Adressen, die am Ende einer ausgedruckten Seite stehen, sowie das Datum des letzten Seitenaufrufs. Beispiel für einen korrekten Internetnachweis: www.dhm.de/lemo/home.html [Zugriff vom 6. Februar 2012]	*Zitieren von Internet-Seiten*
☑ Recherchieren Sie geeignete Zeitzeugen/Experten zu einem Thema über • persönliche Kontakte oder • Anfragen an bestimmte Organisationen.	**Zeitzeugen/Experten befragen** *Kontaktaufnahme*
☑ Sammeln Sie vorab Informationen über das Thema und den Befragten und legen Sie den genauen Gesprächsgegenstand fest. Führen Sie mit Ihrem Interviewpartner ein (telefonisches) Vorgespräch. Klären Sie Termin, Ort und Ablauf der Befragung.	*Vorbereitung des Interviews*
☑ Formulieren Sie vorab Fragen. Offene, kurze Fragen eignen sich besser für ein Gespräch als geschlossene Fragen (Ja-Nein-Fragen), die schnell zu Suggestiv-Fragen werden, die die Antwort des Befragten beeinflussen.	
☑ Machen Sie sich während des Gesprächs Notizen (handschriftlich oder per Laptop) und halten Sie es zusätzlich mit einem Aufnahmegerät fest.	*Befragung durchführen*
☑ Lassen Sie dem Befragten Zeit zu antworten. Vertiefen Sie wichtige Aspekte durch Nachfragen.	
☑ Welche Informationen haben Sie erhalten? Gibt es neue Erkenntnisse?	*Gespräch auswerten*
☑ Worüber wurde nicht gesprochen und warum? Bleiben Informationslücken und können diese auf andere Weise geschlossen werden?	
☑ War der eingeladene Zeitzeuge/Experte eventuell politisch, weltanschaulich oder religiös gebunden (aktiv oder passiv an einem Geschehen beteiligt, Opfer oder Täter)?	
☑ Für eine schriftliche Dokumentation muss das Interview übertragen werden. In der Regel wird der Rohtext bearbeitet, um ihn gut verständlich zu präsentieren.	*Präsentation der Ergebnisse*
☑ Vor einer Veröffentlichung muss der Interviewpartner den Text einsehen und freigeben.	